新时代房山校外教育的实践与创新

——北京市房山区校外教育研究优秀成果集

主编　马连山

方志出版社
Publishing House of Local Records

图书在版编目（CIP）数据

新时代房山校外教育的实践与创新 ： 北京市房山区校外教育研究优秀成果集 / 马连山主编 .—北京 ： 方志出版社， 2023.6

ISBN 978-7-5144-5765-0

Ⅰ．①新… Ⅱ．①马… Ⅲ．①校外教育－成果－汇编－房山区 Ⅳ．① G779.2

中国国家版本馆 CIP 数据核字（2023）第 134196 号

责任编辑：李晓晓
责任校对：张玉霞
责任印制：梅中英
出 版 者：方志出版社
地　　址：北京市朝阳区潘家园东里 9 号（国家方志馆 4 层）
邮　　编：100021
网　　址：http://www.zgfzcb.cn
发　　行：方志出版社图书营销中心（010-67110500）
印　　刷：北京开亚兰印刷设计有限公司
开　　本：889 毫米 ×1194 毫米　1/16
印　　张：25.25
字　　数：509 千字
版　　次：2023 年 6 月第 1 版
印　　次：2023 年 6 月第 1 次印刷
定　　价：220.00 元

《新时代房山校外教育的实践与创新
——北京市房山区校外教育研究优秀成果集》
编纂委员会

名誉主编：于海侠

主　　编：马连山

副 主 编：田立新　于　雷　张建良　魏　兴

编　　委：李　昂　张时海　高福禄　汪小力

　　　　　丛君敬　马小兵　任全学　宋铁成

责任编辑：田立新　魏　兴　李　昂

序

校外教育作为基础教育的有机组成部分，在未成年人思想道德建设和兴趣培养、能力提升、素质拓展等方面，发挥着重要而独特的作用，是促进学生全面发展、个性发展的重要阵地，是五育并举、协同育人的重要课堂，是发展素质教育、推动教育高质量发展的重要途径。

房山是首都教育大区，素有“人之源”“城之源”“都之源”的美誉。独有的历史文化底蕴，为房山孩子的成长提供了丰富的教育资源。近年来，房山校外教育深刻践行“志存高远、用心育人”工作理念，准确把握新时代教育改革新形势和新要求，主动探索郊区校外教育发展新思路和新模式。以“三个一”（培育一批创新项目，建设一批特色项目，发展一批精品项目）优质项目建设为驱动，以专业工作室建设为引领，以校外资源库建设为支撑，不断深化校外教育供给侧改革，有效增加“双减”背景下优质活动供给，全面创新兴趣小组活动、社团活动、群众活动、社会实践活动、游戏娱乐活动五大活动形式，着力打造科技节、艺术节、体育节、课外活动展演、区域教育实践资源圈五大活动平台。系统确立了以“一个理念——给孩子插上梦想的翅膀；两大目标——办成学生梦想的摇篮，办好人民满意的教育；三大策略——科技教育先行，做专做特；艺术教育延展，做广做深；体育工作点睛，做强做亮；四大布局——普及与提高并举，全面与特色并重，硬件与软件并行，校内与校外并轨”为要义的“1234”校外教育工作思路。整体构建了校内抓普及、校外促提高、育人重实践的“金字塔”式校内外融合育人模式。有力推动了校外教育少数向多数、技能向育人、规则向规律的转变，较好满足了学生对优质均衡多样校外教育的需求，成了全区学生综合素质提升的领跑人和学生受益终身的教育增长点，形成了符合房山实际、具有房山特色的“房山模式”和“房山经验”，走在了全市校外教育改革发展的前列。

我们都是奋斗者，我们都是追梦人。这本《新时代房山校外教育的实践与创新——北京市房山区校外教育研究优秀成果集》，收录了近五年来房山校外教育的理论与实践成果，包括课题研究、教育论文、活动案例和发表文章等共计 60 余篇，大部分成果曾获市级以上奖励或在市级刊物上公开发表。这些成果见证了全体教师潜心研究与锐意进取的奋斗历程，见证了房山区校外教育以教育科研助力供给侧改革的成果，见证了房山区学生活动管理中心教师队伍建设取得的辉煌成就。它凝聚着全区校外教育工作者的智慧和心血，传递着房山“校外人”的心声和梦想，抒写着新时代校外教育的意义和价值，必将鼓舞和鞭策我们继续守正创新担使命、行稳致远立新功。

强国必先强教，中国式现代化需要教育现代化的支撑。新的征程上，我们要深入学习宣传贯彻党的二十大精神，以习近平新时代中国特色社会主义思想为指导，不忘立德树人初心，牢记为党育人、为国育才使命，全面落实党的教育方针，坚持五育并举，融合育人，用高质量活动培养高素质学生，用高品质服务赋能高质量发展，努力办成学生梦想的摇篮，办好人民满意的教育，谱写房山校外教育新篇章。

房山区学生活动管理中心党支部书记、主任

2023 年 5 月

目录

论 文

案　例

课题开题报告

发表文章

新时代房山校外教育的实践与创新

论 文

——北京市房山区校外教育研究优秀成果集

整合 聚合 融合

——以“三个一”优质项目建设统领校外教育新发展

房山区学生活动管理中心　马连山

校外教育是素质教育密不可分的有机组成部分，是学生健康成长不可或缺的必要环节，在基础教育中发挥着不可替代的独特作用。新时代如何深化校外教育改革，创新校外教育管理，提高校外教育质量，办好人民满意的教育，促使我们深度思考，积极实践，主动作为，加快发展。结合房山校外教育近年来的探索与实践，对新时代校外教育管理改革与创新，谈几点认识和做法。

一、对新时代校外教育的几点认识

（一）新时代校外教育担负的使命

习近平总书记在2018年全国教育大会上指出，我国是中国共产党领导的社会主义国家，这就决定了我们的教育必须把培养社会主义建设者和接班人作为根本任务。北京市教育大会对习近平总书记关于教育的重要论述，落实立德树人根本任务，努力培养德智体美劳全面发展的社会主义建设者和接班人提出了明确要求和首善标准。新时代，我们需要什么样的人才，德智体美劳全面发展，缺一不可。校外教育改革与创新，只有牢牢抓住落实立德树人根本任务这个灵魂，才能肩负起时代赋予的崇高使命，培养一代又一代拥护中国共产党领导和我国社会主义制度、立志为中国特色社会主义奋斗终身的有用人才。

（二）新时代校外教育在素质教育体系中的地位

教育是一项系统工程，孩子更是一个个活生生的人，需要家庭、学校、社会各个方面共同努力，三者统一于育人，产生同向的作用力。作为社会教育范畴的校外教育，是素质教育不可或缺的重要环节，也是孩子健康成长和全面发展的必要途径。随着教育综合改革的深化和教育社会化、社会教育化进程，校外教育焕发了新的生机与活力。在落实立德树人根本任务、促进学生核心素养提升方面的育人功能更加凸显，其育人主渠道、主阵地地位也更加突出，已经成为素质教育的先行者、基础教育的参与者、改革前沿的引领者、创新实践的推动者、学校教育的同行者和家庭教育的牵手者。

（三）新时代校外教育机构的职能

本立而道生。与新时代校外教育的使命和地位相联系，校外教育机构的职能和角色需要进行深刻变革和调整。既不能墨守成规，也不能闭门造车，更不能随波逐流，要在继承中改革，在坚守中创新。当前，以“三个一”优质项目建设为主线，全市校外教育机构正在系统推进育人方式、办学模式、管理机制、保障机制改革，校外教育正在由少数向多数转变、技能向育人转变、规则向规律转变。在这个发展变化过程中，校外教育机构要牢牢坚持公益性原则，坚持以学生为中心，充分发挥活动育人、个性育人、实践育人功能和实践课堂、活动平台、育人阵地作用，发展和建设一批具有时代特色、符合学生身心特点的优质活动项目，主动构建校内外有机结合的协同育人机制，大力培育和践行社会主义核心价值观，引领和促进教育贯通发展和学生可持续发展，满足广大群众对优质、多样、均衡校外教育的需求和学生个性化发展需要。

二、深化新时代校外教育改革的几点做法

房山区学生活动管理中心是房山区唯一一所公益性、综合性未成年人校外教育机构，是全区未成年人兴趣培养、个性发展、能力提升的重要活动阵地。同时，机构还履行区教委校外教育办公室职责，担负着组织、研究、指导、服务全区中小学生美育、体育、科技教育和社会实践等课外、校外教育活动任务。

近年来，在习近平新时代中国特色社会主义思想指导下，我们深入落实“用心做教育，做心中有人的教育”理念，紧密围绕首都校外教育供给侧改革，深度聚焦学生核心素养提升，以中高考改革为引领，以“三个一”优质项目建设和“1234”（一个理念、两大目标、三大策略、四大布局）工作思路为统领，采取“整合、聚合、融合”的工作方法，不断深化机构改革，创新培养模式，提升活动品质，工作内容和领域涵盖了学生成长的方方面面，系统构建了“校内抓普及，校外促提高，育人重实践”的校内外协同育人机制和德智体美劳全面培养的大校外育人体系，服务和促进了学生综合素养全面提升和兴趣个性协调发展，引领和推进了全区中小学生美育、体育、科技教育和社会实践进程，在改革中探索出了一条具有房山特色、符合房山实际的校外教育创新发展之路。

（一）以“三个一”优质项目建设优化机构管理

基于对校外教育认识的不断加深和机构职能的逐渐清晰，我们在民主、科学制定房山区校外教育工作“十三五”发展规划的基础上，确立了建设全区中小学生课外、

校外教育活动中心、管理中心、指导中心、研究中心、服务中心和示范中心的功能定位。理清了组织、管理、指导、研究、服务全区中小学生美育、体育、科技教育和社会实践活动等十项具体职责任务。形成了以“一个理念——为孩子插上梦想的翅膀；两大目标——办成学生梦想的摇篮，办好人民满意校外教育；三大策略——科技教育先行，做专做特；艺术教育延展，做广做深；体育工作点睛，做强做亮；四大布局——普及与提高并举，全面与特色并重，硬件与软件并行，校内与校外并轨”为主要内容的“1234”校外教育工作思路，为新时代校外教育机构转型发展、内涵发展和高质量发展指明了方向。与机构职能任务相适应，我们有序推进了制度建设和管理方式改革。按照全市校外教育“三个一”优质项目建设要求，依据《北京市校外教育机构工作规程》，对机构章程、岗位职责、规章制度、考核评价等职责制度体系进行了系统调整和完善，并以“三个一”优质项目建设为统领，对管理模式和内设部门进行了优化和整合。通过活动项目与专业团队捆绑的方式，让活动真正成为管理的核心，让真正专业的人干更专业的事，构建了思路明确、职责清晰、制度完备、运行有序、分工协作、管理有效的机构管理运行体系。

（二）以“三个一”优质项目建设推进教师专业发展

教育的价值在于育人，而优秀的教师团队则是育人的根本动力和关键因素。在“四有”（有理想信念、有道德情操、有扎实学识、有仁爱之心）好老师和“四个引路人”（做学生锤炼品格的引路人、做学生学习知识的引路人、做学生创新思维的引路人、做学生奉献祖国的引路人）要求指引下，依据“三个一”优质项目建设标准，我们把“做学生素质提升的引路人，做教师专业发展的领跑人”作为机构教师队伍建设目标，全面实施“学理论、练技能、改课堂、提质量”的教师专业发展策略。以“三个一”优质项目建设为驱动力，以《少年宫书画小组强化中华优秀传统文化教育实践的研究》等13项“十三五”市级课外校外教育科研规划课题为引领，通过专家讲座、骨干论坛、文化讲堂、活动观摩、专业展评、宫际交流和“做幸福的少年宫人”等学习实践活动，努力建设、培养一支专家型、复合型的高素质专业化教师队伍。截至2018年10月，机构有8名教师被评为市、区级骨干教师，3名干部教师被聘为北京市校外教育专家指导型和创新实践型兼职教研员。在全市校外教育机构教师基本功展评、课外校外理论与实践论文评选、“三个一”观摩课评选等活动中，均取得突出成绩，教师的教育教学能力和教科研能力得到全面提升。作为市级“十三五”校外活动站教师培训基地，我们还充分发挥机构的辐射和引领作用，每年有计划地组织开展中小学校长科技、艺术素养培训和校外活动站教师指挥、书法、主持人、啦啦操等专业培训，全方位促进教师专业成长。

（三）以“三个一”优质项目建设整合育人资源

教育无边界，处处皆育人。我们把推进“三个一”优质项目建设与中小学生综合素质提升工程相统一，把“请进来”与“走出去”相结合，充分发挥机构的桥梁和纽带作用，持续深化与高校、企业、相关机构和专业团体的合作，统筹区域教育资源开发与利用。几年来，借助内部资源，建立了全区教育系统首个学生科技体验基地和21所中小学“书画艺术基地校”。同时，深挖社会资源，在全区评审认定了13家市级和15家区级中小学生社会大课堂资源单位。并以“三个一”优质项目建设为主线，以周口店北京人遗址博物馆、西周燕都遗址博物馆、房山世界地质公园博物馆、霞云岭堂上村没有共产党就没有新中国纪念馆等优质资源为圆点，规划建设了红色教育、地质教育、劳动教育、文化教育、科技教育和体育国防教育六大区域教育资源圈。“龙乡鼓韵”“周口店五小员”“四季小农庄”等一批极具房山特色的优质活动项目得到建设和发展。红色使命领航工程和“重走李四光之路”地质研究、“叩响京津冀，共筑成长梦”博物馆之春、“爱心绘，汇爱心”志愿服务等主题实践活动，进一步丰富了活动内涵，使系统多样的教育资源生动转化为体现活动育人价值的课程资源。

（四）以“三个一”优质项目建设提升育人品质

实践出真知，实践出人才，这是人才成长最根本、最管用的规律，教育就是要用生活的方法和活动的方式培养全面发展的人。培育一批创新项目，建设一批特色项目，发展一批精品项目，是全市校外教育的一次系统性改革和一项引领性工程。我们牢牢抓住这个重要发展机遇，准确把握《北京市校外教育“三个一”优质项目评价标准》这个关键核心，以宫本课程开发为前提，以传统文化项目为重点，以教师团队合作为保障，全面深化校外活动课程体系改革和学生学习方式、活动方式转变。在全区着力培育、建设和发展了炫彩书画社、龙武少年武术团、综合表达训练营等47项学生喜爱的优质活动项目。其中，富有地域特色的高跷、舞狮、中幡等“非遗”项目和京剧、快板、中国鼓等一批传统文化项目，较好满足了全区少年儿童，特别是农村地区孩子对优质、均衡校外教育的需求。以“三个一”优质活动项目为支撑，每年组织开展的学生科技节、艺术节、才艺大赛、传统文化教育成果展等30多项科技、艺术活动，以及武术、健美操、乒乓球等近30项体育竞赛活动，更是为学生全面发展搭建了丰富多彩、参与广泛的实践展示平台。随着“三个一”优质项目建设的深入推进，全区校外教育活动品质得到大幅提升，多个活动项目取得了突破性成果。其中，武术精品项目已连续三年在全国青少年宫武术比赛中获得团体总分前三名，成了我们的传统拳头项目。青少年未来工程师博览与竞赛项目，多次在全国总决赛中取得一等奖。房山区良乡四小金帆艺术团和窦店中心小学、良乡四小、良乡中心小学、城关第二小学、房山第五中学5所金帆书画院等一批市级高水平学生社团也相继争创成功。

（五）以“三个一”优质项目建设创新育人机制

生活即教育，社会即学校，教学做合一。教育需要家庭、学校和社会有机结合，融通发展，形成合力，协同育人。“三个一”优质项目建设既是深化校外教育供给侧改革的重要举措，也是促进校外教育与学校教育、家庭教育协同育人的主动探索。项目建设中，我们针对学生需求和郊区实际，遵循教育规律和人才成长规律，有效利用机构自身资源和覆盖全区的38所乡村少年宫、乡镇活动站，以兴趣小组活动和15个区级精品社团为依托，全面加强了中小学课外活动管理、指导与服务，把“三个一”优质项目建设有机贯穿于学生课外、校外教育全过程，京剧、民乐、书法、足球、3D打印等200多项活动在全区中小学得到普及和贯通发展。我们还创造性地建立了中小学课外活动师资准入机制，通过每年集中培训与考核，组建了一支2200余人的校外教师动态资源库，有力保障了中小学课外活动计划全面落实和“三个一”优质项目建设师资需求。通过实施“未来科学家培养计划——千名创新人才项目”，我们在创新人才培养机制、拓展人才培养途径方面也进行了有益尝试。项目实施两年来，共有1216名学生入选授权培训，提交专利申报700余项，已有418项成果取得国家发明专利，多项成果在国际发明展会上获奖并被企业收购。校内抓普及，校外促提高，育人重实践，以立德树人为根本目标、体现终身发展育人价值的校内外协同育人机制基本形成，全面育人、全程育人、全员育人合力不断增强，校外教育工作正在成为学生综合素质提升的领跑者和区域教育品质提升的增长点。

满足广大群众对优质校外教育的需求，是我们永恒的追求。在校外教育改革的征程上，我们将以更加开放的姿态、更加务实的精神、更加深厚的情怀，不断推进校外教育理论创新和实践创新，让每一个孩子在无比丰富的活动中充分发展、快乐成长，用心编织孩子梦想的摇篮。

新时代校外教师队伍建设内涵式发展策略初探

房山区学生活动管理中心　田立新

【内容摘要】党的二十大提出了加快教育强国、科技强国、人才强国建设战略部署，校外教育肩负着更加神圣的责任和使命。房山区校外教育以“为党育人”“为国育才”为初心使命，以教师队伍建设需要为切入点，积极探索新时代校外教师队伍建设内涵式发展的新思路、新策略，促进教师队伍建设高质量发展，为房山区教育事业提供人才支撑。

【关键词】新时代　校外教育　教师队伍　内涵式发展

一、新时代呼唤校外教师队伍建设实现内涵式发展

习近平总书记在党的二十大报告中指出，当前，世界百年未有之大变局加速演进，新一轮科技革命和产业变革深入发展，国际力量对比深刻调整，我国发展面临新的战略机遇。在全面建设社会主义现代化国家，实现中华民族伟大复兴的征程中，我们要坚持教育优先发展，加快教育强国、科技强国、人才强国建设。强教必先强师，培养高素质教师队伍是教育强国的基础。校外教育作为基础教育的重要组成部分和素质教育的重要环节，与学校教育形成“一体两翼”的协同育人格局，在促进教育高质量发展中发挥着重要作用。在新的教育发展形势下，校外教师队伍建设必然从注重规模效应的“外延式”发展方式转向注重教师素质提升的“内涵式”发展方式上来。

二、校外教师队伍建设内涵式发展的基本内涵

教师是履行教育教学职责的专业人员，承担教书育人、培养社会主义事业建设者和接班人、提高民族素质的使命。建设一支政治素质过硬、业务能力精湛、育人水平高超的高素质专业化创新型校外教师队伍是对新时代校外教育发展的必然要求，也是教师队伍建设的工作目标。教师专业化是指教师在整个职业生涯中，通过专门训练和

终身学习，逐步习得教育专业的知识以及技能，并在教育专业实践中不断提升自身的从教素质，从而成为一名合格的专业教育工作者的过程。新时代教师队伍建设的内涵式发展的价值追求是在教师专业化发展的进程中，不断提升教师队伍的创新精神和整体素质，全面贯彻党的教育方针，落实立德树人根本任务，培养德智体美劳全面发展的社会主义建设者和接班人，为党育人、为国育才。

三、当前，我区校外教师队伍专业发展存在几点问题

（一）教师队伍断层现象严重。教师队伍整体年龄偏高，青年教师比例偏低，教师队伍年龄结构不够合理。

（二）教学观念相对保守。部分教师满足于专业知识和专业技能的教学，而忽视了现代教育理论的学习和提高。

（三）知识结构不尽合理。专业本体性知识更新慢、条件性知识欠缺，实践性理论水平不高。

（四）教学方法单一。部分教师偏重于讲授式、习练式教学，教学方式单一，缺乏自主、合作、探究教学方式的合理运用。

（五）专业能力有待进一步提高。部分教师专业能力不够全面、教育教学综合能力提高缓慢，尤其跨专业教学能力不足。

四、房山区校外教师队伍建设内涵式发展的初步探索

教师承担着传播知识、传播思想、传播真理的历史使命，肩负着塑造灵魂、塑造生命、塑造新人的时代重任。因此，校外教师队伍建设关系到校外教育质量的提高，关系到整体育人水平的提高，关系到教育强国建设进程的推进。校外教师队伍建设内涵式发展探索从实践层面主要包括发展内容和发展路径两个方面，创新队伍培养模式，不断优化队伍结构，提高人才素质质量，其本质是质量的提高。在本文中笔者仅从教师专业发展的内容方面做初步思考与探索。新时代校外教师队伍建设应着重从专业品质、专业知识、专业技能等三个方面加以学习和修炼，将新时代校外教育发展的新要求、新特点、新趋势融入教师专业发展之中，并通过“学习、实践、反思”，以及“再学习、再实践、再反思”的螺旋式的实践探索，不断提高校外教师队伍的专业化水平，实现校外教师队伍建设内涵式发展。

（一）不断提高校外教师队伍专业品质

专业品质又称专业精神、专业道德，专业品质的强弱是体现一个专业成熟程度的社会心理和伦理标准。主要包括思想信念、职业道德、专业发展以及合作交流等四个

方面。教师的专业品质，首先体现在思想信念方面。校外教师要深入学习习近平新时代中国特色社会主义思想，学习贯彻《关于新时代加强和改进思想政治工作的意见》，坚持马克思主义立场，坚定社会主义育人方向，加强中华优秀传统文化、革命文化、社会主义先进文化学习，坚持“四个相统一”（坚持教书和育人相统一，坚持言传和身教相统一，坚持潜心问道和关注社会相统一，坚持学术和学术规范相统一），增强“四个意识”（政治意识、大局意识、核心意识、看齐意识）、坚定“四个自信”（道路自信、理念自信、制度自信、文化自信）、做到“两个维护”（坚决维护习近平总书记党中央的核心、全党的核心地位，坚决维护党中央权威和集中统一领导），引领学生树立正确的历史观、民族观、国家观、文化观，增强文化自信，当好学生的“四个引路人”。其次，体现在职业道德方面。校外教育教师要模范履行《中小学教师职业道德规范》《新时代中小学教师职业行为十项准则》，爱岗敬业、为人师表，以德立身、以德立学、以德施教、以德育德，坚持教书与育人相统一、言传与身教相统一、潜心问道与关注社会相统一、学术自由与学术规范相统一，争做“四有”好老师。再次，体现在专业发展方面。校外教师要深入学习中共中央办公厅、国务院办公厅《关于进一步减轻义务教育阶段学生作业负担和校外培训负担的意见》和学科课程标准，更新教育观念，投身教育改革，参与校内课后服务，创新思维方法，加强自我反思，强化终身学习观念，跟踪专业前沿发展的最新成果，将成果及时转化为教育教学的实际效果。以先进的教育思想，科学教育方法，高度的智慧创造优异的教育教学成绩。最后，体现在合作交流方面。合作交流是校外教师专业成长的重要的策略和途径。校外教师在自主研修的基础上，要充分利用同伴互助、小组协作、师徒帮带、家校共育、线上线下、集团教研、区域联盟等团队合作形式，探索校外教育的新挑战、新问题、新课题，破解制约校外教育发展的瓶颈和难题，不断提升自身的教育教学能力。

（二）不断完善校外教师队伍专业知识结构

专业知识是专业的基本要素。主要包括对是什么、为什么和怎样做的知晓，包含知识和能力的含义。教师专业知识是伴随着教育形势的发展和学生成长需求而不断迭代更新的，专业知识结构的不断丰富和完善是教师专业发展的重要内容之一。从国家制定的专业标准来看，教师的专业知识主要包括学生知识、课程知识、学科知识、教育理论知识、知识素养等。一是学生知识。教育的根本目的就是促进学生全面健康地发展。教师要以生为本、热爱学生。热爱每一位学生，关心爱护每一位学生，建立和谐融洽的师生关系。尊重每一位学生。依据多元智能理论，每一位学生都具有自身的智力优势，不同学生之间存在着智力差异，老师要把智力差异作为教育的重要资源，因势利导、因材施教，为每一位学生创造学习成长的空间和舞台。关注学生自身的生活经验和文化见解，建构主义教学论认为学习是学习者主动建构的过程，教师要基于学生已有知识和经验基础，创设真实的学习情境，引导学生进行知识意义的自主建构。二是课程知识。课程是教育的核心因素，是学生通过学习实现成长的桥梁，教师不仅需要知道教什么，还要知道为什么教和怎么教。教师要认真学习《义务教育课程方案和课程标准（2022 年版）》，以学科核心素养培养为导向，关注学生的学习需求，积极开发课程资源，加强学科课程建设，深化课堂教学改革，优化教育教学方式，合理运用多元评价方式，构建充满生命活力的生态课程体系，充分发挥课程育人的作用和优势。三是学科知识。熟悉本学科的基本内容，跟踪学科前沿发展成果，博览姊妹学科知识，不断完善学科知识结构，积极开展跨学科主题教学活动，培养学生创新精神和实践能力。四是教育理论知识。即教育学和心理学知识。教师要不断学习教育学和心理学理论知识，研究学生成长规律和教育教学规律，不断地丰富和提升自身教育理论水平，遵循教育规律开展教育教学活动。五是知识素养。教师要学习和掌握现代科学文化知识，加强中华优秀传统文化、革命文化、社会主义先进文化的学习，不断提高获取知识、更新知识的能力，提升自身的文化素养、科学素养、艺术素养，以美育人，以美化人，以美润心，以美培元。

（三）不断提高校外教师队伍的专业技能

教师专业内涵发展的第三点就是专业技能，专业技能水平的高低决定了教育教学质量的高低，这是教师专业能力的具体表现，主要包括课程开发技能、教学设计技能、教学实施技能、组织管理技能、反思技能、信息化教学技能等方面。课程开发技能是校外教师一项核心的专业技能。教师要依据学科课程标准，结合学生的年龄特点，围绕学科核心素养，密切联系自然、社会与生活，突出学生的经历和体验，着力培养学生分析问题、解决问题的能力，与学生共同探索开发课程。教学设计技能，即依据教学设计基本原理，围绕教学目标、教学内容、教学活动、教学方法、教学资源、教学评价、课后作业与辅导等内容设计教育教学活动方案的能力。教学实施技能主要是指教师基于教育教学活动方案并在教学动态生成过程中营造学习情境、利用教学资源、开展教学活动、组织教学评价等方面的技能。组织管理技能主要指学习兴趣的激发、有效沟通交流、活动组织管理、突发事件处理等方面的技能。反思技能是指教师对教育教学实践的再认识、再思考，总结经验教训，进一步提高教育教学水平的技能。信息化教学技能主要包括教师利用现代信息技术开发整合教学资源、进行教学设计、开展信息化教学的技能，信息化教学能力已成为当今教师的核心能力。

百年大计、教育为本；教育大计、教师为本。在新的教育征程中，我中心将以培养“有理想、有本领、有担当”时代新人为目标，加快校外教师队伍建设内涵式发展的步伐，编织学生快乐成长的梦想摇篮，谱写房山区校外教育发展的新篇章。

参考文献：

[1] 习近平．高举中国特色社会主义伟大旗帜 为全面建设社会主义现代化国家而团结奋斗——在中国共产党第二十次全国代表大会上的报告 [M]，北京：人民出版社，2022．

[2] http://www.moe.gov.cn/jyb_xxgk/moe_1777/moe_1778/201801/t20180131_326144.html

[3]《关于进一步减轻义务教育阶段学生作业负担和校外培训负担的意见》……https://www.gov.cn/zhengce/2021-07/24/content_5627132.htm

[4] 周超．“共生型”校园高质量内涵式发展的升级与重塑 [J]．教学与管理，2022（35）．

[5] 袁爱媛，武林生，刘宴兵．新时代高校内涵式发展的多元协同体系研究 [J]，重庆高教研究，2023（1）．

新时代党建思想
引领房山校外教育新发展的可行性思考

房山区学生活动管理中心 于 雷

【内容提要】党的二十大报告指出，“要办好人民满意的教育，全面贯彻党的教育方针，落实立德树人根本任务，培养德智体美劳全面发展的社会主义建设者和接班人，加快建设高质量教育体系，发展素质教育，促进教育公平”。房山校外教育进入新时代以来，在组织架构、职能定位、工作机制和资源统筹等方面出现了新变化、新形势。党和国家的育人目标，对未来一个阶段的房山校外教育发展提出了新任务与新要求。本文以房山校外教育发展需要解决的问题为切入点，对新时代背景下如何以党建思想引领房山校外教育发展进行了思考与设想，旨在为房山校外教育发展提供工作新思路，为区域教育整体发展提供可行性研究途径。

【关键词】党建思想 引领 房山校外教育

“坚持党对一切工作的领导，才能在更高水平上总揽全局、协调各方，更好地发挥领导核心作用。”房山校外教育进入新时代，要取得新发展、新成就，必须以习近平新时代中国特色社会主义思想和先进的教育理论为指导，准确把握新时代背景下，房山校外教育面临的新任务与新要求，发挥党在校外教育中的领导作用和组织功能，坚持党建思想领航的工作思路，整体推进我区校外教育发展。

一、党建视角下的房山校外教育发展新问题与分析

近年来，房山校外教育克服多重困难，取得了历史性成绩，站在了新的历史起点。新时代背景下，房山校外教育应站在“为党育人、为国育才”的新高度，站在推动区域教育优质发展、助力首都教育现代化进程的新任务面前，以党建思想来审视校外教育发展的新问题与新要求，寻求破解发展难题的思路与途径。

（一）党建视角下的房山校外教育组织架构体系还不健全

在功能定位与职能职责层面，我区校外教育的工作组织架构体系还没有完全形成

管理闭环。一是各级各类（包括社会培训机构）校外教育组织的统筹管理架构不集中，审批、管理、培训、评价、监督等职责分散，党组织集中管理、统筹协调的作用发挥不明显。二是各级各类校外教育组织在育人方向、育人思想、教育过程上缺乏统筹与监督，坚持为党育人、为国育才的任务、学生全面发展的教育目标、实践学习与理论结合的教育思想零散、片面。三是专业的校外教育公益性组织和机构数量匮乏，不能满足区域内全体学生的全面发展和个性发展需求；类似中央音乐学院附中、京源学校等专业化学生成长成才的专科、专业学校缺失，专业人才培养渠道不健全。

（二）党建视角下的房山校内外融合育人机制还不完善

在校内外课程育人、全面育人和协同育人的层面上，我区校内教育与校外教育还没有完全融为一个有机育人的整体。一是校内外融合育人的思想共识有待提升，发挥校内、校外的党组织合力还不突出，干部教师融合育人思想还没有完全统一，缺乏各党支部的共创共建机制。二是集团化贯通式培养缺乏学段、学校之间的上下有效衔接机制，各支部之间总体顶层设计职能体现不充分。三是校内各学段与校内外教育的整体规划、课程设置和教改创新的机制不完善，党组织统筹协调的作用不明显。

（三）党建视角下的房山校外教育优质资源利用还不充分

在校外活动场所布局、师资队伍建设、成长平台搭建的层面上，我区对校外教育优质资源的利用还不充分。一是校外实践活动场所布局分散，各资源单位的学习内容零散，缺乏系统梳理、系统规划，党支部力量分散，党组织的统筹作用不明显。二是专业校外师资队伍数量不足，兼职学校的外聘校外教师教育理念陈旧、方法单一，对党的教育方针和教育目标任务把握不准确，专业化水平还不能完全满足青少年学生发展需求。三是搭建学生全面成长和专业化成长的平台资源匮乏，具有房山特色的高端素质教育项目平台和活动平台少，承办国家、市级顶级青少年的展演赛平台还没有形成。党组织建设对校外教育优质资源供给的功能作用发挥得还不充分。

二、党建思想领航房山校外教育发展的重要意义

“教育是国之大计、党之大计”是新时代党和国家关于教育地位和作用的新论断。校外教育是教育的重要组成部分，与学校教育是有机整体，以党建思想引领房山校外教育发展，其意义主要体现在以下三个方面。

第一，坚持党建思想领航是房山校外教育始终坚持党的领导，把握育人方向，进一步明确“培养什么人、怎样培养人、为谁培养人”，落实立德树人根本任务的重要思想法宝。

第二，坚持党建思想领航是房山校外教育培养专业化人才和德智体美劳全面发展的社会主义建设者和接班人的重要方法手段。

第三，坚持党建思想领航是房山校外教育不断自我革新，实现办好人民满意的教育、促进区域教育整体发展、助力首都教育现代化进程这一教育目标的重要动力保障。

三、党建思想引领房山校外教育新发展的思考与设想

（一）总体思路

以习近平新时代中国特色社会主义思想为指导，全面贯彻落实新时代党的教育方针，坚持党建思想领航，创新基层党组织建设渠道与载体，构建校内外融合育人工作新格局。突出党组织在一线统筹规划与协调保障的作用，以培育优秀的社会主义核心价值观和思想道德品质为核心，以提升学生综合素养为重点，完善校内外共同体式融合育人新机制，打造优质校外教育资源供给体系，提升育人品质，在发展中育新机、谋新局、开新篇。

（二）总体目标

1．开创校内外知识结构联通、能力素养贯通、教育资源融通的共同体式育人新局面。

2．探索覆盖领域全面、特色亮点突出、成绩效果显著的校外教师工作室新模式。

3．架设适宜全员普及、特长培养多元、形式丰富多彩的区块链式资源新平台。

（三）具体实施策略

1．构建以联合党支部为核心的共同体式校内外融合育人新格局

至2022年底，我区集团化办学、学区化办学规模初步形成，各校之间的教育教学理念与管理机制逐渐并轨。但对校外教育而言，集团化教育合力、学区化教育合力与校外教育的融合，还停留在单个学校层面，还没有将校外教育统一到一个教育集团的教育发展理念和教育发展规划之中，在校内外融合育人的格局上还比较零散。

构建以联合党支部为核心的共同体式校内外融合育人新格局，就是要发挥教育集团、学区统领教育合力的作用，把集团内、学区内的所有学校的校外教育与学管中心做统筹规划，在把握党的教育方向、课程师资建设、资源开发利用等方面进行顶层设计；在组织建构、机制运行、计划实施等方面协调一致，发挥教育合力。充分发挥党组织在凝聚共识、统筹协调方面的作用。联合党支部可设在集团化、学区化的某所学校内，也可设在单个学校，为所在乡镇、街道学生和周边乡镇学生服务，以学管中心××分中心联合党支部的组织形式开展工作。如城关教育集团，可在城关一小设置学生活动分中心，为城关地区所有学生提供服务；如琉璃河中心校，可设学生活动分中心，为

琉璃河、水泥厂、南召区域内学生提供服务。通过这一共同体式联合党支部形式，强化校内外融合育人合力，构建校外教育发展新格局。

2．建立以联合党小组为基础的校外教育发展支撑

在共同体式联合党支部基础上，建立分中心的联合党小组。党小组以校外教师工作室的形式开展校内外融合教育。将部分学管中心职能赋予党小组，由党小组指导校外教师工作室，把握育人方向和校外教育内容，协调组织实施校内外课程、资源、师资、项目等，打通专项人才培养壁垒，服务学校素质教育和特色文化建设，开创校外教育工作新模式，为房山校外教育新发展提供支撑。

3．建立以联合党小组为基础的校内外融合教育机制

一是在联合党支部领导下，联合党小组要深化课程融合机制。总揽校内外各学科课程，统筹教育资源，系统开发编创符合学生成长、符合学校发展的校内外共同体式课程。始终把握社会主义育人方向，搭建校内外课程衔接机制框架，在课程目标、内容、计划上保持一致性、延续性和系统性，促进学生可持续发展。

二是在联合党支部领导下，联合党小组要深化渠道融合机制。研究制定集团化办学模式下和学区制办学模式下专业人才贯通式培养的机制框架，解放思想，打破特长生培养在中心的思维定式，树立学校即是中心、集团即是中心的校外思想，发挥校外教育资源优势，把真正有特长的学生从小培养，全学段培养，筑起多点金字塔培养模式，形成群效应，为党育人。

三是在联合党支部领导下，联合党小组要深化群体融合机制。以校外教师工作室模式构建校外教育人力资源保障体系，以校内专业教师为主导，校外外聘教师资源库为补充，构建完整的校内外优秀师资队伍。将学段教师、特聘专家、外聘教师和优秀学生家长统筹组织起来，在课程开发与实施、特长培养、家校共育等方面不断拓宽职能与育人途径，充分发挥群体融合育人合力。

四是在联合党支部领导下，联合党小组要深化资源融合机制。加强资源圈建设，盘活现有资源存量，提速优质资源增量，促进资源圈综合性、动态性、开放型建设。通过工作室模式融合教育目标与教育内容，坚持社会主义核心价值观教育和立德树人这一教育根本任务，形成系列教育活动，开展创新性实践，为国育才。

五是在联合党支部领导下，联合党小组要深化平台融合机制。架设起适合全员普及，特长培养多元，符合学生身心特点的区块链式新平台，不断拓展校外教师工作室模式与职能，统筹整合人力、物力和途径载体，形成能够适合全员普及与特长培养的教育单元群，即工作室群。工作室群共享教育理念、教育内容、教育资源和教育机制，为每一名或某一群体（如社会）的成长发展提供线上或线下优质服务，架设起符合学

生个性发展的区块链式新平台。

四、需要注意的几个问题

（一）坚持党建思想领航，需要遵循的三个原则

一是要遵循高端站位、谋划全局的校外发展思想先进性原则。

二是要遵循统筹协调、全面推进的校外发展轨迹科学性原则。

三是要遵循创新驱动、特色领先的校外发展品牌创新性原则。

（二）坚持党建思想领航，需要树立的三种观念

一是要坚定社会主义教育方向和人才培养目标，树立人才观。把校内外教育目标统一到培养社会主义建设者和接班人这一终极高度上来，提高思想认知，强化目标引领，推进教改实践，完善机制保障。

二是要把握面向全体、全面发展的素质教育价值取向，树立教育观。充分发挥党组织政治核心和党员先锋模范作用，加强校内外教育理论研究，以多种方式带头武装教育思想，提升联合党支部决策层和党小组执行层的干部教师思想水平，更好地把握教育规律。

三是坚持立德树人的根本任务，树立发展观。立足教育使命，拓宽基层党组织建设途径，把握时代发展变革与教育发展关系，明确校外教育发展趋势，准确研判发展方向，把握学生成长规律和优质教育供给关系，树立学生发展观。

参考文献：

[1] 习近平. 高举中国特色社会主义伟大旗帜 为全面建设社会主义现代化国家而团结奋斗——在中国共产党第二十次全国代表大会上的报告 [M]，北京：人民出版社，2022.

[2] 习近平. 思想课是落实立德树人根本任务的关键课程 [J]. 求是，2020（17）.

打造“三带头、三服务”品牌践行使命做贡献

房山区学生活动管理中心　张建良

一、研究背景

校外教育系统党组织建设普遍存在组织建设不力，活动难以开展，作用难以发挥等问题的困扰。为进一步破解校外教育党建工作存在的难题和瓶颈，增强校外教育党组织的凝聚力和党员的归属感，房山区学生活动管理中心党支部将“三带头”“三服务”的理念融入基层党建工作。支部组织全体党员和教职员工以实际需求为导向，于2017年7月开始开展“三带头”“三服务”活动。以带头学习，带头科研，带头示范；服务学校，服务家长，服务社会等手段加强校外教育党建工作的新路径。在党支部的坚强领导下，坚持以党建工作为引领，打造“三带头、三服务”品牌。倾力推进“三个一”优质项目建设，着力丰富课外校外教育活动内容，大力拓宽实践育人渠道，校内外融合育人合力不断增强，教育活动品质和学生综合素质得到快速提升。促进了学管中心党建工作的不断创新和发展。

二、具体做法

（一）抓党建品牌“三带头”“三服务”推进，促校外教育发展

学生活动管理中心近年来始终把党的政治建设摆在首位，紧紧围绕立德树人这个根本任务，牢牢抓住“培养什么人、怎样培养人、为谁培养人”这个根本问题，不断增强党员干部和教职工的政治责任感和历史使命感。在活动策划、资源认定、课程审定、社会实践、文化宣传和队伍建设等领域，大力培育和践行社会主义核心价值观，用习近平新时代中国特色社会主义思想培根铸魂。针对校外教育特点和优势，聚焦党员先锋模范作用发挥，不断深化“三带头”“三服务”党建品牌和党员岗位创优机制。以“三个一”优质项目建设、基本功展评、市级公开课为载体，引领党员带头学习、带头科研、

带头示范。以下校指导、家长课堂、社区报到为途径，引领党员服务学校、服务家长、服务社区。充分发挥了校外教育活动育人、个性育人、实践育人功能和实践课堂、活动平台、育人阵地作用，协调促进了党建工作与业务工作融合发展。金帆艺术团主创团队被区委教育工委评为第三届“最美党员集体”。

（二）以“不忘初心、牢记使命”为主题开展带头学习、带头科研、带头示范体系建设

1．创新带头学习形式。在第二批“不忘初心、牢记使命”主题教育中，结合校外教育实际，以讲一次专题党课、参加一次志愿活动、为身边群众办一件实事好事、召开一次专题组织生活会为基本载体，创新教育形式，丰富学习内容，注重教育实效。先后组织党员和教职工观看了大型文献专题片《我们走在大路上》，参观了“伟大历程，辉煌成就——庆祝中华人民共和国成立70周年大型成就展”，并赴香山革命纪念地瞻仰学习。通过集体读书、专题辅导、研讨交流、专题党课等扎实的理论学习，深入学习习近平新时代中国特色社会主义思想，锤炼忠诚干净担当的政治品格。

2．落实带头科研项目。党支部经过多次会议研磨，把“三个一”优质项目建设为载体和标志，全体党员干部教职工在育人方式、办学模式、课程体系、管理机制、保障机制等方面积极响应。按照“突出育人本质，弘扬传统文化，体现专业关联，让每一位学生获得充分发展”的项目建设思路，一批传承中华文化、具有时代特征、富有地域特色、符合学生特点的优质项目得到培育和发展，校外教育供给内容更加丰富，学生个性化学习需求得到更好满足。依据“三个一”优质项目建设标准和评价标准，20个项目被认定为区级优质项目，其中2个创新项目、3个特色项目、1个精品项目被评为市级优质项目，体现并代表了全市和房山校外教育现代化水平。编印的《房山区校外教育“三个一”优质项目建设成果集》，在全区中小学进行了推广。单位被授予“三个一”优质项目评选活动优秀组织奖，并作为全市5个典型之一，在北京市“三个一”优质项目推广会上做大会发言，得到市教委领导的高度评价。

3．发挥带头示范引领。全体党员在高素质、专业化、团队化发展方向和“做学生素质提升的引路人，做教师专业发展的领跑人”发展目标的指引下，深入实施“学理论、练技能、改课堂、提质量”的专业发展策略。以“十四五”市级规划课题为支撑，组织开展了专家讲座、专题教研、骨干教师论坛、党员案例展评、教育随笔、宫际交流、写生采风等专业教研活动，高质量完成了13项市级课题区级结题工作。整理编印了《房山区校外教育研究优秀成果集》和系列宫本教材，党员队伍的理论素养、专业水平和教学能力得到快速提升，一批业务骨干和项目核心教师脱颖而出，多人次在市级评比中获奖并做典型发言，被评为北京市校外教科研先进集体。2020 年 7 月，我们又作为全市 4 个区之一，承担了“北京校外教育供给侧改革路径研究”国家级课题子课题的研究任务，目前已顺利开题。

（三）以“思想自觉、行动自觉”为主题开展服务学校、服务家长、服务社区体系建设

1．指导服务基层学校。通过党员示范岗、承诺践诺、工作室建设、课外辅导等实践活动，不断增强守初心、担使命的思想自觉和行动自觉。

每周有计划地安排党员教师深入活动站和中小学进行课外活动指导和检查，主动为全区中小学课外校外教育活动提供专业指导和精准服务，重点推进金帆团、金帆书画院等高端艺术社团建设与管理。通过暑期分类培训与考核，一支 2300 余人的动态资源库为全区中小学课外活动提供了充足的师资保障。同时，面向全区中小学干部教师，有针对性地开展了科技、艺术素养培训，并承担了全区初中开放性科学实践活动任务，充分发挥了辐射和引领作用。

全区课外校外教育活动数量和品质大幅提升。依托全方位的中小学课外活动指导，狠抓普及基础上的提高和高水平的普及。合唱、器乐、书法、足球等 200 多项课外活动在全区中小学得到深度普及与贯通发展。京剧、快板、中国鼓等传统文化项目和高跷、舞狮、中幡等区域“非遗”项目深受学生喜爱和社会关注。一批特色活动形成规模，一批高水平社团榜上有名，一批拔尖人才脱颖而出。特别是在 2019 年北京市阳光少年艺术节市级展演中，取得了 3 个金奖、4 个银奖、1 个铜奖的突破性成绩。舞蹈社团还参加了 2020 年房山区春节百姓大联欢演出。党员的服务基层学校意识进一步得到加强。

2．服务社区率先垂范。疫情就是命令，防控就是责任。面对突如其来的新冠肺炎疫情，我们坚持把师生的生命安全和身体健康放在第一位，把疫情防控作为当前最重要的工作。特殊时期，特殊任务，使命光荣，义不容辞。在这场战“疫”中，支部全体党员不讲条件，不提困难，不惧风险，积极参加“上一线、做贡献”社区防控工作，没有一人迟到，没有一人缺席。党员干部更是率先垂范，冲锋在前。自 2020 年 2 月至疫情结束，已有 36 名干部教师参加了区委教育工委、区教委组织的 19 个批次社区防控工作任务。支部组织党员连续 13 周对接拱辰街道社区闫村镇，开展“周末上一线、值守做贡献”活动，累计参与党员 212 人次。此外，还有 38 人次主动支援居住社区的防控工作，多名教师参加了区教委和单位防控统计工作。从寒冬到酷暑，参加社区值守的同志克服了种种困难，与社区工作人员一同检查出入证件、测量体温、下户核查、宣传服务，用心用情为群众服务，用扎实的工作为社区居民构筑了一道健康安全防线，展现了学管中心人危难时刻的责任担当和家国情怀，让党旗在防控疫情斗争第一线高高飘扬。

3．服务家长。在不断提高党员政治站位、业务水平和管理能力的同时。着力抓好党员为家长服务的能力。积极探索推动激发服务活力的动力机制和师德建设长效机制。制定了家长开放日，装修了家长休息室，建立了家长联系群，组织开展了师德征文、“德艺双馨”师德榜样评选等教育实践活动，为推进服务家长提供了坚强有力的思想和组织保证。每学期都开展家长问卷调查，把反馈会的问题集中解决。切实推动了工作作风的转变，赢得了家长的信任。

生活就是教育，停课不能停学。由于受疫情影响，2022 年第二学期的教育教学活动未能按计划开展。但广大党员干部教师始终保持战时工作状态，坚持疫情防控不松懈、业务工作不停歇。活动、培训部门充分发挥专业优势，利用网络平台联系学生家长，做好线上活动指导，要求家长对学生进行防控知识、生命健康、社会责任、生活垃圾分类宣传教育和活动指导、心理疏导。组织家长参与了“众志成城、抗击疫情”书画创作、“为英雄喝彩、武汉加油”诗歌朗诵、“锻炼每一天”等网络展示活动，暑期还面向全区中小学生及家长组织开展了云游祖国线上夏令营等活动。

三、成效凸显

（一）基层党组织战斗堡垒作用不断增强

通过党员“三带头”“三服务”推进，促进了校内外有机协同的“金字塔”式学生特长爱好培养模式全面构建。以深化和推广“三个一”优质项目为纽带，以 150 多个兴趣小组和 15 个区级精品社团为基础，各类兴趣小组和社团每周直接培训学生 2000 余人次，各项群众性活动覆盖全区中小学生。

（二）房山校外教育的独特魅力不断显现

通过党员“三带头”“三服务”推进，拓展了学生家校学习空间，促进了基层学校学生学习方式转变，构筑了校外教育发展的新生态。市教委体卫艺处和北京学生活动管理中心领导就此进行了专题调研，对房山校外教育的工作理念、培养模式和经验成效给予充分肯定和高度赞赏。

（三）基层学校、学生家长满意度不断提升

通过党员“三带头”“三服务”推进，提升了党建统领、综合服务水平。拉近了与基层学校、学生家长的距离。以前学校、家长反馈的问题，一事一协调，一个部门解决不了，不信访或者到教委那里就解决不了。目前，对于学校、家长反映的问题都

能够统筹，能够协调，能够解决。问题一出现就能够在源头上解决。真正打通了联系学校、家长的“最后一公里”。

四、思考启示

面对改革的机遇与挑战，面对疫情的冲击和影响，我们深刻反思，从容应对。在开展“三带头”“三服务”的品牌创建中，主动探索校外教育党建工作的新模式、新途径，取得了显著的工作业绩，同时也深有启发。

（一）党员业务水平及服务意识显著提升

在“三个一”项目中，在“治理有我、健康强国”主题劳动活动、“共产党员献爱心”活动、“党员消费扶贫”等活动中，带头学习、带头实践，服务于社会、服务于家长。进一步增强了广大党员的宗旨意识和“主人翁”意识，进一步增强了广大党员的社会责任感，为打赢脱贫攻坚战献出每一名党员的微薄之力，充分发挥了先锋模范作用。

（二）党员的家国情怀进一步升华

随着党员“三带头”“三服务”的活动推进，从教育实践中汲取了智慧和力量，拉近了党组织与党员、群众的距离，密切了党群干群关系，特别是在此次疫情中，广大党员生动演绎了我单位在共同抗疫过程中对党忠诚、无私奉献的感人事迹，充分展现了中国共产党领导和中国特色社会主义制度的强大政治优势，广大党员的表现坚定了群众跟党走的信心和决心，增强了党组织的创造力、凝聚力和战斗力。

（三）党建品牌建设是事业发展有效的助推器

随着“十四五”规划的出台，我们将深入学习贯彻党的二十大精神，以习近平总书记关于教育的重要论述为指导，科学制定房山校外教育“十四五”发展规划。完善党建品牌“三带头”“三服务”体系建设，使之成为事业发展有效的助推器，扎实推进校外教育改革，育新机，开新局，努力构建具有房山特色的校内外融合育人机制，促进学生德智体美劳全面发展。充分发挥党员先锋模范作用，为房山校外教育的长足发展做出我们的贡献。

浅析“翻转课堂”教学模式在房山区校外健美操课程中的应用

房山区学生活动管理中心 马连山 边大侠

【内容摘要】在当今体育尤其是校外体育的教学中，作为教师应当不断更新教育理念、创造信息化的学习环境、探索新的有效的教育模式等，以便更好地培养学生。房山区校外健美操课程在教学中遵循传统的教学模式，在常态化疫情防控阶段、在信息时代不断发展的当下，学生面临更多的线上学习和交流，传统的教学模式显然不能满足学生的需要，如何去找到突破口，探索新的教学模式已迫在眉睫。本文对“翻转课堂”教学模式在房山校外健美操课程应用中的优缺点进行分析，并提出“翻转课堂”教学模式在房山区校外健美操课程中的应用策略，旨在让学生更好地掌握健美操技术能力，提高房山区校外健美操学生的学习兴趣。

【关键词】“翻转课堂”教学 房山区校外健美操

著名教育家陶行知先生认为：“教育是依据生活，为了生活的生活教育，培养有行动能力、思考能力和创造力的人。”在当今体育尤其是校外体育的教学中，作为教师应当不断更新教育理念、创造信息化的学习环境、探索新的有效的教育模式等，以便更好地培养学生。在时代的冲击和相关政策的鼓励下，我国教育学者对一种新型的教学模式展开了积极的探索，“翻转课堂”教学于 2011 年进入我国基础教学课堂。

一、“翻转课堂”教学模式在房山区校外健美操课程中应用的必要性

（一）校外健美操活动的特点

校外健美操活动是校外体育教育中的重要组成部分，可以更好满足广大未成年人对优质、多样、均衡的教育需求和个性化发展需要，更是实现学校、家庭和社会三位一体，促进学生身体健康的重要部分，能够弥补学校体育教育的不足，为体育教育的个性化和学生个体多样化的体育健康需求提供便利。

但与校内体育教育不同，校外健美操活动有其独特的特点。第一，校外健美操活动是学生自愿参加，学生的知识技术水平不能统一；第二，校外健美操活动内容多样化；第三，校外健美操活动组织形式相对灵活，以兴趣小组为单位，学生不分年级；第四，校外健美操的课程设置基本上每周一次，间隔较长，学生由于自身原因不能保证每次都到教室学习，以致耽误学习进度。

（二）房山区校外教育健美操课程的现状

对于房山区校外教育健美操课程来说，教学中遵循传统的教学模式，在疫情常态化的今天、在信息时代不断发展的当下，学生面临更多的线上学习以及交流，传统的教学模式显然不能满足学生的需要，如何去找到突破口，探索新的教学模式已迫在眉睫。

（三）“翻转课堂”教学模式定义

“翻转课堂”是由英语 Flipped Classroom 翻译而来，国内外对于翻转课堂的概念有不同的解释。翻转课堂教学模式，是指教师提前录制好视频，学生在课前自由选择时间和地点进行自主学习，提出问题，课中教师和学生共同探讨，解决问题的一种教学形式。教师不再占用课堂时间来讲授知识，课堂变成了教师学生之间和学生与学生之间互动的场所，包括答疑解惑、合作探究、完成学业等，从而达到更好的教学效果。

二、“翻转课堂”教学模式在房山区校外健美操教学中的优点

（一）“翻转课堂”教学模式能够让教学摆脱时间和空间的限制

“翻转课堂”教学可以让校外健美操兴趣小组的学生不必拘泥在教室里，使课程变得更具有灵活性。由于房山区校外健美操的课程设置基本上每周一次，间隔较长，而且由于学生自身原因或者其他特殊情况等不能保证每次都到教室学习，以致耽误学习进度。而“翻转课堂”教学则不会因为学生缺席而影响学习进度，能让学生有更多时间将知识点理解透彻。

（二）“翻转课堂”教学模式可以进行个性化的教学

房山区校外教育教学的主要对象是中小学生，教学中以兴趣小组为单位，不分年级，这就导致了在同一个兴趣小组中学生的情况千差万别。而传统的教学模式在课堂上有各种限制，虽然在现在的活动中，教师采用了很多的教学方法尽量保证每一名学生能够发挥主体性，从而掌握教学目标，但是由于学生年级不同、基础不同、自主学习能力不同等原因，学生自己的学习安排会受到很大的限制。但是在教学中采用“翻转课堂”教学模式，既可以提前让学生不受时间和场合限制观看视频进行学习，又考虑到不同学生多种多样的实际情况，让学生自由安排学习时间，提高学生学习的积极性。

（三）“翻转课堂”教学模式可以更好地激发学生的学习兴趣

传统的教学模式在课堂上更注重教师讲解示范，教学模式相对单调，因为学生的基础以及学习能力不同，会出现部分学生没有记清动作的现象，由于课上时间有限以及校外健美操课程的设置间隔时间长等原因，学生堆积的问题得不到解决。长此以往，会导致学生缺乏信心，失去学习的兴趣。而“翻转课堂”教学模式可以利用教师的信息多媒体技术把教学内容分解成一个个小视频，精简教学内容，利用多样的教学方法充分调动学生的学习兴趣。“翻转课堂”教学模式还可以利用更丰富多样的教具，如 flash 动画或其他的一些录屏软件，让教学内容更加丰富简练，从而吸引学生的注意力，激发学生的学习兴趣。

（四）“翻转课堂”教学模式可以培养学生的自主学习能力

在“翻转课堂”教学模式中，学生可以根据观看视频的进度情况提出本人在学习中存在的问题，通过主动发现自己的问题并采用向老师求助或者与同学之间合作学习等方式解决自己的困惑，达到逐渐提高思维能力以及分析问题、解决问题能力的目的。另外，“翻转课堂”教学模式把学习的主动权充分给予学生，让学生自主选择时间去学习，对不熟悉不会的动作可以反复观看视频直到练会为止，可以激发学生自主学习的热情，充分体现了学生是学习的主体。

（五）“翻转课堂”教学模式可以方便学生课后复习

传统的教学模式在教授完动作后，仅仅依靠学生的大脑复习动作，如果课上学生没有学会或者记清动作结构，会导致学生在课下复习的时候记忆错误动作，对学习失去兴趣。而在“翻转课堂”教学模式下，网站上的课件、视频、电子教案和案例等都是可以保存的，而且视频可以播放、暂停、快进、快退，学生在课下复习时不会因为没有记住动作而疏于复习，而是可以随时随地进行复习，提高复习效率。

三、“翻转课堂”教学模式存在的问题

（一）“翻转课堂”教学模式对教师的要求提高

1. 传统的教学模式除要求教师具备扎实的专业知识及教学基本功外，对教师不做其他过多的要求，而“翻转课堂”教学模式是一种更开放的教学，教师要以更包容活泼的姿态，更充足的精力才能充分调动学生的学习兴趣，对教师个人的魅力和感染力的要求更高，这对习惯了传统教学模式的教师来说，有一定的难度。

2. “翻转课堂”教学模式中，教师需要运用信息多媒体技术制作多媒体课件，录制视频等，这对一些教师来说有一定的难度。传统的教学模式中，教师是针对大多数

同学的共性来提出问题和解决问题，而“翻转课堂”教学模式需要教师面对一个个的个体，学生在校外健美操课程的学习中会有很多五花八门的问题，需要教师提前做好功课。

（二）“翻转课堂”教学模式对学生的要求提高

在房山区校外健美操课程中，学生大多数为中小学生，在运用“翻转课堂”教学模式时，学生突然面对没有教师监督的课堂，对于一些自制力和行动力弱的学生来说未必能很好地完成学习任务。而对于未成年的学生来说，如何保证使用电子产品的时间也需要监督，这需要教师做好充足的准备。

（三）“翻转课堂”教学模式对网络的依赖过高

“翻转课堂”教学模式建立在很多现代的科技成果基础上，对互联网和新媒体要求非常高，一旦互联网产生问题，就会严重影响到学生的学习，对于没有网络或者网络不稳定的学生来说，学习也存在一定的难度。

（四）“翻转课堂”教学模式不能保证所有学生的有效学习

由于“翻转课堂”教学模式中，学生要自主观看并学习健美操的教学内容，如何保证学生学习的有效性以及如何建立有效的监督机制，需要教师充分考虑到所有因素。

四、“翻转课堂”教学模式在房山区校外健美操课程中的应用策略

（一）提升房山区校外健美操教师的综合素质

在“翻转课堂”教学模式中，房山校外健美操老师除拥有传统的教学技能和素质外，还需要进一步增加信息素养水平。“翻转课堂”教学模式实施的基础是信息技术，但是如何把“翻转课堂”上好取决于校外健美操教师们的信息多媒体技术。因此，在房山区校外健美操教学中，为了能够更好地利用“翻转课堂”提升健美操教学的有效性，必须提升健美操教师的信息素养。

1. 房山校外健美操教师应当始终带着探索和继续学习的精神，努力学习新的技能、获取新的认识、树立新的信念，根据时代要求适时调整教学行为及教学方式，把信息化教学融入教学中。

2. 为了让校外健美操教师熟练掌握信息及多媒体技术，单位可邀请信息素养较高的教师对其培训或者报名参加相应的课程，例如在“十三五”期间教师参加继续教育培训时，网站上有很多相应的课程，而且可以反复观看。通过各种方法使得校外健美操教师能够熟练地进行视频的录制、剪辑和发布等，通过网络及时了解每位学生在课前学习健美操视频的情况，以便更好地实施“翻转课堂”教学。

3．集体的力量是巨大的。充分发挥教研组所有教师的智慧建立房山区校外健美操教学网络教学资源库，为房山区校外健美操课程“翻转课堂”教学做好充分保障。

（二）在教学中积极倡导、鼓励新的教学模式，建立有效的监督及评价机制

“翻转课堂”教学模式与传统教学模式相比，学生自己掌控学习时间及学习方式，对学生的自控力及自律性要求比较高。作为教师应该提前做好方案，指导并督促学生养成良好的学习习惯。

1．课前把学生分成小组并设立小组长互相监督，学生在群里进行视频学习打卡记录学习情况及学习中出现的困难，教师统计每个学生的数据，并在课堂上及时评价。

2．在课堂上对学习优秀的小组及学生进行表扬与奖励，让学生树立正确的学习态度。

3．由于健美操是技能型项目，教师在课堂上对每位学生课前学习情况进行即时测评，让学生由在课堂上学习教学内容变成在课堂上展示自己的课前学习成果，以此激发学生的积极性。

（三）校外健美操教师应更全面设计整个教学过程

“翻转课堂”教学中，健美操教师应从课前、课中、课后几个方面全面设计好整个教学过程。在课前，教师需要做好各方面的准备，包括：制定好详细的教学计划；建立好相关的微信群等沟通交流工具；提前录制好教学视频，在课前把视频发到群里，保证每名学生都收到；学生进行自主学习，记下困难的地方准备课上答疑解惑。在课中，健美操教师首先表扬学习优秀小组及学生，并让优秀小组及学生进行课堂展示；对于没有提前学习的小组或学生提出意见；复习时教师把学生按照课前掌握情况分为小组进行互相学习纠正；教师通过巡回指导解决个别学生出现的问题，在大家容易出问题的重点动作要进行集体纠错，反复练习；最后进行小组考核。在课后，与传统的教学模式存在不同的是，“翻转课堂”教学课后除了巩固动作以外最重要的是内化老师上课所指导纠正的细节动作，包括健美操动作中手的规定位置、清晰的路线、脚尖膝盖位置以及身体姿态等。同时，教师根据上课完成情况进行总结，不断改进创新。

在房山区校外健美操教学中，应坚持把师生的生命安全和身体健康放在第一位，充分发挥校外教育开放性、自主性、灵活性特点，积极探索疫情防控常态化背景下新的活动模式，在危机中育先机，于变局中开新局。

参考文献：

[1] 荣正通，王长明 . 西方科学文化与钱学森的教育思想 [J]. 实事求是，2012（4）.

[2] 崔维华 . 普通高校公共体育健美操选项课运用翻转课堂教学模式的实验研究 [D]. 石家庄：河北师范大学，2019.

[3] 360 百科词条 . 翻转课堂式教学 .

[4] 李仁萍 . 翻转课堂教学模式在健美操课程中的应用 [J]. 当代体育科技，2019(14)，131—133.

[5] 闫晶晶 . 广东省体育院校健美操专项课程教学现状调查 [D]. 昆明：云南师范大学，2017.

[6] 唐爱英 .“翻转课堂”在健美操教学中的应用 [J]. 考试周刊，2015（78），107.

[7] 党笛洋 . 翻转课堂教学模式在健美操教学中的应用研究 [J]. 当代体育科技，2017（25），110—112.

[8] 陈陈 . 新时代下健美操课程教学中翻转课堂教学模式的应用探究 [J]. 中国多媒体与网络教学学报，2019（2s），3—4.

[9] 刘杰 . 对外汉语初级口语翻转课堂教学实践研究 [D]. 保定：河北大学，2020.

[10] 周晓楠 .“翻转课堂”教学模式在对外汉语教学中的应用 [D]. 长春：东北师范大学国际汉学院，2018.

校外体育如何渗透德育美育的途径研究

——以房山少年宫乒乓球项目为例

房山区学生活动管理中心　马连山　杨毅妹

【内容摘要】德育与美育在青少年健康成长的过程中起着至关重要的作用，对其形成正确的审美、健康的心理、良好的行为、高尚的品德等方面有着深远的影响。在校外乒乓球兴趣小组中深度挖掘乒乓球项目中的德育与美育融合育人的内容，通过挖掘专业知识结构中美的元素，构建审美活动形式，搭建德育内容的活动平台，创设情感互动、情感体验的教学情境，将德育与美育更好地融合在教育教学的全过程之中，不断促进青少年综合素质的有效提升。

【关键词】校外　乒乓球　德育　美育　融合

党的十九大报告指出，要全面贯彻党的教育方针，落实立德树人根本任务，发展素质教育，推进教育公平，培养德智体美全面发展的社会主义建设者和接班人。校外教育是落实立德树人的主渠道，是全面实施素质教育的主阵地，在教育教学活动中全面加强德育与美育的融合是促进青少年身心健康发展的重要因素，更是提高校外教育质量的重要前提。

一、校外教育中实施德美融合育人现状及问题

德育与美育是两个不同教育领域，但是又不可分割。现实中的教育活动两个领域的衔接和升华，往往被忽略。在校外教育的教学中更多的是侧重在技能提升方面，对德育与美育的教育活动也是公式化、口号化，不重视学生的内在体验感悟，忽略了教育活动的育人本质。

二、校外乒乓球兴趣小组德育与美育融合的意义

（一）德育与美育的融合促进学生的知行合一

德育与美育对青少年身心健康成长起着至关重要的作用和深远的影响，是青少年

良好人格形成的主要因素。美育所呈现的更多的是内在感受、是感性，德育则是外在表现、是理性，二者虽有不同，但育人目标一致，它们之间相互联系、相互作用、相互促进、缺一不可。

在乒乓球的教育教学过程中，通过技术的展现形式使学生感受外在美，能够鉴赏美、欣赏美、爱好美，提升审美能力，知道如何去表现美、追求美、展现美，提升创造美的能力。通过自己对美的正确理解，用行动去表达、去实践，在合作中遵守规则、和平共处、彼此互助、团结一心，不断提高学生的思想品德与道德修养，促进良好品格的形成，美于内心、表于行动、知行合一。

（二）德育与美育的融合营造良好的课堂氛围

在青少年的成长发育阶段，他们的思想、情绪、行为、语言等都不能够更好地进行自我约束，往往会通过非常直接的方式去处理他们之间的内部矛盾，这就导致学生在活动中出现了不和谐因素，影响和制约了学生的发展。这就需要教师通过一些教学手段、方法进行正确的引导，充分发挥德育与美育的融合育人作用，晓之以理动之以情，用爱心、耐心、细心去解决学生之间出现的各种矛盾和问题。

在乒乓球的教育教学过程中，教师通过对技术美的示范、行为美的展现、语言美的表达，用规范的举止、文明的行为以及高尚的品德，用心滋润着学生的心灵，树立了良好的形象和榜样。学生在积极的影响下，用美好的心灵、优良的品德、良好的行为付诸行动，彼此互敬互爱、互帮互助、互谅互让、互慰互勉，在全体师生的共同努力下营造了和谐、自由、平等、欢乐的课堂氛围。

（三）德育与美育的融合提高课堂的教学质量

在乒乓球的教育教学过程中，通过挖掘专业知识结构中美的元素，构建审美活动形式，搭建德育内容的活动平台，创设以情感互动、情感体验为主的教学情境，不断渗透德育与美育融合育人内容，使融合了德育与美育的教学课堂更有品质、更有质量。

三、校外乒乓球兴趣小组德育与美育融合的方法与途径

（一）校外乒乓球兴趣小组德育与美育融合的内容设置

乒乓球是展现速度美、力量美、灵活美、协调美等的运动项目，能够使学生直观感知到外在美，使之欣赏美、爱好美、鉴赏美；在运动中通过相互沟通、交流、合作，体验语言美、合作美、行为美，在竞赛中通过努力、拼搏、进取，体验拼搏美、意志美、自信美等，能够直接感受内在美，使之体验美、运用美、创造美。而这些“美”在教

育教学中需要用规矩、规则、任务、要求对其行为、表现进行规范和约束，在教师的正确引导下认识真、善、美、品、德、行，这就要求学生要有高尚的道德情操及思想品德去进行自我约束，共同营造一个和谐、自由、平等、欢乐的运动课堂，使学生拥有美的心灵、落实美的行动、形成美的品格，最终达到以美育德、由内而外，以德促美、内外兼修。

在教育教学中，应根据学生的不同年龄、水平、认知、理解能力等进行有效划分，通过进阶培养，设置不同内容，把思想道德和审美相融合，将人格品德融入情感教育当中，以爱之名、浸润心灵，让学生在实践中认识“爱”的真谛、萌发“爱”的意识、修炼“爱”的能力、奉献“爱”的力量，体验快乐、享受乐趣，提升素养、提高内涵。

（二）校外乒乓球兴趣小组德育与美育融合的实施形式

在课程中以情感启发贯穿整个教育教学过程，借助乒乓球专业特点大力弘扬“国球精神”“国球文化”等内容，使学生从小树立爱国主义情怀。以情感互动为基础，带动整个活动过程，设计探究式、合作式、自主式的教学形式，为学生搭建更多交流、沟通、合作及竞赛的平台，使学生在相互沟通中共建友谊，在相互帮助下共同进步，在相互讨论中发现问题，在共同研究下找出办法，在团结协作中学会配合，在相互鼓励下共同提高，在细微处影响、在点滴中渗透，最终能够内化于心、外化于行。

（三）校外乒乓球兴趣小组德育与美育融合的渗透方法

把审美元素与思想道德融入情感当中，以爱之名，用心浸润，分层次、分阶段、分步骤地将德育与美育内容渗透在教育教学的全过程之中。

1．热爱祖国、热爱国球，认识“爱”的意义

在教育教学中，运用国球精神，激发爱国主义情怀，认识“爱”的意义。通过讲解“国球精神”“名人堂”“乒乓外交”以及运动健儿们的运动经历等，激发爱国主义精神和民族自豪感，树立民族自信心。通过了解运动健儿的成长经历树立榜样意识，激发学生励志成才、报效祖国的奋斗精神，从小树立热爱祖国、热爱民族的大爱情怀，使学生能够认识爱祖国、爱民族、爱大家的意义所在。

2．互帮互助、团结协作，产生“爱”的意识

在“爱”的关怀下学会团结协作、互帮互助，提高集体主义精神，产生“爱”的意识。在活动中通过“一帮一”“单球分组练习”“多球分组练习”等互动形式使学生感受互帮互助的快乐；在单球分组练习时引导学员掌握对攻方法，感受相互配合的快乐；在多球分组练习中正确引导每组学生对多球的使用方法，让学生懂得团结协作以及相互分享的快乐；通过这份友爱带来的快乐使学生产生“爱”的意识。

3．认识自己、取长补短，具备“爱”的能力

在“爱”的指引下学会认识自己、认识他人、取长补短，提升自身专业水平，具备“爱”的能力。在活动中通过对技术的学习能够体验美、感受美、欣赏美，通过分组讨论、集中讨论、自我评价、相互评价以及教师评价等形式能够表达美、运用美、创造美，提升审美能力，提高专业技能，并养成良好的道德品质和行为习惯，具备帮助他人、关爱他人、指导他人的友爱之心及专业本领，实现在“爱”的指引下共同进步，具备“爱”的能力。

4．不屈不挠、敢打敢拼，感受“爱”的力量

在“爱”的鼓励下学会勇于挑战、敢打敢拼、不屈不挠，健全人格、建立自信，感受“爱”的力量。运用多种多样的竞赛形式，激发机智勇敢、奋勇拼搏的精神，培养沉着、冷静、机制、果断的心理品质，学会控制情绪、建立自信、提高抗挫抗压能力，使学生能够在敢打敢拼中磨炼意志，在相互竞争中激发斗志，在相互鼓励中建立友谊，在胜利中分享喜悦，在失败中共同担当，在多变的环境中感受“爱”的力量。

以爱之名的乒乓球兴趣小组活动能够使学生认识“爱”、理解“爱”、运用“爱”、感受“爱”，在有爱的氛围中渗透德育与美育的融合育人内容，促进了学生综合素养的有效提升。

综上所述，校外乒乓球兴趣小组能够深度挖掘乒乓球项目中的德育与美育融合育人的内容，提取了专业知识结构中美的元素，构建了审美活动形式，搭建了德育内容的活动平台，创设了以情感互动、情感体验为主的教学情境，将德育与美育更好地融合在教育教学的全过程之中，为学生提供了体验感悟的实践平台，将德育与美育润物细无声地、潜移默化地融进了每节活动课程当中，激发了学生的向真向善向美之心。

参考文献：

[1] 苏聪聪．高校德育与美育关系及融合探析 [J]. 现代交际，2021（7），208—210.

[2] 李懿家．试论学校体育教学中的美育教学 [J]. 科技资讯，2018，16（14），169—170.

[3] 沈文丽．浅析如何在乒乓球教学中渗透思想政治教育的策略 [J]. 科技资讯，2016，14（36），226—228.

“双减”背景下优化琵琶作业方式初探

——以房山区学生活动管理中心琵琶兴趣小组为例

房山区学生活动管理中心　李　昂

【内容摘要】琵琶作为民族器乐是一种音乐艺术活动，学生们学习琵琶演奏的目的不在于高效、快速地表现演奏技巧，而在于以演奏技巧为基础进行艺术演绎，从而完成情感的表达与共享。因此，审美教育作为以情感体验与艺术灵感为主要内容的教学活动，应该成为琵琶教学的重要环节。因此，琵琶作业应从审美的角度优化。

相较校内语文、数学等课程而言，校外兴趣小组的作业极易被学生及家长忽视。优化作业，能够更好地提高学生的学习兴趣，并且有利于丰富学生的精神生活、启迪学生智慧。因此，改变传统的琵琶作业只练技能技巧的布置方式，结合学生情况合理优化琵琶作业方式非常必要。

【关键词】双减　琵琶　教学方法　作业方式优化

为深入贯彻党的十九大和十九届五中全会精神，切实提升学校育人水平，持续规范校外培训（包括线上培训和线下培训），有效减轻义务教育阶段学生过重作业负担和校外培训负担。2021 年 7 月 24 日，中央办公厅下发了《关于进一步减轻义务教育阶段学生作业负担和校外培训负担的意见》（以下简称《意见》），根据《意见》中“提高作业设计质量。发挥作业诊断、巩固、学情分析等功能，将作业设计纳入教研体系，系统设计符合年龄特点和学习规律、体现素质教育导向的基础性作业。鼓励布置分层、弹性和个性化作业，坚决克服机械、无效作业，杜绝重复性、惩罚性作业”，本文作者对房山区学生活动管理中心琵琶兴趣小组学员的作业布置也进行了思考与改进，现就这一初探进行浅谈。

琵琶作为民族器乐是一种音乐艺术活动，学生们学习琵琶演奏的目的不在于高效、快速地表现演奏技巧，而在于以演奏技巧为基础进行艺术演绎，从而完成情感的表达与共享。因此，审美教育作为以情感体验与艺术灵感为主要内容的教学活动，应该成为琵琶教学的重要环节。因此，琵琶作业应从审美的角度优化。

相较校内语文、数学等课程而言，校外的作业极易被学生及家长忽视。优化作业，能够更好地提高学生的学习兴趣，并且有利于丰富学生的精神生活、启迪学生智慧。因此，改变传统的琵琶作业只练技能技巧的布置方式，结合学生情况合理优化琵琶作业方式非常必要。

一、琵琶作业优化是课堂的关联与延展

（一）琵琶作业优化应先优化琵琶教学法

“双减”背景下，教育部门要指导学校健全教学管理规程，优化教学方式，强化教学管理，提升学生在校学习效率。

北京市“三个一”优质项目建设紧密围绕教育供给侧改革要求，主动适应新时代教育发展和学生成长需求，全面落实立德树人根本任务，从育人目标、育人模式、课程体系、学习方式、活动平台等层面，整体推进了校外教育发展改革，激发了校外教育新的生机与活力。传统的琵琶教学内容从口传心授开始一直都多以注重演奏技术为主，而校外琵琶教学面对的更多是青少年，多以琵琶启蒙教育为主，主要是丰富学生的兴趣，培养学生个性和特长，拓宽学生的眼界，因此培养目标不应该全是演奏家，应挖掘学生的特点因材施教。当今社会，科技和信息的高速发展，对人的素质提出了更高的要求，我们的琵琶教学也不能一成不变，应当顺应时代的发展，跟随科学的脚步，优化琵琶教学方法。

（二）琵琶教学法的优化

PBL 教学法即项目式教学法，是一种通过让学生围绕某个问题，展开一个时期的学习、探究，致力于用创新的方法解决问题，从而在这一过程中获得新知识和新技能的教学方法。它和传统的“填鸭式教学”不同，强调“以学生为主体”，学生从被动接受，转变为主动探索。PBL 教学法包括“提出问题”、“分解问题”、“探究问题”、“思考解决方案法”和“总结分享”5 个环节。琵琶教学中加入 PBL 教学法使学生能带着问题学习，有兴趣解决问题，将被动学习转变为积极主动参与和探索，经过对知识的质疑、判断、比较、选择及分析、综合、概括等认识活动，通过多种思维和认知方式获得问题的解决，使学生逐步获得综合思考和解决问题的能力，激发学生的学习兴趣，培养思考和解决问题的能力。因此教学中采用 PBL 教学法是琵琶教学法的优化。

（三）PBL 教学法在琵琶教学中的优势

1. PBL 教学法使学生的学习具有探索性、主动性。传统的灌输式教学一般是“老师讲，学生听”，这种方式是以教师为中心，以知识为本，学生处于被动的地位，学生的学习只能跟随老师的思路而学，不能发挥学生的探索性和主动性；而琵琶教学中

加入 PBL 教学法可以以学生为中心，以问题为基础。学生通过讨论、查资料等多种方式获得解决问题的方法和答案，这就使得学生的学习由被动变为主动，由盲目变为有目的地探寻问题的答案和实质的主动探索过程。

2．以学生为中心的教学法。PBL 教学法使学生学习具有问题性和参与性。以问题为基础来组织学生学习，它要求学生通过或围绕问题进行学习，问题成为学生学习的动力和培养综合思考能力及解决问题能力的材料。学生通过一个个问题的探索、解决，不但获得了知识，也学会了解决问题的思路和方法。同时解决问题的探索又成为学生发现问题、提出问题进而解决问题的过程。例如，学习《唱支山歌给党听》，我们可以引导学生带着“什么是三段体曲式结构？”这一问题入手，通过从同名歌曲的演唱情感、歌词的文学角度分析，使学生找到三段体结构，即 A+B+A，带着这样的知识去分析琵琶乐曲的曲式结构，这样问题的探索、解决不但获得了知识，也学会了解决问题的思路和方法。

3．PBL 教学法能激发学生的学习兴趣，培养思考和解决问题的能力。PBL 教学法在课程的开始就提出问题，使学生带着问题学习，有兴趣解决这些问题，就会变被动学习为积极主动参与和探索，学生要经过对知识的质疑、判断、比较、选择及分析、综合、概括等认识活动，通过多种思维和认知方式才能获得问题的解决，其实就是学生逐步获得综合思考和解决问题能力的过程，而学习琵琶演奏恰恰需要这种学习过程。这种过程不仅仅是课上学习中的优化，也将延伸到课后作业的优化。

二、琵琶作业方式的优化

作业的价值毋庸置疑。学生的业余时间多被各种学科作业所占据，琵琶作业不仅关系着学习琵琶的成败，而且关系着学生学习琵琶的兴趣和学生未来在琵琶学习领域中的成长。

研究表明，作业难度大小、作业量多少、作业类型是否丰富等方面的情况，与学生学习兴趣、学习成绩存在较为显著的关联。因此，从提升演奏效果与审美能力的角度来看，丰富琵琶作业类型是琵琶作业方式优化的一个关键要素，而且作业类型对于学生的学习兴趣有着明显的影响作用。

房山区学生活动管理中心琵琶兴趣小组的课后作业，秉承“轻负担 — 多功能 — 活动化 — 成长性”的愿景，为不同学段的学生提供了演奏技能作业、欣赏类作业、合作类作业、自主式作业、创编类作业、表达类作业、跨学科作业、探究类作业等作业类型，从学生的学情出发采用不同的作业方式，根据不同学生的学习特点发挥特长，让他们在作业过程中寻找到价值感和存在感。

（一）优化作业类型有助于琵琶教学中因材施教

每个学生的认知风格、智能倾向是有差异的。不同类型的作业的确具有不一样的价值。优化作业类型有助于发挥不同学生的特长，让他们在作业过程中寻找到价值感和存在感。比如，琵琶学习中肢体协调性更好的学生可以在演奏技能作业中获得成就感，他们更适合以琵琶演奏员为目标，不断提升演奏技能技巧；擅长表达与人交往的孩子，可以带领团队在合作类作业中体验快乐，他们更适合音乐的解说；擅长逻辑思维的孩子，可能会在探究类作业中收获成功……对于初学的学生来说，合作类作业、游戏类作业、欣赏类作业等都是让孩子非常喜欢的，同时也超越了作业仅仅是巩固知识技能的目标，能够让学生在这样的作业过程中培养兴趣、养成习惯、增强实践、获得体验。

（二）琵琶作业优化应注重作业与学生学习兴趣相结合

琵琶作业设计质量高低是实现良好作业效果的前提，但是仅仅有好的设计，没有好的实施，效果也依然无法实现。教师在日常作业中要关注学生作业结果的诊断反馈、交流展示。比如在琵琶创编作业中，布置学生根据已掌握的琵琶演奏指法、技法，选择自己喜欢的儿歌进行指法、技法的编订，在检验学生对演奏技能掌握情况的同时提升学习兴趣，在“作业秀”中让学生获得自信与价值感。又如在初学琵琶的学生中布置欣赏类作业，琵琶演奏技法烦琐因此入门较难，流传有“千日琵琶百日筝”的俗语来表达琵琶演奏的难度，因此在初学中布置欣赏类作业，通过欣赏不同演奏家丰富的琵琶演奏技术及不同风格的琵琶乐曲，不仅有助于抓住学生的学习兴趣，也有利于对学生在琵琶演奏中审美思维的培养。这其实就是作业激发学生学习兴趣非常关键的措施之一。

（三）琵琶作业优化应关注学生核心素养与审美能力的提升

核心素养是学生在接受教育的过程中，逐步形成的适应个人终身发展和社会发展需要的必备品格与关键能力。它是关于学生知识、技能、情感、态度、价值观等多方面要求的结合体；它指向过程，关注学生在其培养过程中的体悟，而非结果导向；同时，核心素养兼具稳定性、开放性与发展性，是一个伴随终身可持续发展、与时俱进的动态优化过程，是个体能够适应未来社会、促进终身学习、实现全面发展的基本保障。

跨学科学习是学生核心素养提升的能力体现，也是我国课程体系中值得探索的一类课程设计与实施形态。跨学科并不是简单的几门学科知识的累加，而是更多地引导教师要从学科视角转向应用视角，即引导学生通过学习发现问题，尝试综合运用各种知识、思维方式解决问题。这样的作业设计其实也需要我们的教师走出学科的藩篱，打破学科的界限，真正从一个“完满的人”的角度去思考作业的内容和实施方式！例如，我们在提高学生演奏水平的过程中发现，学生的弹奏没有问题，但是对音乐的表现力很难做到位，为了提高学生全面的演奏能力，我们加入了跨学科的朗诵作业来学习乐曲，琵琶音乐配上诵读是音乐、文学、语言等有声艺术三位一体的艺术传播形式，它非常符合学生的审美心理，给学生以三合一的艺术享受，带给学生愉悦共鸣之感。琵琶乐曲是对语言的一种渲染，是反映作品情意与表达内容的载体。还能让音乐与声音更好地融为一体。根据音乐的节奏、旋律，呈现出作品的美感。让美妙的音乐与朗诵的声音配合在一起产生共鸣给人强烈的视听冲击感与美感，既提升了学生在演奏中的音乐表现力，又培养了学生的合作能力与审美能力，同时也为琵琶的教学开辟了更广阔更有效的途径。

琵琶教学应注重学生核心素养的提升，不能仅着眼于实用性的知识和技能的培养，而是要去唤醒学生的力量，培养他们自我学习的主动性、抽象的归纳力和理解力，从知识至上的泥潭中跳出来，义无反顾地迈向关注学生成长的核心素养时代。

总之，琵琶作业的优化是琵琶教学落实“双减”工作、践行立德树人根本任务不可或缺的一部分。在“双减”背景下，无论是琵琶教学方法，还是琵琶作业的设计都应减负不减质，应该以培养学生独立自主的学习能力和自律的学习行为习惯为目标，不能陷入“减负就是躺平”“减负就是减责”的盲区，要确保“作业减下去，能力长上来”。充分发挥作业诊断、巩固、拓展、学情分析等功能，力求在减轻学生作业负担的同时，让作业的育人效力达到最大化，从而让我们的学生走向深度学习。

“删繁就简三秋树，领异标新二月花。”这副对联阐述了深刻的画理。上联意为以少胜多，删繁就简；下联意为“自出手眼，自树脊骨”，不可趋赶时髦，须另辟蹊径，似二月之花，独领风骚。绘画如此，琵琶教学亦然。

参考文献：

[1] 关于进一步减轻义务教育阶段学生作业负担和校外培训负担的意见……https://www.gov.cn/zhengce/2021-07/24/content_5627132.htm

[2] 马燕婷，胡靓瑛等 . 核心素养导向的作业设计 [M]. 上海：华东师范大学出版社，2021-8.

[3] 邹福良 . 聚焦育人目标的课程设计 [M]. 上海：华东师范大学出版社，2019.

小学生零基础武术教学方法初探

房山区学生活动管理中心　张时海　成　璐

【内容摘要】武术项目，动作复杂多变，对于零基础的学生来讲学习武术有一定的困难。在实际教学过程中发现，零基础学生练习过程中经常出现动作规范性较差，对动作概念的理解较为模糊等问题，时间久了，就会失去兴趣而放弃习练。如何针对小学武术零基础学生进行教学，提高他们的习武兴趣，笔者从夯实基础，融入攻防；精准示范，建立表象等几方面进行阐述，希望为小学武术零基础学生的教学奠定一定的理论与实践基础。

【关键词】小学武术　零基础　教学方法

武术是中华民族优秀传统文化的重要组成部分，是华夏几千年文明的智慧结晶和精华。在长时间的历史发展过程中，中华武术融汇了中医学、哲学等多种文化思想和观念，可谓中华武术从头到脚都洋溢着民族优秀文化的芳香，体现着民族文化的精华与宝贵的民族精神。中华武术对人全面发展的特殊功效使其经久不衰、兴旺发达。武术不仅可以健体防身、锻炼意志还能竞技观赏。但武术动作源远流长、形式多样、复杂多变，对于零基础的学生来说困难很大，在实际教学过程中发现，零基础学生练习过程中经常出现动作规范性较差、对动作概念的理解较为模糊等问题。如何针对小学武术零基础学生进行教学，笔者从夯实基础，融入攻防；精准示范，建立表象等几方面进行阐述，希望为小学武术零基础学生的教学奠定一定的理论与实践基础，培养习武兴趣，提高教学效率。

一、夯实基础，融入攻防

武术基本功是为掌握和提高武术技术动作，准备基本能力的练习。武术基本功既是零基础学生入门的基础功夫，又是保证武术运动体能和技能不断提高的有效手段，还是防治损伤、延长运动寿命的有效措施。对于零基础的学生来讲，练习武术基本功需要做到以下两点：第一，针对性的原则，即所选用的基本功练习内容和方法，要符合学生的学情。对于零基础的学生来讲，练习内容重点要以武术基本功、基本动作、简单组合练习为主，主要目的是培养学生对武术的兴趣，初步体会武术的运动特点，为以后的武术学习奠定基础。此外，在练习方法的把握上，要注意循序渐进，掌握好学习进度，多做一些模仿性练习、分解练习，让学生多观察，防止长时间重复练习某个单一动作，尽量做到动静结合。可以将步型与步法结合起来，如马步与跳步相结合等。在掌握步型的基础上，可以结合手法进行组合练习，如，弓步与推掌相结合的练习。这样不仅达到了练习步型、手型的目的，还培养了学习兴趣，活跃了课堂气氛。第二，重点突出的原则，即根据学生实际情况，在某一阶段中突出围绕提高一个或两个基本能力安排基本功的练习。例如，对于零基础的一年级小学生来讲，柔韧素质是这个阶段发展的敏感期，那么在安排训练内容的时候，就要多进行腿功的练习，如正压腿、侧压腿、横叉、竖叉等，增强学生髋关节及下肢柔韧性，加大关节的灵活度，又为其他动作的练习提供必要的专项素质。但是在突出重点的同时，也要兼顾其他能力的全面发展。

武术项目不同于其他运动项目，武术动作具有攻防含义。对于零基础的学生来讲，武术教学应该紧扣技击和攻防，选择合理的教学方法让学生在攻防情境下练习武术动作，使学生了解武术技击的本质，提高练习武术的兴趣，培养学生勇敢、机智、敏捷和互助协作的精神，从而更好地发扬和传承中华武术。但是对于零基础的学生来讲，认知水平较低，武术基础薄弱，在体会动作攻防时可能会由于力度、准确度掌握不好而导致受伤，存在一定的安全隐患。教师可以利用一些小教具帮助学生去体会攻防含义。如，利用充气棒让学生体会动作的攻防就会解决很多问题。充气棒相比其他器材具有以下几个优点：1. 安全性，充气棒安全性高，碰到学生身体各部位不容易受伤；2. 实用性，充气棒轻便灵活，学生在练习过程中容易抓握；3. 趣味性，充气棒在攻防演练中，通过击打会发出“砰、砰”的声音，营造武术教学的氛围，提高学生练习的积极性；4. 真实性，通过充气棒可以模拟攻防真实情景，具有代入感，让学生身临其境体会武术技击，模拟武术实战；5. 渐进性，零基础学生可以利用充气棒体会攻防，随着年龄的增长、基本功的提高，逐渐可以利用表演刀、剑去练习，所以充气棒的利用是为学生今后练习器械类的武术套路奠定基础（图 1）。

图 1 初学者利用充气棒进行攻防体验

二、精准示范，建立表象

示范是以具体的动作为范例，使学生了解所要学习的形象、做法和要领。对于零基础的学生，最有效、最直观的教学方法就是教师的示范，教师示范要注意以下三个方面。第一，教师示范要注重动作的标准性。标准的动作可以给学生建立完整正确的动作表象，在学生脑中形成深刻的印象。第二，教师示范要注意示范的位置和面向。示范者一般站在距学生横队两端距离相等的位置，与横队两端呈等腰三角形状；或者站在两排学生的中间，不使学生回头看为原则。为了便于学生观察，教师在示范时要采用正面示范、侧面示范、镜面示范相结合的方式，让每个学生都能看到动作的起止点和动作路线。第三，教师示范要有精、气、神。俗话说“外练筋骨皮，内练一口气”，教师在示范时不仅动作要标准，而且一个眼神、一个亮相都要展现出武术的精、气、神，彰显出武术的气质，激发学生学习武术的兴趣。

三、多种教法，促进教学

多样化教学方式是教学上灵活性、多样性和变化性的表现，它有助于教师保持良好的课堂教学环境和气氛，调动和维持学生的积极性，以保证教学的有效性。对于零基础的学生来讲，可以采用以下方法进行武术教学：

第一，口诀教学法。该方法是低年级、零基础教学的主要练习方法，类似儿歌，朗朗上口便于记忆。例如，冲拳教学中运用的口诀“握拳拳指紧又牢，拇、食、中指要紧靠”，再如冲拳教学中运用的口诀“握拳屈肘抱腰间，两拳拳心朝上边，冲拳小臂贴肋前，肘尖离肋臂内旋，拧腰顺肩拳平肩，冲拳力点达拳面”等，在教学中把比较复杂的动作，巧编成口诀，边说边练，强化记忆，促进动作的掌握，同时也增强了课堂的艺术性、趣味性。

第二，情景创设法。小学生爱听故事，让一些学生熟悉的主题或是学生喜爱的动画片、电影、生活中的某一场景都可以服务于教学，在情景中完成教学活动，学生会完全沉浸于游戏的角色中。例如，学生在学习武术时，引入熟悉的电影《功夫熊猫》，讲述功夫熊猫阿宝从一只笨拙的熊猫立志成为武林高手的故事，让学生感受练习武术的顽强拼搏、不怕苦、不怕累的精神，只要老师把情景铺设好，学生会很快进入角色之中，单调的学习变得有声有色。

第三，语言法。对于零基础学生来讲，教师需要用活泼、形象、传神的语言，丰富的表情与肢体语言吸引学生的注意力，采取师生语言互动的方式，在一定程度上可以有效集中学生的注意力。例如，练习冲拳、推掌等动作时，教师喊口令，学生配合发声“哈”“嗨”；再如，练习弓步时，教师说“弓步”学生答“前腿弓，后腿蹬”；教师说“勾手”，学生答“五指捏牢，屈似镰刀”等。利用这种方法以气催力，增强气势，提高兴趣。

第四，激励法。武术课中为了鼓励学生，可以设立“功夫之星”，并把它细化分设为“状元星”“榜眼星”“探花星”等，学生通过努力能够达到，即“跳一跳，够得到”。学生就会享受到因自己努力而得到成功的喜悦，这种内心成功喜悦的体验积累就会逐渐动力定型为体育兴趣。“功夫之星”的实施给学生营造了学习竞争的氛围，满足了学生体验成功的需要，激发了学生学习兴趣，极大调动了学生参与锻炼的积极性、主动性、创造性，提高了教学效益。

四、巧用教具，激发兴趣

武术练习往往枯燥乏味，学生练习没有积极性，练习状态不佳，导致动作规范性降低。教师可以巧用辅助教具提高学生动作的规范性。辅助教具可以是脚靶、皮筋等。如少年拳中的震脚架打、垫步弹踢、跳步推掌等体现力度性的动作，学生练习时总是软弱无力，教师可以借助脚靶，让学生进行上肢动作如冲拳、推掌等手法的练习，也可以进行下肢动作如弹踢、蹬腿等腿法的练习，学生通过击打脚靶发出声音，动作力度有了显著的提高。此外，巧用一些自制教具也可以提高学生动作的规范性。图 2 是笔者为了提高学生弓步标准性设计的自制小教具，通过这个教具的练习（图 3），学生的落脚、前后脚距离及后脚跟拔跟现象，得到了有效的解决。

图 2　自制辅助教具解决弓步易犯错误

图 3　学生利用自制辅助教具进行弓步练习

图 4 是笔者在少年拳的教学过程中设计的自制教具：悬挂小球，解决了学生练习弹腿过程中弹踢高度不够和弹踢无力等问题。在学生进行弹踢皮球的过程中，只要能踢到小皮球，弹踢的高度基本是与腰齐，避免弹踢高度过低、弹踢无力的现象。学生在弹踢触碰小球的瞬间（图 5），就是弹踢力达脚面，脚面把球弹起的过程。力度不一

样，小球转动的幅度不一样。有些学生在弹踢小皮球时，小皮球只能轻微弹起，然而有些学生的小皮球能绕单杠几圈。通过小皮球转动的幅度，可以给学生清楚地解释弹踢时他们的力度。教师通过教具把力的大小具体化和量化了，更有利于学生对弹踢动作的理解与掌握。

图 4 自制教具——悬挂小球

图 5 学生弹踢小球练习

此外，随着信息技术与教育整合的发展，基于移动信息技术的自主学习已经成为课堂学习的重要方式。教学中可以把 iPad 引入武术课堂教学，通过实践发现，多媒体教学对提高零基础学生的动作质量有显著性的帮助。例如，学生在练习过程中，教师或学生可以拍摄动作视频，让学生通过观看视频，找出动作存在的缺点，进一步进行有针对性的改进。课堂中利用多媒体教学，不仅激发了学生学习的积极性，而且促进了学生运动技能的学习和掌握，这种图、文、声并茂的教学方式让学生脱离了枯燥乏味的传统教学。

校外教育与学校教育有效衔接初探

房山区学生活动管理中心　丛君敬

【内容摘要】校外教育是在学校以外对青少年学生进行有计划、有组织的教育活动，是校内教育的重要补充和延伸，与学校教育是相互联系、相互补充、相互促进的一个整体。新形势下，实现校外教育与学校教育有效衔接，对促进未成年人的良好发展，有着十分重要的意义。要实现校外教育与学校教育有效衔接，应建立和完善政策保障，建立、健全校内外教育衔接工作运行机制，加强校外教育机构建设，加强师资力量建设，加强各类资源整合，找准校外教育功能定位，与学校教育主动沟通，共同发展。加强与教育行政部门和学校的联系，加强沟通协作。

【关键词】校外教育　学校教育　衔接

校外教育是在学校以外对青少年学生进行有目的、有计划、有组织的教育活动，是以少年宫、儿童活动中心、青少年活动中心、科技馆等未成年人校外活动场所为依托的教育。是校内教育的重要补充和延伸，是家庭教育的连接，是我国教育系统的重要组成部分。

时代在发展，社会在进步，教育正逐渐变为复杂的系统工程。特别是进入21世纪以来，人们越来越清楚地认识到素质教育的重要性，培养复合型人才成为教育工作者的最终目标。在培养复合型人才的过程中，校外教育从其独特的教育功能，受到越来越多人的重视，特别是中央和地方各级政府部门的重视。校外教育与学校教育是相互联系、相互补充、相互促进的一个整体。新形势下，充分整合和挖掘学校教育与校外教育各种资源，实现校外教育与学校教育的有效衔接，对有效促进未成年人的良好发展、培养更多的复合型人才，有着十分重要的意义。那么，如何使校外教育与学校教育有效地衔接呢？本文作如下初步探讨。

一、校外教育与学校教育的区别与联系

（一）校外教育与学校教育的区别

1. 校内教育是义务教育，是孩子必须接受的教育，它给孩子的教育更多的是普及

性的、非常基础的知识。当前学校教育在一定意义上来说主要还是应试教育，因为它首先面对的是升学问题。但校外教育，类似青少年宫的未成年人校外活动场所的教育是选择性的教育。校外教育则更关注学生的个性发展与兴趣的培养。校外教育是要让学生在学校教育的基础上有一些提高，将在学校教育中学到的一些知识进一步深化，有助于学生今后的成长、发展和成才。

2．校外教育与学校教育的区别还体现在两者专业分工和教育方法上的不同。校外教育擅长开展艺术类、科技类与综合实践类课程的教育教学，因为校外教育中负责这些课程教学的师资无论在数量上还是在其专业化水平上都普遍优异于学校教师。

3．学校教育是一种普及性的教育，学校班级教育规模大，对所有的学生几乎都是一视同仁的。而校外教育主要是培养学生个性和特长的地方，校外教育可以丰富学生的兴趣，拓宽他们的眼界，培养人际交往等方面的能力。

4．相比学校教育，校外教育环境轻松，是培养兴趣的好地方。在校外教育中，学生和家长拥有更多的选择权利。校外教育的教师，其水平更加专业，更受学生欢迎，这里的教师不像学校的教师那样严厉，可以像朋友一样交流相处，其教学方法易为学生所接受，学中有乐，乐中有学。

校外教育与学校教育在功能定位、使命和任务上各不相同，尤其二者的不可替代性，更需要二者在合理分工的基础上，充分发挥自身优势并加强合作，相互取长补短，实现资源的共享与互补，促进彼此的协同发展，更好地促进未成年人良好发展，健康成长。

（二）校外教育与学校教育的联系

校外教育与学校教育目标一致，互相补充。校外是未成年人学习、生活、娱乐的重要空间，而以少年宫、青少年宫、儿童活动中心、科技馆等未成年人校外活动场所为依托的校外教育，是在学校教育之外利用课余时间对未成年人进行的有目的、有计划、有组织的教育活动，其本身是基础教育的领域。从工作职能上看，校外教育与学校教育的工作对象基本相同，育人目标完全一致，只是在实现育人的具体途径和理念上存在差异，这种差异的存在恰恰是校外教育与学校教育有效衔接的内在基础。基于此，中共中央、国务院下发的文件《关于进一步加强和改进未成年人校外活动场所建设和管理工作的意见》中明确指出，要“积极探索建立健全校外活动与学校教育有效衔接的机制”，并强调教育行政部门要“把握校外活动与学校教育教学计划”，逐步实现校外活动的经常化和制度化，中小学校要“把握校外实践活动排入课程表，切实保证活动时间”，校外活动场所要“积极主动地为学生参加校外活动提供周到优质的服务，精心设计开发与学校教育教学有机结合的活动项目”。这也从侧面再次证明了校外教育对于未成年人健康成长的重要性，表明了校外教育的特殊功能和效应。由此可见，校外教育确实是学校教育的一个重要补充，或者说校外教育是校内教育的延伸。这就是说在学校教育中不能完成的一些事情，通过校外教育的开展能够得到一些弥补。校外教育对未成年人的兴趣和能力的培养，对未成年人的全面发展和综合素质的提高起着非常重要的作用。学校教育与校外教育都只是教育的一个方面，单一的学校教育和单一的校外教育都不可能有效地促进未成年人的全面发展。

未成年人的全面健康发展，需要学校教育、社会教育和家庭教育的三位体形成整体的教育合力，而搞好校外教育与学校教育的有效衔接就变得更加重要。

二、影响校外教育与学校教育有效衔接的因素

在校外工作实践中，各类校外教育机构积极适应学校教育的发展，精心设计开发与学校教育教学有机结合的活动项目，主动做好与学校教育在教育内容、教学资源、活动载体等方面的沟通和衔接，努力实现校外教育与学校教育的有机整合，取得了良好成效。但受以下因素的制约，校外教育机构在与行政部门和学校进行衔接时，普遍存在能力、机制、渠道等方面的困难。

（一）校外教育机构资源贫乏，总量不足

具体表现为阵地容量小，资金投入少，专业人员队伍弱。大多省市的校外活动场所设施陈旧，资金投入得不到保障，教育功能未得到充分发挥。同时，普遍存在编职工结构不合理，后勤人员和管理人员多，业务骨干少，教学依赖外聘人员等问题。

（二）校外教育职能定位不统一

校外教育在未成年人成长过程中到底扮演什么样的角色？目前，没有争议的部分是围绕特长培养、素质拓展开展的培训项目；存在争议但许多校外活动场所又都在实行的项目有幼儿园、学前班、艺术小学等，有的甚至利用校外活动场所进行各种商业经营等。但学校教育和未成年人迫切需要的项目，比如道德养成、心理辅导、社区实践等，却很少开展或没有能力开展。由于职能定位不统一，校外活动阵地传递给学校和未成年人的信息杂乱无章，降低了青少年对校外教育活动阵地的认同，也影响了社会对其职能的正确评价。

（三）校外教育体制管理复杂

目前，校外活动场所建设和管理由教育行政部门负责牵头进行统筹协调和指导。但校外教育阵地的隶属关系和管理体制比较复杂，教育机构、妇联组织、团属事业单位和有关企业的后勤服务单位都有校外活动场所。并且就管理体制而言，有独立法人

的事业单位，有机关的附设机构，有事业编制企业待遇，也有完全承包经营的企业化运作。因此，虽然有明文规定，但由于条块分割、政出多门、多头管理、体制不顺等，许多部署并不能得到有效落实。

三、做好校外教育和学校教育衔接工作的基本要求

（一）共建共享

密切学校与校外活动场所的联系，共建未成年人校外活动的资源平台，发挥校外教育机构的桥梁作用，引导社会各方面为中小学生开展校外教育活动提供必要条件；倡导学校主动利用周边公共文化资源，使学校教育和社会教育相互共通、协调发展。校外教育机构在开设培训项目上，尽量与学校教育相结合，保证教育链条的完整性。

（二）队伍建设

做到“三充实”。一是充实优化校外活动场所师资队伍。校外教育要发展，教师是关键。引导学校教师到校外教育活动场所担任辅导员或挂职锻炼。二是充实优化校外教育活动场所的师资力量。教育主管部门要鼓励、支持广大教师到校外活动场所开展德育、科学、文史、艺术、体育等教学实践活动和现场教学，校外活动场所要通过多种方式选拔聘请热爱校外教育事业，思想素质好、懂业务、会管理的优秀人才充实到校外教师岗位。三是充实师资品牌。实行名师工程，培养打造名师，使我们的名师在学生中、家长中形成强大感染力和号召力，同时在社会上形成较大的影响力。

四、校外教育与学校教育有效衔接的措施

（一）建立和完善政策保障和工作运行机制

1. 加快校外教育事业的发展，必须建立、健全校外教育与学校教育衔接运行工作机制。建立学校教育与校外活动相互配合的工作机制，研究制定未成年人校外活动与学校教育有效衔接的指导意见，把校外活动纳入学校的教育教学计划，发挥校外教育活动场所在新课程实验环节和现场教学中的重要作用。

2. 校内外教育要相互融通，形成工作网络化、常态化。

（二）加强校外教育机构建设，提高衔接学校教育的能力

1. 不断扩大和提高校外教育机构的规模和质量，积极争取党委、政府支持，本着全面规划、量力而行的原则，逐步加大对校外教育活动场所的建设力度，逐渐形成以青少年宫为中心的青少年活动阵地网络。同时通过规范内部管理，提升工作竞争力。

2. 加强师资力量建设。建立一支德才兼备、结构合理的专、兼职教师队伍，是保

障校外教育与学校教育有效衔接的基础。主要是改变现有的人员管理模式，引进平等竞争机制，实行严格全员聘任制和岗位责任制。要通过建设高质量的师资队伍，形成对未成年人有吸引力的工作品牌，提高学校和社会对校外教育的评价。

3. 加强各类资源整合。协调分属于不同系统的校外教育活动场所，科学规划、统筹管理，以便与学校教育的庞大需求相匹配，从而实现资源共享，发挥整体效能。

（三）找准校外教育的功能定位，与学校教育主动沟通，共同发展

当前，校外教育机构相对于教育行政部门和各类学校事实上处于弱势地位。校外教育要充分发挥作用，必须找准定位。这样才能实现校内外教育的互补、协调发展，真正为未成年人和谐校外教育活动创造条件。

1. 要充分发挥校外教育普及推广、兴趣培养、体验实践等育人功能，组织开展参与面广、实践性强、实际效果好的校外活动项目。要特别关注学校未发展的或学校开展成本太高的教育活动，积极开发参与式、体验式、互动式的活动项目。策划设计活动方案，创新活动载体，配备相应的辅导讲解人员，使活动更加贴近未成年人的实际。

2. 校外教育活动场所要加强与教育行政部门和学校的联系，根据学校校外活动和学生发展的需要，精心设计、开发与学校教学有机结合的活动项目，使校内教育与校外教育相互补充、相互促进。各级教育行政部门要根据不同场所的功能定位和特点，统筹安排校外活动，逐步实现校外活动经常化、制度化。

3. 各级共青团、妇联和科协等校外活动场所的主管单位要结合实际，制定未成年人活动计划，开展形式多样的活动，尤其是青少年宫协会和校外教育协会要组织发动所属会员单位，积极开展调研活动，向上级主管部门建言献策，同时加强沟通协作。

参考文献：

[1] 中共中央 国务院 . 关于进一步加强和改进未成年校外活动场所建设和管理工作的意见 .

[2] 校外如何牵手构建新课堂 .“2008 年中国校外教育资深管理工作者百家论坛”.

[3] 蒋达豹 . 学校教育与校外教育如何让有效衔接的研究，温州市少年活动中心 .

[4] 荣永胜 . 关于校外教育教师队伍建设的思考，夹江县青少年校外活动中心 .

古诗朗诵教学中如何引导学生创造美

房山学生活动管理中心　马志维

【内容摘要】美育，通常也叫美感教育或审美教育，其内涵不仅限于“美感”或“审美”，还包括人们在实践中创造。在朗诵古诗教学中分四步引导学生创造出古诗美的朗诵效果和美的古诗。培养和提高学生对美的感受力、鉴赏力和创造力。

【关键词】古诗朗诵　创造美

美育是指培养学生认识美、爱好美和创造美的能力的教育，也称美感教育或审美教育，还包括人们在实践中创造美及追求完善自我等重要问题，它是社会主义教育的重要组成部分，是全面发展教育不可缺少的组成部分。社会主义美育的基本任务之一是培养和发展学生创造现实美和艺术美的才能和兴趣，尤其要注意发展有艺术才能的学生的特长。

古诗朗诵是朗诵教学中的重要组成部分。古诗蕴含着丰富的思想内涵和深远优美的意境，具有很高的美学价值和艺术魅力。在古诗朗诵教学中应该从挖掘这些审美因素入手，培养和提高学生对美的感受力、鉴赏力和创造力。

从古诗本身而言，古诗是美的。首先，古诗具有语言美。古诗语言是诗人独创的高度凝练的个性语言，是最富有文学性的，它几乎是作者思想感情、内心世界的独白，作者的喜怒哀乐无不倾泻在诗中。其次，古诗具有自然美。古诗中有很多描写大自然美景的句子，读后让人由衷地热爱大自然，能感受到自然美。再者，古诗具有音乐美。古诗讲究押韵与节奏，音韵和谐，节奏鲜明，对仗工整，富有音乐美。最后，古诗具有意境美和意象美。中国美学界一向推崇意境美，所谓意境美就是故事中所描绘的生活画面与作者思想感情融为一体而形成的艺术境界的美。古诗中的意象是作者表情达意的载体，意象也就不可避免地浸染着诗人浓烈的主观感情色彩，寄寓着诗人的情趣和意志。

古诗的这些美在有关美育的论文中都有涉及，本次主要探究在古诗朗诵教学中如何引导学生学会利用朗诵技巧创造出古诗的美的朗诵效果，并模仿古诗创编出美的古诗。

以本学期朗诵小组开展的“朗诵古诗词，颂扬中华传统节日”主题系列活动为例，分四步引导学生创造出古诗美的朗诵效果和创编出美的古诗。

一、了解传统节日，理解古诗内容

学生任选一个中国传统节日，了解这个传统节日的来历及传说、典故、风俗习惯。选取一首自己喜欢的有关这个传统节日的古诗词，并理解古诗词的意思，明白古诗描写的内容，理解作者要表达的思想感情。学生选择的古诗词有《清明》《九月九日忆山东兄弟》《青玉案·元夕》等。学生能说出这些古诗词描写的是哪些传统节日、习俗典故等，对传统节日做到全面了解。

二、学习古诗词的知识，理解古诗的音乐美

学生创编古诗词，首先要做到对古诗词知识的了解。根据前期对学生创编古诗词的创编难点进行调查，大部分学生认为难点集中在押韵、平仄和意境三个方面，针对学生的难点问题，教师设计了三个活动环节来解决问题。

（一）古诗词押韵、平仄探索

学生分组自主学习古诗词的平仄和押韵知识，师生再一起以具体的古诗词为例探究总结古诗词的押韵和平仄知识。由于学生是第一次创编古诗词，平仄可以不像古人写诗那样严格按照平仄要求，只要能押韵，读起来朗朗上口即可，所以平仄知识只在简单了解，重点在押韵。押韵是指在韵文的创作中，在某些句子的最后一个字，都使用韵母相同或相近的字或者平仄统一，使人在朗诵或咏唱时，产生铿锵和谐感。这些使用了同一韵母字的地方，称为韵脚。律诗（八句）一般是二四六八句押韵，绝句（四句）一般是二四句押韵。平仄，“平”指平直，“仄”指曲折。古汉语有四种声调，称为平、上、去、入。除了平声，其余三种声调有高低的变化，故统称为仄声。诗词中平仄的运用有一定格式，称为格律。词牌通常也决定词的平仄。用现代普通话简单来说，在普通话四声中，第一声、第二声是平声；第三声、第四声是仄声。例如，

清明

〔唐〕杜牧

清明时节雨纷纷，
路上行人欲断魂（hún）。
借问酒家何处有，
牧童遥指杏花村（cūn）。

十六字令

〔宋〕蔡伸

天（tiān）。休使圆蟾照客眠（mián）。人何在？桂影自婵娟（juān）。

学生根据师生共同总结出的有关押韵和平仄的知识，对上面的两首古诗词进行分析，进一步巩固所学知识，再让学生读一读，体会古诗词的音韵和谐，节奏鲜明，对仗工整，富有的音乐美，为创编古诗做好准备。

（二）探索意境美

古诗词当中有许多意境优美的句子。意境给人的感觉是心中有、口中无，若隐若现的。怎么能让学生理解、掌握意境，创编出古诗词，教师总结出意境美的方法有：实感性、联想性和感悟性三种，并结合具体的古诗词讲解。

1．实感性就是王国维所说“写境”，调动状物、描写、叙事等艺术手段，通过刻画形容，真实形象地再现客观环境。以《清明》为例。清明时节，诗人在行路中间，可巧遇上了雨。本该是家人团聚，或游玩观赏，或上坟扫墓。而今行人孤身赶路，触景伤怀。想寻一个小酒店，一来歇歇脚，避避雨，二来小饮几杯，以解春寒，“借问”牧童酒家何处，牧童答话以“行动”为答复，整首诗都是按着事情发展，实景实情进行描写。

2．联想性是指发挥想象力将两个本来无关联者掺合在一起，将两个互有差异的事物变得类似。这种创造性的融合所产生的新意境，其前提是要在互有差异或并无关联的两个物体之间找到共同之处，才能产生联想，如龚自珍的《寥落》：“青山青史两蹉跎。”青山在此指代诗人出世隐居的消极人生取向，青史代表入世立功的积极生活态度，两者根本不是一回事，但凭一个“青”字，诗人将两者挽合到一起，象征自己“谋官谋隐两无成”的尴尬处境。

3．感悟性意境即是让读者产生一种理性的领悟，明了诗内蕴藏之哲理。这种意境的形成，或是靠跌宕的笔意，在警世的作用之外，营造一种教人省醒的语境；或是用痴情的语调，在世情常理之外，唤起一种纯真的情感；或是采取无需回答的反问口气，造成一种自反自省、感触良多的余韵。这些方法，皆有助于神韵的催生。

三、学习朗诵技巧，为创造美做准备

学习朗诵中的重音、停顿、语调、节奏等朗诵技巧，理解这些技巧符号的表示方法。重音用“•”表示，在字的下方。停顿用“／”表示。语调分为上扬调、下降调、曲折调、平调。分别用“↗、↘、→、～”表示。节奏的快慢用单双线表示。“＝”表示朗诵节奏快，“—”表示朗诵节奏慢。学生运用这些朗诵技巧对选定的古诗进行分析并朗诵展示。这一阶段体现学生对美的创造。同一首古诗，不同的朗诵者对作品进行二度创作时，相同处运用不同的朗诵技巧，同样的主题表现出别样的美。

这个过程就是学生创造美的过程。古诗的美通过朗诵者不同的语气、语调、节奏的变化，最终传达给观众的是一场美的视听盛宴。

四、创编古诗，体现创造美

学生学习了古诗的平仄押韵，了解了古诗的意境美、语言美等诸多美，学生模仿自己收集的有关传统节日的古诗进行仿写。创编过程是学生创造美的过程。以下是学生创编的古诗：

春节

刘思彤 王文然

爆竹声中庆团圆，春风送暖万鸟还。

家家户户共守岁，人人欢笑迎新年。

中秋

刘佳奇 李政儒

中秋夜里外望月，桂花美酒引相思。

想知嫦娥思念谁，河水映出一圆月。

春节到

卜一淋 黄铄

鸟儿枝头叫，转眼春节到。

春风融冰雪，盼望瑞年好。

中秋节

王文然

中秋时节月儿圆，瓜果飘香迎丰年。

家人团圆赏明月，共话人间情与暖。

从学生创编的古诗词可以看出，学生不仅了解传统节日的风俗习惯，有自己的真情实感，也注意到了古诗的押韵、对仗等问题。创编的古诗再由学生进行朗诵展示。

在这四个环节中，学生时刻浸润在古诗的美中，享受美、创造美。美育是培养全面发展的人才不可缺少的环节。我们在古诗朗诵教学中实施美育，为学生实践中创造美提供机会，激发学生创造美的兴趣，提高学生创造美的能力。

参考文献：

[1] 美育，互联网百度 .

[2] 邱桂芳 . 在古诗的学习中创造美 [J]. 小学时代，2010（9）.

[3] 陈志勇 . 浅谈如何在古诗文教学中渗透美育 [J]. 学苑教育，2015（4）.

[4] 陈友冰 . 中国古典诗词的意境美——《中国古典诗词的美感与表达》之九，国学网 .

浅谈儿童舞蹈创编中的“色彩”呈现

房山区学生活动管理中心 孔祥涛

【内容摘要】大自然有着缤纷绚丽的“色彩”才使得这个世界无限美丽，“色彩”会刺激人的情感表达，营造各种迷人的气氛，而舞蹈作为一门充分展现美的艺术，更是需要“色彩”的添加。儿童舞蹈创编中，捕捉适合儿童的各类形态，通过儿童喜爱的有趣的动作，有趣的情节，把舞蹈动作变成自己的语言，激发儿童用优美的舞姿把舞蹈作品在舞台上完美展现。

【关键词】儿童舞蹈创编 色彩 选材 结构 形象 构图

提到“色彩”，映入我们眼帘的是五颜六色的颜色。“色彩”按字面含义上理解可分为“色”和“彩”，所谓“色”是指人对进入眼睛的光并传至大脑时所产生的感觉。“彩”则指多色，是人对光变化的理解。“色彩”是能引起我们共同的审美愉悦的最为敏感的形式要素，“色彩”也是最有表现力的要素之一。大自然有着缤纷绚丽的“色彩”才使得这个世界无限美丽，“色彩”会刺激人的情感表达，营造各种迷人的气氛，而舞蹈作为一门充分展现美的艺术，更是需要“色彩”的添加。在儿童的世界里，“色彩”尤为重要，在儿童舞蹈创作中各种“色彩”无处不在。

一、儿童舞蹈选材中的“色彩”

如何从生活中选择题材，对编导是件难事，丰富多彩的生活有着广泛的舞蹈题材，但艺术得反映生活，需要作者对生活素材进行选择，集中提炼加工。儿童舞蹈创编来源于孩子的日常生活，捕捉他们的情趣和心灵特点，才能获得创作的好素材。舞蹈的创编既要遵守艺术创作的共性规律，也要遵守儿童舞蹈创作的个性特点、身心特点。儿童舞蹈与成人舞蹈相比更具有天真、活泼、形象、夸张和拟人化等特点。在作品选材中不要人云亦云，也不要刻意求不同，而是要忠实鲜明地呈现出自己最真实而独立的“态度”“观点”。选择儿童舞蹈的题材，首先必须充满童趣，它是吸引儿童注意力，培养儿童观察能力、审美能力，增加儿童参与愿望的重要因素。

儿童舞蹈题材大致有以下几种。

（一）教育题材：这类题材指的是直接反映当代儿童精神面貌的题材，爱祖国、爱劳动、爱科学、助人为乐的，更主要的是反映当代儿童的现实生活、历史主体意识、参与意识。

（二）寓言题材，这类题材特点是，借助儿童非常感兴趣的自然景物或动物的外形特点、性格，源于某种思想或说明某种道理，常用夸张、拟人、幻想的手法塑造人物，将自然植物和动物人物化、性格化。例如舞蹈，通过一群活泼可爱的小蚂蚁，齐心协力、团结合作搬运粮食的情景，说明了团结力量大，团结能战胜一切困难的道理，采用夸张拟人的手法，收到了很好的舞台效果。

（三）历史题材，这是指以历史人物和事件为特点的题材，它可以在真实的历史人物和事件的基础上，进行必要的集中概括和适当的虚构，再现一定历史时期的社会风貌和展示历史发展趋势，使儿童从舞蹈中受到一定的教育和启迪，如舞蹈《花木兰》等。

儿童舞蹈题材可以说是包罗万象，只要我们处处留神孩子们的天地，仔细观察他们的情感小世界，儿童舞蹈的题材，就会像满天繁星对你闪烁光彩，它们好似一首儿歌、一个童话、一个充满童趣的故事和一种稚气盎然的游戏，你一旦捕捉到这些耀眼夺目的星星，下一步，就能顺利地确定其舞蹈形式和结构。总之，舞蹈题材的选择很重要，是舞蹈作品成功的关键。儿童舞蹈的选材要结合儿童自身特点，要新颖、有趣味、有时代感、有教育意义。

二、儿童舞蹈结构中的“色彩”

舞蹈题材确定后，要通过感受 — 想象 — 升华 — 灵感 — 主题 — 形式 — 内容这样一个过程形成对一个事物的整体认知。而结构是舞蹈作品的组织方式和构造方法，结构便是创作的基础，结构是借助建筑艺术的术语，是组合连接的意思。舞蹈结构是将生活体验或者是观察感知进行提炼，通过认知想象情感等活动参与转化为初步艺术形象的头脑创作过程。即对舞蹈作品中情节发展、情绪变化等内容的具体设计过程，是作品形象表现的一个基本构造方法，是生活体验转化成艺术作品的关键。

实践证明没有好的舞蹈结构，舞蹈无法创作，无法存在和发展，比如当我们选择好一个有意义的题材，并同时确定可能表现的主题思想和情感取向时，那么用怎样的方法表现，就要靠作品的结构。所以说结构是编舞者头脑中的创造，在表现什么的同时也在思考怎么表现。值得注意的是，结构不要走老的模式，而是要根据主题寻找结构的科学性符合事物发展规律、符合儿童的特征。从开端、发展、高潮、结束，要严谨紧凑、完整、首尾联合、布局均匀，形式与内容和谐，动作与动作、句子与句子、段落与段落衔接自如。舞蹈队形要疏密交替，有高低错落变化，给人意料之外、情理之中的感觉。舞蹈速度上要快慢对比，层层递进，精心铺垫后将舞蹈推向高潮，形成一个亮点，给观众留下深刻印象。儿童舞蹈结尾的处理方式也有多种，一般在一段精彩表演后缓缓的退场，也有在高潮中戛然而止的，舞蹈的结尾部分非常重要，结尾好，会给舞蹈锦上添花，忽视结尾的作用，会给人头重脚轻的感觉，节目的效果就会打折扣。所谓编筐编篓，全在收口，正说明结尾的重要性。所以说好的结构创作会完美呈现作品的思想情结，人物的巧妙安排表达出所要表达的意图，这是舞蹈创编再现艺术形象的重要形式。

三、儿童舞蹈人物形象中的“色彩”

舞蹈形象即舞蹈作品中的人物形象和主要舞段中富有性格特征和思想内涵的动态形象，舞蹈的人物形象塑造在舞蹈中起着极其重要的作用，人物是舞蹈作品的关键，一个好的作品一定有活生生的、显示内心世界和精神风貌的人物形象，才能收到感人的效果，没有好的舞蹈人物形象作品就失去欣赏价值。人物形象的好坏直接影响舞蹈的创作水平，通过舞蹈演员的表现使观众获得美的享受，通过人体协调的富有韵律的姿势、造型、动作来表达人物的内心情感。

儿童舞蹈塑造形象的具体手段：

（一）体验孩子们在生活中的形象，寻找准确的动态特征。

（二）设计合理的情节，凸显儿童人物性格。

（三）细腻的情感层次的变化，使形象更立体丰满。

人物形象的塑造对舞蹈创编起着重要的意义，是舞蹈不可分割的重要组成部分。总而言之，儿童舞蹈创编的人物形象要具有直观性、典型性、趣味性。

四、儿童舞蹈构图设计中的“色彩”

构图是为了表达舞蹈内容，使画面成为一种美感的形式。演员在舞台空间的流动与点、线、面交织变化关系到作品的主题思想呈现和美观效果。凡是成功的儿童作品，除了主题鲜明、结构严谨、语音生动、新颖等优点之外，还要有与之相适应的优美。准确的舞台构图为了能在有限的舞台空间内按照美感的要求，恰到好处地运用人体的流动和停顿，采用直线、曲线、弧线等形成表现内容。舞台画面各种图形也都象征着不同的感情色彩，运用流畅自如、恰到好处的构图会给人强烈的情感共鸣，为舞蹈作品增加美的视觉效果。

五、儿童舞蹈创编中音乐的“色彩”

音乐是舞蹈的灵魂，创编儿童舞蹈，离不开音乐。音乐和舞蹈是相辅相成的，一个好的舞蹈作品如果没有优美、动听、颇具特色的音乐来烘托，必定大为失色。同时，音乐如果不顾及舞蹈内容和形式的要求随意设计，也不能成为好的舞蹈音乐。所以说，儿童舞蹈和音乐是一个有机的整体。儿童舞蹈音乐的乐句通常短小、活泼，旋律流畅单纯、节奏鲜明、富有感染力，曲调简单明快、通俗易懂、婉转优美。通常情况下，音乐的节奏鲜明强烈才能激发儿童的动感。音乐形象生动具体，便于儿童理解，能激发儿童兴趣。儿童舞蹈音乐一般只有一个音乐主题，节奏重复多，很少使用移调和法转调等复杂的节奏，儿童舞蹈所用的歌词能为舞蹈树立鲜明的文学形象，并能启发孩子深刻理解作品的情感。

创编儿童舞蹈在选择音乐时，有两种形式，一是通过音乐的启发，用音乐打开灵感。二是先创编动作再配音乐。不管选用哪种形式，音乐对编舞具有举足轻重的地位，好的音乐不仅能激发灵感，而且能为编舞推动节奏，起到事半功倍的作用。

六、儿童舞蹈创编中创新的“色彩”

在儿童舞蹈的创编过程中，创新是创编舞蹈的重要条件，别人没选的题材你选，独特新颖，别人选过的题材，你通过创新让它与众不同。创新表现在儿童舞蹈的题材、结构、人物、动作、构图、音乐等方面，巧妙的设计，使其成为一个新颖的、能够标新立异的、让人耳目一新的作品。创新是儿童舞蹈的生命，没有创新总是跟在别人后面模仿，就没有进步。没有创新就没有突破，这样的作品落于俗套，观众也会倍感乏味。

总之，儿童舞蹈作品的创编中“色彩”丰富，奥妙无穷。这就需要切实贴近孩子的生活，具有敏锐的观察力，同时又要具备自身内心良好的情操，只有这样才能激发创作的灵感，才能塑造出更加真实生动的人物形象，才能创造出更加优秀有价值的舞蹈作品。在儿童舞蹈创作中，用儿童的眼光观察世界，捕捉适合儿童的各类形态，通过儿童喜爱的有趣的动作、有趣的情节，把儿童舞蹈动作变成自己的语言，激发儿童用优美舞姿把舞蹈作品完美呈现在舞台上。

参考文献：

[1] 金秋 . 舞蹈编导学 [M]. 北京：高等教育出版社，2006.

[2] 胡尔岩 . 舞蹈创作心理学 [M]. 北京：中国戏剧出版社，1994—6.

[3] 孙庆龙 . 动作结构在舞蹈创作中的作用研究 [D]. 长春：东北师范大学，2019.

[4] 朱智贤 . 儿童心理学 [M]. 北京：人民教育出版社，1962.

浅谈舞蹈教学中的美育价值所在

——以房山区学生活动管理中心舞蹈活动为例

房山区学生活动管理中心 孙凤娟

【内容摘要】审美教育简称美育，核心是情感教育，是培育人们的美好情感，净化人们的情操品质，提升人们的精神境界，使人们在愉悦的精神享受中培养正确的审美观点。而舞蹈这一直观性、可感性强的艺术，又恰恰符合孩子们身心发展的需要。通过舞蹈活动对孩子自信心、自律、韧性以及集体观念的培养，使其具有正确的审美观点与感受美、鉴赏美、表现美、创造美的能力，从而具有美的理想、美的情操、美的品格和美的素养。

【关键词】审美教育 自信心 自律 韧性 集体观念

随着社会文明的不断发展，美育教育也得到了更多的重视，不少家长越来越认识到舞蹈对孩子的身体素质、情感、审美、注意力等方面有着十分重要的意义。可以说，舞蹈正逐渐深入孩子们的生活中，成为不可缺少的一部分，是适合孩子身心发展的一种美育形式。著名心理学家苏心说过："舞蹈对于训练孩子的专注力、忍耐力、团队配合能力及自我情绪的调节能力会有很大帮助。多从事艺术类学习可以使一些独生子女孤僻、霸道、凡事以自我为中心的不良性格得以改善。"作为舞蹈教师，我能深刻地体会到一分耕耘一分收获，只有教学内容和教学方法都适合孩子的生理、心理特点，舞蹈的美育价值才能真正得到发挥。

一、学习舞蹈对孩子自信心的培养

传统观念里，学舞蹈的孩子只要跳得好就可以，而忽略了孩子自信心、想象力和集体观念的培养。爱默生曾经说过，"自信是成功的第一秘诀"。自信心对一个孩子的影响是至关重要的。班里有个学生叫圆圆，因为体型偏胖，而被家长送到了舞蹈班。她浑圆的身材，确实给她带来了很多不便之处，别人简单就能做出的动作，对她来说就显得比较吃力了。不过圆圆却异常用功，不怕苦、不怕累地坚持训练。每次舞蹈课的后半节课，我都会让学生自由分组练习本节课所学内容，然后再进行分组展示打分。

可起初在自由分组时，圆圆总是被落下的那一个，因为她身材的原因，没有同伴愿意和她一组，生怕影响最后展示的分数。我关注到这一点后，决定要解决这个问题。眼看期末展演的时间就要到了，我请孩子们自由分组，排练要展演的舞蹈，要求是：在我教授的内容基础上，要有创新，包括队形变化和辅助动作的添加。孩子们马上进行了分组结合，只有圆圆尴尬地站在了原地，小心地窥探着周围的一切。我走过去对人数相对较少的一组说："让圆圆加入你们怎么样？"孩子们纷纷发出惊讶且不情愿的声音，最后组长说："好吧。"然后走过去拉着圆圆的手说："跟我们一组吧！"圆圆不好意思地点点头。各组同学都在探讨队形的变化和动作的编排，我巡视引导启发孩子们，多动脑思考，还有没有更适合的动作和队形。来到圆圆这一组，我看到队形动作过于单一，就问孩子们还有没有更加凸显动作的队形，大家你看看我，我看看你。我问圆圆："圆圆你觉得还可以加入什么队形变化呢？"圆圆想了想说："可以用甩裙动作前后交叉变成一个倒三角，也可以在原有队形上做交替蹲起动作，这样就不会单一了。"同学们听到圆圆的话，马上连声称赞。看来圆圆是用心准备了，我提议让圆圆当副组长，马上协助组长完成新队形和动作的设计，同学们也十分赞同。等到展示的时候我在圆圆的脸上看到了从未有过的坚定。最后通过同学和老师的共同打分，圆圆那组以队形变化新颖丰富、动作规范整齐，获得了第一名，孩子们开心地拍手庆祝，圆圆也露出了甜甜的微笑。从此以后，圆圆再也不是缺少舞伴的孩子了。

二、学习舞蹈对孩子自律、韧性的培养

学习舞蹈是一个不断提升自我的过程，它会让你摒弃越来越多的坏习惯，变得更加自律有韧性。班里的菲菲刚学习舞蹈的时候，面对训练，总想逃避，每一次都是妈妈拉着她走进教室。有一次，分组训练前需要选出组长，我悄悄地走到菲菲身边小声说："想不想试一试？"她马上使劲摇头说："我可不行。"我知道，她因为自己动作不到位，所以没有自信心。于是在展示的环节，我选了几个小评委，其中就包括菲菲，来点评一下展示学生的优缺点，来锻炼她们对评分标准的掌握程度和语言表达能力。菲菲用不太自信的语气描述着展示同学的优缺点，说完后我马上给予了肯定和补充，并引导同学们用掌声表示鼓励，我第一次在菲菲的脸上看到开心的笑容。从那以后，她变得越来越积极，不轻易请假，努力练习动作，再选组长时，她会积极参与，为自己挣得机会。现在已经是初三学生的她，依然从不缺课，每天在家练习舞蹈的时间不少于一个小时，有时候妈妈怕她学习辛苦，劝她放弃舞蹈，她怎么也不肯。对舞蹈的热爱，对兴趣的坚持，使菲菲不仅没有耽误学习，反而在学校成了文艺骨干，还多次在各种比赛中获奖，成为一名自信、坚强、气质优雅的女孩。

三、学习舞蹈对孩子集体观念的培养

学习舞蹈时，班里每个孩子的理解能力和水平都会有所差异，有的学得快，有的学得慢。在分组活动环节设计中，能力弱的同学通过能力强的同学的带领，动作上有了很大提升；能力强的同学通过指导和带领能力弱的同学，自信心和表现力得到了增强。分组讨论时，教师引导学生进行互动，让同学之间充分发表意见，这样不仅使同学们主动发现问题，动脑思考，共同想办法进行解决还激发了她们的表达欲望，锻炼了她们的语言表达能力。分组展示的时候，为了让集体获得好成绩，每位同学都努力表现，积极配合，不仅培养了学习舞蹈的热情，还收获了友谊，拥有了集体荣誉感。

陪伴孩子们成长的过程是我最珍惜的时光，坚持、耐心、爱心、团结让孩子们更能体会舞蹈的魅力。要充分发挥舞蹈教学的美育作用，培养学生正确的审美观点与感受美、鉴赏美、表现美、创造美的能力，从而具有美的理想、美的情操、美的品格和美的素养。

参考文献：

[1] 杨辛，甘霖编著 . 美学原理 [M]. 北京：北京大学出版社，1945.

[2] 刘叔成，夏之放，楼昔勇等著 . 美学基本原理 [M]. 上海：上海人民出版社，1984.

[3] 钱念孙，蒯大申著 . 青少年美育百题 [M]. 合肥：安徽少年儿童出版社，1993.

家校合作对校外器乐教育教学活动作用的研究

——以管乐团为例

房山区学生活动管理中心 汪小力

【内容摘要】目前，家庭教育与学校教育之间割裂、断层的情况仍普遍存在。培养学生良好的学习习惯很重要，但在应试压力下，学校教育很难有效解决。家庭教育通常比较茫然，缺乏专业指导，家庭和学校不得不把较多的时间和精力集中在学生学习成绩的提高上，有的甚至无暇顾及教育的真正内涵，也就是学生的健康成长。面对这种困境，如何打破家庭教育与学校教育的隔阂，实现真正的合作，以达到家校共同育人的目的是我们研究的意义。

【关键词】家校合作 共同育人 有效策略 育人时效

少年宫的器乐教师经常抱怨工作不好做，原因是每周一次的教学周期较之学校教育时间跨度大、教学连贯性较差，家长多半是抱着“培养兴趣”“陶冶情操”等目的让孩子学习乐器的，有的甚至以填充学生课余时间为目的，对校外器乐学习的重视程度普遍不够，由于少年宫与家长没有建立有效沟通机制，导致两者之间无法开展深度合作。目前，在校外教育中器乐教学基本还停留在技能学习的阶段，在“教学”上做的很多，在“育人”上做的不够，致使校外器乐教育在提高学生核心素养和德、智、体、美、劳全面发展方面效果不佳、助力不够。为此，少年宫成立了器乐教师课题组，申请北京市课外、校外教育“十三五”科研规划课题立项，开展了“教师与家长的合作对校外器乐教育教学活动作用的研究”。

一、以管乐团为例，创新思维、运用科学方法，以解决现实问题为目标开展科研工作

为解决教师团队人员不足的现实问题，管乐团组建之初我们将有责任心、具备一定组织和管理经验的家长召集起来，成立了家长志愿者队伍。主要负责在日常排练中

辅助教师管理学生、维持秩序、保持环境卫生、乐器使用及管理，在参加展演赛期间帮助教师完成组织学生、清点乐器、摆台撤台等工作。管乐团成立至今，每一次排练、演出和比赛的场地上都有家长们忙碌的身影，为完成各类实践活动提供了支持和保障，成为乐团教师团队的重要助力，在乐团建设发展的过程中发挥了重要作用。随着乐团的发展，我们将家长志愿者团队与各专业家委会相对接，与少年宫家委会相配合，建立了专业小组＋乐团＋少年宫的三级家委会模式，完善了家委会管理制度，选出了家委会主任、秘书长等职务，规范各级家委会的管理，让家委会参与到包括招生、教学、实践活动、课题研究、展演赛等各项工作中。随着家校合作统一架构的形成，我们建立了完整的制度，立足长远的合作效果，将家长辅助教学的工作提升至家校合作、联合育人的层面。家长不是教育的旁观者，家长是参与者、管理者。在教学过程中，教师和家长是天然的合伙人，是互相支持的战友，应该以密切合作的关系共同育人。

（一）采用调查问卷的方式充分调研

为准确获取所有家长对教学形式、内容及教师行为的意见和建议，了解家长对少年宫教学活动的期望和真实诉求，掌握家长对校外教育的认识和心理动态，我们定期开展家长调查问卷活动，一般采用两种形式：每学期报名时在招生系统中面向全体学生家长进行问卷调查；各专业或社团根据自身特点设计问卷内容进行不定期小范围调研。其中，面向少年宫全体器乐学生家长的调查问卷共回收 539 份，真实呈现了该群体在孩子学习乐器过程中的想法、做法、困扰和期待，对我们的课题研究以及今后器乐社团的建设和发展具有重要的指导意义。

以下是调查问卷的内容节选及分析。

8．孩子学习乐器以后，是否树立有明确的目标？（单选题 * 必答） [单选题]

选项	小计	比例
A．有	211	39.15%
B．没有	75	13.91%
C．看看孩子学琴情况，再说	217	40.26%
D．没想过	36	6.68%
本题有效填写人次	539	

通过以上问卷可以看到，超过 40% 的学生家长对于孩子学习乐器这件事并没有明确的目标，这种情况比较普遍，需要专业的指导和引导，从而在培养孩子音乐素养的过程中发挥更多的作用。

25．您认为与教师最有效的沟通方式是？（单选题＊必答） [单选题]

选项	小计	比例
A．微信、短信	170	31．54%
B．打电话	36	6．68%
C． 家访	12	2．23%
D．面谈	315	58．44%
E．其他	6	1．11%
本题有效填写人次	539	

在以上调查中我们看到，在当下这个信息爆炸、无处不网络的时代里仍有 315 位超过 58% 的家长认为面谈是家长与教师之间最有效的沟通方式，我们常用的微信和短信等相对便捷的通信方式也是比较有效的沟通方式，而打电话和家访等方式的沟通效率相对较低，可根据具体情况适度采用。

27．您在辅导孩子学琴时的困惑有哪些？（单选题＊必答） [单选题]

选项	小计	比例
A．家长不懂，没法辅导	336	62.34%
B．下班晚，没时间辅导	39	7.24%
C．孩子依赖性太强，家长不在就不练	97	18%
D．家长与孩子练琴中时常出现冲突	48	8.91%
E．家长应酬多不能天天坚持	8	1.48%
F．家长之间的教育意见不统一	11	2.04%
本题有效填写人次	539	

以上问卷反映出在孩子学习乐器的过程中家长最大的困惑是由于不懂音乐专业知识而无法对孩子进行有效的辅导，想做些什么却又不知所措。这一点也体现出家校合作的重要性。

（二）定期开展家访活动，与家长广泛沟通，提高家庭与少年宫的黏合度

所谓创新就是将传统做到极致，沿用多年的家访并没有过时，在当下这个互联网深度延展的时代，面对面的交流越来越少，通过家访，教师与家长之间完成了最直接的沟通，达到了互相了解的意图和目标，共同确定了因材施教的方法，针对实际问题研究对策。要想建立紧密的合作关系，面对面的交流必不可少，并且十分重要。我们利用工作以后的时间定期家访，就孩子学习器乐过程中出现的问题、遇到的困难和正确的学习方法与家长深度沟通，解开了家长的疑惑，使那些不懂音乐、不知道如何参与孩子学习的家长找到了正确的切入点和科学有效的方法。同时，通过这种方式加深了教师和家长之间的理解和信任，在琴童家庭与少年宫之间搭建了桥梁，建立了情感连接，更有利于提升育人实效。

（三）组织家长课堂，教育孩子首先要教育家长

2019 年 1 月 12 日，我们聘请房山第二中学德育副校长史广静举办家庭教育讲座，少年宫学生家长、领导和教师 200 余人参加了活动。史校长的讲座以《没有智慧家长，哪来孩子的成长》为题，介绍了近几年来国家及北京市重视家校共建的精神；分析了影响学生学习兴趣的因素；分享了优秀学生勤奋刻苦、追求艺术、学有所成的故事，生动讲述了古今音乐家、教育家成才的故事，启发人们学习要持之以恒，不忘初心，不轻易放弃；结合社会教育家、社会名人家庭教育方面的好故事，渗透家庭教育的好方法。家长普遍反映讲座非常接地气、“解渴”，受益匪浅。

（四）开展“宫家携手 共同育人”优秀经验交流活动

为了加强少年宫与家长的密切合作，促进孩子身心健康成长和全面发展，增强活动育人效果，我们举办了“宫家携手 共同育人”家长征文活动和家长优秀经验分享会。共有专家、课题组成员及家长代表 50 余人在少年宫小剧场参加了本次活动，课题负责人王文新老师代表课题组介绍了课题研究的推进情况；少年宫家委会主任梁桂清总结了家委会近年来的工作；3 名家长代表介绍分享了“家校共育 助力孩子成长”的故事和体会；大提琴教师、梦想民乐团指挥张行健从专业教师的角度，深入浅出地和家长们分享了宫家携手育人的故事。课题组专家赵国平老师对家长和老师的发言进行了点评，肯定了研究的意义和成效。三位家长和张行健老师的分享让大家深受启发，他们不仅总结了科学的学习方法和教育方法、与孩子有效的沟通方式，还深刻思考了如何处理好文化课学习与器乐学习之间的关系，运用现代教育理念在实践中不断探索。事实证明，我们在“宫、校、家”联合育人方面已经有了一些成功经验，并获得了一些成果。

二、与优质项目建设相辅相成、互相促进，多维度实践探索，不断提高育人效果

借北京市教育供给侧改革的东风，随着校外教育“三个一”优质项目评选活动的

不断推进，我们将“十三五”科研课题研究工作与优质项目建设有机结合，在大型器乐社团建设与管理实践中不断探究，发现家长在校外教育实践活动中的重要作用，并根据校外教育活动的特点建立长效合作机制，鼓励家长从被动接受到主动参与，充分调动家长群体的积极性和主动性，在提高活动效率的同时提升了教育质量、丰富了教育内容。有效激活了传统的器乐教学模式，推动校外器乐教学活动从技术至上转向协同育人，促进校外器乐小组活动和器乐社团活动良性循环、可持续发展。与此同时，丰富了优质项目建设的活动依据，明确并提升了优质项目建设的理念目标，为项目建设提供了理论支持和有针对性的调查研究，对优质项目发展与推进提供了坚实的基础和保障。

体验与交流式教学
对提高电声乐演奏水平作用的研究

北京市房山区学生活动管理中心　姜　昇

一、课题研究的背景

北京市有关中小学生音乐艺术比赛项目中，已经包括很多传统乐器和声乐、合唱类的项目。但是还没有一项专门针对电子类乐器的音乐比赛。之前大兴少年宫办过两届全国性和全市的电子音乐节，朝阳青少年活动中心也办过电声乐队社团，由于种种原因没有坚持下去，我们应该勇于承担，利用兄弟单位的经验大力推广这个在全市还是空白的项目。因为我们很多中小学生在学习各类电子乐器，例如电钢琴、电子琴、电吉他、电子鼓等。他们已经不满足于一件电子乐器的学习，更是在学校的鼓励和教师的帮助下，成立了各种类型的电声乐队。在2016年中小学生才艺大赛中涌现出多支电声乐队。所以为这些中小学生提供展示才能的舞台，也现实地摆在了我们这些校外教育工作者面前。鉴于上述情况，近期成果要进行房山区内校际展、演、赛的交流活动和各区县少年宫之间的交流活动。远期成果要设立首届房山区青少年电子音乐节。课题研究是在有大量中小学生研习电子乐器和组织电声乐队社团积极活动，但主流市级区级展、演、赛活动中电声乐项目还是个空白的背景下提出的，希望从我的一点努力中能促进这项工作有序健康发展，填补北京市校外艺术教育的一块短板与空白。

二、课题研究的意义

2017年5月4日，房山少年宫在单位组织下到朝阳青少年活动中心学习交流，在朝阳区青少年活动中心，大家进行了座谈，交流关于社团建设的情况和经验，朝阳青少年活动中心的领导和老师们介绍了他们关于社团建设的一些做法和想法，每一位对口的老师均有针对性地介绍了自己社团的建设，我们也询问了一些自己感兴趣的问题，中心的领导和老师们都给予了耐心和细致的解答，使我们学到了很多关于社团建设的宝贵经验，在集中交流学习之后我们又进行了分组讨论，每个老师都找到自己对口的老师进行交流，这样使交流的内容更加深入细致。我和电声乐队的老师在他的排练室进行了交流，他介绍了他们中心电声乐队发展的概况，了解了他们电声乐队的一些排练的流程和方法，其中有很多方法和经验值得我学习，我在房山少年宫主持一个电声乐队的社团工作，并且在3个学校组建了3支电声乐队，初步总结的经验是：4支电声乐队选择相同的曲目，让这4支乐队在曲目、学员、乐器三个方面形成互相有力支援、彼此密切联系的状态。不但人员可以替补，乐器也可以互相借鉴。这样做的好处就是能够圆满地完成一些展、演、赛的任务。但是4支电声乐队、社团也应根据自己能力和特点排练特色曲目，这样才能形成自己社团的独特风格。

在接手这项电声乐教学活动任务以后，我一直在思考电声乐社团的发展思路，最终想通过举办电子音乐节的方式来引领和推广电声乐项目的健康发展。

在领导的支持下，已经开展了前期的调研和推广电声乐进校园的活动，我在良乡五中、房山二中、韩村河中学都建立了电声乐队社团，这几所学校的领导很支持这项活动，专门采购了电声乐器和扩音设备，装修了排练教室，聘请了专业教师进行日常排练活动，也积极参加一些展、演、赛活动。

不可否认，我在电声乐项目推广过程中做的一点工作还是探索性质的，领导也鼓励我多探索多积累。在研究这个课题之前，只是想把学习电子乐器的孩子组织起来，觉得这样可以提高孩子的兴趣，也容易给他们找到更多的展示机会。有了这个课题以后，我就逐渐思考如何能让这些孩子在教育主管部门主办的展、演、赛上一显身手，这样才有利于电声乐项目在青少年中的健康发展，这也正是我研究这个课题的意义所在。

三、课题研究的界定

关于课题界定主要有两项内容：一是体验式教学，即在电声乐队训练过程中尽量让学生深度参与音乐创作过程，让学生通过各种方法的排练对乐曲进行再创作，例如，和电脑虚拟乐队合练；吉他组、键盘组、鼓组分组练习；整个乐队合练等；二是访问式交流，学生有机会和其他乐队在一起合作演出和比赛，也可以就近观摩其他电声乐队的演出，学习其他乐队的训练长处和优点，通过这种交流模式，提高电声乐发展水平。

四、课题研究达成的目标

基于在房山区设立房山区电子音乐节以推广电声乐项目的课题和前期的准备和调研工作，首届房山区青少年电子音乐节可以申请以房山教育委员会和房山区校外办的名义举办。设立的比赛项目可分为集体项目和个人项目。集体项目分为不同类电声乐器和同类电声乐器合奏，个人项目分为不同类电声乐器独奏（可以自带伴奏和录音伴奏）。

项目设置如下。

集体项目：1．电声乐队（四人以上）

2．同类电声乐器合奏（四人以上）

个人项目：1．电钢琴

2．电子琴

3．电吉他

4．电子鼓

5．电子合成器等相关电子乐器

曲目：自选曲目，时长不超过 5 分钟。

组别设置：1．小学低年级（一二三年级）

2．小学高年级（四五六年级）

3．初中组

4．高中、中专职业学校组

项目准备时间：2 月发比赛通知

3—5 月准备阶段

6 月底之前实施项目

奖项设置：1．个人集体项目分设一、二、三等奖

2．优秀辅导员奖

3．优秀组织奖

比赛前可派专家到校辅导，以学校为单位进行报名。比赛结束后在颁奖典礼音乐会上对获奖团体和个人进行表彰。通过正规、科学有效的项目实施，力争把青少年电子音乐节打造成房山区校外教育的一个品牌项目。为我们广大的中小学生提供更加丰富多彩的展示平台。

如果目标能够达成，将会丰富我们校外艺术教育的内涵，填补了艺术教育的空白，对电声乐健康有序发展和广大中小学生的艺术教育是一件很有意义的工作，对于普通的校外音乐教育工作者来说，也是对内心教育理念的自我实现。

五、课题研究的主要内容

（一）在体验式教学电声乐项目排练过程中的主要活动模式

在电声乐队交流演出活动的准备和实施阶段，我都充分地让学员体验局部和整体

演奏的听觉感受，在安装调试的过程中，我鼓励学员通过自己动手安装调试乐器到最佳状态，体验到驾驭手中乐器的乐趣；在进行“仿真训练”和全员实际排练时，学员更能体验自己的乐器在整个乐队中的作用，在训练中先让学员体验电脑播放的电子乐谱，我再把电子乐谱的各个声部逐一打开再逐一关闭，这样学员就能体验到乐器从独奏逐渐过渡到整个乐队的宏大丰满的效果，进而让学员建立起对音乐的局部和整体演奏的听觉体验。在当天演奏交流过程中，学员全神贯注地演奏，并且能随机应变地处理一些小的问题。学员临机应变的能力得到充分的展现，真实环境的教学体验，给学员留下很深的印象，并在下次演出一定会注意不再犯同样的错误。例如在演出环节我还安排了两宫的电声乐队辅导教师现场通过主持人问答的方式交流教学理念和训练方法，通过现场采访学员的方式把训练过程中的体会与感想说出来，等等。

通过上述体验式的教学交流让学员发现问题、解决问题，并在整个过程中得到充分的锻炼与成长，从而使学员能在音乐专业素养上得到显著的提高。

（二）在活动过程中真实体验演出、交流、比赛的现场氛围，提高其表现能力

不仅对自己的表演有客观的认识，也通过观摩大兴少年宫电声乐的现场表演，学习别人的优点与长处，对于学员和辅导教师的提高是多方位的。当然这次教学交流活动也有一些遗憾的地方，但是这些问题也为以后的教学交流提供了探讨的话题和依据，在校外音乐交流中应加入电声乐内容，不断丰富校外音乐教育的内涵。

（三）通过举办参加各级各类电声乐的展、演、赛为孩子们提供交流成长的平台，促使房山区学生电声乐项目健康有序发展

六、课题研究的方法

本课题的研究方法基本上采取了以下几项：

1．学习电子乐器学生和电声乐队社团的组织活动的调查法。我主要在几所建立电声乐队的学校班级中做了以下一些问卷调查，提出了以下几个问题：（1）你接触或学过电子乐器吗？（2）你参加过电声乐队的排练和演出吗？（3）如果学校组织电声乐队你愿意参加吗？调查结果是有一些学生在学习电子琴（电钢琴）、吉他（电吉他、电贝司）、架子鼓（电子鼓），但是没有组织过电声乐队更没有参加过展、演、赛之类的活动，主要原因是没有相关的老师和机构组织和引导。

2．关于电声乐队排练过程中形成的一些经验。在少年宫和学校电声乐队的组织训练过程中，由于学生的演奏水平参差不齐和演奏技巧不够熟练，学校的乐器也是东拼西凑，只能根据实际情况不断进行教学经验的总结，例如不能拿现成的乐队总谱来给学生排练，因为有时候他们达不到总谱要求的演奏难度，这就需要我针对学生的实际水平对总谱进行适当的改编以适应学生的演奏水平，这样使每个声部演奏流畅了，整个乐队才能流畅完整演奏。

七、课题研究的步骤

1．准备阶段（2016 年 11 月—2017 年 7 月），在少年宫和各个学校组织学生电声乐队和相关社团进行课题申报。

2．研究实施阶段（2017 年 9 月—2018 年 1 月），进行房山区内校际展、演、赛交流活动和各区县少年宫之间的交流活动。

3．反馈修改阶段（2018 年 2 月—2018 年 6 月），征求反馈意见。整理典型活动交流案例，创造条件持续发展下去。

4．总结阶段（2018 年 7 月—2019 年 12 月），远期成果要设立首届房山区青少年电子音乐节。以健康推广和发展学生电声乐艺术项目。

八、课题研究的主要过程

房山少年宫卡酷电声乐队社团建立伊始，有专职电声乐队指导教师，并配备了乐器、专用排练教室，实施时间 1 年以上。是唯一一家校外教育机构。具有自己的活动特色，得到学生和家长的支持。

在理念目标方面：以践行社会主义核心价值观为导向，紧紧围绕立德树人的根本任务，坚持活动育人、实践育人，坚持兴趣培养和个性化教育。能根据学生的兴趣爱好，培养特色人才，开展特色活动。结合学生兴趣和专业特点开展符合学生实际水平的活动。

在结构内容方面：每学期都制定教学计划，严格按学期教案活动，期末有活动总结。统筹利用社会资源，将社会资源转化为教育资源。除了在少年宫，还在三所学校建立学生电声乐队，互相可以进行学员、乐器设备、场地的交流互换。生源相对稳定。有学校乐队成员提供稳定生源。

在师资队伍方面：教师团队，团队成员职责明确，核心教师在编在岗，专业水平得到同行认可。指导教师是单位正式教师，有较高水平。有师资培养计划并实施，有专家指导。

在场地设施方面：有固定场地、专用电声乐队排练教室、全套的电声乐队乐器和相关扩音设备。

在制度建设方面：有明确的项目管理办法，有电声乐队活动规定，有安全管理制度，责任到人。

在经费投入方面：少年宫每学期都投入经费免费为学生培训。

在教学条件方面：有完整的学期教学计划，有科学合理的活动方案，有学期教学总结。每学期辅导教师都认真撰写教学计划、活动方案和教学总结。运用现代信息技术，排练活动用电子总谱在大屏幕进行虚拟乐队培训。活动过程坚持以体验学习为出发点，培养学生自主学习习惯、团队合作的意识。能以比较高效的活动和显著的活动成效达到比较高的活动水平。根据学生实际水平随时修改活动的总谱以保证活动计划正常进行，能以虚拟仿真乐队（电子音乐总谱）进行辅助排练。通过恰当的选曲和改编，把学生的主观能动性发挥出来。运用多元检测方法对学生进行激励性评价，把教师的主导性和学生的自主性结合起来以检测活动质量。活动环节完整，教、学、评一体化。教学活动过程与规划、计划一致。

学生收获方面：学生参与活动积极性高，学习成果显著。专业素养和综合素质有明显提高。学生在相关部门组织的活动中进行展示、演出在多次市级比赛中获得优秀等次。

教师发展方面：承担市、区级及以上公开课或观摩课、研究课；担任北京市课外校外教育“十三五”科研规划课题《通过创造体验式教学与访问式交流的电声乐教学交流模式提高电声乐发展的水平》课题负责人；积极参加与专业项目有关的评选、展示，多次获得优秀指导教师奖。

机构发展方面：提高办学水平，丰富活动项目，增加了少年宫的影响力。

学校发展方面：对学校教育有指导支持作用。除少年宫卡酷电声乐队，还在三所学校建立电声乐队，并在良乡五中开展了“电声乐队节”的展演活动，增加了和学校的互相补充和紧密合作。

九、课题研究的成果

在这几年的活动中取得了一些成绩：

积极参加在铁二中和市里举行的“三个一”项目推介评选活动，2016 年 7 月第四十届中国优秀特长生艺术节房山少年宫电声乐队获得金奖；下校辅导的韩村河电声乐队获得一等奖；参加房山区 2016 年中小学才艺大赛获一等奖；2017 年 2 月参加“玩转音乐”比赛获得三等奖；2017 年 5 月在第十二届七彩阳光 2017 全国青少年才艺展评获得儿童 B 组一等奖、下校辅导的韩村河电声乐队获得少年 A 组一等奖，本人获得优秀指导教师奖；2017 年 7 月 1 日参加“星星火炬”第十四届全国青少年艺术英才北京推选活动比赛获得一等奖，本人获得优秀指导教师奖；《儿童电声乐队模拟仿真训练法初探》论文（案例）获得 STN 全国音乐教学论文二等奖。

成功策划组织了两个活动案例：第一个案例是校外教育机构的交流。2014 年 7 月荣幸地邀请了大兴少年宫电声乐队来我宫进行教学交流演出活动，达到了互相交流、互相学习、互相提高的目的，取得了很好的活动效果。第二个案例是于 2017 年 6 月 30 日在良乡五中发起组织第一届校园电声乐队艺术节，以促进电声乐在学校的健康开展。电子音乐节以演出形式展开，邀请我区其他中小学有电声乐队的学校参加，参加演出电声乐队就有五支：房山少年宫的卡酷电声乐队、房山二中的花季电声乐队、良乡五中的良友电声乐队、韩村河中学的圣园乐队、房山四中电声乐队和其他学校的电声乐队。通过大家的努力房山区首届电声乐队节举办得很成功，获得了广大师生的一致好评。

项目建设得到相关领域专家的认可。由于超过三年以上的活动时间和取得多次奖项，所以具有较大影响力。有传统媒体和新媒体的报道和介绍。得到了家长和社会的较高评价，为我区的学生电声乐活动的开展打下良好坚实的基础。

综上所述主要取得以下几项成果。

1. 在我区校外机构和学校建立多个电声乐学生社团。

2. 撰写电声乐的相关论文多篇获奖。

3. 在一系列展、演、赛中获得各级奖项。

4. 关于《体验与交流式教学对提高电声乐演奏水平作用的研究》报告一份及工作报告一份及设立“房山区电子音乐节”的建议草案。

十、研究中的反思及今后的设想

在推广电声乐队项目的过程中，积累了一些排练的流程和方法。找出适合房山区的学生实际情况去开展电声乐社团的建设工作。四个电声乐队选择相同的曲目，让乐队在曲目、学员、乐器这三个方面形成互相有力支援，彼此密切联系的状态。能够圆满地完成一些展、演、赛的任务。但是，四个电声乐队、社团也应根据自己的能力和特点排练特色曲目，形成自己的独特风格。通过我们的努力会让电声乐在房山区的中小学这片学习的热土上开花结果。

将中华优秀传统文化
融入校外美术教育教学的实践研究

房山区学生活动管理中心　刘淑娟 孙禹梅 吴丽华 王春鹏

【内容摘要】本文分析了在校外美术小组活动中融入中华优秀传统文化教育的现状及问题，在此基础上做出研究设计。在研究过程中，深度挖掘中华优秀传统文化中的教育内容，将传统文化进行创造性转化，以学生喜闻乐见的内容和形式呈现，让传统文化“活起来”；充分挖掘和利用区域教育资源，还原校外美术课程的“活动化”“艺术化”；以子课题的方式开展研究。将中华优秀传统文化与校外美术教学相结合，设计美术活动课程，并在美术小组中进行实践，获得经验和反馈，收集整理实践结果，形成课例、论文、教材等研究成果进行推广应用，取得了一定成效。

【关键词】校外 美术教学 传统文化

中国传统文化博大精深，学习和掌握其中的思想精华，对树立正确的世界观、人生观、价值观很有益处。当代教育包括核心价值观的培育，必须强化以中华经典文化为核心的本根教育，注重经典价值的有效传承。美术活动内容直观生动、丰富可视、传播性强，更易于承载传统文化内容，开展传统文化教育。把握传统文化的精髓，创造性地融入美术教育教学活动中，可能成为学生探寻传统文化的钥匙，一旦他进入传统文化的宝库，那就不仅是“知识量”的积累和“学问”的罗列，而是文化精髓的传承和人生智慧的开启。

一、研究设计

在以往的美术教学活动中，无论是学校的课堂，还是校外的兴趣小组，有很多将美术学习活动与传统文化教育相结合的尝试，这些实践都有一定效果，但比较零散，不够系统。将中华优秀传统文化内容系统地融入校外美术教学的研究，目前尚未见到。

房山少年宫的美术类活动项目，限于素描、速写、色彩、工艺制作等，美术教师大多以学习研究西画为主，不同程度受到西方文化的影响，在设计教学活动内容时也极易按照西画的套路进行。

美术教师的教育理念有待更新，主要表现在，过于注重技能技巧训练，忽视学生人文素养的提升。

（一）研究的概念界定

“校外美术小组”指校外教育机构中的视觉艺术类兴趣小组，鉴于房山少年宫的现有条件，参与研究的小组有素描、速写、色彩。

“中华优秀传统文化教育”参考冯天瑜主编的《中华优秀传统文化》中的内容。本研究主要涉及两个领域：对传统经典进行视觉表现，包括传统故事、成语、诗词、古代名著等；对传统视觉元素进行学习和再创造，包括传统图形图案、戏剧造型、传统建筑等。

（二）研究目标

在美术小组日常教学活动中强化中华优秀传统文化教育，探索设计美术与传统文化相结合的宫本课程。提高学生对优秀传统文化的学习兴趣，使他们能主动学习和实践，并将学习成果在作品中加以表现。

（三）研究内容

1．对校外美术小组活动内容的研究。整理传统文化知识和材料，从以上两个领域中提炼出与书画活动相关、与学生生活密切相关的内容，分类、分层次与书画活动内容相结合。将传统文化教育内容纳入各层次美术小组的活动计划，使传统文化教育在书画小组中形成常态化。

2．对校外美术小组活动辅导方法的研究。探索传统文化教育与美术活动的结合方式，并在实践中不断完善。

制定专题研究计划，让每个学期、每个单元都有具体活动目标、内容和方式。既有内容，又有方法。

开发结合传统文化的美术课程，要让美术表现形式与内容既符合学生身心特点，又适应审美体验和中华传统文化教育的需求。每学期进行学员作品展览，开展社会实践及专业实践活动。

二、研究过程

美术教师学习和整理传统文化知识和材料，提炼出与美术活动相关、与学生生活密切相关的内容，将这些内容分为两类：一类为适合进行视觉表现的传统经典和民俗内容，包括传统节日、节气、传统故事、成语、诗词、古文等；一类为适合进行学习模仿和再创造的传统视觉元素，包括书法、传统图形图案、戏剧造型、传统建筑等。美术教师根据自己的研究兴趣和专长在此基础上进行拓展开发，将中华优秀传统文化内容分类、分层次与美术活动相结合，纳入各层次美术小组的活动课程内容，使传统文化教育在美术小组和社团中形成常态化。

（一）深度挖掘中华优秀传统文化中的教育内容，将传统文化进行创造性转化，以学生喜闻乐见的内容和形式呈现，让传统文化“活起来”

1．结合社会热点开发课程资源

社会热点与时代的发展密切相关，了解和把握社会热点，有助于学生了解社会、融入时代。挖掘其中的教育因素，并且与传统文化紧密结合，能够充分发挥校外教育独特的育人功能。例如，2016年12月结合二十四节气和长征精神开展的“2017，我的小长征”日历制作活动，邀请部队教导员为学生讲解长征故事，鼓励学生学习长征精神，动手制作“自勉日历”，制定自己2017年的学习计划，每天通过日历进行自我记录和督促。在制作日历的过程中，了解节气，学会背诵二十四节气歌。

2．结合生活“节点”开展学习活动

传统节日、二十四节气等，是中国传统文化中独具民族特色的文化遗产，也是人们日常生活的“节点”，了解相关知识，能够使学生体悟祖先的勤劳和智慧，帮助他们寻找到与自然连接的转门，引发孩子对周围物候的关注，在不同的节气中去寻找不同的自然之美。例如，春节前写对联、写福字、剪窗花，猴年画猴，鸡年画鸡，营造节日气氛；端午节做香包；中秋节画月亮，了解节日文化，等等。

3．挖掘传统习俗中的教育资源

与学生日常生活密切相关的传统习俗蕴含着丰富的教育资源，在小组活动中充分挖掘这些教育因素，能起到唤醒孩子文化自信的作用。例如，在布鞋上画自己的属相，了解十二生肖；自制“惜时”钟表，了解“日晷”的发明及十二时辰，了解时辰与生物钟的关系，理解按时作息、劳逸结合的重要性。

同时，在课程目标和内容的设计上，追求内在的系统性和整体性，与学校教育的课程内容相结合，与学生日常生活经验相结合，强化育人作用。

（二）充分挖掘和利用区域教育资源，还原校外美术课程的“活动化”“艺术化”

1．挖掘身边的传统文化元素

许多动植物都被我们的祖先赋予不同的寓意，寄托着人们的情感和对美好生活的期望。但是许多孩子忙于学业或走马观花式的旅行，对身边常见文化现象反而视而不见。我们挖掘这些元素，运用到孩子们的实践创作当中，使孩子潜移默化地受到教育，并且给家长和孩子耳目一新的感觉。例如，了解和绘制中国传统的母亲花“萱草”“忘忧草”，制成贺卡，作为母亲节礼物，既有心意，又有新意。画葫芦，取“福禄”之寓意，送给爷爷奶奶，作为重阳节的礼物。

2．利用所到之处的现有材料，触摸传统文化

在暑期夏令营中，教师分别设计了切合当地实际的实践活动，利用学生自己采集的材料，开展画卵石、制作树叶化石、绘制京剧脸谱、画扇面等活动，使学生发现身边的美，发掘文化元素。

3．利用丰富的地域文化资源，开展专业实践和社会实践活动

在世界环境日开展环保宣传，参观牛口峪水库的水资源展厅，在水库周边墙体绘制环保宣传画。开展了“学习传统文化，探寻北京之源”、“做鼎天鬲地的燕都达人”——走进商周遗址实践活动，组织学员参观展览、制作铭文和传统纹样拓片、陶器和青铜器写生。在助残日走进儿童福利院，开展以吉祥纹样和传统故事为主题的钟表设计制作、作品义卖、捐款、陪伴孤儿等系列志愿活动。

4．充分利用社会大环境资源

设计、组织学生参加各种比赛、展示活动，如新年贺卡制作、“诗文配画”、图文大赛等活动；“绘名亭”、“鱼悦生活”、“房山区中小学生传统文化展”、期末成果汇报等展览展示活动。学生在活动中充分发挥主体作用，展示自我，快乐而有创意地进行表达。

（三）以子课题的方式开展研究活动

课题组成员分工合作，共同研究活动内容，在各兴趣小组实施。在此基础上，分别牵头承担子课题进行研究，并将研究成果在组内进行分享，扩展到其他美术兴趣小组。

1．《如何利用所学绘画知识表现传统建筑》（吴丽华、王春鹏、刘淑娟）。让学生了解 10 种传统建筑的风格与特点，理解传统文化与传统建筑的密切关系，利用多种材料表现传统建筑。

2．《京剧视觉元素在美术小组活动中的表现》（孙禹梅、王春鹏、刘淑娟）。培养学生珍视传承我国的国粹京剧，感悟京剧是中国人独特的精神文化精华。运用平面和立体材料表现京剧元素。

3．《中国传统图案的再创作》（王春鹏、孙禹梅）。了解传统吉祥图案的发展、本质、寓意和类别，在设计中进行运用。

4．《将中国古代故事融入色彩小组活动的探索与实践》（刘淑娟、孙禹梅）。选

取经典的具有教育意义的中国古代神话、历史、成语、寓言故事进行讲述和理解，用水粉、丙烯等材料进行表现。

三、研究成果

在实践研究过程中，学生团队合作，教师合作指导，实现了教师间共商、共享、共担，学生间共做、共展、共赢。

（一）教师成长

参与研究的教师不断更新教育理念，在活动设计和实施、实践和总结、文字和语言表达等各方面能力明显提高，获得成长的乐趣，主动成长。4 名美术教师在 2016—2018 年撰写相关论文 5 篇，2 篇获得市级奖项，1 篇发表；撰写优秀活动案例 5 篇；编辑教材学材 5 本，均获得市级奖项；课题开题报告获得市级一等奖并发表。

（二）学生发展

美术小组学员的综合素质显著提高，他们再也不会一声不吭只会闷头画画，而是一个个开朗积极、善于表达、学习主动、勇于创造、热爱生活、有组织能力和自律意识，有责任担当、充满好奇心和求知欲的全新面孔。

学员对传统文化产生浓厚兴趣，主动学习传统文化、传播传统文化。很多学员在学校成为传统文化小使者，自发创作古诗词、诗文配画等作品，创作的作品多次参加各级各类展示、比赛活动，多次获奖。学员的成就感、文化自信心、民族自信心明显提高。

家长们也积极支持教学活动，积极购置材料、提供信息、出谋划策，成为美术教学活动的坚强后盾。

四、进一步研究计划

区域内的优秀传统文化教育资源还需要深度挖掘和利用；活动设计还要进一步强化立德树人根本任务；要将传统文化教育与美术技能技巧训练有机结合，使学生喜欢，又不感觉生硬。

实践研究的目的是提高校外教师的教育教学水平，提高校外教育教学活动质量，最终为学生的全面发展服务，也就是为提高学生核心素养服务。因此，本研究的最终成果——教材学材、论文、活动案例等材料，都要聚焦于学生的发展、学生的最终获得。换句话说，教师的发展、学生的发展，才是研究的最终成果。

下一阶段，我们要继续挖掘传统文化活动的内容和形式，寻找优秀传统文化载体背后的价值，进行主题式研究和学习，对已形成的资料进行完善，初步构建动态宫本美术课程，对生成性问题进行研究，扎实提高研究的时效性，推动校外美术项目向优质特色发展。

参考文献：

[1] 朱雪 . 中国传统文化的当代价值研究 [D]. 成都：西华大学，2013.

[2] 冯天瑜主编 . 中华优秀传统文化 [M]. 武汉：湖北人民出版社，2015.

[3] 王媛媛主编 . 创新笃行：第七届北京校外教育理论与实践研究文集 [M]. 北京：北京团结出版社，2019.

将美术活动与中国古代故事相融合的思考与实践

房山区学生活动管理中心　王春鹏

【内容摘要】中国古代故事充满想象，展现着我国古代劳动人民的智慧。聆听先人留下的故事，不仅能够丰富孩子们的想象力，更有助于他们了解中国古典文化。本文探讨在校外美术小组中，以故事作为切入点，将美术知识技能进行细化、分解，与故事相融合，学生在听故事、讲故事、编故事、画故事时，开动脑筋，主动学习绘画技能，表达心中所思所想。学生在主动学习和表达的过程中，了解和传承中华优秀传统文化，增强文化自信，开启人生智慧。

【关键词】校外　美术教育　传统文化　故事

故事是一种传播思想文化的载体，很多人的思想和价值取向，最初的来源就是一个个故事。中国传统文化的精髓，能够通过精彩纷呈的故事，淋漓尽致地表现出来，使抽象的道德说教，通过文化的方式具体化、形象化。五千年薪火相传的中华文明孕育了取之不竭的故事宝藏。

中国古代神话故事充满幻想，代表着一种文化。盘古开天地、女娲造人、大禹治水、精卫填海……一个个流传广泛的古代神话传说，展现着我国古代劳动人民对自然的认知和无穷的幻想，体现着人们对美好生活的向往和追求。聆听先人留下的神话传说，不仅能够丰富孩子们的想象力，更有助于他们了解中国古典文化。

中国古代成语故事，短小精悍，幽默深刻，呈现出古人的人生智慧。夜郎自大、郑人买履、鹬蚌相争……带有传奇色彩，反映古代中国人的生活习俗和风貌。通过这些故事，学生也能感受到古代先贤的心胸和智慧，得到文化的传承。

在校外美术小组中，我尝试以故事作为切入点，通过听故事、讲故事、编故事、画故事，引发学生的思考，使他们在了解和传承中华传统文化的同时，增强文化自信，开启人生智慧。同时，将美术知识和技能技巧细化、分解，与故事相融合，使学生充分动脑、动手，兴趣盎然地主动学习，全面提升核心素养。

一、话故事，学习美术基础知识和技法

中国古代故事是古人智慧的结晶，学习古代故事，是为了领悟其中蕴含的道理，开启智慧，而不是堆积知识。我从中国古代神话故事、民间传说、寓言故事、成语故事等内容中选取了流传广泛、内容健康、适合 5 ～ 12 岁学生学习和讲述的故事，并对这些故事内容进行选择、提炼和加工，挖掘故事的教育意义，如夸父逐日、后羿射日、仓颉造字、嫦娥奔月……通过故事培养学生对中华优秀传统文化的兴趣，提高他们的传统文化素养，学励志、学做人。在此基础上，运用美术知识和技法进行创作。

因为我选取的故事大多是孩子们耳熟能详的，因此每次活动都由一名学生来主讲，其他学生进行补充。

（一）话故事，思维创新

师生对话，在对故事进行讨论的过程中，深入了解传统文化，感受古人的想象力和创造力。

如命题创作《太阳》一课，学生讲完《后羿射日》的故事。

老师问：你们说天上究竟有几个太阳？

很多学生回答：有一个太阳。

师：那咱们来看看真实的宇宙吧。

随后给学生播放太空、星云的图片：太空中都有什么星？

对天文学感兴趣的学生说：太空中有恒星、行星、卫星，会发光发热的叫恒星，太阳就是恒星！

其他学生明白了：所有的恒星都是太阳，宇宙中有无数个太阳！

师：太阳是离我们最近的恒星，我们生活在太阳系，所以在我们地球人的印象里，天上只有一个太阳。古人虽然看不到现代天文望远镜所看到的景象，但是能够突破当时有限的视觉范围，展开丰富的想象，他们多么具有创造性思维。

由此，学生的思维被打开，不再对“十个太阳”产生纠结，也不会嘲笑古人的无知，而是惊叹于华夏民族的想象力，敬重和自豪之情油然而生。

随后，孩子们都认真学习调色技法、安排构图，饶有兴趣地描绘心中的太阳，他们的画面不再局限于只有一个太阳，而是出现了神态各异的太阳和想象出来的星座、星球等。

很多中国古代故事都是这样承载着古人的智慧。如《盘古开天地》的故事，在盘古醒来之前，宇宙混沌一片的样子，多像我们人类的胚胎在母亲的子宫里无知无识的状态。开天辟地，就像婴儿的出生、成长，一步步走向光明。而且，在社会的各个领域，

都有盘古一样的人，在为人类的进步开天辟地。讲到这些，学生对自己的力量充满信心，对盘古的形象表现也五花八门，有魔术师、大力士、军人、科学家等，都成了他们眼中的“盘古”。

（二）听故事，循古知今

在我们身边，很多新事物的灵感来源于古代传说故事，倾听这些故事，能够更加紧跟时代步伐，穿越时空局限，贯通古今。

在《太空》一课中，孩子们听了《嫦娥奔月》的故事。

师问：这个故事承载着我们祖先的飞天梦想，我国现在的飞天梦又是怎样的呢？

生答：我们的月球车飞到月亮上去了。

生：月球车叫玉兔号！

生：送玉兔号到月亮上去的是“嫦娥三号”！

师：我国的月球探测工程被命名为“嫦娥工程”，2013 年，携带“玉兔号”月球车的嫦娥三号探测器成功抵达月球表面，我们真的像嫦娥一样飞到月亮上了。2016 年，神舟十一号载人飞船与天宫二号空间实验室自动交会对接成功，我国的航天技术正在飞速发展，我们离实现祖先的飞天梦已经不远了！

孩子们的想象突破了时间、空间的界限，在他们的画面中，有穿着太空服的航天员，有衣带飘飘的嫦娥仙子，有功能完备的时空穿梭站、星际列车……不同时代的人、不同种类的生物、不同造型的飞船自由自在地遨游。为了表现辽阔的空间，要运用大小、远近、遮挡等表现方法。

类似的畅想也有很多，比如蛟龙号载人潜水器，名字来自中国龙的传说；电影《大圣归来》里的妖王、《捉妖记》中的小妖胡巴，原型都来自《山海经》中的神怪形象。学生学习和借鉴这些方法，古为今用，受到中华优秀传统文化的熏陶，增强了民族自信、文化自信。

二、续编故事，根据主题进行美术创作

以开放性思维，对传统故事进行续编，是训练学生思维能力的有效方法。这样不仅能发挥孩子的想象力，还能提高他们的语言表达能力、观察思考能力、绘画创作能力。

（一）解决问题，续编故事

讲完故事以后，教师提出问题，让学生寻找解决办法，以此将故事继续进行下去。这种续编相对容易，适合没有讲故事基础的学生。

如《后羿射日》的故事，课程结束以后，我给学生留了作业：后羿射下九个太阳，

剩下的一个太阳答应要勤勤恳恳地按时到天上值班。可是，因为他的习惯不好，不是睡懒觉就是起床太早，经常不能按时执勤，给地上的人们带来了很多不便。有什么办法，能让他按时起床上班呢？

经过一周的思考，到下次课的时候，孩子们拿出了很多办法：后羿制作了一个闹钟，送给太阳；后羿命令地上的公鸡，每天按时鸣叫，叫太阳起床……

再继续编下去：太阳终于能按时从东边升起，从西边落下，人们日出而作、日落而息，大地一片繁荣景象……

这次的创作，是以《日出》为主题，完成一幅暖色调的画。孩子们主动观察日出的颜色变化，想办法表现日出的景象：有的用水粉画出暖色的背景，用黑纸剪出公鸡的剪影贴在前景上；有的画出满天的朝霞，下面是劳作的农人和耕牛；有的画海上日出，太阳把海水映红，镶着红边的渔船出海了……孩子们觉得帮助后羿解决了问题，其他一切问题都不在话下。

这个故事还在继续。

（二）发散思维，续编故事

有的学生是听着家长讲的故事长大的，或者经过了一段时间讲故事和续编故事的训练，有了一些基础，就可以不提出限制性问题，让他们开放性地续编故事。

如，精卫每天去填海，有一天，她遇到了谁？发生了什么事？

这时，学生就更加脑洞大开了，有的让海里的鱼儿请求精卫，让她别再填海了；有的让精卫碰到龙王，龙王恼羞成怒……

不论学生编的故事有多离奇，只要有情节、有意义，语言通顺，都加以鼓励。学生讲完以后，我也讲一段自己续编的故事情节，循着这个情节，以《大海》为创作主题，要求用冷色调进行表现。

在讲故事的同时，不削弱美术技能技巧的学习，始终保持美术小组的学科特色，使学生爱思考、会思考，喜欢讲、善于讲，喜欢画、善于画。

三、创编故事，绘本创作和展示

学生有了讲故事、编故事和绘画创作的基础之后，就可以进行故事创编和绘本创作。听故事、续编故事、学习绘画技能、开发创新思维，最终是为了学生能够充分、完整、个性地运用语言、文字、画面进行表达，弘扬传统文化，认识、吸收和传播正能量。因此，在创作和表达中进行实践，尤为重要。

我在带领学生进行创作时，将学生分组，以组为单位合作创编。在创编时，融入古代故事，但是，故事的内容和形式，不受时空限制，充分尊重学生的兴趣。

（一）凝聚集体智慧，创编故事

一个班分为四组，每组 5 人，以组为单位分别编故事。首先确立故事主人公，可以是人、动物、植物、物品等，要描述他的具体性格、形象特征，然后展开情节。故事要求符合小学生年龄特点，情节有趣，古代与现代相融合，内容健康，有教育意义。

组内成员分工合作，分别负责编、说、写、润色等。

故事初步成型之后，每组代表负责讲述，集体对故事进行投票，选出大家都比较喜欢的情节，作为集体创编故事的架构。例如童话《蚂蚁王国的故事——谁是大力士》，讲述了一个励志故事：小蚂蚁多力赢得了大力士奖牌后变得骄傲，导致失败，他从“夜郎自大”的故事中，认识到天外有天、人外有人，随后虚心求教、刻苦训练。这些情节是从学生编的多个故事中选择、串编出来的。

有了初步的框架之后，再由学生集体进行完善，教师提出建议，协助进行修改、润色，形成比较完整的故事。

（二）发挥团队精神，画故事

首先进行主要角色的造型设计。主角多力是高大健壮的红色蚂蚁，配角米瑞是瘦小的绿色蚂蚁，蚁国智者大百科是长着翅膀的白色蚂蚁，蚁后是穿着披风的王者……这些角色分别交由各组进行形象设计，其他组提出修改意见。

然后，将基本成型的故事文本分成四个部分，由四个组分别设计、绘制分镜画面。画面的数量由各组自行确定，要求场景富于变化、视角独特、主体突出。画面构图经过多次修改完善，再上色完成。上色时各组随时沟通，保证绘本的整体风格一致。

画面全部完成后，在教师指导下，对作品进行拍照、后期处理、排版，制作演示文稿。

（三）锻炼表达能力，表现故事

学生的原创绘本完成了，除了打印出静态的纸质绘本进行展示，我还组织学生进行了故事讲述的展示。

孩子们确定了展示的时间、地点，手绘了宣传海报，以吸引更多的人来参加。各组分配讲述任务，进行训练彩排。正式展示时，由学生逐个上台演示画面，讲述故事情节，有的学生能够声情并茂地进行讲述，赢得了观众的掌声。

有声有色有形的绘本展示，使绘画作品展示形式更加多元，学生的综合能力得到锻炼。

在将传统故事与美术小组活动相融合的实践中，初级班讲述和讨论中国古代故事，汲取营养，建立文化自信，学习美术基础知识技能；中级班续编优秀传统故事，发展

1．原课程内容偏重技能技巧传授，弘扬中华优秀传统文化、强调德育的元素不足，与“立德树人”的目标还有距离。部分选材学生感到有距离，兴趣不浓。

2．教学形式陈旧不够丰富，缺乏新颖的创意。

3．教师的跨学科学习、多学科融合，合作意识淡薄。

4．教学内容缺乏与本地区文化的联系。

5．教学评价内容和形式单一，不能完全体现五育并举的教育目标，也不能更好地激发学生的积极性。

二、研究目的意义

（一）强化德育元素，弘扬中华优秀传统文化。

（二）学生初步形成正确的人生观、价值观、健康的生活习惯，良好的学习习惯。

（三）更好地激发学生学习兴趣和想象力创造力；综合素养进一步提升。

（四）增强学生的自主学习、多学科融合、合作意识。

（五）形成更有价值、值得推广的房山区校外美育课程，促进教师在实践中不断成长。

三、研究与实践方法

（一）课程融入“中华优秀传统文化”“社会主义先进文化”“红色文化”，强化德育元素

1．课程结合古代传说故事、历史故事、红色故事、当代先进人物故事，挖掘人文精神，明确道德规范，弘扬传统美德。

将“中华优秀传统文化”“社会主义先进文化”“革命文化”融入课程，进一步强调美术学科的“人文性”，发挥美术的育人特质，得到润物细无声的教育效果。

通过精彩纷呈的故事，淋漓尽致地表现中国文化的精髓，使抽象的道德说教，通过故事的方式具体化、形象化。

2．研发固定传统节日课程，形成长效机制，加强中华美德和传统文化教育。

根据“春节”设计了写对联、写福字、剪窗花活动；根据“清明节”设计了“古诗词中的清明节”、“青团的故事”主题绘画创作活动，结合“端午节”设计了“画说端午”主题绘画创作活动；根据十二节气设计了“农耕纪实”项目式课程。

通过固定式传统节日文化课程加深了学生对传统文化的理解，拉近了与传统文化的距离，为培养中华特色审美情趣打下基础，也增加了民族自豪感和文化自信心。

3．课程结合社会热点“节点”设置动态课程，将实时热点与书画活动有机结合，

探索适宜的教学方法，激发学生的家国情怀，强化思想教育。

社会热点与时代的发展密切相关，了解和把握社会热点，有助于学生了解社会、融入时代。挖掘其中的育人因素，结合美术活动充分发挥美育育人功能。例如，结合2022年冬奥会和当下疫情这两大热点开展了“冬奥背后的故事”和“最美逆行者”原创故事绘画活动，通过活动感受榜样的力量，弘扬他们默默的奉献精神，潜移默化地促进学生形成爱国、敬业的必备品格和正确的人生观、价值观。

（二）整合课程内容

1．美术课程与学科类整合

挖掘各学科中的美育元素，巧妙有效地打破学科与学科之间的边界，在各学科之间进行适当的调整和合理延伸，促使学科之间形成互补、形成促进，发挥出高效综合教学的强大功能，同时创新活动形式，真正实现美术特色的学科融合。

例如“古诗词中的色彩”—— 诗配画综合实践活动。学生通过搜集带有颜色的，如“白、红、绿、蓝”的古诗词，并深刻理解诗词含义，完成诗配画的创作。完成任务的过程中同学们联合了语文、历史和美术知识，实现了对已学知识的迁移和运用。

2．美术课程与其他姊妹艺术整合

结合书法知识，开展创意“古文字”主题绘画创作活动。从“猜一猜”环节导入，了解同学们对古文字的认知程度，再展开介绍文字演变的历史过程，最后用古文字象形的美术元素，结合想象，完成一幅以古文字为原型的创意作品。

猜一猜它们是什么字？

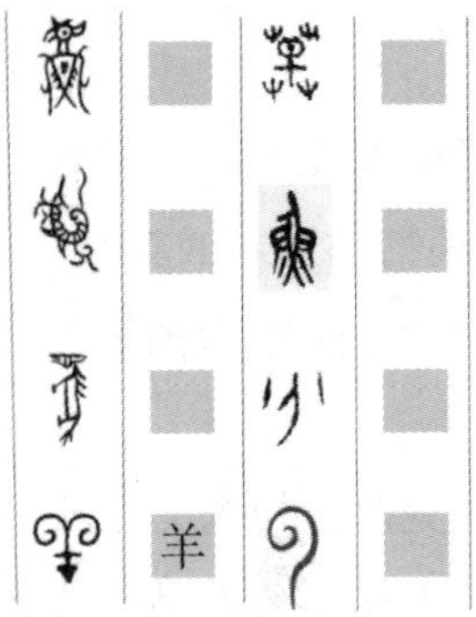

文字演变过程

联合表演教师、写作教师、舞蹈教师，结合2022年春晚舞蹈节目《只此青绿》设计了“舞蹈中的千里江山图”综合实践活动。活动中将学生分为“表演组”“绘画组”“舞蹈组”“服装化妆组”“写作组”，学生从自己代表的视角寻找与“千里江山图”的联系，活动将舞台美术和姊妹艺术相结合，提升了综合素养。

3．美术课程与本地区文化整合

开发和利用房山区独有的文化资源，与书画活动有机结合，开展专业实践和社会实践活动。例如，结合周口店猿人遗址开展“探寻北京之源”活动，结合燕都遗址开展“做鼎天鬲地的燕都达人”活动等。

（三）丰富美术课程形式，增加趣味性、体验性、科技性

1．美术课程与社会实践相融合模式

充分发挥社会大课堂资源单位作用，以学生发展为中心，以实践活动为桥梁，让学生在做中学、体验中学。

把社会生活与学生体验有机结合，既丰富了课程内容，又增加了学生学习的自主性和参与性，让学生觉得学习更加有意义。在实践中提升了艺术素养，在具体的亲身体验中认真思考，加深对知识的理解和运用。

例如，为牛口峪生态园绘制文化墙、义卖爱心钟表活动等，提高了学生运用知识技能服务社会的能力。活动内容丰富多彩，与学生生活紧密关联。让学生在实践活动中展示个人才华和艺术风采，体验“获得感”和“成就感”。将创意实践运用到生活中，提高解决实际问题的能力。

2．美术课程与信息技术相融合模式

将互联网、移动终端、AR虚拟技术等先进的信息技术引入课堂，拓展美术教学方法，促进课堂结构变化。

利用信息化多感官刺激展开教学，发展学生视听读写能力；增加课堂形式内容的趣味性，大大提高教学的时效性；优美的画面和音乐也滋润学生心灵，潜移默化地提高了学生审美情趣，达到了“以美育人，以美化人，以美培元”的目的。

借助网络平台、空中课堂等线上教学资源，提高学生自主学习意识，培养自主学习习惯和能力，以及信息检索、鉴别、选择能力。创新线上普及、线下提升、展示共享的教育新模式。

利用PS等技术软件，直观展示教学中遇到的纯度对比、明度对比、线条提取等难点问题。

（四）课程评价多元化

课程采取多角度评价，促进学生德智体美劳全面发展。

教师深入研究“多角度评价”的内容、维度、标准，为学生制定科学的评价方案。用增值性评价客观判断不同类型学生的成长，让孩子们“看见自己”，努力做最好的自己。

1．教师按照学习内容和学生年龄层次分别设计每次活动的评价单；评价内容不仅包括学科技能技巧的掌握，还包括合作能力、创造能力、沟通能力、知识迁移能力等综合能力的测评。

2．把德育纳入评价范围，比如学习习惯、学习态度、乐于助人、劳动表现。

3．利用累计课堂评价得分晋升阶梯，获得等级奖章的方式，激励学生成长；建立课堂评价和学期综合评价相结合的机制。

太阳奖章（每 10 个月亮换得一个太阳）	奖章
月亮奖章（每 10 个星星换得一个月亮）	奖章
星星奖章（每 10 分获得一个）	奖章

（五）搭建多层次展示平台

积极参与各级各类绘画比赛；提供社区绘画栏、商场绘画作品展等社会展示机会；定期举办线上作品分享汇。

四、研究中的反思及今后的设想

（一）反思

1．资源利用问题。

区域内的教育资源还需要深度挖掘和创新利用。

2．强化立德树人根本任务问题。

将思想教育、传统文化教育与课堂教学、日常技能技巧训练有机结合，使学生喜欢，又不感觉生硬。

3．研究成果还需要进一步整理和推广。

4．还需要专家进一步指导，促进提升。

5．进一步搭建展示平台，让学生有获得感。

（二）今后设想

大胆打破学科之间的割裂状态，最大限度地实现学习内容的综合化，使学生在不同的学习内容之间建立有意义的联结；强化学生对学习内容的深度理解，助力学生获得整体、全面的知识体系；进一步调动学生的学习兴趣和参与学习的积极性；培养学生的问题意识、团队意识和解决问题的能力、自主探究能力。

无论什么题目的研究，根本目的都是提高校外教师的教育教学水平，提高校外教育教学活动的质量，落实立德树人根本任务，最终为学生的全面发展服务，为提高学生核心素养服务。因此，课程要聚焦于学生的发展、学生的最终获得。今后我们要继续挖掘美术教学与价值观培养相结合的内容和形式，扎实提高综合美术活动课程的实效性，推动房山区学生活动管理中心美术项目向高质量发展，做出不懈努力。

参考文献：

[1] 教育部关于印发《完善中华优秀传统文化教育指导纲要》的通知，教社科，〔2014〕3 号 .

[2] 冯天瑜主编 . 中华优秀传统文化 [M]. 湖北人民出版社，2015.

[3] 中共中央、国务院 . 关于实施中华优秀传统文化传承发展工程的意见 [S].2017—6.

[4] 余文森 . 核心素养导向的课堂教学 [M]. 上海：上海教育出版社，2017—7.

[5] 专题 _2018 全国教育大会 - 教育部政府门户网站 .

[6] 中共中央 国务院印发《深化新时代教育评价改革总体方案》，〔2020〕30 号 .

[7] 义务教育艺术课程标准 [S]. 北京师范大学出版社，2022—4.

浅谈美育与素质教育在教学中的应用

房山区学生活动管理中心　邢秀丽

《中国教育改革与发展纲要》明确指出：“提高民族素质，多出人才，出好人才。”这是振兴中华民族的伟大纲领。建设有中国特色的社会主义，必须着力提高全民族的思想道德素质和科学文化素质。为经济发展和社会全面进步提供强大的精神动力和智力支持，培育适应社会主义现代化要求的一代又一代有理想、有道德、有文化、有纪律的公民，培养同现代化要求相适应的高素质的劳动者和专门人才，提高整个国民素质，是我们教育事业的根本任务。实施素质教育，是提高国民素质的基础工程。

素质教育就是根据人的发展和社会发展的实际需要，遵循教育规律，着眼于全体学生的全面、持续发展，培养学生具有高尚的思想道德情操，丰富的科学文化知识、良好的身体和心理素质、有较强的实践和动手能力、很强的审美能力以及健康个性，使之成为能适应 21 世纪需要的各种类型、各个层次人才的一种整体性教育活动。

一、美育与素质教育

素质教育如同英国牛津大学著名数学家、物理学家罗杰·彭罗斯在描写神经讯号如何工作时所说的“神经元用细胞膜把躯体、轴突、突触结、树突和所有一切都包围起来”（《皇帝新脑》P450）那样，“德育、智育、体育、美育、劳育、心育”中，德育是“神经元”，它解决的是人们的人生观、世界观问题；智育解决的是提高人们对客观事物的认识能力；体育解决的是提高人们的体能体质；劳育解决的是提高人们的劳动技能，即动手能力；心育解决的是一个人健康心理所要求具备的心理素质。而美育就是那层细胞膜，包围各育。它是从审美角度，通过人们对现实的审美视察，在审美实践中，陶冶人的情操，美化人的心灵，丰富其精神生活，启发其自觉性，提高人们对于美的感受、鉴赏能力，从而使人们自觉地遵循美的原则，发挥其创造能力。因此，美育在素质教育中有着极其重要的作用。

马克思有个著名的论断，他说人是按照美的规律创造世界，创造人类的。一部人类史，生动地证明了马克思这个论断。易健教授在《审美学导论》中作了高度概括，他说“一部人类演进的历史，也就是人类追求美、创造美的历史”“人类对美的不断追求，促进并带来了人类文明与社会的进步”。未来社会就是要不断地向着更高级的、更美好的、更文明的方向发展，人类就是要不断地向着更高尚的、更能美化自身的文明境界发展。爱美、追求美满幸福的生活是人类的共同心愿，美与人们的幸福欢乐紧密相连。太阳给人们以温暖、光明和绚丽的色彩；山川秀丽、明媚多姿，令人心旷神怡；音乐，以鲜明的节奏，和谐的旋律，悦耳的音色，唤起人们的愉悦；英雄模范，心灵绚丽，气质淳朴，品德高尚、意志刚强，令人崇敬与向往，因为美符合人们的生活理想，因此，或赞美、或歌颂、或喜爱、或美誉，这就给人以美感。

美，是一种有规律的社会实践活动。它贯穿于素质教育中的每个部分、每个环节，或通过具体的行为，或通过人的语言，或通过文学艺术作品，或借助于现实生活环境、大自然的美，对学生进行美的教育，使学生形成正确的审美观念，以发展智力，展示非智力，培养能力，达到思想品德教育的目的。

二、美育与德育

思想品德教育的任务，是对学生进行思想教育，培养学生正确的人生观、世界观和优秀的道德品质。汨罗的同志坚持“德育首位，六育并举，全面育人”是有道理的。正确的审美观取决于正确的人生观、世界观，德育必须居于首位。但是，美育有着它特殊的教育方式，它的特点是引导人们在美的感受、鉴赏中，按照美的规律进行自我完善，并且凭借形象思维的方法，在不知不觉、潜移默化中进行。它不带有一般教育所具有的强制性，而是通过人对美的感受，引起情感的激荡（美来自情，情动于衷，没有情谈不上美），使人心甘情愿地甚至不知不觉地受到美的熏陶，在潜移默化中培养出高尚的情操。正如鲁迅先生所说的“美育是道德的补翼”。所以，美育在德育中占有极为重要的地位。

德育，它是通过社会实践的体验及其文学艺术作品的熏陶而实现的。文学艺术是现实生活的典型化，集中反映了现实生活的本质。应该说，一部好的文学艺术作品，是一面时代的镜子，是人民的心声。一个艺术形象和一件美好事物，都对学生具有极大的教育力量和感染力；能够提高学生的思想认识，点燃学生心灵美的火花，唤起强烈的感情共鸣。读相传楚宋玉作《大言赋》“方地为舆，圆天为盖。长剑耿介，倚天之外”联想到《韩非子·五蠹》“人主不除此五蠹之民，不养耿介之士，则海内虽有破亡之国，削灭之朝，亦勿怪矣”，再联想到《楚辞·九辩》“独耿介而不随兮，愿慕先圣之遗教”，一种维护正直而忠诚不二的情感就会油然而生，深种于怀。一曲洗星海的《黄河大合唱》，可以激起学生对祖国、对民族、对人民强烈的爱，对帝国主义无比仇恨的感情，进而树立保卫祖国、捍卫民族自尊、献身四化的宏伟志向。所以，用优秀文艺作品中的“美”来教育学生。可以使学生认识好坏，分清美丑，提高觉悟，陶冶高尚的品德与情操，使之以饱满的社会热情投入社会实践。

人的社会实践，就其全部生活内容看，有物质的和精神的，而且精神生活是主要的。精神生活越充实，人的精神面貌就越振奋、健康。人在青少年时期，生命力最旺盛，精力最充沛，思想特活跃，如果这个时期失去了富有营养的精神乳汁的哺育，则会自然分流，有的在人生探索中找到了正确的方向，有的则沉溺于低级庸俗的趣味之中，损害了健康的精神世界。向学生进行美育，如读优秀的文学作品，欣赏高雅的音乐舞蹈，学习书法绘画，参观自然景观、名胜古迹，等等，就可以培养学生热爱大自然、爱文学、爱美术、爱音乐、爱舞蹈。爱人生中一切美好东西的情趣，使他们的生活丰富多彩，充满活力。美的东西可以将他们的思想感情熏陶得健康、纯洁，可以充分发展他们的特长、志趣、创造力。在经济飞速发展的今天，人们在物质生产的实践活动中，对美的要求也越来越高，祖国的山川田园要求进一步装点，各种产品式样（乃至于包装）、园林建筑等也要求进一步美化，对学生进行美育，使学生热爱祖国、热爱生活，能够促进其形成优良品质，良好的道德修养。

美育在德育中的作用，还体现在使“心灵得到净化”。易健教授在《审美学导论》中强调指出，美育“既不舍去感情，同时又突破感情，达到对客观规律（深刻的理性内容）的紧张探索与主体目的性的强烈追求的渗透交融，从而使情感获得激荡，心灵得到净化，意志受到陶冶，精神获得满足与升华”。这里，“心灵得到净化”与“精神获得满足与升华”是互为因果的。教师在促进人类自身发展的过程中，具体的工作对象是正在成长变化的人。教育者是通过自己的劳动去改变受教育者的精神面貌，提高他们的思想觉悟，启迪他们的心灵。因此，人们把教师尊称为塑造“人类灵魂的工程师”。

纵观中国传统的教育实践，教育者总是通过审美教育对道德规范、行为准则实现内心的认同，从而反映到行为举止上的。重视美育的育人功能，并在教育实践中实施，用美育使学生“心灵得到净化”，是自古有之，并且一直延续到今天，已经成为中华民族教育的优良传统。对此认识不足，就不可能切实发挥美育在德育中的作用，学生中某些不健康的爱好就得不到有效遏制。如当前有些教师对男生蓄长发、染发，女生涂脂红、穿超短裙，对他（她）们热衷唱情调低下的歌曲、出言不逊、不文明等问题感到“挠头”，往往采取硬性禁止的办法。结果尽管三令五申，但仍有我行我素者。究其原因，就是这些孩子误认为自己的形象、行为是美的，是一种风度，是潇洒。爱美之心人皆有之，青少年学生对未来充满希望，加之日益增长的青春活力，促使他（她）们爱美，追求美。问题的症结在于这些学生缺乏正确的审美能力，不知道什么是真正的美，怎样才能使自己变美，就难免出现一些不健康的追求。这类问题采取简单粗暴的方法是解决不好的。但只要我们加强审美教育，充分发挥美育功能，讲清衡量一个人美不美，既决定于自然属性，也决定于社会属性。使他们懂得什么是真正的美，懂得美与不美，重在气质，重在心灵。在教育中让学生感到教师理解自己爱美的天性，又懂得了真正的美，从而逐渐提高分辨美丑的能力，使其思想在美的感染中升华。这样教育的效果，比空洞的说教和粗暴的强行禁止会更好。美育养性恬情、净化心灵的作用也正在这里。

教育的要义本来只有在精神愉悦、情感澎湃和审美感受中，受教育者才能深刻领略，经久不忘。因此，教育者必须强化美感功能，怀着对事业、对学生的挚爱，调动强烈的感情，努力使自己的教育内容和方法，构成一种美感的动力系统，以美的独有魅力和感染力，有效地作用于受教育者，以达到“悦神悦志”的程度，使其“精神获得满足和升华”“心灵得到净化”。

三、美育与智育

美育能扩大学生的视野，加深学生对客观世界的认识，促进其智力的发展。人们认识世界有两条途径。一是科学的途径。英国的罗杰·彭罗斯运用电脑科学、数学、物理学、宇宙学、生物学中的神经及精神科学，用公式、统计数据、科学的论证来证明科学领域的一般客观规律，特别是哲学上最重大的问题之一“精神——身体关系”就属这一类。一是艺术的途径。它借助生动、鲜明、富于想象、充满激情的艺术形象认识世界。日月星辰、风清月白、高山流水、狂风巨浪、电闪雷鸣、忠奸真伪、美丑善恶等，自然的、人文的，一个个意象组合成一个个形象、一幅幅画面，生动形象地反映客观世界。如何让学生把握住认识世界的两条途径，加深对客观世界的认识，促进其智力的发展呢？科学的途径主要靠逻辑思维，但也不乏良好的形象思维和创造性的想象能力，帮助人们认识世界。艺术的途径则是靠生动、鲜明、富有吸引力的艺术形象，帮助人们认识世界。二者都具有美的魅力。发掘二者中的美，开启学生的智力，是教育者义不容辞的责任。如果说，美是智慧的一种激素，那么美育则是这种激素的催化剂。在美育中，如果我们根据学生的年龄特点和知识范围，有计划、有步骤、有系统地对学生实施美育，并把美育融入整个教育活动之中，使他们不断得到美感的陶冶，那他们就会逐渐形成自觉地认识美、热心地追求美的事物的习惯，从而在潜移默化中逐渐树立起美的理想，养成美的情操，形成美的人格。

若能让学生身处于一个优美的环境中，耳濡目染各种美，同时也参与建设各种美，对其身心的健康发展无疑有着潜移默化的作用，这种自然的美育，不正对素质教育起着促进作用吗？班风和校风的建设，即是软环境，它的最终指向是“善”。真善美有着不可分割的关系，“以真至善”“以善储美”既是美育的根本，也是德育的根。总之，美育教育若能走出自己狭小的天地，以积极的态度结合各种教学实践，必能使素质教育进入一个别有洞天的新境界。

新时代房山校外教育的实践与创新

案 例

——北京市房山区校外教育研究优秀成果集

沉浸音乐情感　再弹《唱支山歌给党听》

—— 琵琶组提高班活动方案

房山区学生活动管理中心　马连山　李 昂

时间：2021 年 5 月 16 日　　地点：琵琶教室

一、活动依据

（一）活动理念

坚持立德树人的根本任务，以提高学员的核心素养为教育理念。从音乐情感表现入手，在提高演奏技能的同时加深对中国传统文化的认识，增强人文积淀；开发创新思维、审美思维；培养感恩情怀，提升团队意识，增强音乐视野，促进全面发展，培养担当中华民族复兴大任的接班人。

（二）活动背景分析

2021 年，迎来中国共产党的百年华诞。根据本学期的教学计划，期末琵琶兴趣小组提高班齐奏《唱支山歌给党听》，向党的生日献礼。根据校外器乐专业的教学特点以及该学段学员的发展需求，本着“勇于探究、团结协作、提升能力、快乐学习”的理念，结合学员的实际弹奏水平，完成本次课 —— 乐曲音乐情感的处理及再次弹奏。

（三）学情分析

参加本次活动的学员共 9 名，年龄在 9 ～ 11 岁。学习琵琶三年以上，该乐曲已完成演奏技术、音乐节奏等初学，基本能够完成弹奏全曲，但因没有接触过歌曲改变的乐曲，对于音乐情感的把握与处理相对薄弱。

二、活动目标

知识技能目标：能够说出乐曲的创作背景和音乐结构，有感情地演奏。

过程方法目标：能够自主学习音乐创作背景；分组分析、探究各乐段的艺术处理和情感表现方法，完成音乐情感处理。

情感态度：提高团队意识，珍惜先烈们用鲜血换来的幸福生活。

三、重点难点

重点：能够掌握乐曲的三段体音乐结构，准确分析乐曲情感；有感情地弹奏。

难点：乐曲风格的准确把握及有感情地弹奏。

四、活动准备

教师：相关的图片、视频资料、课件等。

学员：独立搜集原歌曲的创作背景资料做好课上交流准备；复习学过的技能技法。

辅导方法：根据学员年龄特征，在教学中把教法与学法联系起来，运用讲授法、讨论法、演示法、练习指导法、情景创设法、合作探讨法、启发式教学法等，引导学员在学习中实行“四多”，即多听、多想、多讨论、多创作，发挥学员的主观能动性，活跃学员思维能力，加深学员对音乐作品的理解，使学员更准确地表现音乐。

五、活动过程

（一）准备组织环节

教师：播放才旦卓玛老师演唱的《唱支山歌给党听》，迎接学员进入教室。

学员：师生互相问好，做好疫情防控的体温登记。

设计意图：在音乐中使学员进入学习氛围，同时培养学员尊敬师长，做有礼貌的青少年。

（二）复习环节

基本功训练

教师：指导学员在演奏中认真听辨音准、音色、节奏，感受力度、触弦点、控制力，说出优点与问题，进行正确点评及改正方法。

学员：通过练习完成音阶、轮指、扫拂、快速夹扫及汇组技法的基本功练习；进行自评、他评，改正问题。

设计意图：有针对性地指出学员基本功中存在的不足，有利于学员有针对性地进行练习与基本功的巩固。在评价过程中，培养学员思考、表述的能力。

（三）导入环节

教师：再次播放歌曲，要求在欣赏中从歌词、旋律变化等方面分析解答：乐曲是用怎样的情感来演唱的？

学员：认真聆听，通过欣赏乐曲以及自己搜集的资料进行交流。

设计意图：从听觉中直观感受乐思。学员之间互相交流，检测课前自主学习情况。

（四）新授环节

新授环节和巩固检测环节将循序渐进地通过三次弹奏从情感激发——有意识地带入情感——运用演奏技法有感情地弹奏，逐步推进本次活动的内容。

教师：明确活动内容，引导学员探究乐曲结构、处理音乐情感、有感情地朗诵歌词，并分析乐段与情感变化，完成有感情弹奏。

通过图片讲解过去与现在的生活对比，总结在中国共产党带领下国家逐渐强大的过程，激发学员爱国、爱党的红色情怀。

学员：自由分组选出组长，通过歌词与旋律探究三段体结构：A + B + A’，通过欣赏图片及教师的讲解，交流真实的内心感受，理解乐曲情感。

设计意图：使学员明确活动内容、学习目标。通过阅读歌词，从文字中分析乐曲的情感及结构。了解自学情况，挖掘育人点，通过图片对比、视觉冲击，激发学员的感恩情怀，树立爱国、爱党的信念。

后再次弹奏乐曲

教师：引导学员根据歌词找到与琵琶曲契合的旋律，有情感地演唱，注意节奏正确、节拍稳定。再分组弹奏，激发学员从文字中寻找音乐情感，代入朗诵时的音乐情感；分析琵琶曲的曲式结构及每段音乐的情感，再弹奏。

启发学员从轮速、触弦位置、肢体语言、演奏力度等方面来讨论、处理乐曲每一段的音乐情感变化。教师做演奏示范的同时做技法运用的补充讲解。

欣赏演奏家张强老师演奏视频。提问学员：演奏家是用怎样的技法处理与肢体语言来表现音乐情感的？

学员：分组，有感情地唱谱；通过前面的情感激发投入感情弹奏；说出内心的情感与演奏是否相符，分析不能用演奏表达情感的原因。探究曲式结构，以及每一乐段的情感，分析演奏技法再进行弹奏。总结出曲式结构：$\text{引子} + A + \underbrace{B}_{B1 + B2} + A'$

在教师引导下能够说出 A 与 A’ 旋律相似但情感不同：A 平稳、抒情；A’ 更有激情地演奏推向高潮；B 分为两个情感片段，前后不同的力度变化和情感转换，演奏较之前更有情感表现力。带着已学知识欣赏乐曲，在欣赏大师演奏中讨论分析乐曲，找到技法与肢体语言如何表现音乐情感的方法。

设计意图：通过两组有感情的演唱，选出最好的处理方式，培养学员的审美思维。

自我检测发现问题，解决问题，用学到的音乐知识、演奏技法处理乐曲，培养学员自学能力。欣赏大师演奏及教师示范带动学习热情，从演奏技术、肢体语言、音乐情感等方面，从模仿变为自己的音乐表达，树立正确的审美思维。

（五）巩固练习与检测

教师：引导学员根据各组之前的分析与欣赏，选择喜欢的乐段进行再次弹奏（重点）。在弹奏后，集体再次分析指法、技法以及音乐情感，教师做补充讲解（难点），学员谈体会。

学员：分组再次弹奏，并讨论表情记号、力度记号的处理，探究演奏技法如何运用来表现音乐，完成音乐情感表达。组长代表讲解各组音乐处理的理由。欣赏其他同学弹奏，互评优略处。谈学习体会。

设计意图：通过分组可以发挥学员的组织能力，讨论中检验学员技能的同时检验沟通能力，发挥个性的同时保持团队意识。分享团队合作成果、每个人不同的体会，检验学习成果，肯定能力，激发自信心，提升学习兴趣。通过互评检测对乐曲理解及乐曲处理能力。

（六）活动小结

希望通过学习树立正确的理想信念；感恩国家、感恩社会、感恩父母，用自己的行动，去爱身边的每一个人，爱我们这个世界；珍惜时间、努力学习，为国家做贡献。

作业：完成有感情地弹奏乐曲。选择一首歌唱党的歌曲进行技法编订，并有感情演奏。

六、活动效果测评方法

通过对乐曲风格的掌握及活动中相互配合检测过程方法目标的达成情况；通过观察学员分组参与讨论、发言、演奏等环节，检测学员对音乐情感的理解以及参与活动的积极性，检测活动情感目标是否达成；通过学员对音乐情感的理解能够说出各乐段的情感要求，检测知识技能目标达成情况；学员完成自评表。

效果测评自评表（学生）

序号	评价内容	自评
1	我掌握乐曲的演奏技能了吗？	1．掌握 2．基本掌握 3．没有掌握
2	活动中我和同学主动讨论、交流了吗？	1．主动 2．被动 3．我没有发言
3	我能正确说出乐曲的曲式结构吗？	1．能说出 2．在同学提示下我能说出 3．我没有理解所以不能说出

序号	评价内容	自评
4	在各个环节中我积极参与并为团队贡献力量了吗？	1．我积极参与并贡献了力量 2．我参与了不知道是否为团队贡献了力量 3．我认真听大家说了，但我没有发言
5	我能有感情地弹奏乐曲吗？	1．我可以 2．我能理解乐曲情感但弹奏还需练习 3．我不能
6	我对本次课还有什么要说：	

学生签名：　　　　　　　　　　　　　　　　　　　　年　　月　　日

（注：选择 1．16 分，2．14 分，3．12 分，回答第 6 题 10 分，如果学生评分在 70 分以下，老师可鼓励学生：总分 70 分以下就要努力了，加油！老师相信你们都是最棒的！）

七、活动反思

本次活动坚持立德树人的根本任务，依据对学员能力培养的原则，在学员具有一定演奏基础上实施，目标明确具体，重点突出、内容有意义，开拓音乐视野、树立正确信念的同时，把情感运用到乐曲中提升学习兴趣，体现本次活动的教育意义。

教师将学员心理特征、专业知识技能与活动内容紧密相结合，精心准备有关资料，考虑细节周全，组织有序，环节紧凑，方法灵活有效，起到了恰当的主导作用。

学员能积极快乐地参与活动，表达对乐曲的理解，在掌握技能的同时提升音乐表现力，同时对自身的不足和优点都有进一步的认识与思考，达到预期活动目标。

（一）特点与亮点的分析

1．突出专业能力性。专业能力性是校外教育活动的主要原则之一，学员通过自主学习乐曲背景，集体对乐曲结构与音乐情感进行分析，更准确地用已掌握的演奏技法有感情演奏，使已学到的知识得到了巩固与运用，使专业能力得到提升。

2．体现主体性。本次活动学员积极参与，自主学习音乐背景，自己分组、选组长、积极讨论、踊跃发言，把每个人的意见汇聚成大家共同的方案完成对音乐的理解，表达自己的音乐情感，组长代表组员作总结发言，等等，每个学员都在自己学习的基础上得到提高，在活动中肯定自己，体现了学员们在这次活动中的主体性。

3．提升学习兴趣同时树立正确的理想信念。

（1）通过本次活动，知道今天的幸福生活都是在中国共产党的带领下得到的，前辈们为了人民为了国家付出心血乃至生命，我们要铭记在心，通过学习树立正确的人生观、价值观，更加爱国、爱党，珍惜生活。

（2）兴趣是学习最大的动力，通过各个环节的学习，有了自己对乐曲的理解，能够完成有感情演奏，肯定了自己的学习成果，在巩固技术的同时有效调动了学员学习的积极性，提升了兴趣。

（二）不足与努力方向

学习过程中，学员们更多是力度记号处理，技法如何表达情感考虑略有欠缺，在教师引导下最后能够完成。在今后的活动中应该加强技法运用的学习，更大程度上给学员创作的空间。

《动感的节奏》健美操中级组活动方案

房山区学生活动管理中心　马连山　边大侠

一、活动设计依据

党的十九大报告针对体育事业提出，“广泛开展全民健身活动，加快推动体育强国建设”。体育是强国事业的重要组成部分，也是培养全面发展的接班人的重要组成部分。根据校外教育“活动育人”的特点，结合学生的身体发展规律，坚持以培育学生综合素养为宗旨，激发学生兴趣为指导思想，以增进学生健康为主要目的，鼓励学生通过自主练习与亲身体验，启发学生互帮互助、善于思考、勇于创新的能力，让每个学生都能在愉悦的氛围中积极主动参与活动，并体验进步与成功的喜悦。

本次活动对象为18名具有一定基础的学员。通过上学期的学习，学生非常喜欢健美操，熟悉健美操音乐特点与动作组合结构，能够掌握健美操的基本步伐与组合，对全民健身操有氧三级动作有浓厚的兴趣。本次课内容为全民健身操有氧三级动作第二组合，动作难度加大，动作中有转体360度的变化，要求学生有较好的控制身体的能力与方位感。

二、活动目标

（一）知识与技能

通过学习，了解全民健身操有氧三级的动作组合结构，能够说出组合动作里的步伐名称以及手臂位置，动作连贯，有力度，学会评价他人的动作。

（二）过程与方法

主动观察模仿教师与同学动作，积极使用小组讨论、合作探究等方法；学生能够跟音乐完成动作，动作协调，练习时能够注意自己的身体姿态。

（三）情感、态度、价值观

自觉练习，积极展示，展现个人能力；学生之间能够互相帮助；积极乐观地进行学习和表演，主动纠正自己使身体姿态更优美。

三、活动重点与难点

重点：动作标准到位，方向路线正确。

难点：通过交流合作，正确掌握动作方向变化，提高学生的自主学习能力。

四、活动准备

教师提前准备好教学方案、音箱、移动电视、手机、iPad，打印出任务单及评价单，在课前发给学生，并做好安全预案；学生准备运动服装、花球。

五、活动过程

（一）愉悦身心 我心飞扬（10 分钟）

1．课堂常规：集合整队，点名考勤，师生问好，宣布本课内容，检查服装，安全教育。

【教学意图】课堂常规的进行可以让学生迅速进入上课状态，锻炼学生做事不拖沓的习惯；课前对于着装的检查以及安全的提醒可以提高学生的安全意识，避免危险的发生。

2．小游戏：小天鹅与大白鹅。

【教学意图】通过模仿动物的姿态，引入身体姿态对于健美操学习的重要性。

3．热身操：学生自荐带领大家跟随音乐做健美操基本步伐练习。

【教学意图】通过学生领做，提高学生主动学习的热情。

4．活动关节与专项准备活动：开合跳、原地跳转 360 度。

【教学意图】通过一般准备活动与专项准备活动相结合，让学生在身体和心理上做好更充分的准备，以利于基本部分的学习。

（二）师生共探 身心共展（50 分钟）

1．示范导入：在音乐伴奏下教师进行全套操动作示范，让学生对动作形成直观印象。

【教学意图】通过示范，学生了解全套操的内容、结构、风格特点及音乐节奏特点，引起学生兴趣和学习欲望。

2．复习第一组合动作：教师带领两名学生示范 1 次，学生成扇形打开观看示范；学生数口令集体练习 1 次，教师集体纠正错误，跟音乐练习 2 次。

【教学意图】复习巩固已经学过的动作。

3．学习第二组合动作

（1）组织学生看视频，并结合视频动作进行分析、讲解，启发学生思考、尝试、体验。

（2）示范讲解前两个八拍动作。

【教学意图】视频 + 示范，形象直观，可以让学生对动作有更好的理解，使动作理论迅速回归实践，达到事半功倍的学习效果。

4．学习第一个八拍动作

（1）1—8 拍脚步动作：学生根据视频说出动作名称并模仿，教师示范正确动作，学生及时改正错误。在此动作中，教师引导学生注意方向变化，学生练习时先不加方向变化，以学会动作为主。

（2）1—8 拍手臂动作：学生根据视频说出手臂动作名称并模仿，教师示范正确动作，引导学生及时纠正错误。

（3）学生尝试练习第一个八拍手脚配合动作，不加方向变化。教师巡回个别指导。

（4）教师示范并领做 2 次，不加方向变化，学生数口令练习。

（5）学生分组讨论在方向变化时的注意事项，探索规律，尝试进行方向变化，注意左右间距；教师巡回指导。

（6）教师领做 2 次，加方向变化。学生跟做。

5．学习第二个八拍动作

（1）1—8 拍脚步动作：学生根据视频说出动作名称并模仿，教师纠正并示范正确动作，学生及时改正错误。教师引导学生注意方向变化时的拍数，学生练习时先不加方向变化，以学会动作为主。

（2）1—8 拍手臂动作：学生根据视频说出手臂动作名称并模仿，教师纠正并示范正确动作，引导学生及时纠正错误。

（3）学生尝试练习第一个八拍手脚配合动作，不加方向变化。教师巡回个别指导。

（4）教师示范并领做 2 次，不加方向变化，学生数口令练习。

（5）学生分组讨论在方向变化时的注意事项，探索规律，尝试进行方向变化。教师巡回指导。

（6）教师领做 2 次，加方向变化。学生跟做。

（7）根据第一个八拍和第二个八拍动作，引导学生总结方向变化时动作有何规律。

6．第一个八拍 + 第二个八拍动作练习

（1）学生分组尝试练习，在练习中互相帮助，教师巡回指导。

（2）教师集体纠正错误，学生及时改正。

（3）学生集体数口令练习 2 次，教师个别纠错。

7．学生分组合作，自主练习第三、四个八拍。

（1）教师示范三、四八拍动作，学生注意观看，发现规律。

（2）学生分组练习，观看视频，组内交流：如何保证方向变化正确。教师进行巡视指导。

（3）优秀小组展示三、四八拍动作。

（4）教师领做 2 ～ 3 次。

8．第一个八拍至第四个八拍练习

（1）学生自由分组练习动作，互相指导。

（2）教师领做 2 次，学生及时纠正错误。

9．在音乐伴奏下进行连贯动作的练习，教师领做 1 ～ 2 次。

【教学意图】通过循序渐进的练习，由分解到完整，由易到难让学生逐渐掌握动作要领，更好地学习本节内容。引导学生主动思考、总结动作规律，提高练习的主动性。通过教师的个别纠错与集体纠错，能够迅速帮助学生回归正确动作，解决重难点问题，突出重点，突破难点，形成正确的动作技能。通过分小组练习、交流、讨论、评价，提升学生自主、合作、探究的能力。

（三）积极展示 欣赏评价（20 分钟）

1．分小组展示连贯动作。教师进行录像并抓拍，记录学生精彩瞬间。

2．根据教师录像，对照评价单，小组间进行互相评价。

3．优秀生进行展示。

4．教师进行总结讲评。

【教学意图】通过组织学生进行展示，提高学生练习的积极性；在展示时教师运用手机进行录制，可以增加趣味性，引导学生更加努力展示自己。小组间评价时，教师将录制的视频连接到电脑上，让学生实时观看到自己的动作，再根据评价单进行评价，增加直观性与准确性。

（四）锻炼身体 增加体能（5 分钟）

教师播放音乐，学生循环练习动作。

【教学意图】通过循环练习，既可以熟练掌握动作，同时也能锻炼学生的体能，提高上课的实效性，增加练习的强度。

（五）恢复身心 放松调整（5 分钟）

1．放松活动 —— 配乐放松操。

2．课堂小结：从知识与技能、情感态度与价值观方面进行总结，表扬优生，激励全体学生。

3．宣布下课、师生再见。

【教学意图】通过放松环节帮助学生恢复机体稳定状态，为下节课做好身心准备。并通过学生和教师的总结，强化本节动作要点。针对本节课进行鼓励性评价，为学生树立信心，养成自我评价的意识。

六、活动评价

（一）评价方式

1．生生互评：在观看其他人展示的过程中，根据对方的表现，完成评价单。

2．教师评价：在学习过程中，教师时刻关注学生的学习情况及效果，采用语言法对优秀同学进行表扬，对进步学生进行鼓励。

（二）填写任务单与评价单

学生通过自主填写任务单与评价单，如实反映自己上课情况，教师通过查阅任务单与评价单了解学生掌握情况，以便下次课能够改进。

忆英烈 心向党

——房山区校外表演社团红色沉浸式故事汇专业实践活动

房山区学生活动管理中心 丛君敬

一、活动依据

（一）理念依据

“崇尚英雄才会产生英雄，争做英雄才能英雄辈出。”以中国共产党成立100周年为契机，追随习近平总书记的脚步致敬英雄、以英雄为榜样，讲好英雄故事，缅怀先烈、传承红色基因，弘扬革命精神。

（二）资源优势

房山区红色文化底蕴深厚，有着光荣的革命传统。抗日战争时期，中共中央北方局和八路军总部在这里开辟了平西抗日根据地，涌现了许多可歌可泣的英雄人物和动人事迹。这里是《没有共产党就没有新中国》词曲诞生地，作为平西儿女带领学员到房山区红色党史馆开展沉浸式故事汇活动，以沉浸式的方式听方志专家讲故事、学员协作创编故事、讲故事带领学员深入红色、感受红色，在红色基因中茁壮成长。

（三）项目规划

在“三个一”优质项目引领下，本次在红色党史馆开展房山区红色沉浸式故事汇活动是红色沉浸式故事第二学期的一次成果展示活动，第一学期已经完成8个红色故事创编初稿，本次活动由学员挑选一个故事，邀请方志专家张浩老师把关，学员相互合作完成红色故事讲演。

（四）学情依据

梦想戏剧社学员是通过全区面试选拔再进行不少于1年专业培训的优质学员，他们具备创排、表演、组织等能力，多次参加市区级比赛演出，具有电视台录制经验，能够相互配合，较好地完成任务。参与对象是15名9～12岁的学员。

二、活动目标

知识目标：了解故事录制要求，能够相互配合、声情并茂、完整流畅地完成故事录制。

技能目标：在小组合作与专家交流、摄像老师沟通配合中，提升语言表达能力、组织协调能力、舞台情感表现力。

情感目标：能够通过了解英雄事迹，感受英雄的精神对自己的鼓舞，学习英雄事迹让英雄精神更加鲜活，与每个学员息息相关，在生活中尽我所能为社会、学校、家庭尽一份力。

三、活动重点、难点

活动重点：能够按照要求稿件修改，完成故事讲演。

活动难点：在相互配合中把英雄故事完整、声情并茂地录制完成。

四、活动时间及地点

活动时间：2020 年 5 月 3 日 14:00—17:00

活动地点：房山区长阳史学馆

五、活动内容

参观史学馆，听方志专家讲故事并多部门配合完成红色故事录制。

六、活动准备

活动前期准备

环节	工作模块	工作任务	具体内容	责任人
活动确认	活动事由确定	活动名称	忆英烈 心向党 房山区红色沉浸式故事汇表演社团专业实践活动方案	教师
		活动时间	2021 年 5 月 3 日	教师
		活动对象	表演社团学员 15 人	教师
		举办地点	房山区长阳史学馆	教师
		预期目标	房山区长阳史学馆	教师
	准备活动	明确人员分工	故事稿件打印、熟悉剧本、划分小组任务、分小组选出组长，试角色	教师 学生
	活动通知	撰写通知	通过邮件、电话、微信通知	教师
	人员	确定工作人员信息	确定活动人数、姓名、职务、联络方式	教师

续表

环节	工作模块	工作任务	具体内容	责任人
活动前期准备	故事稿	完善故事稿	师生修改故事稿、请张浩专家指导把关	教师 学生
		划分小组	故事稿件打印、熟悉剧本、划分小组任务、分小组选出组长，试角色	学生
		试角色	组长组织学员试角色	学生
		确定角色	教师确定角色，完成录制角色排练	教师 学生
	防疫准备	安排饮料、防疫包	活动前准备一定量的矿泉水	教师
			准备防疫包	学生
	服装	服装准备	少先队队服	学生
			红领巾	学生
	场地	场地预订申请	提前到场地进行踩点，预约	教师
		场地布置	桌椅摆放、道具摆放、故事汇场地布置	教师
	摄影	摄影机的准备	数码相机、电池、充电器的准备	小易
		活动拍摄	活动现场抓拍用	希蕊

七、活动过程

活动流程图

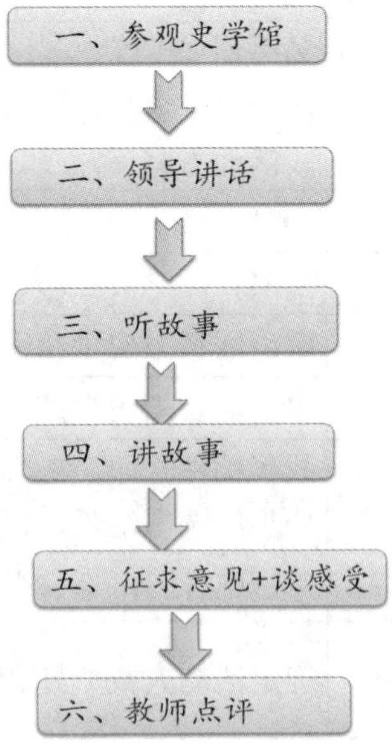

（一）参观史学馆（14:00—14:20）

史学馆馆长讲建立场馆的背景、青少年在此举办了哪些活动。

设计意图：让学生能够了解、学习党史、历史是时代的风尚，许多青少年在此和他们一样积极加入学习英雄事迹，传播英雄精神的队伍中。

（二）领导讲话（14:20—14:30）

团区委副书记、团教工委书记刘尧讲话。

设计意图：带领学员追踪历史脉络、感受红色教育、坚定理想信念、牢记初心使命。加强青少年思想政治引领，筑牢青少年思想根基。

（三）听故事（14:30—15:00）

1．作者简介：方志专家张浩是《铁血平西》的作者、是房山区校外红色故事汇指导专家。

2．张老师讲述他用 20 余年的时间走访、整理抗战时期发生在平西这片土地上的英雄故事。（25 分钟）

3．学生互动提问。（5 分钟）

学生代表向张老师提问：

预设问题 1：张老师，您 20 年如一日坚持整理英雄事迹的动力是什么？

预设问题 2：英雄事迹给您带来的最大收获是什么？

设计意图：触动孩子的内心，领略抗战英雄忠贞不渝的精神气概、感受和平年代为传递英雄故事张老师的那份坚守，为讲演英雄故事做铺垫。

（四）排演作品，完成录制（15:00—16:30）

要求：

1．结合史学馆布局学员，充分与摄像老师沟通拍摄思路后，相互交流、商讨，调整讲演顺序，演练角色，衔接情节、情感运用以及语气语调的把控。

2．结合布局，学员相互协助、设计出场顺序、安排座位、运用道具、配合设想完成彩排、走位。

3．精神饱满地完成录制。

红色故事拍摄分镜头脚本			
拍摄主题	英勇杀敌保家园	拍摄导演	丛君敬
拍摄时间	5 月 3 日 （14: 00—17: 00）	拍摄主演	张梦涵、张梓涵、任雨甜、张扬、刘雨营等社团学员 15 人
拍摄地点	房山区长阳史学馆	工作人员	小易、希瑞等 5 人

续表

序号	学生	教师	脚本画面内容	设计意图	预设问题	解决方案
1	能够熟悉作品有感情地把故事的序章内容演绎出来	指导张梦涵从书架取书后走到桌前，边走边说与镜头交流	张梦涵：今天我们要讲的故事发生在1942年的初春。当时封锁壕修成。敌人沿境沟修筑大大小小据点二三十个，构建“点”“线”结合的防御体系。房涞深县委在平峪召开会议，决定成立沟线外武工队。队长由肖炳林担任。他是浮县北泽畔村人，在担任武工队队长之后，他并没有急于带领队员去敌区开展活动，而是一直在谋划一个方案。	丰富作品呈现方式，提升舞台表演能力和角色驾驭能力	表演中学员与道具、镜头交流不到位	通过启发、示范、游戏法引导学员情感自然流露，准确交流
2	能够和张梦涵情感一致，有表情地完成朗诵，尤其是对话部分	引导该学员主动找搭档搭词，尤其是对话部分，对学员进行示范、讲解	张梓涵：一天，肖炳林和县委副书记赵然来到拒马河边。肖炳林说：“日本鬼子不可怕，可恶的是那些汉奸、特务。”	引导学员主动学习、相互合作	张梓涵性格较内向，能否主动找同学练习词？	先采用引导、鼓励方式，如果达不到预期效果可以由张梦涵主动与其沟通
3	自信表达情感，衔接准确，对话节奏把握得当	认可、鼓励2名学员根据角色要求大胆表演	张梦涵：赵然说：“要没有这些人，日本鬼子就跟瞎子、聋子一样。” 张梓涵：肖炳林说：“那咱就像割草似的割他一茬。”赵然兴奋起来：“惩处了这些汉奸、特务，鬼子就成了盲人、瞎马！”	给予肯定和鼓励是她大胆表达的动力	声音小	在开始录制前全体同学练声，并要求她来喊口号

续表

序号	学生	教师	脚本画面内容	设计意图	预设问题	解决方案
4	第一句话语气能够有神秘感，结尾“二狗熊”的人物特点表现出来是装腔作势的状态	提示“二狗熊”的人物特点表现出来	张梦涵：就这样，一场消灭汉奸行动就要开始了。 深夜，值夜班的伪军又要换岗了。带班的伪军班长姓济，人称“二狗熊”，他发现这一天晚上从哨卡过路的人特别多，有点奇怪，就对兄弟们喊道：“大伙精神点儿！”	不同角色之间转换有利于提升学员的语言表达能力	“二狗熊”的人物特点表现出来是难点	先由学员自主探索，再给予指导
5	声情并茂的表演，尤其是“用手一捏”加上动作把情景演绎出来	带领学员分析作品并划分层次	张扬：武工队的人都是农民打扮，每人背个小包袱，里边鼓鼓的，用手一捏有沙沙的纸响，看样子都带了不少钱。伪军对他们进行了询问，但在“二狗熊”的授意下，收了头前俩人的钱，一挥手就放了过去。	作品中的递进关系及转折不仅考验其基本功，更是提升作品表现力的关键	动作与作品的契合	自己照镜子加动作、学员相互指导练习
6	能够把紧张氛围与远距离喊话表达清楚	引导2名同学对话，进行远距离喊话训练	任雨甜：一会儿，一名伪军巡查时好像听到了有人走动的声音，赶忙回来向“二狗熊”报告，由于快换岗了，“二狗熊”并没当回事儿。这时，据点方向有人向哨卡走来，隔老远，就听到有人喊：“济班长，川崎队长有事要找你。”	针对学员短板问题，以任务驱动式提升其语言表达能力	该学员播音腔比较重，在对话中自然表达是难点	通过边走路边说话，与同学用台词“聊天”解决固定语式

续表

序号	学生	教师	脚本画面内容	设计意图	预设问题	解决方案
7	两种角色的不同语气语调准确表达	指导学员控制角色与旁白的情感分配，尝试用搭档间交换角色来感受角色	刘雨营：川崎是张坊据点里的日军头目。“二狗熊”不敢怠慢，对其他伪军说：“弟兄们盯好了，记住，接班的不来不许走！”他刚走没多远，哨卡上的伪军就咕咚一声，接着便没了声音。不一会儿，据点那边就传来喊话声，有人问：“谁呀？”	两个人物的转换中提升语言基本功和作品表现力	声音小、对话与旁白之间转化	强化练习、教师给予指导、分组训练
8	2人相互搭档配合默契、节奏紧凑、情感自然	引导学员分析作品人物性格，指导他们表达作品情感	张梓涵：“二狗熊”呜呜像感冒一样：“我，川崎叫我回据点，也不知有什么事。” 任语甜：“太君还在睡觉，你别在做梦吧！” 张梓涵：“你才在做梦呢。该接班不接班，弟兄们都等急啦！” 任语甜：“急什么？” 张梓涵：“少废话，快让我进去！” 任语甜：“好好，让你进来。”	提升学员作品驾驭能力、相互合作能力	2人自然搭配，语气语调有些舞台腔	教师分别替换不同角色，带动2名学员练习
9	节奏准确，口齿清晰，叙述时情节表达完整	提示2段之间的情感变化，根据学员掌握情况进行指导和小组探索	张梦涵：木门开启后，据点里传来一阵枪声。随后是嘈杂的人声，好像是有人出了据点。哨卡上的伪军顿时惊慌起来，一个个抱紧枪呆若木鸡，不敢回据点，又不敢离开哨卡。正惊魂不定时，只听“轰隆”一声，岗楼里腾起一股冲天大火。火光映照下，就见岗楼里的伪军和日军乖乖高举起双手，被人押着沿拒马河边向山里走去。	提升学员的语言表达能力和作品驾驭能力	两段对比不明显，情感起伏变化小	教师引导，示范变化起伏点，达到前后段情感变化

续表

序号	学生	教师	脚本画面内容	设计意图	预设问题	解决方案
10	用急促、担心的语气表达	与学员一同探索伪军的正确语气及前后对比的关系	这时伪军喊：“快跑吧，连岗楼都让八路军端了，还守什么楼。” 伪军们纷纷逃了。就这样，武工队设计将张坊的伪军据点连窝给端了，老百姓交口称赞。	提升学员分析、提炼、表达作品的能力	伪军的情感变化不准确	用镜面引导教师做示范， 学生分析，确定并加以练习
11	姓名、数字突出，情感深沉	引导学员语气语调的准确定位	张扬：肖炳林的英雄事迹有很多，直到1964年退休，于1981年2月与世长辞。	提升学员叙述作品的能力	情绪积淀与控制	引导学员调整语气
12	积极向上的语气表达青少年的担当和信心	鼓励学员提升语气、语调	张梦涵：同学们，我们今天的生活都是由无数个像肖炳林这样的英雄用他们的英勇奋斗换来的。作为新时代的少先队员，我们应当时刻牢记他们，并将他们身上那种革命精神传承和发扬下去，努力成长为能够担当民族复兴大任的时代新人。	提升学员自信表达能力，树立爱国意识、担当意识	情绪控制，上扬	在音乐中调动学员情绪

（五）征求意见、谈感受（16:30—17:00）

1．学员主动向设想团队、家长请教活动中的不足，请长辈提出成长建议。

设计意图：培养学员谦虚好学、向上的学习态度，充分尊重长辈意见，了解不足、不断提升自我。

2．学员自评。

设计意图：引导学员从活动准备、相互配合、任务落实、存在问题、提升方向等方面进行总结，才能更好地成长和提升。

3．教师点评。

设计意图：用激励性语言，肯定学生的进步。

4．收拾会场，合影留念。

设计意图：让学员养成良好的专业素养，其中就包括用专业的态度参加活动。独立自主地完成个人演出物品、服装的整理，提高劳动意识和能力。还原演出场地，做好垃圾分类。记录活动、留存纪念。

八、效果检测

1．通过学生现场录制红色故事进行测评。

2．请家长、工作人员为学生点评，填写任务单。

3．学员分享活动体会，自我总结。

4．每位学员写一篇活动心得。

评价表

序号	评价内容	评价结果		
		自评	学员评	家长评
1	小组合作，积极参与活动			
2	能够针对问题积极练习			
3	相互配合完成录制			
4	录制过程始终自信、情感饱满			
5	作品驾驭能力强，刻画角色给观众留下深刻印象			
6	有纪律性，能够帮助同学、教师整理场地、服装			
7	能够和多部门自信沟通、合作			

九、附件

1．活动安全预案

2．场地布置图

3．故事稿完整稿

《我爱你中国》拉丁舞社团舞蹈创编活动

房山区学生活动管理中心　孙凤娟

一、活动设计依据

（一）教育理念

习近平总书记强调，“要把加强青少年的爱国主义教育摆在更加突出的位置，把爱我中华的种子埋入每个孩子的心灵深处”。此项活动注重对学员爱国主义教育和兴趣的培养，体现活动育人的特点。学员通过自主学习、分组实践，激发勇于创新、相互配合的精神。

（二）项目内容

在以前的学习过程中，学员分组完成了简单的舞蹈创编活动，学习兴趣很高。此次创编活动，能进一步提高学员的学习兴趣、创编能力，从创编中感受和增强爱国情怀。

（三）学情分析

拉丁舞社团学员 14 人，年龄在 10 ～ 15 岁，女生，学习拉丁舞三年多，参加过爱国主义题材的展演和比赛，对创编活动有一定基础和兴趣。

活动目标

1. 知识技能目标：能够配合音乐分组进行《我爱你中国》前 10 个八拍的舞蹈创编和表演。

2. 过程方法目标：通过自主学习、分组讨论、探索创编舞蹈动作和队形变化的方法，能够说出问题并尝试自主解决。

3. 情感、态度价值观目标：通过对歌曲的理解，能够用舞蹈的方式抒发爱国主义情怀。在分组创编过程中主动与他人合作、互学互助。在展示环节积极愉快地参与表演并进行评价。

活动内容

《我爱你中国》前 10 个八拍拉丁舞创编活动。

二、重点难点

重点：能够配合音乐分组进行《我爱你中国》前10个八拍的舞蹈动作和队形的创编并进行表演。

难点：同伴间密切配合，将爱国主义情感用舞蹈进行表现。

三、辅导方法

启发式教学法、讲练法、矫正法、演示法、表演竞赛法。

四、活动准备

教师准备：剪辑相关的舞蹈资料，设计活动方案。

学员准备：熟悉歌曲《我爱你中国》，做前侧练习（练习单见附件）。

五、活动过程（90分钟）

（一）集合整队，师生问好（2分钟）

师生问好，点名，提示学员站姿和精神状态。

队形：插空站好，每位同学都可以照到镜子。

（二）基本功训练（4分钟）

内容：地面练习，压腿、压胯、后弯腰、把杆上压腿。

教师请学员自愿到前面带领动作。观察学员动作是否正确并给予指导提示。

【设计意图】充分活动开身体，避免受伤。消除胆怯心理，增强表现能力。

（三）芭蕾形体训练（4分钟）

内容：把杆上的蹲组合以及擦地组合。

教师引导学员复述动作要领。学员听音乐做动作。

【设计意图】塑造体态，为拉丁舞学习打下良好基础。

（四）检验学生自主学习情况（10分钟）

内容：提问、交流前测单内容。

师：引导学员分享自主学习成果。对学员给予肯定和评价。播放《我爱你中国》歌曲视频，利用歌曲内涵引导学生说出自己是怎样爱祖国的。

生：主动分享学习成果和感受。熟悉音乐，了解歌曲内涵，并说出自己热爱祖国的事例。

【设计意图】锻炼自主学习能力和语言表达能力，激发热爱祖国的情怀。

图 1 学生交流检测单内容

（五）《我爱你中国》拉丁舞创编（50 分钟）

1．明确目标和内容

将歌曲第一段（前 12 个八拍）分成三部分，每组创编其中的 4 个八拍。

【设计意图】学员明确本次活动目的和将要完成的任务，带着问题进行练习。

2．初次创编

学员分组练习，发现问题后，讨论解决。教师巡视并引导。

【设计意图】培养团队精神和主动学习的习惯。

图 2 学生分组创编

师生共同总结，说说遇到了什么困难，用什么办法解决的。

【设计意图】引导和鼓励学员主动学习，自己发现问题，并解决问题。

3．看视频

教师播放伦巴舞典型的队形变化视频，示范、讲解队形变化的种类和动作的衔接。学员学习了解，找到自己问题的答案。

【设计意图】使舞蹈动作和队形变化在学员头脑中留下印象，促使接下来的创编活动更容易进行。

图3 看视频、教师示范

4．再次创编

学员再次创编，将遇到的困难，与教师进行交流，并探讨解决的办法。教师有针对性地进行引导。

【设计意图】使学员再次尝试应用所学技能解决问题，主动学习，获得成就感。

教师针对出现的问题，与学员进行分析和讨论，并示范动作，利用表情、动作的幅度和力度等将爱国主义情感带入舞蹈中。

学员将再次练习时所遇到的困难，与教师进行交流，并探讨解决的办法。

【设计意图】激发学员兴趣，通过舞蹈时的情绪和肢体动作体现爱国主义情怀。

5．第三次创编、完善

教师有针对性地进行个别引导，关注到每一名学员。

学员再次和同伴进行练习。

【设计意图】通过第三次实践，教师可以看到刚才再次示范和讲解部分，以及和学员共同探讨问题、解决问题的成效。

（六）活动效果检测（15分钟）

1．确定展示要求和评分标准

请学员自愿选择展示的顺序。

引导学员说出评分标准。除了以前单人舞时的动作标准、音乐节奏准确，新添加了与本次活动目标有关的三个项目（见附件）。请同学和教师共同当评委进行打分。

学员主动说出展示要求和评分标准。

【设计意图】检测学习效果。通过展示锻炼学员的舞台表现力和配合能力。学员明确要求，客观评价他人，听取他人意见。营造舞台气氛，提高学员的自信心、表现力，互相尊重、互相鼓励。

2．展示评价

学员分组展示，其他学员打分评价，教师点评、打分、鼓励。

学员打分后说出得分原因，并给予掌声鼓励。

图 4 学员展示、自评、互评、商讨成绩

（七）小结，提出更高标准（4 分钟）

教师针对学员的表现及展示情况进行评价，提出更高标准。

宣布作业内容和要求：继续练习，为下次舞蹈创编做好更充分的准备。

【设计意图】使学员反思自己本次活动情况，找到提高点。促进学员活动后的知识巩固，使单元内容紧密衔接。

附件 1

《我爱你中国》拉丁舞社团舞蹈创编活动前测练习单

姓名		年龄		时间	

一、选择（请画 √）

1．我（ 能 \ 不能）背唱这首歌曲。

2．我（知道 \ 不知道）歌曲的创作背景。

3．听歌曲时我（能 \ 不能）联想到很多画面。

二、填空

1．歌曲第一段（从开头“我爱你中国”到“我的母亲我的祖国”）一共有（　）个 8 拍。

2．这首歌曲可以用伦巴舞里的（　）（　）（　）（　）（　）动作表现。还可以添加（　）（　）（　）动作。

三、画图

请设计出歌曲第一段可以变化的队形，用图形表示。

附件 2

《我爱你中国》拉丁舞社团舞蹈创编活动展示评价表

（由师生讨论确定）

序号	评价内容	组别评价标准	分值	得分
1	动作设计	标准、舒展	20	
2	音乐配合	节奏准确	20	
3	情感表现	感情丰富、表情好	20	
4	队形设计	变化丰富、恰当	20	
5	团队合作	整齐，配合能力强	20	
合计				
评委签字				

《我爱你中国》拉丁舞社团舞蹈创编活动展示成绩汇总表（略）

六、活动反思

本次活动以先进的教育理念为指导，结合社会时事和热点，充分考虑学员的认知水平和年龄特点，目标清晰明确，容量合理，难度适中。充分运用现代化教学手段，发挥教师的主导作用和学员的主体作用，关注每一名学员的实际获得。采用项目式学习，转变学习方式，使学员主动探索问题，培养分析、评价、创造等高阶思维能力。充分发扬民主，将社会主义核心价值观培育落实到实际教育教学活动中，效果显著，达到了预期目标，是一次较为成功的活动。

（一）活动亮点

1．目标和评价设计基于实证

前测调研有效。在充分了解学员情况的基础上设定活动目标，教学策略具有针对性和实效性。效果检测评价直指目标，综合过程性评价和终结性评价结果，学员成绩全部为优秀，充分说明了目标的达程度。

2．大空间活动设计培养高阶思维

通过探究、质疑、直观感受、多次实践、评价反思等方式，给学员提供了广泛的活动空间、思维空间、表达空间。学员调动多感官参与，在任务驱动下主动发现问题，尝试自主解决问题，带着问题进行观察、讨论和实践，激发了继续探索和学习的兴趣，她们善于总结、敢于质疑、勇于创新、客观评价，提高了高阶思维能力。

3．活动过程凸显育人实效

通过理解《我爱你中国》歌曲的含义，用表情、动作幅度和力度表达爱国主义情感，民主投票解决争议，师生讨论确定评价标准，公正评价对事不对人等环节，创设育人情境，使爱国主义教育、社会主义核心价值观培育贯穿活动始终，达到活动育人实效。

活动结束时，学生说的“中国人就应该后背挺拔的跳舞”这句话让我感受到孩子们对祖国的深厚情感，也深知校外教师身上沉甸甸的责任。

（二）活动不足

1．个别环节时间安排需要调整

学员分组创编时，由于个别组同学的动作与音乐的配合没有达到熟练运用的程度，导致创编舞蹈时间过长，造成评价和小结的时间有些仓促。

2．分组时没有更多照顾学员的意愿

为了保障任务顺利完成，我采用了异质分组的方式，将学员分成了三组，以强带弱，没有完全按照学员自己的意愿去分组。究其原因是“师本位”思想的干扰，没有给她们主动尝试、试错的机会。

（三）改进措施

1．注重个体差异，通过加强个别指导和学员互助的方式，让学员水平整体提升。

2．把学生放在正中心，更多地关注学生的意愿，给学生试错的机会、反思改正的机会，培养学员在失败中获取经验的能力。

学生在快速成长，教师更要不断成长，才能适应新时代的要求，真正成为学生的引路人。

乒乓球兴趣小组混合班“一帮一”活动方案

房山区学生活动管理中心　杨毅妹

一、活动依据

（一）基于学生核心素养，挖掘美育教育

培养学员在善于沟通、善于表达、相互帮助、懂得分享、虚心学习等方面的素养，感受互助之美、团结之美、关爱之美、语言之美、分享之美等。

“一帮一”活动是指老生帮助新生，在整个活动过程中，增进学员之间的友谊，培养学员的沟通能力、表达能力，感受彼此良好交流、相互关爱的友情之美。学员之间的教与学和教师与学员之间是截然不同的，学员之间相互学习会更自然，沟通也很随意，不会感觉很拘束。“教”的学员在教的过程中展现自身技术动作之美的同时能够提升自信之美，培养了学员展示自己的技能之美的能力。“学”的学员在与对方沟通时更加轻松，突破了教师“死板”的教学方法。

（二）乒乓球兴趣小组混合初级班现有水平及班级现状

由于少年宫活动小组的特殊性，本班属于混合班（新、老生混合），老生已熟练掌握技术动作，但上台练习效果稍差，下一步需要多球练习来提高技术动作击球时的稳定性。新生是零基础，需要从最基础的学起，因此称为混合初级班。在活动中要顾及彼此，合理安排练习内容，使每位学员都有所收获。运用体育项目特点培养学员乐观向上、朝气蓬勃的精神，以及对自身形态美、精神美、气质美的强烈追求。

二、活动目标

（一）知识与技能

1. 能够说出正手攻球的技术动作要领。
2. 老生会讲解技术动作要领，同时巩固该技术动作。

（二）过程与方法

1. 老生能够完成“一帮一”学习正手攻球动作的任务。

2. 新生初步掌握正手攻球技术动作。

（三）情感态度价值观

1. 感受“一帮一”活动带来的友谊之情、关爱之美。

2. 培养主动交流、善于表达、乐于助人的良好品质，感受互帮互助、团结友爱之美。

三、活动内容

正手攻球技术动作

四、重点、难点

重点：学习正手攻球技术动作。

难点：“一帮一”教与学中技术动作讲解与接收是否准确。

五、活动对象及规模

（一）对象：9～12 岁。乒乓球兴趣小组混合班学员共 13 人，水平参差不齐，其中 6 名学员上旋球动作掌握较熟练，但实际操作稍差；另外 7 名是新生，零基础。教师安排“一帮一”活动，为学员提供相互交流、相互沟通的平台。“教”再次巩固技术动作，学会讲解、分析技术动作，锻炼沟通美、语言美、乐于助人之美。“学”感受被帮助、被照顾的团结友爱之情，同时做到虚心好学、不耻下问，培养对动作美、形体美、姿态美的追求。

（二）规模：乒乓球兴趣混合初级班学员共 13 人。

六、活动时间及地点

（一）2018 年 4 月 6 日　8:30—10:00

（二）乒乓球教室

七、活动准备

教师准备：活动方案、安全预案（附件一）。

学员准备：球拍、运动服、运动鞋、毛巾、饮用水。

八、活动过程

	活动内容	教师活动	学员活动	设计意图
开始部分5分钟	一、开始部分 （一）集合整队； （二）师生问好； （三）清点人数； （四）教师宣布本次活动内容及要求； （五）教师强调活动中的安全和注意事项； （六）安排见习生	让学员明确本次的练习内容以及要求，为接下来的训练做好准备工作； 见习生安排：根据学员身体情况，合理安排相应的内容及运动强度	队形： 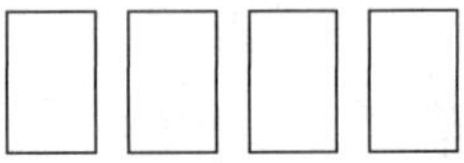 Δ * * * * * * * * * * * 要求： 1．精神集中，认真听讲； 2．了解本次活动内容及目标	培养品行端正、作风优良之美； 若有见习生，合理安排适当的工作任务，加强责任心的培养
准备部分10分钟	二、准备部分 （一）准备活动（原地操） 1．扩胸运动； 2．振臂运动； 3．体转运动； 4．前后压腿； 5．侧压腿； 6．膝关节运动； 7．踝、腕关节运动	1．安排学员组织做准备活动（每次安排一人带操，按照点名册顺序依次轮换）； 2．提醒学员要认真做准备活动，身体各关节都充分活动开，避免运动中受伤	队形： * * * * * * * * * * * 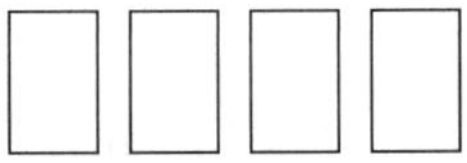 Δ * * * * * * * * * * * 带操学员要求： 1．组织学员站到球台两侧，按照做操队形面对球台站好； 2．下达口令要准确、清晰且声音洪亮，节奏适当、动作标准； 做操学员要求：听口令做动作，充分活动开	锻炼学员的语言表达能力及组织协调能力，培养语言美； 通过准备活动使身体各关节、肌肉达到良好的运动状态，并养成良好习惯

续表

	活动内容	教师活动	学员活动	设计意图
准备部分10分钟	（二）乒乓球操 老生做，新生观看； 乒乓球操是根据乒乓球小组活动的特点由教师独立创编而成，配上动感的音乐调动学员积极性，培养形态美、跃动美、韵律美、敏捷美、力量美等，不断提升学员的技能美、自信美	1．组织学员将新、老生分开各站一排，面对面站好； 2．老生跟随音乐的节奏完成乒乓球操的技术动作练习，新生认真观看技术动作； 3．教师播放剪辑好的乒乓球操音乐，提醒学员注意技术动作到位并跟准音乐节奏	队形： * * * * * * * * * * * 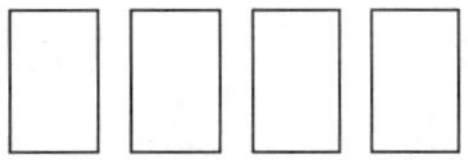 Δ * * * * * * * * * * * 要求： 1．老生听音乐做乒乓球操，技术动作到位，节奏准确无误。充分展示自己的形态美、跃动美、韵律美、敏捷美、力量美； 2．新生集中注意力，认真观看老生做乒乓球操，直观感受韵律美、形态美、运动美，激发学员学习兴趣，提高审美能力	用配有音乐的自编乒乓球操带动学员的积极性，培养自信美、体态美、韵律美、跃动美等信心； 培养学员认真观察的能力，以及对追求运动美、韵律美、形态美的渴望
基本部分30分钟	三、基本部分 （一）“一帮一”活动 1．教师建立“一帮一”小组（两人一组，其中一组为三人一组，即一个老生带两位新生），学员按照指定位置站好，老生带新生，教正手攻球技术动作；	1．讲解活动内容、方法及要求； 2．将学员分“一帮一”（两人一组，其中一组为三人，一老二新）并安排好指定位置	队形： * * * * * * * * 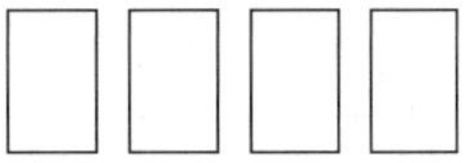 Δ　* * * * * * 要求： 1．学员认真听教师讲解本次活动内容及方法；	通过“一帮一”活动，增进学员之间的友情，感受团结友爱之美。锻炼“教”的学员的语言美、沟通美、乐于助人之美

续表

	活动内容	教师活动	学员活动	设计意图
基本部分30分钟	2．教师巡视，对发现的问题进行及时纠正，并引导学员运用“美”的语言进行相互沟通，发现并解决问题	3．“教”的学员把所学技术要点表达清楚，使“学”的学员能够把技术动作做规范，注意发现并解决出现的问题，同时注意语言表达做到良好沟通，多鼓励对方、多给对方自信心，展现沟通美、和谐美、帮助美等； 4．“学”的学员注意认真学习，虚心接受“教”的学员的指导意见，感受被关爱、被照顾的团结友爱之美； 5．教师巡视，时刻关注学员，提醒学员技术动作要做得“漂亮”，展现运动之美	2．学员按分组及序号站好，进行“一帮一”活动，感受互帮互助之美； 3．“教”的学员要把技术动作讲解清楚，争取让“学”的学员学会正手攻球技术动作，注意运用“美”的语言表达及沟通，多鼓励对方，多给对方自信心； 4．“学”的学员要认真听、认真学，遇到问题可随时提出疑问，做到虚心学习	
	（二）新生展示 1. 新生集体展示，新老生按照指定位置站好，新生站一排，老生在新生对面站成一排，观看“一帮一”各组的技术动作	1．教师组织学员站到指定位置； 2．教师下达口令，新生做出该技术动作； 3．老生细心观看，之后与教师逐一进行点评	队形： 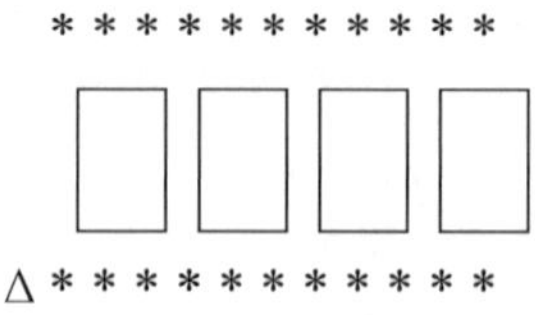	培养新生敢于展示自己，锻炼自信美

续表

	活动内容	教师活动	学员活动	设计意图
基本部分30分钟	2. 新生听教师口令做出正手攻球技术动作（“1”引拍，“2”挥拍）； 3. 展示后做出评价，对存在问题进行改正	4. 教师引导各组学员发现本组存在的问题并提出解决办法	要求： 1. 新生听口令做动作，（“1” 引 拍， “2” 挥拍）； 2. 老生认真观察，争取发现问题并能够找到解决方法； 3. 老生与教师对新生进行逐一点评，点评时要客观，注意语言表达，同时发现问题以及找出解决问题的办法	提高老生审美度，注重观察所帮助的学员，善于发现问题以及解决问题
	（三）分组纠正 1. 展示分析后学员按照“一帮一”小组站好，对发现的问题进行改正； 2. 教师巡视，将每一组学员练习的错误动作逐一纠正； 3. 教师在纠正过程中对学员练习情况进行逐一点评； 4. “一帮一”表示感谢。各组老、新生面对面，相互握手表示感谢	1. 组织学员按照“一帮一”分组站好并继续纠正动作； 2. 教师巡视，观察每一组练习情况进行及时纠正； 3. 教师将再次练习时学员的表现进行逐一点评； 4. 安排“感谢”环节	队形： * * * * * * * * 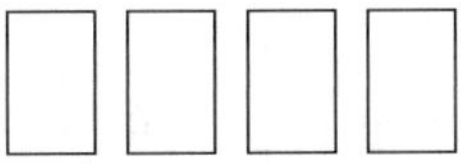 Δ * * * * * * 要求： 1. 学员继续分组练习，发现并纠正新生技术动作，争取做到准确、到位； 2. “感谢”环节彼此握手，真诚地表示感谢	提高审美敏感度，以及善于解决问题的能力； 培养学员懂礼貌，懂感恩的传统美德

续表

	活动内容	教师活动	学员活动	设计意图
基本部分30分钟	四、素质练习 A．蹲起 20/3 组 B．俯卧撑 15/3 组 C．放松练习	1．教师布置身体素质练习内容及要求； 2．监督学员动作到位，鼓励学员克服困难、坚持就是胜利	队形： * * * * * * * * * * * 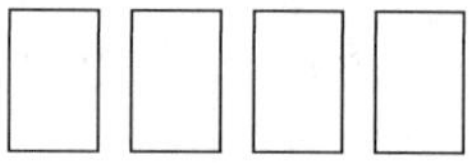 Δ * * * * * * * * * * * 1．按顺序站到指定区域； 2．动作规范到位，按照要求完成身体素质练习； 3．克服困难、坚持不懈、从一而终，完成素质练习	锻炼学员体态美，身体塑形感受运动之美，以及敢于吃苦、不怕困难的体育精神
结束部分5分钟	五、结束部分 （一）学员自评：老生在“教”时对自己的评价，新生在“学”时对自己的评价； （二）教师评价：对学员整体的表现进行评价； （三）布置作业：练习正手攻球技术动作 50 个 /3 组； （四）宣布下课：师生再见	1．鼓励学员要敢于表达、善于总结； 2．教师运用激励式评价方法点评“教”和“学”的学员在活动中的表现； 3．注意语言表达，要站在学员的位置去考虑问题，运用好“美”的表达方式，感染学员，针对不同学员的性格特点进行适当点评，使学员能够正视自己的问题的同时又不会失去自信心，达到鼓励学员、激励学员的目的； 4．布置作业； 5．师生再见	队形： 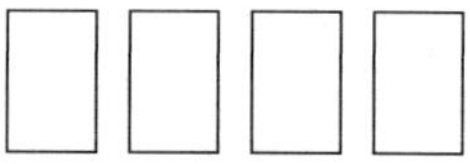 Δ * * * * * * * * * * * 要求： 1．自评的学员要积极主动，表达准确、清楚，客观地评价自己； 2．认真听教师点评，认识到自己存在的问题找到改正方法； 3．完成课后作业：练习正手攻球技术动作 50 个 /3 组； 4．行礼道别	培养学员的智慧美，养成善思考、勤动脑的良好习惯，提升审美敏感度 师生行礼道别，培养学生养成尊师重教的良好品德

续表

教学反思
本次活动把美育教育贯穿始终，“一帮一”活动展现了学员的语言美、沟通美、互助美、团结美、关爱美、分享美。活动中学员表现良好，“教”时能够做到良好沟通，动作讲解到位、规范。“学”的学员能够做到虚心学习并初步掌握了该技术动作。“教”得认真，做到了语言美、沟通美、互助美、分享美，提升了学员审美敏感度，增强了自信心。“学”得投入，学员感受到轻松、愉悦、和谐之美以及团结友爱之美。本次活动通过“一帮一”的教学形式，把美育教育渗透在每一环节中，感受“美”在体育项目中的作用，提升学员各种“美”的能力，达到各有所获，今后教师会将活动一直延续下去，不断提升学员美育方面的素养

九、活动效果检测

（一）新生的正手攻球技术动作展示。

（二）老生教会新生正手攻球技术动作。

（三）学员在活动中的自评、互评。

（四）教师对活动过程中学员的表现和效果作出评价。

十、附件（略）

（一）安全预案

（二）学期计划

爱音乐　爱祖国

——2019 年暑期夏令营活动方案

房山区学生活动管理中心　汪小力

根据《北京市校外教育机构工作规程》和市教委文件精神，发挥校外教育机构活动育人的作用，提高艺术教育水平，旨在开阔学生视野，锻炼意志品质，增强器乐专业学生的专业实践能力、社会实践能力、适应能力、自理能力和合作能力。结合爱国主义主题教育和心理辅导，培养学生的艺术素质、核心素养，全面提高学生的综合能力，从而满足学生成长、家长和社会的需求。结合房山区实际情况，2019 年暑期拟开展社团器乐部学生“爱音乐　爱祖国”主题夏令营活动。具体安排如下：

一、活动时间：2019 年 7 月 14 日（周日）至 18 日（周四），五天四晚。

二、活动地点：密云三育基地

三、组织机构：房山区少年宫

（一）领导小组

组　长：马连山

副组长：徐利、张建良

组　员：魏兴、刘淑娟、李昂、丛君敬、汪小力、高福禄、张时海

职　责：全面负责夏令营的领导组织、方案制定等工作。

（二）工作小组

营 长：汪小力

组 员：李昂、徐淑慧、赵春燕、张行健、姜异、梁艳秋（外聘）、陈雨（外聘）、王亚菲（外聘）、韩畅（外聘）、苏根（外聘）、张梦成（外聘）

（三）执行部门：社团器乐部

四、教师和学生分组

团队名称	负责教师	学生专业
民乐团	李昂（负责人）、徐淑慧 王亚菲（外聘）	民乐团所辖专业
管乐团	汪小力（负责人） 梁艳秋（外聘） 陈雨（外聘）	管乐团所辖专业
弦乐团	张行健（负责人） 韩畅（外聘）	大提琴、中提琴、小提琴、贝斯
电声乐队	姜异（负责人） 苏根（外聘）	电声乐队所辖专业、吉他、 数码钢琴
筝鼓乐团	赵春燕（负责人） 张梦成（外聘）	古筝、扬琴、民间鼓

五、活动内容

房山区少年宫2019年“爱音乐 爱祖国”主题夏令营课程安排

第一天（7月14日）			
时 间	活动环节	活动内容	备注
6:30—11:00	抵达营地 安排入住	整队集合，按照专业将学生分为五个乐团。各乐团专业教师就位，安排学生入住，分发营服营帽，各乐团选出学生干部各两名	
11:00—11:40	开营式	1. 宣布开营式开始	宣布夏令营活动规范和奖励印章的获取办法。对学生进行安全教育。结合“中华人民共和国成立七十周年”主题，对学生进行爱国主义教育
		2. 带队领导讲话（进行主题教育）	
		3. 教师代表讲话	
		4. 学生代表发言	
		5. 授营旗	
		6. 集体合影	

续表

第一天（7月14日）			
时　间	活动环节	活动内容	备注
12:00—12:30	午　餐	1. 以乐团为单位就座。 2. 五个乐团各评选两名“文明用餐小标兵”，由轮值教师颁发奖励印章各一枚	管乐团教师轮值，学生干部协助。培养节约意识，养成良好用餐习惯
12:30—13:30	午　休		管乐团教师轮值，学生干部协助
14:00—17:00	拓展训练	以乐团为单位开展活动： 1. 集合整队出发 2. 户外拓展训练 3. 积极参与，并顺利完成挑战项目的学生，教师认可后得到奖励印章一枚，多参与多奖励	各乐团教师分组管理，学生干部协助。训练体能、培养学生的团队意识和勇于挑战的精神
17:00—17:30	回住宿区	休息、调整	
17:30—18:00	晚　餐	1. 以乐团为单位就座。 2. 五个乐团各评选两名“文明用餐小标兵”，由轮值教师颁发奖励印章各一枚	管乐团教师轮值，学生干部协助； 培养节约意识，养成良好用餐习惯
18:00—19:30	专业实践	“不一样的体验”——乐器体验课 1. 各乐团辅导教师分别在各自场地准备就绪 2.学生自由选择想体验学习的乐器，自行前往对应的场地观摩学习，教师认可后得到奖励印章一枚，多学多得	各乐团教师分组教学，分组管理； 让学生体验不同的乐器，在了解更多乐器的同时激发学生的兴趣和自豪感
19:30—21:00	洗　漱	1. 学习洗衣服，整理内务 2. 五个乐团各评选两名“内务小标兵”，由各乐团教师颁发奖励印章各一枚	各乐团教师分组指导，学生干部协助。培养学生的自理能力和独立意识
21:30	休　息	养成良好作息习惯	管乐团教师执勤查房至22:00，学生干部协助

续表

第二天（7 月 15 日）			
时　间	活动环节	活动内容	备注
6:20	起　床	听哨声，洗漱	各乐团辅导教师组织，学生干部协助
7:00—7:30	晨　练	1．以乐团为单位整队集合，跑步晨练 2．7:00 之前到达集合地点的学生每人获奖励印章一枚	各乐团教师带领，学生干部协助。帮助学生建立锻炼身体的好习惯，培养坚毅的意志品质
7:30—8:00	早　餐	1．以乐团为单位就座 2．五个乐团各评选两名“文明用餐小标兵”，由轮值教师颁发奖励印章各一枚	民乐团教师轮值，学生干部协助； 培养节约意识，养成良好用餐习惯
8:30—11:30	主题教育	一、参观爱国主义教育基地（集体活动、分组活动、分组管理） 1．8:30 各乐团集合出发，前往参观烈士纪念碑。 2．工作人员介绍 3．教师代表发言 4．学生代表发言 5．向革命烈士集体宣誓 6．合影 二、10:00 回到营地，各乐团组织排练，为闭营式汇报演出做准备	各乐团辅导教师组织，学生干部协助 对学生进行爱国主题教育，要求学生将“爱祖国”落实到生活和学习中，培养学生“爱音乐　爱祖国”的优秀品质
12:00—12:30	午　餐	1．以乐团为单位就座。 2．五个乐团各评选两名“文明用餐小标兵”，由轮值教师颁发奖励印章各一枚	民乐团教师轮值，学生干部协助； 培养节约意识，养成良好用餐习惯
12:30—13:30	午　休		民乐团教师轮值，学生干部协助

续表

第二天（7月15日）			
时　间	活动环节	活动内容	备注
14:00—17:00	专业实践	“滔滔黄河 巍巍太行”——爱国主义音乐作品赏析，主讲：焦子敖（外聘）集体活动，分组讨论，分组辅导 1．介绍我国著名作曲家冼星海及其爱国主义音乐代表作 2．作品赏析 3．爱国主义音乐背景故事 4．播放一段音乐，以乐团为单位，在教师的指导下分组讨论，完成不少于两百字的作品分析短文 5．优秀短文展示 6．得到主讲老师认可乐团的所有学生各获得一枚奖励印章	各乐团教师辅助教学，组织讨论、分组管理 加深学生对爱国主义精神的理解； 培养学生的合作意识和集体荣誉感
17:00—17:30	回住宿区	休息、调整	
17:30—18:00	晚　餐	1．以乐团为单位就座 2．五个乐团各评选两名“文明用餐小标兵”，由轮值教师颁发奖励印章各一枚	民乐团教师轮值，学生干部协助； 培养节约意识，养成良好用餐习惯
18:00—19:30	专业实践	“奇妙的节奏”，主讲人陈雨（外聘）集体活动、分组教学、分组管理 1．介绍打击乐器 2．打击乐作品赏析 3．学习打击乐演奏 4．打击乐合奏：分发乐谱，以乐团为单位由各乐团辅导教师辅助教学 5．分组展示，得到主讲教师认可乐团的所有学生各获奖励印章一枚	主讲教师制定内容，各乐团教师分组辅助教学、分组管理； 培养学生的合作意识和集体荣誉感
19:30—21:00	洗　漱	1．自己洗衣服，整理内务 2．五个乐团各评选两名“内务小标兵”，由各乐团教师颁发奖励印章各一枚	各乐团教师分组指导，学生干部协助。培养学生的自理能力和独立意识
21:30	休　息	养成良好作息习惯	民乐团教师执勤查房至22:00，学生干部协助

续表

第三天（7月16日）			
时　间	活动环节	活动内容	备注
6:20	起　床	听哨声，洗漱	各乐团教师组织，学生干部协助
7:00—7:30	晨　练	1．以乐团为单位整队集合，跑步晨练 2．7:00之前到达集合地点的学生每人获奖励印章一枚	各乐团教师带领，学生干部协助； 帮助学生建立锻炼身体的好习惯，培养坚毅的意志品质
7:30—8:00	早　餐	1．以乐团为单位就座 2．五个乐团各评选两名“文明用餐小标兵”，由轮值教师颁发奖励印章各一枚	各乐团教师维持秩序，学生干部协助； 培养节约意识，养成良好用餐习惯
8:30—11:00	分组排练	以乐团为单位分组排练，各乐团辅导教师组织各组学生有序排练，为下午大师课的交流活动做准备	各乐团教师分组教学，分组管理
11:30—12:00	午　餐	1．以乐团为单位就座 2．五个乐团各评选两名“文明用餐小标兵”，由轮值教师颁发奖励印章各一枚	弦乐团教师轮值，学生干部协助； 培养节约意识，养成良好用餐习惯； 提前用餐
12:15—14:15	集合乘车	赴东城区第一文化宫风尚剧场	教师分组管理，学生干部协助
14:30—16:00	专业实践	北京管乐艺术节铜管五重奏爱国主义音乐作品音乐会及器乐重奏大师课 1．在音乐会过程中，演奏家会穿插讲解乐曲内涵和背景 2．少年宫学生表演器乐重奏（琵琶重奏、长笛重奏等），演奏家点评并讲解要点 3．演奏家为学生颁发“大师班证书”和纪念品	为学生提供高水平专业学习和交流的机会，开阔眼界、提高专业实践能力

续表

第三天（7 月 16 日）			
时　间	活动环节	活动内容	备注
16:00—17:30	集合返回		教师分组管理，学生干部协助
17:30—18:00	晚　餐	1. 以乐团为单位就座 2. 五个乐团各评选两名“文明用餐小标兵”，由轮值教师颁发奖励印章各一枚	弦乐团教师轮流巡视，各乐团学生干部协助；培养节约意识，养成良好用餐习惯
18:00—19:30	交流体会	1. 以乐团为单位分组讨论参加大师课的体会，分享心得 2. 每个学生书写一篇总结性的短文 3. 教师认可后，获奖励印章一枚	
19:30—21:00	洗　漱	1. 自己洗衣服，整理内务 2. 五个乐团各评选两名“内务小标兵”，由各乐团教师颁发奖励印章各一枚	各乐团教师分组指导，学生干部协助。培养学生的自理能力和独立意识
21:30	休　息	养成良好作息习惯	弦乐团教师执勤查房至 22:00，学生干部协助
第四天（7 月 17 日）			
时　间	活动环节	活动内容	备注
6:20	起　床	听哨声，洗漱	各乐团教师组织，学生干部协助
7:00—7:30	晨　练	1. 以乐团为单位整队集合，跑步晨练 2. 7:00 之前到达集合地点的学生每人获奖励印章一枚	各乐团教师组织，学生干部协助； 帮助学生建立锻炼身体的好习惯，培养坚毅的意志品质
7:30—8:00	早　餐	1. 以乐团为单位就座 2. 五个乐团各评选两名“文明用餐小标兵”，由轮值教师颁发奖励印章各一枚	电声乐队教师维持秩序，学生干部协助；培养节约意识，养成良好用餐习惯

续表

第四天（7月17日）			
时　间	活动环节	活动内容	备注
8:30—11:30	主题教育	“成为最好的自己”——心理知识讲座（集体活动、分组讨论、分组管理） 1．专家讲座 2．各乐团教师组织学生分组讨论 3．各乐团教师分组辅导学生完成专家布置的任务，并分享体会 4．认真讨论，并积极分享的学生可获奖励印章一枚	各乐团教师分组辅助教学，组织活动、分组管理； 培养心理健康、积极阳光的社会主义建设者和接班人
12:00—12:30	午　餐	1．以乐团为单位就座 2．五个乐团各评选两名“文明用餐小标兵”，由轮值教师颁发奖励印章各一枚	电声乐队教师轮值，学生干部协助。培养节约意识，养成良好用餐习惯
12:30—13:30	午　休		电声乐队教师轮值，学生干部协助
14:00—17:00	合作训练	以乐团为单位开展活动： 1．集合整队出发 2．合作训练 3．积极参与，并顺利完成挑战项目的学生，教师认可后得到奖励印章一枚，多参与多奖励	各乐团教师分组管理，学生干部协助； 通过科学的、有针对性的游戏活动，帮助学生建立集体意识、合作意识
17:00—17:30	回住宿区	休息、调整	
17:30—18:00	晚　餐	1．以乐团为单位就座 2．五个乐团各评选两名“文明用餐小标兵”，由轮值教师颁发奖励印章各一枚	电声乐队教师轮值，学生干部协助； 培养节约意识，养成良好用餐习惯

续表

第四天（7 月 17 日）			
时　间	活动环节	活动内容	备注
18:00—19:30	优秀评选	以乐团为单位，每个乐团评选两个优秀营员 1．以乐团为单位组织评选 2．学生自荐 3．学生互荐 4．投票选举	各乐团教师组织，学生干部协助
19:30—21:00	洗　漱	1．自己洗衣服，整理内务 2．五个乐团各评选两名“内务小标兵”，由各乐团教师颁发奖励印章各一枚	各乐团教师组织，学生干部协助； 培养学生的自理能力和独立意识
21:30	休　息	养成良好作息习惯	电声乐队教师执勤查房至 22:00，学生干部协助
第五日（7 月 18 日）			
时　间	活动环节	活动内容	备注
6:20	起　床	听哨声，洗漱	各乐团教师组织，学生干部协助
7:00—7:30	晨　练	1．以乐团为单位整队集合，跑步晨练 2．7:00 之前到达集合地点的学生每人获奖励印章一枚	各乐团教师带领，学生干部协助； 帮助学生建立锻炼身体的好习惯，培养坚毅的意志品质
7:30—8:00	早　餐	1．以乐团为单位就坐 2．五个乐团各评选两名“文明用餐小标兵”，由轮值教师颁发奖励印章各一枚	筝鼓乐团教师维持秩序，学生干部协助； 培养节约意识，养成良好用餐习惯

续表

第五日（7月18日）			
时　间	活动环节	活动内容	备注
8:30—11:30	专业实践	1．音乐基础讲座，主讲姜异 （1）知识讲座 （2）以乐团为单位分组竞赛 （3）得分最多乐团的所有学生各获奖励印章一枚 2．学习演奏陶笛，主讲王亚菲 （1）认识陶笛 （2）陶笛音乐赏析 （3）学习演奏并练习（各乐团教师分组辅助教学） （4）学生代表展示学习成果 （5）收获礼物（陶笛）	其他辅导教师分组辅助教学、组织活动、分组管理； 提高学生音乐基础知识的水平。激发学生学习乐器的兴趣。培养学生的合作意识和集体荣誉感
12:00—12:30	午　餐	1．以乐团为单位就座 2．五个乐团各评选两名“文明用餐小标兵”，由轮值教师颁发奖励印章各一枚	筝鼓乐团教师轮值，学生干部协助。培养节约意识，养成良好用餐习惯
13:00—14:00	闭营式	1．营长总结本次夏令营的活动情况 2．表彰优秀营员 3．集满奖励印章的学生可兑换少年宫小组活动免费体验卡 10 张 4．汇报演出 5．集体合影	总结展示本次夏令营的成果和意义
14:10	返　回	途中安全教育，集体意识培养	各乐团教师分组管理，学生干部协助

六、活动要求

（一）本次夏令营以集体活动和分组活动两种形式开展活动。集体活动中贯穿分组活动，分组活动是为了保障集体活动的效果。因此，要求每位老师必须全程组织、管理本组学生的一切活动，各司其职，尽职尽责。如有特殊情况不能参加活动的教师，需向带队领导请假，得到许可后安排其他教师代替请假教师完成工作。没有合理理由，不得脱离团队，自由活动。

（二）所有学生根据专业类别分为五个乐团，12 名专业教师编入 5 个小组，分别负责不同乐团的教学和管理工作。每个乐团设教师负责人 1 人，学生干部 2 人，其余教师辅助教学和管理。

（三）本次夏令营以专业实践活动为主，所有学生带乐器参加（部分乐器由少年宫提供）。学生报名后，请各专业教师统计学生携带乐器的种类和数量，报社团器乐部。

附件 1

安全预案

活动标题	房山少年宫社团器乐部“爱音乐 爱祖国”主题夏令营		
负责教师	汪小力	活动时间	2019 年 7 月 14 日 —7 月 18 日
活动地点			
活动对象	社团器乐部报名学生	活动人数	学生 100 人、教师 12 人、带队领导
活动情况	7 月 14 日上午 6:30 参加活动全体人员在少年宫集合乘车出发，7 月 18 日下午 2 点集合乘车返回，大约下午 5 点到达少年宫。 教学处主任签字：		
安全保卫措施	1. 在比赛前联系厢式货车将大件乐器运送至出发地点。清点乐器并记录。 2. 联系大巴车，和司机确定乘车人数和出发时间。 3. 准备创可贴、晕车药、伤口消毒处理、感冒药、退烧贴等常用药品，防备可能发生的意外情况。 4. 准备巧克力、糖果等零食防备学生出现低血糖的情况。 5. 以乐团为单位乘车就座，各乐团教师随本组学生就座，负责人和领导保持联系，确保无论发生任何情况可以及时处理。 6. 所有活动以乐团为单位组织开展，各乐团负责人和教师负责组织管理，承担安全责任。 保卫干部签字：		
单位领导审批意见	安全领导小组组长签字：		
备注			

附件 2

活动物资准备

物资	数量	用途	单价（元）	总价（元）
厢式货车	1	运输大件乐器		
笔记本电脑	1	播放 PPT、视频、音频		
投影或大屏幕	1	播放 PPT、视频、音频		
印章	12	激励与评价措施	5	60
陶笛	100	学习用品	15	1500
大师课	100	大师课学习、证书和纪念品	100	10000
合计				11560

美术社团“话端午 做香包”活动方案

房山区学生活动管理中心 孙禹梅

一、活动设计依据

（一）指导思想

传统节日凝结着中华民族的民族精神和民族情感，滋养着民族的生命力、创造力和凝聚力。我国端午节最初曾经是人们驱邪避疫祈求平安的节日，后来经过演化，人们通过举办龙舟赛、吃粽子，把它与纪念伟大的爱国诗人屈原联系起来，在老百姓中的影响极为深刻。屈原的爱国主义精神和忧国忧民的情怀在端午节的各项活动中得到彰显。设计端午节做香包活动，能使学员在参与中认识传统节日文化的内涵，感受传统文化的魅力，激发传承节日文化的热情，落实立德树人的宗旨。

（二）活动内容

在房山少年宫美术社团的课程设置和学期计划中，每学期都安排一定数量的实践活动，将美术技能技巧与生活实际相结合，提高学员的综合实践能力。在今年的实践活动板块，我们结合市级课题《少年宫书画小组强化中华优秀传统文化实践的研究》，探索和实践中华优秀传统文化与美术活动有效的结合方式，设计了结合传统节日开展的系列活动，此次活动是系列活动中的一项。

（三）学情分析

学员 40 人，以美术社团三年级至六年级学生为主，个别为初中学生。日常社团活动以“画”为主，动手制作机会不多。经调查，大部分学生没有做过针线活，虽然对于缝制“香包”造型束手无策，但是充满好奇。端午节每年都过，但对端午节的来历、端午习俗关注不多。

此次活动正值父亲节，我们邀请部分家长参加，使孩子深入了解节日文化，亲密接触自然，提高动手能力，增进亲子感情，让孩子和家长共同度过难忘而有意义的节日。

二、活动目标

（一）成功设计制作至少一个粽子形香包，色彩搭配和谐。

（二）通过观察分析香包成品找到缝制方法，顺利制作。

（三）积极参加活动，专注进行制作。主动了解中国传统节日文化。感受屈原的家国情怀。

三、活动重点和难点

重点：缝制香包。

难点：香包缝制过程中的“翻面”和“暗线缝”封口法。大多数学生没有做过针线活，不懂得如何将针线痕迹隐藏起来才能使成品美观，他们能学会“明线缝”已经很不容易，“暗线缝”需要找准运针方向，并且左右手协调配合，比较难掌握。

四、活动设计思路

为了引起学生兴趣并保证活动顺利进行，教师前期尝试各种方法，制作香包样品并拍摄步骤图，发到微信群，启发学生试做。微信通知学生上网搜索学习端午节的由来、端午节的习俗，进行活动预热。

通过微信报名，征集家长志愿者20人，负责指导学员纫针，并随时进行安全教育，如：在使用针线时不要将针尖朝向自己或他人，缝制时左手要躲避针尖。

活动时间2018年6月17日（农历五月初四，父亲节）上午10:00—12:00，120分钟，在房山区少年宫主楼306和307两个教室，由两名教师共同组织、分别指导。

活动环节设计：话端午（了解端午习俗）— 印布料（学习拓印技法）— 缝香包（提高动手能力）— 填艾叶（亲密接触自然）— 配饰物（练习色彩搭配）— 赠父亲（增进亲子感情）。

五、活动准备

（一）教师准备：6厘米×10厘米布料100块，辅料挂绳、挂穗各100个，鲜艾草1捆，丙烯颜料，用彩色卡纸做成大“粽子”形状贴在黑板两侧。

（二）学生准备：针线1套。

六、活动过程（120分钟）

（一）“话端午”感知节日文化（15分钟）

1．端午节的由来（5分钟）

（1）播放图片和音乐，营造节日氛围。

（2）教师提问：明天就是端午节了，你知道端午节的来历吗？

学生讨论，1～2 名学生向大家介绍。

教师引导学生试着说出屈原投江、纪念伍子胥等传说。

（3）教师总结：端午节是中国四大传统节日之一，是世界非物质文化遗产。我们在欢度节日的同时，又要想到节日中的纪念意义，比如纪念伟大的爱国诗人屈原。

教育意图：引起学员对传统节日的兴趣，感受爱国诗人的家国情怀，进入节日情境。

2．端午节的习俗（10 分钟）

（1）播放 PPT，直观展示端午节习俗。

（2）教师提问：你们家里都是怎么过端午节的？

学生讨论，试着说出端午节吃粽子、挂菖蒲、赛龙舟、饮雄黄、配香囊等习俗。

（3）教师介绍自己小时候怎样过端午节，同时说明端午节挂艾草、拴五色线、驱五毒的习俗。展示新鲜的艾草，介绍艾草驱蚊、去湿、散寒、杀菌消炎等功效。

（4）教师总结：民间认为五月是五毒（蝎、蛇、蜈蚣、壁虎、蟾蜍）出没之时，就用各种方法以预防五毒之害。大家在端午节常说的祝福语“端午安康”，就是祝福平安、健康的意思。今天，我们就用新鲜的艾叶制作一个漂亮的驱蚊香包，送给亲人，祝他（她）平安健康。

教育意图：引导学员主动了解传统节日文化。

（二）“做香包”动手实践创作（90 分钟）

1．认识香包材料（5 分钟）

（1）播放图片，展示各种香囊、香包，直观认识“粽形”香包的造型。

（2）展示不同方法绘制布料做成的香包：

A．白色布料用画笔绘制；B．白色布料用艾叶彩色拓印；C．现成图案布料。

A

B

C

教师提问：你喜欢哪种形式的？试着说一下制作方法。

学生讨论，1 名学生介绍拓印方法。

教师引导学生说出拓印时注意颜料中水分的掌握。

教育意图：关注学生的个性特征，调动学生主动参与，积极探究。

2．学习制作方法（10 分钟）

（1）播放制作步骤图，展示香包的缝制、装填方法。

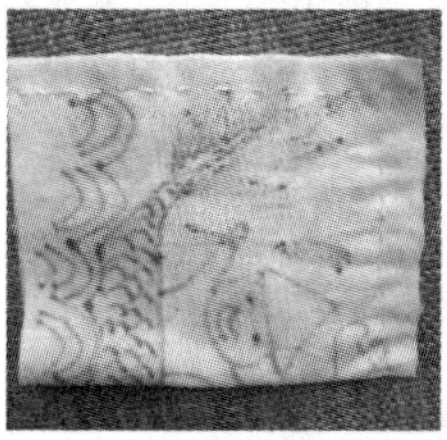
缝好两面

翻面

装填艾叶

暗线封口

（2）教师提问：根据你的观察和研究，说出制作方法。

学生讨论，1～2名学生介绍并演示缝制方法。（重点）

教师指导并补充说明缝制香包步骤中的“翻面”“封口”方法，用实物展台着重演示“暗线缝”封口法。（难点）

（3）教师展示挂绳、挂穗等配件，提出颜色搭配建议：色调统一，不杂乱。

（4）教师总结：明天是端午节，今天是父亲节，如果把你亲手制作的香包送给爸爸，让他挂在卧室或者车上，祝他平安健康，这个礼物是不是很有心意又很实用？

教育意图：引导学生养成主动探究的习惯。教师直观演示突破难点。

3．实践创作（75分钟）

（1）分组，分发材料。

学员自愿选择A、B、C三种中的一种，根据所选制作方法分组。A组和C组由一名教师带领，B组由一名教师带领，分场地进行制作。

教育意图：学员负责分发材料，锻炼组织能力。分类、分场地制作便于教师有针对性地进行指导。

（2）教师提出创作要求

每人至少设计制作完成一个香包并装饰配件，顺利做完一个的可以做第二个；

先想好香包送给谁，再根据他（她）的喜好去设计，鼓励独创；

互相帮助，主动合作；

缝制时人与人拉开距离，用针时注意安全。（家长协助进行安全教育）

（3）学员创作，教师指导

A组绘制布料：教师出示图片进行引导。

指导要点：构图饱满，图案简洁、醒目。

B组拓印布料：请一名学员进行艾叶拓印示范，教师讲解。

指导要点：调色时水分适当，拓印时用力均匀，色调统一和谐，注意环境卫生。

分组缝制香包：家长指导学员纫针。由学员自主进行缝制，遇到已经探讨过的问题，请已经掌握方法的学员讲解示范。

指导要点：必要时，教师通过实物展台再次演示难点；家长可以帮助、指导，但不能代替；强调安全。

装饰配件：教师通过装饰样例启发学员想象创作，鼓励学员的独特创意。

教育意图：提高学员的自主探究能力、审美能力、动手能力和劳动意识。

（三）“祝安康”表达节日祝福（15 分钟）

1．教师提问：你准备把香包送给谁？祝福他（她）什么？

学生讨论，1 ～ 2 名学生展示自己的作品并说出赠送的对象和祝福语。

2．现场赠送。3 ～ 5 名学生现场将香包赠送给家长并说出祝福语。

3．集体送祝福。学生集体展示香包，共同说祝福语“祝大家端午安康”“祝爸爸端午安康”……，拍视频。

学员在便笺纸上写下活动感受，粘贴到黑板大“粽子”背景上。

组织学员打扫活动场地，将教室和设施恢复原样。

七、活动效果检测

（一）观察学员的表现

（二）作品展示评价

（三）学员、家长反馈

美术社团“话端午 做香包”活动反思

本次活动内容结合传统节日文化，突出美术特色，贴近学生生活实际，学生兴趣浓厚，家长和学员积极参与，达到了预期目标，是一次比较成功的实践活动。

将美术活动与节日文化无缝连接，育人无痕。时逢端午假期，很多家长都想带孩子度过有意义且有文化气息的节日，此项活动正合民意，因此报名踊跃，学生、家长都充分准备、积极参与，共同重温爱国诗人的家国情怀，使活动氛围无需营造，而有顺理成章之感。活动结束后学员和家长们都被氛围所感染，主动留下来收拾卫生，使两个活动场地全部恢复原貌。

学生手拿香包集体送祝福的小视频，被家长发朋友圈和微信群，为节日增添了一道风景。

任务驱动式学习，达到理想的学习效果。充分发挥美术学科美化生活的作用，将美术技能技巧应用于实际，作品一物多用。香包可以作为节日礼物，填充艾叶有驱蚊功效；在布料上画图、拓印，能学习印染工艺和色彩搭配；研究缝制方法时养成主动探究的意识，发挥空间想象力，锻炼动手能力。

不足之处：

对学生已有能力估计不足，准备欠充分细致。

检测反馈不够全面。学生填写的感受比较简单，家长在微信群的反馈一味赞美，没有建议和意见。

扬琴社团《智取威虎山第一场》活动方案

房山区学生活动管理中心　赵春燕

一、活动依据

（一）教育理念

我国要培养中国特色社会主义建设者和接班人，我们党历来重视弘扬英雄精神、发挥榜样力量、激发奋进斗志。习近平总书记反复强调，大力弘扬英雄精神，汇聚实现中华民族伟大复兴的磅礴力量，弘扬中国民族传统文化，增强民族自信。

（二）项目内容

本项目开展以弘扬英雄精神为主题的系列活动。本次活动是其中一首革命现代京剧风格的乐曲《智取威虎山》第一场第一部分内容的学习，学习变化音位置，弹准第一部分节奏，体会抗战英雄的勇敢和智慧，以及一往无前必胜的信念。

（三）学情分析

参加本次活动的学员程度不一，都有一定的视奏能力，在一些节奏和变化音位置方面掌握还不够准确，通过本首乐曲的学习，帮助学生弹奏得更准确。

学生不经常接触革命现代京剧，通过这种新的表演风格的乐曲的学习，使学生比较有新鲜感，在增加兴趣的同时，也能关注到我国的传统民族文化。

二、活动目标

（一）知识技能

知识目标：知道这首乐曲是革命现代京剧以及它的特点。

技能目标：能够弹准乐曲变化音和第一部分节奏。

（二）过程方法

通过自主学习、分组合作、讨论探究，游戏法，提问式学习，能够根据变化音音位排列规律找到乐曲中所有变化音，提高视奏能力。

（三）情感态度

能够体会乐曲表现的抗战英雄，为了祖国运用智慧勇敢完成任务，以及一往无前必胜的信念。

三、内容形式

（一）内容

1．学习变化音位置，弹奏乐曲第一部分节奏。

2．观看现代京剧视频，模仿演唱和表演，观看专家扬琴弹奏视频，弹奏乐曲，体会英雄精神。

（二）形式

学员分为 2 组，每组 2 名学员，教师分别把一个程度好点的，和一个程度稍差点的分为一组，互相指导，共同进步。

四、活动对象

共 4 人，为扬琴社团学员，年龄为 9 ～ 13 岁，程度不一，有一定的视奏能力和表现力，承担民乐团的扬琴声部演奏。

五、活动时间地点

地点：扬琴教室

时间：2 个小时

六、重点难点

重点：练习乐曲变化音和第一部分节奏。

难点：找到乐曲中所有变化音。

七、活动准备

（一）学生准备

任务单：

1．在家视奏乐曲第一部分，标记不会的部分，上课问老师。

2．在家观看《智取威虎山》第一场电影。

3．在家查找并下载《智取威虎山》第一场的相关资料。包括乐曲剧种、创作背景、内涵，歌词，相关视频等，保存到 U 盘里。

（二）教师准备

1．下载现代京剧《智取威虎山》第一场演唱和有代表性的专家演奏视频。

2．为歌词中学生不容易懂的词语标注解。

八、活动过程

（一）学生分享《智取威虎山》第一场相关内容（10 分钟）

1．教师引导学生在家自主学习，课上分享《智取威虎山》第一场相关内容。

2．学生分享在家观看《智取威虎山》第一场电影的感受。

3．学生为大家展示自己查找到的乐曲风格特点、创作背景、内涵，歌词，相关视频等。

设计意图：通过引导学生自己在家查找资料，课上分享，帮助学生锻炼自主学习能力，加深对乐曲的理解和对英雄精神的体会。

（二）体验：学生跟随视频演唱歌词，并进行模仿表演（10 分钟）

1．教师为学生解释歌词中不容易懂的词语。学生倾听。

2．教师播放现代京剧《智取威虎山》第一场演唱视频。

3．学生跟着视频演唱并模仿表演。

设计意图：通过体验参与，更深入地体会抗战英雄为了祖国运用智慧勇敢完成任务，以及一往无前必胜的信念。帮助学生体会，促进情感目标的实现。

4．教师提问这首乐曲是我国的什么剧种以及特点，检测学生是否知道这首乐曲是革命现代京剧以及了解特点。学生抢答。

设计意图：检测知识目标。

使学生知道我国的民族传统文化革命现代京剧以及了解特点。

（三）观看专家演奏视频，找出与英雄精神相关的乐句进行练习体会（30 分钟）

1．教师播放田伟宁教授演奏的《智取威虎山》第一场。教师提问：含哪几个节奏型的乐句比较明显反映英雄精神，反映的是什么英雄精神。

2．教师以鼓励的方式帮助学生大胆回答问题。

3．学生倾听，并找出比较明显、能够反映英雄精神的乐句，进行弹奏。

（1）分组讨论探究，教师巡视。

（2）学生抢答，大胆回答问题的同学，为本组赢得 1 分。

4．教师做补充讲解。以提问的方式，引导学生标出这几种节奏型所组成的乐句的强弱变化。

5．学生抢答并标记强弱变化。

6．学生练习几种节奏型，体会勇敢、一往无前，必胜的信念。

设计意图：

（1）通过抢答加分的形式提高兴趣，增强集体荣誉感。

（2）通过观看大师演奏，分组讨论探究，感受节奏型的魅力，更深入地体会抗战英雄勇敢、一往无前，必胜的信念。

（3）帮助学生体会，促进情感目标的实现。

7．教师提问：

请大家谈谈我们如何把抗战英雄热爱祖国、勇敢智慧和一往无前、拥有必胜的信念这一英雄精神运用到实际中？

（1）学生分组讨论并畅所欲言。

（2）大胆回答的同学给本组赢得 1 分。

8．教师补充并总结出英雄精神与实际的结合。

勇敢 —— 不怕困难

智慧 —— 善于思考

必胜的信念 —— 相信自己一定行。

设计意图：从小事做起，让英雄精神生根发芽、发扬光大。

（四）变化音的学习（25 分钟）

1．教师讲解变化音音位的一般排列规律和特殊排列规律，举例讲解，并提问一些变化音的位置，教师指导。

2．学生抢答，4 名同学迅速在教师琴上指出。

设计意图：运用抢答的方式调动学员积极性。

“授之以渔”通过变化音排列规律学变化音，帮助学生突破难点，帮助学生在没有老师指导的情况下能找到所有变化音，提高视奏能力。

3．两组学员自主学习、分组合作、讨论探究，查找并弹出乐曲中所有变化音，学员之间互相指导。

教师巡视指导，并鼓励学员。

设计意图：

扬琴的变化音比较难找。不像键盘类乐器 1 和升 1 挨着，2 和升 2 挨着等，扬琴的变化音和自然音隔着很远，所以，学生找起来比较困难。学生讨论学习有助于避免错误，提高效率。

4. 游戏：《看谁找得快》。

（1）教师分别说出乐曲中的所有变化音音名，开展比赛。

（2）学生进行比赛：

2 组学员分别派出一名队员同时进行弹奏比赛，下一轮派另一名队员比赛，弹得最快最准确的同学可以为本组赢得 1 分。学生之间互相指导。

（3）教师点评。

设计意图：

（1）比赛的形式增强集体荣誉感，提高兴趣。

（2）在愉快的氛围中巩固掌握变化音的位置。

5. 学生进行分组练习，互相指导。

教师巡视指导。

设计意图：巩固掌握变化音的位置。

6. 教师检查每一位学员弹奏乐曲中所有变化音。

（1）学生自己和其他学生判断对错。

（2）教师点评。

设计意图：完成难点的突破和过程方法的实现。

（五）乐曲第一部分节奏的巩固（20 分钟）

1. 学生通过在家的预习，分别将不会的地方问老师。

教师进行讲解并指导。

2. 每名学生单独练习，其他学生倾听加深记忆。

3. 学生集体打拍子唱节奏。

设计意图：这一部分的节奏型，以前都已学过，有的学生有时会掌握不好，还需帮助学生巩固。

4. 教师重点讲解几处容易弹错的节奏，帮助学生打拍子视唱节奏。

5. 学员分组练习打拍子视唱第一部分节奏，互相指导，不会的地方问老师。

6. 教师巡视指导。

设计意图：通过视唱，巩固易错节奏。

7. 接龙游戏：视唱乐曲第一部分节奏。

（1）每名学员分别打拍子视唱并弹奏一小节。

（2）学生自评并改正。其他学员找出优点和需要改正的地方。

（3）自己弹对或改对的学员，可为本组赢得一分。

（4）教师作补充，对出错的节奏，指导学生进行集体练习。

设计意图：

（1）在游戏氛围中，调动学生积极性。

（2）学生轮流单独承担每一小节的视唱，更容易集中注意力，节省时间，提高效率。

（3）在别人唱的时候，学会倾听。

8．学员分组练习唱和弹出现错误的乐句，互相指导。

教师巡视指导。

设计意图：通过唱和弹巩固乐曲第一部分节奏。

9．学生集体视奏乐曲第一部分。学生弹错后进行改正。

10．学生分组练习巩固出现错误的地方。

教师进行指导。

设计意图：通过视奏，巩固练习乐曲第一部分。

（六）测评方法（20 分钟）

1．过程性评价：教师通过提问、开展游戏和学员的抢答、弹奏情况，观察学员的掌握程度。

2．结果性评价：

（1）单独演奏。

（2）分组演奏。

（3）教师评价，学生互评自评。

（4）课堂测评表。

（5）微信反馈感受。

（七）布置作业（5 分钟）

弹熟乐曲第一部分，按强弱变化标记练习，体会英雄的勇敢、智慧和一往无前，拥有必胜信念，在乐曲中的体现和在实际生活中的运用。

难点拆解　和谐共奏

——双声部合奏《抒情变奏曲》双音片段

房山区学生活动管理中心　张行健　　琉璃河中心小学　陈梦诗

梦想民乐团大提琴声部活动案例

活动主题：

“难点拆解，和谐共奏”——双声部合奏《抒情变奏曲》双音片段

授课教师：张行健　　　　活动时间：2021 年 3 月 21 日

活动时长：90 分钟　　　　活动地点：大提琴教室

一、活动依据

（一）教育理念

本次活动根据“立德树人”根本任务，以区教委“做心中有人的教育”教育理念为指导，结合乐团训练计划和学生演奏水平的现实情况，以器乐教学为基础，结合合唱训练、音乐鉴赏等音乐学科姊妹专业，搭建大音乐学习平台，着力培养青少年学生的合作能力、实践能力与审美能力，体现艺术的融合性、知识的结构性、专业的开放性、素质教育的创造性与灵活性。本次活动适应青少年学生发展需求，将西洋乐器学习与民族文化较好融合，做到中西结合，西为中用，在普及高雅艺术的同时兼顾传承中华优秀传统文化，培育和践行社会主义核心价值观。

（二）活动内容分析

1. 专业性：民乐团是北京市“三个一”特色项目，乐团已经完成了多首大型民族管弦乐作品的排练，本学期学习曲目为《抒情变奏曲第三乐章》，由作曲家刘长远创作的大型民族管弦乐作品，曾获文化部主办的全国第九届音乐作品评奖二等奖。

2. 民族性：作曲家将现代作曲技术与汉族和多地区少数民族音乐相融合，如新疆、西北、西南等少数民族歌舞的丰富旋律和节奏，本次学习片段具有维吾尔族歌舞音乐风格，学员在学习该片段的过程中能够感受维吾尔族歌舞音乐特点。

（三）学情分析

大提琴声部有四名学员，两名老团员，两名新团员。老团员有 4 ～ 5 年学琴与乐团实践经历，新团员学习 1 ～ 2 年，具有视奏该片段的基础，但由于没有乐团实践经历和双音练习，对该片段内的双音配合演奏需进一步掌握。学习此片段能够进一步培养学生们互相聆听的习惯和互相协作的能力以及多声部思维能力，这有利于提高学员的演奏能力，提高学习效率，增加学习兴趣。

二、活动目标

（一）知识、技能目标

通过活动学生能够了解音程与和声的概念，感受四度、五度和声音响特点。能够相互配合，准确、完整地演奏该片段，了解维吾尔族歌舞音乐基本特点。

（二）过程方法目标

学生通过“一帮一”练习、互相评价、合奏演唱、演奏等过程，体验共同完成活动任务的乐趣与成就感，能够增强合作精神与反思意识，在演奏中积极主动地思考、纠正问题。

（三）情感态度价值观

提高团队意识、互相合作的精神。培养进一步学习中国少数民族音乐的兴趣。

三、活动内容及形式

（一）内容

1. 感受纯四度、纯五度和声和谐性这一基本特点，并配合演奏此和声。
2. 能够合作演奏该片段。
3. 通过对该片段的演奏，感受维吾尔族歌舞音乐的风格特点。

（二）形式

教师指导与自主合作练习相结合。

四、重点难点

（一）重点

学员们能够相互配合，双声部完整合奏该片段。

（二）难点

学员对该片段内四五度和声（双声部）音准的控制。

（三）重难点分析

该曲目难度较大，本次学习的 8 小节双音片段是其中的困难片段之一，且片段内的少数民族音乐风格具有代表性。学员通过由音程到和声，体验四五度和声效果、合唱 / 合奏四五度和声训练、对音准的判断与自校正等几个方面进行难点拆解训练。

五、检测方法

（一）过程性检测

通过各阶段活动内容，观察学员参与讨论、发言、演唱演奏等环节，检测学员参与活动的积极性与理解程度。

（二）结果性检测

通过学生个人与集体的展示，检测目标达成情况。通过课堂自评表，检测活动目标是否达成。

六、活动准备

（一）教师准备

分析《抒情变奏曲》乐谱，与合唱指挥陈梦诗共同讨论、设计唱奏练习与环节，撰写活动方案。进行双音片段难点分析，即由 MI，LA，SI 三个音构成的四五度和声。

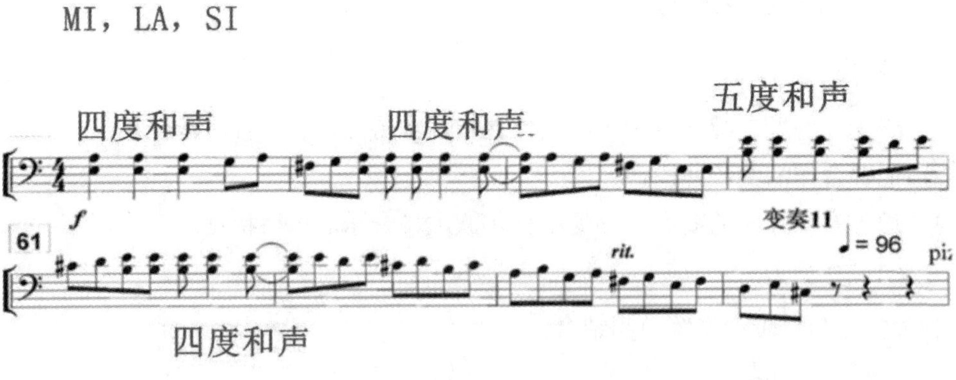

针对片段内的音准、和声等难点，教师设计三条难点拆解训练：

第一条：四五度音程训练

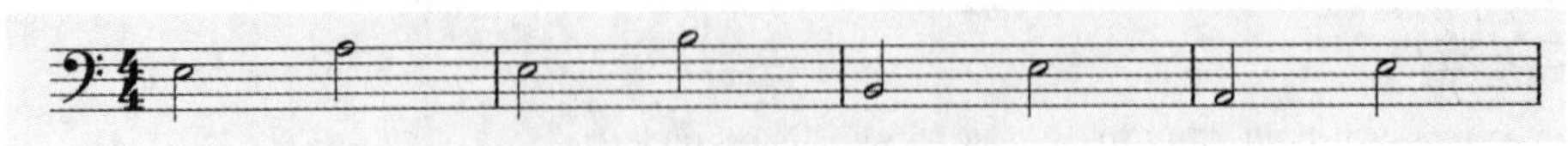

第二条：音程—和声过渡训练

第三条：四五度和声训练

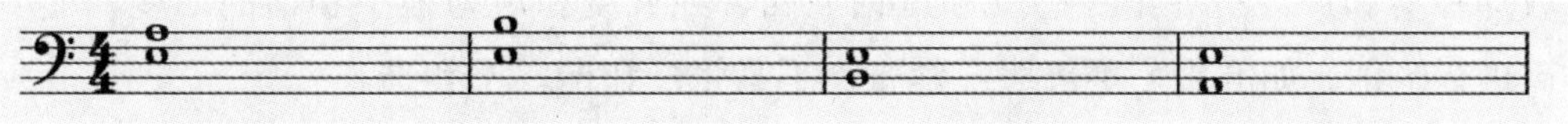

（二）学员准备

认真复习已经学过的技能技法，预习该片段。

七、活动过程

（一）师生问好，校音；模仿——兴趣导入（3 分钟）

1．设计思路：利用声音与动作模仿，使学生初步具有四五度音程概念，兴趣导入。

2．教师设计活动：教师播放英特尔广告音效，让学生模仿哼唱音高，同时用手的位置模拟四五度音程。（该为纯四度，纯五度音程）

3．学生活动：聆听、模仿。感受到五度比四度更“高”，体验四五度的距离感。

（二）双声部演奏预备训练——难点拆解（35 分钟）

1．单声部四五度音程构唱

（1）设计思路：选择与曲目片段相同主干音，摘取片段主要和声，采用扩大节奏、慢速演奏的方式设计练习。

（2）教师设计活动：教师通过导入音效引出四五度音程的概念，即在音高上的相互关系，就是指两个音在音高上的距离而言，其单位叫作“度”。并开始第一条视唱练习，教师弹琴帮助校对音准。

（3）学生活动：学生视唱，标注音程关系，校正音准，体验四、五度音程与和声。

2．从唱音程引入唱和声（双声部）

（1）设计思路：双声部配合，以根音为基础向上构唱四五度和声，初步感受四度、五度和声，体验和声音响效果与状态并回答问题，加深理解。同时进行拓展延伸，初步感受到和声的多样性。

（2）教师设计活动

①教师提问，如果把四五度音程相叠加，我们会听到什么样的音响效果？四名学员以“老＋新”分为双声部，先以声部为单位视唱其单声部，在此基础上，共同视唱双声部合唱第二条。教师弹琴帮助校对音准。要求回忆第一条练习，要求空拍声部心中默唱，加强四五度音程概念。总结和声概念，即两个或两个以上不同的音按一定的法则同时发声而构成的音响组合。

②学生回答四五度和声感受。和声体验测试，在五个和声中找出四五度音响的和声。教师弹奏和声，引导学生感受和讨论纯四、纯五度和声与极不和谐的二度、七度等和声进行区别。如舒服，不舒服；紧张，不紧张；和谐，不和谐。

（3）学生活动：聆听与感受四五度音程的和谐特点，通过对比其他和声音响效果巩固概念，同时理解和声色彩的多样性。

3．掌握和理解准确演唱和声的技巧

（1）设计思路：加深感受，学习和声演唱 / 演奏方法，配合与准确演唱四五度和声。

（2）教师设计活动：学员现场视唱第三条，四五度和声训练。

首先要求在唱之前，头脑中回忆第一条的音高位置，逐渐培养音高概念。其次要长音要保持气息，稳定音准。发现和谐的音响出现不和谐效果 / 音响改变时，举手示意，并调整音高。教师弹琴帮助校对音准。

（3）学生活动：深度合作练习，同时掌握和声演唱的基本重点，注意聆听与自我纠正。

4．由演唱和声向演奏和声进行技能迁移

（1）设计思路：第三条为乐曲双音片段中主要和声的长音训练，通过慢速演奏主和声作为过渡，为乐曲双声部演奏做准备。

（2）教师设计活动：学员用大提琴演奏第三条。①老带新，学员分声部练习与声部互评。②教师辅助下，进行双声部合奏。将唱和声的要求迁移到演奏和声上。③集体演奏第三条进行合奏展示。

（3）学生活动：配合练习并互相评价，从演唱到演奏、进行集体展示，已具有演奏双声部片段的能力。

（三）《抒情变奏曲》双音片段演奏（45 分钟）

1．单声部合作练习

（1）设计思路：带领学生初步研读乐谱，引导学生了解乐谱传达的各要素与要求，并根据重难点采用适合的方式，避免无效练习。老带新能够促进新老学员之间的合作关系，同时增加自主学习能力，提高学习效率。互评能够鼓励学员对演奏进行积极的思考。

（2）教师设计活动：①研究乐谱并提出练习要求。教师带领学生初步阅读乐谱，包括调号、强弱、变化音、节奏节拍等基本乐谱信息。强调节拍与节奏，因为其中有较复杂的节奏型（连续切分音与跨小节切分音），与学生讨论应采用分拍（已掌握）进行练习。②学员以声部为单位进行自主练习，互评内容以音准与节奏为主。③针对展示出现的问题再次进行纠正练习，教师个别指导。

（3）学生活动：通过合作练习、展示与评价，每个声部都能够独立完整、正确演奏该变短，为双声部合奏做准备。

2．双声部合奏练习与展示

（1）设计思路：强调让学员在演奏的过程中注意到其他声部，带有思考的演奏。培养聆听的能力与合作能力。

（2）教师设计活动：①在教师的指导下，进行双声部合奏将前期双声部训练的合奏技能应用于本片段内，在演奏过程中需要聆听对方声部并及时纠正自己的音高，演奏结束后通过自评与互评的方式针对音准问题进行问题反思。②在教师指导下，针对具体出现问题的和声进行合奏纠正训练，校正和声音准后再次演奏。③由慢到快，学员完整展示该片段。

（3）学生活动：合奏练习，聆听、纠正、提高。

3．维吾尔族音乐风格 —— 拓展学习

（1）设计思路：通过感受维吾尔族歌舞音乐文化培养学员爱国主义精神，增强民族团结意识与民族自豪感，了解音乐文化的多样性与中华文化的博大精深。

（2）教师设计活动：①教师提示，刚才演奏的片段具有我国少数民族音乐的风格特点，教师播放三段舞蹈，教师演奏该片段为其配乐，大家认为更符合哪个画面。②发放练习卡（附图1），初步探究维吾尔族歌舞特点，情绪热烈欢快，表现鲜明；切分音频繁出现，旋律线呈锯齿形状，出现七声音阶，区别于汉族传统五声调式。维吾尔族歌舞音乐吸收古西域乐舞的精华，经长期发展和演变至今，形成多种形式和特殊风格，是我国优秀的传统文化之一。《抒情》整曲融合了多个少数民族的音乐特点，大家在练习的过程当中是否能够发现并标记出来，尝试说出其特点。

（3）学生活动：学员聆听及思考，通过观看视频能够形象直观地感受维吾尔族音乐情绪特点。通过填写课堂练习卡，感受维吾尔族音乐特点在音乐要素上的体现，对少数民族音乐产生兴趣，进行拓展研究。

（四）课堂总结（5分钟）

1．设计思路：培养学员学习总结的能力，小结卡中针对课堂知识点、技巧要点进行回顾，同时进行本次活动的自我评价，进行自我反思与激励。将合作延伸到学员们的学习与生活当中，让学员理解合作的重要意义。

2. 学生活动：填写自评表（附图 2），在教师的引导下进行自我评价与总结。

后附图与活动反思

活动附录：

1. 圈出片段中具有特点的节奏型
2. 画出旋律线
3. 出现了哪些音

附图 1

课堂小结卡

1. 我们听到的“灯灯　灯灯”电脑启动音效是由______度和______度音程组成。
2. 由两个不同的音同时发声，我们叫做______，例如：________度和声具有________特点。
3. 在演奏双音之前，我们要________________，在演奏双音的过程中，我们要______________。
4. 对自己参加本次活动进行评价：

	A	B	C
演唱			
演奏			
对别人的帮助/合作			
积极性			

附图 2

双声部演奏预备训练——难点拆解

双音片段演奏——合作练习

双音片段演奏——合作展示

活动自评与反思

本次活动以《抒情变奏曲》双音片段为活动内容，以模仿音效的形式导入，通俗地讲解“音程”与“和声”的概念与关系，学员通过合作学习、探究学习等多样化活动形式，最终完成“知识—技能—能力”的转变。

在乐团演奏中大提琴的双音部分通常由两个声部共同配合演奏，这对个人音准和双声部配合具有较高要求。本次活动通过对难点进行“拆解”，以“化繁为简，层层递进”的方式逐步解决难点问题。在本次活动中我们注意到，器乐训练的问题不能仅仅依靠器乐练习来达成，音乐素养是一种综合素养，我们需要通过对更多姊妹专业的学习进行有效补充。例如双声部视唱训练部分就是本次活动的关键环节，该环节由笔者与合唱指挥专业教师陈梦诗共同完成，通过引入科学的合唱训练方式，逐渐强化学员的音准记忆力与视唱能力，为之后的器乐演奏做了充足准备，因此，本次活动的顺利完成可以为今后器乐教师在教育教学工作中提供参考，为器乐学习提供更多的训练灵活性与专业融合的可能性。

一、本次活动特点

（一）审美兴趣培养

“世界中从不缺少美，而是缺少发现美的眼睛。”

兴趣是学生发现美、欣赏美最原始的动力，本次活动中充分体现出对学员审美兴趣的培养。在导入环节中以“灯灯 灯灯”（英特尔开机音效）导入，使学员认识到：四五度音程并不陌生，它就存在于我们的生活之中；在唱奏过程中，教师通过弹奏五种和声，让学生切实体会到和声也带有情绪和色彩；在拓展探究环节，通过教师为舞蹈视频配乐，让学生将音乐与舞蹈、艺术与民族联系起来。发现美的眼睛离不开鉴赏者自身的艺术素养，活动通过课堂练习卡进一步对维吾尔族音乐要素进行分析和探究，初步了解维吾尔族音乐的特点，以引导学生应该以什么样的视角去欣赏民族音乐。审美兴趣的培养能够“中和”枯燥的技术训练，为琴童的生活多撒下一束阳光。

（二）难点拆解，层层递进

本次活动的难点在于学员对“音准的控制”，首先，弦乐演奏者在头脑中必须具有较好的固定音准概念，同时在合奏过程中要注意自我音准的纠正，只有“心中有音”才能做到“手上有音”。

教师通过对片段中的难点（即四五度和声）进行分析与拆解，将双声部演奏的任务化繁为简：

解放双手，充分调动学生用耳的能力，以唱代奏，教师以此设计三条视唱练习。在第一条练习中集中精力于“唱准”；我们在唱准的条件下层层递进，通过第二条练习将音准内化于心，逐渐形成四五度固定音程概念；第三条主要训练在演唱、演奏和声时对音准的自我校正。三条练习是音准“外化—内化—外化”的过程，即“口中音—心中音—手上音”的转变。

（三）“老带新，一帮一”

一名老团员＋一名新团员的搭配使得大提琴声部从课堂学习效果和乐团演奏效果都得到明显提升。在教师布置任务清晰、科学的前提下，“老带新”的合作式学习模式能够解决较多数基础问题，在提升课堂效率的同时也增强了学员互帮互助能力。同时“一帮一”的结对形式和小组互评的环节，也能够使得小组二人大幅提高小组责任感与荣誉感，提升课堂质量与自主练习效果。

（四）多方位育人、全程育人

综上所述，本次活动以传授知识与技能为纽带，在提升唱奏能力的同时也着重培养了学生的合作能力与审美能力。例如：学生在体验到和声之美时是愉悦的，他们同时认识到：优美的和声是一个人难以实现的，只有通过两个人准确的合作才能获得独特的美的体验。习近平总书记提出：增强审美韵味、文化品位。通过本次器乐合奏，不仅共同演奏了音乐之美，也体验到了维吾尔族歌舞文化之美。

本次活动以四五度音程为导入，通过体验、演唱四五度和声 — 合奏双音片段 — 探究维族音乐特点 — 自我评价为主要活动内容，每部分练习环环相扣，难度递增。同时，在每阶段中都设有讨论、评价环节，以此了解学员们的技能掌握情况，保证任务达成。在最后的自我评价中，学员通过填写自评卡来回顾本次活动的知识点、技能要领，同时对自身的活动表现进行评价，教师有针对性地进行点评，培养学员自我反思与评价能力，考察学员本次活动的学习效果，实现闭环教学。

二、不足之处

1. 由于有两名低学年学员，本次课关于“和声”的概念没有进一步明确，知识点了解不够全面与系统，可能会阻碍今后的知识迁移效果。

2. 由于时间限制，关于维吾尔族民族歌舞音乐没有进一步讨论，根据乐团训练计划，在之后的教学过程中会对这一内容进行更深入的探究。维吾尔族歌曲音乐的社会性与民族性、音乐风格和当地人文的相互关系没有进一步探究，维吾尔族文化是维吾尔族歌舞音乐的根源，如果以此展开也更有利于培养学生爱国主义精神与民族自信，增强民族自豪感，提升凝聚力。

跆拳道中级组“旋风踢”技术活动案例

——转身、换踢技术

房山区学生活动管理中心　翟　秀

一、活动设计依据

本次活动方案制定与实施是依照房山少年宫对本学期教育教学工作的总体部署，按照跆拳道中级班的教学学期进度计划，同时结合跆拳道中级班学员的实际情况。这个班男生多，女生少，有着三年至五年的学习基础，理解能力较强，少数学生曾参加过北京市、区级的跆拳道比赛，有一定经验。但级别和年龄有一定差异，在活动时要有所区别。

本次活动本着提高学生运动技能，在培养学生分析问题、解决问题及语言表达能力的同时，也要努力提高学生之间相互尊重、互帮互助的良好品行。

二、活动目标

（一）知识技能

学生能说出旋风踢技术的动作要领，绝大部分学生能完成转身、换腿横踢动作。

（二）过程方法

采用引导分析、老生指导纠正等形式，通过集体、分组的练习，完成此次活动。

（三）情感价值

培养学生相互尊敬、互帮互助的优良品质。

三、活动内容

旋风踢之转身、换踢技术。

四、重难点

重点：转身时支撑脚的支撑点。

难点：支撑脚内扣的角度。

五、活动实施过程

（一）开始部分

1. 集合整队，点名、向国旗敬礼、师生行礼，学生高声喊出“礼义廉耻、忍耐克己、百折不屈”。宣布本次活动的内容及目标，安排见习生。

2. 设计意图：跆拳道的精髓是“以礼始、以礼终”，在活动之处，对学生进行爱国教育、尊师教育、克服困难教育，把这种教育贯穿整个活动之中，能较好地提升活动效果，为完成教学活动内容做一个前期铺垫。

（二）准备部分

1. 活动各个关节

2. 绳梯练习内容

（1）向前左右提膝练习。

（2）侧向左、侧向右提膝练习。

（3）斜向节奏练习。

（4）要求：双臂要配合双脚提膝摆动，不要夹臂。

3. 各种踢腿练习

（1）正踢腿（左、右）。

（2）里合、外摆腿（左、右）。

（3）要求：速度由慢到快，高度是由低到高。

（4）设计意图：通过绳梯各项内容的练习，可以使学生快速进入活动状态，并能提高学生的协调性、灵活性以及学习上的趣味性；渐进式的踢腿练习可以很好地拉伸肌肉，减少运动损伤。

（三）基本部分

1. 复习跆拳道太极五章

（1）方法：教师发口令，老生领做，集体完成。两遍。

（2）设计意图：太极五章内容是上一次活动刚刚学完的内容，通过回课，集体练习，进一步巩固规范五章技术动作，提高动作熟练度及自我动作表现力。

2. 有目的选取学生上场演练、展示太极五章全部动作。

（1）方法：有针对性选二三名学生演练，共两组。采用以会带不会、以老带新的形式进行，之后老生进行点评。

（2）设计意图：老生要提升责任感，锻炼老生的语言组织和表达能力；新生要克服上场展示时的紧张心理，提高自信心。

3．复习旋转横踢（拿靶）

（1）方法：充分利用场地，两人一组，拿靶面对站立，相互行礼之后进行练习，左、右腿交替进行，各做 10 次。脚击打脚靶发声。

（2）设计意图：巩固、提高动作技术，适当纠正一些错误动作；旋转横踢与旋风踢有相似点，可以为学好旋风踢做好前期准备。

4．学习旋风踢

（1）动作组成：格斗式 + 转身 + 提膝 + 换踢攻击

动作要领：转动时以前脚掌为轴，换踢时要转髋送髋。

作用：攻击对方躯干或头部。

重点：转身时支撑脚的支撑点。

难点：支撑脚内扣时的角度。

（2）设计意图：讲解旋风踢的动作组成、用途及重难点。使学生对所学腿法有一个初步了解，进而通过对重点环节的学习，快速掌握旋风踢的技术要领。

5．教学活动

（1）无靶转身练习

a．集中讲解，分散练习；听教师口令集体完成。

b．再集中，选新生、老生展示练习的内容，比较动作完成情况，老生分析问题并给出解决问题的方法。

c．有针对性地老生对新生一对一或二对一指导，教师强调旋风踢技术“转身”时容易犯的错误。

d．易犯错误：没有沿着身体纵轴转动；以跳动代替转动；转动角度不够。

e．设计意图：对理解力、模仿力弱的学生进行重点关注；发挥老生的协助作用，锻炼老生的语言表达、分析指导能力；同学之间相互帮助，有利于营建和谐的课堂氛围。

（2）持靶两人一组做转身练习，左、右腿各做 8 次，共两组。

方法：两名学生面向站立，一名学生拿靶置于胸前，另一名学生做转身练习，持靶者要随时观察练习者支撑脚的位置、角度是否准确到位，并做到随时提醒对方。双方交替练习。学生要充分利用场地，减少相互碰撞。

设计意图：加强学生的方向感、距离感、目标感，相互观看，相互纠错。

（3）学习无靶换踢技术，集体练习，左右腿各做 8 次，一组。

动作方法：身体向进攻方向，左脚由抬起下落，同时右脚蹬离地面提膝向目标横踢，随后左脚落地。

动作要点：转髋，腾空横踢。

易犯错误：横踢时髋部没有完全送出去。

设计意图：换踢技术是旋风踢技术中最后一个环节，这一环节的好与坏，在实战里直接影响到旋风踢的运用效果。

（4）持靶两人一组做换踢踢靶练习，左右腿各做 8 次，一组。

两名学生面向站立，一名学生拿靶置于胸前，另一名学生做换踢踢靶练习，拿靶者要观察对方、提醒对方踢靶时侧身送髋。学生要充分利用场地，减少相互碰撞。

设计意图：强化学生在运用腿法技术时的距离感、目标感以及脚击打手靶时的成就感。

（5）有针对性选取两组学生演练本次活动所练习的动作，其他学生对场上学生的动作进行评价。

要求：学生观察要仔细，评价尽量准确，体现出学生的主体效应；每一名学生做完之后，场下学生要鼓掌鼓励。

设计意图：随机抽取场下学生客观公正地去评价场上学生对所学动作的掌握程度，学生之间更易接受，同时提升学生的注意力，培养学生的观察力和组织语言表达力。

6．素质练习

（1）内容： a．臂支撑练习 30 秒 ×2 组

b．两头起 15×2 组

（2）方法：学生以黄垫子为标志围成一个方形进行，相互督促，相互鼓励，发声。

（3）设计意图：本次活动腿部练习占比较大，上肢练习少，因此在素质练习时以上肢、腰腹练习为主，让学生身体素质得到一个均衡发展。

（四）结束部分

1．放松练习，收拾场地器材。

2．总结本次活动情况，对进步大、动作掌握好的学生进行表扬，提出下次活动要注意改进的问题。

3．排队，带领学生出校门。

六、活动自评

本次活动是依照房山少年宫对本学期教育教学工作的总体部署，按照跆拳道中级班的教学学期计划，结合跆拳道中级班学员的实际情况，本着学生提高运动技能，培养学生分析能力、表达能力，同时提高教师的教育教学水平，制定了此次基本功评比

活动方案。

通过此次教师基本功评比活动，使我感觉到什么是不进则退，什么是原地踏步。知识的广博是一个不断积累的由量变到质变的过程体现，科技在进步，时代在发展，作为教师要站在时代的前方，引导给予学生新的知识，给予先进的思维模式，努力培养学生开拓进取之精神。

回顾本次活动的内容安排及实施过程，我认为还是有一些值得肯定的地方，也就是本次活动的亮点所在。本次课的重、难点都在旋风踢“转身”这个环节，转身的正确与否会直接影响到后面的提膝、换踢这两个环节，所以如何解决好转身的问题，就成了本次活动的重中之重。具体做法是利用现有资源就地取材实施教学：1. 利用道垫缝隙和不同颜色做标志，强调学生在一条直线上做动作；强调上步支撑脚的前脚掌落在直线上，转身后摆动腿快到达直线时快速换腿落地，双脚也要落在直线上。2. 利用比较的方法，建立正确的视觉、思维意识，解决非前脚掌为轴的问题。找一名老生和一名新生做同一个转身动作，其他学生观察、分析不同之处并指正出来。之后的分组练习由一名或两名老生带一名新生，指导新生的动作，这样既能改正新生的动作，同时也发挥了老生的协助作用，培养了老生的责任观念，锻炼了老生的语言表达、分析指导的能力。

就本次活动而言，有许多不足之处需要今后加以改正，思想上要高度重视，不能以老教师的身份自居，从而降低对自己的要求，要努力追求新知识，开阔新视野，不断提升自己的思想觉悟及意识形态，为中青年教师树立一个良好的老教师形象，为学生的综合素质提高提供优质的保障。

活动中制定活动方案不够全面，考虑问题不够深，解决问题手段相对比较少，导致活动整体效果欠佳；在活动中，对重难点问题的解决还是不够理想，感觉不够突出，还未达到自己想要的解决程度，个别新授学生掌握动作欠佳。

今后在培养优秀学生的同时，要多关注弱势学员，让他们在同一个环境中最大限度得到良好的教育与学习氛围。不断提高自己的专业知识及教育教学能力，为学生服务，服好务。

中国传统吉祥图案再创作

——凤凰标志设计专业实践活动

房山区学生活动管理中心　王春鹏

一、活动依据

1．理论依据——传承中国传统吉祥图案文化。吉祥图案是人类文化的一个重要组成部分，与社会生活的方方面面有着千丝万缕的联系。通过凤凰图案标志设计活动，培养学员逐步形成热爱及传承祖国优秀传统文化和尊重世界文化多样性的价值观。

2．课题依据——通过此次凤凰图案创作活动，引导学生主动探索、研究、创造，提高综合解决问题的能力。认识传统吉祥图案与自然、图案与生活、图案与文化之间的关系。

3．学情依据——美术社团学员具有初步的造型基础能力和色彩基础理论知识，能够根据主题进行创作，但是对中国传统凤凰图案的标志设计、图案摄取、图案设计及颜色运用、标志表达含义等之间的关系没有尝试过，学员没有将传统图案进行现代化设计的经验。

二、活动目标

1．知识技能目标：运用凤凰图案元素、色彩知识及寓意进行凤凰标志设计。

2．过程方法目标：在凤凰标志设计的过程中注重设计主题、标志造型、标志颜色、标志寓意的统一，完成此次设计作品。

3．情感目标：通过活动使学员领悟图案与生活的关系，培养学员热爱传统艺术、弘扬传统艺术、传承中国传统艺术。

三、活动内容

完成运用传统凤凰图案进行标志设计。

【活动重点】

以传统凤凰图案进行标志设计，传承中国传统文化。

【活动难点】

在创作中结合现代设计使吉祥图案保留传统文化的古典元素及传承丰厚的文化内涵。

学员情况：社团成立于 2015 年，15 ～ 30 人，小学三年级至初一。积累了合作创作、小组研讨、主动探究的学习经验。有一定造型和色彩基础，对于图案变形、图案摄取及图案设计没有相关经验。

【辅导方法】讨论法、练习指导法、展示评价法

【活动时间】2022 年 1 月 22 日 13:30—16:00

【活动地点】房山少年宫 102 画室

【活动准备】

教师：辅导方案、中国传统图案设计资料、多媒体设备。

学生：收集凤凰图案资料，绘画工具。

四、活动过程

活动环节	教师活动	学员活动	设计意图
导入 15 分钟	介绍本次活动主要内容： 运用传统凤凰图案再创作进行标志设计	倾听	明确活动内容
	由学员介绍收集的中国传统凤凰图案。 1．为什么收集这个凤凰图案？ 2．喜欢这个凤凰图案的颜色？ 3．对这个传统凤凰图案寓意你了解多少？	学员互相交流展示不同传统凤凰图案	学员通过展示接触很多不同类型的传统凤凰图案
探究设计方法（30 分钟）	（一）分析举例凤凰图案设计 1．展示并讲解现代设计的凤凰标志案例 2．图案纹样提取及设计 3．图案颜色运用 4．标志设计的代表寓意 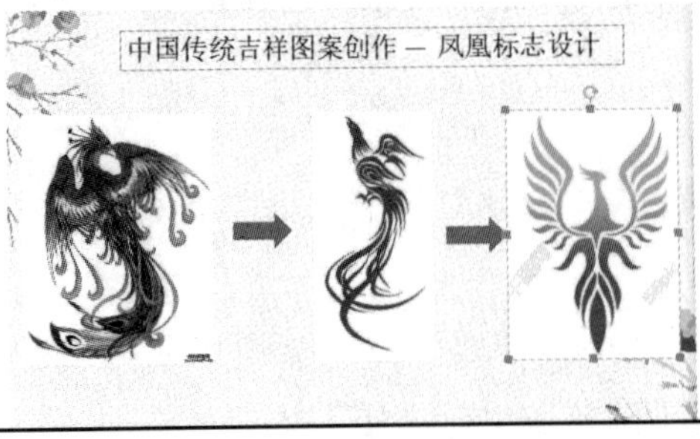	结合图例，学员观察学习现代凤凰标志设计的运用及寓意	通过案例讲解让学员学会了解怎样从一个传统图案变成现代标志设计（多样性的设计、多样性的色彩及传承的吉祥寓意）

续表

活动环节	教师活动	学员活动	设计意图
	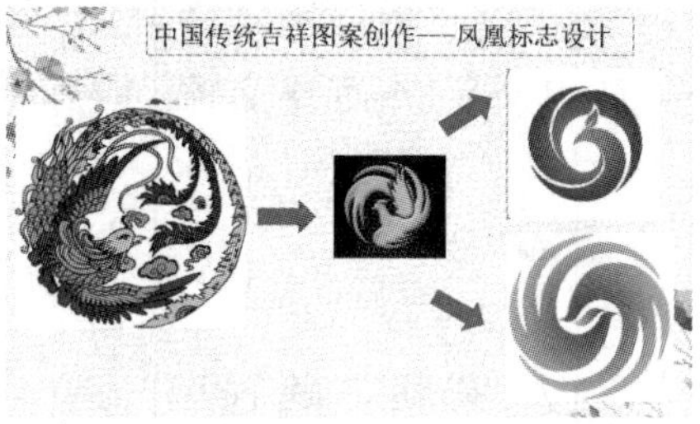 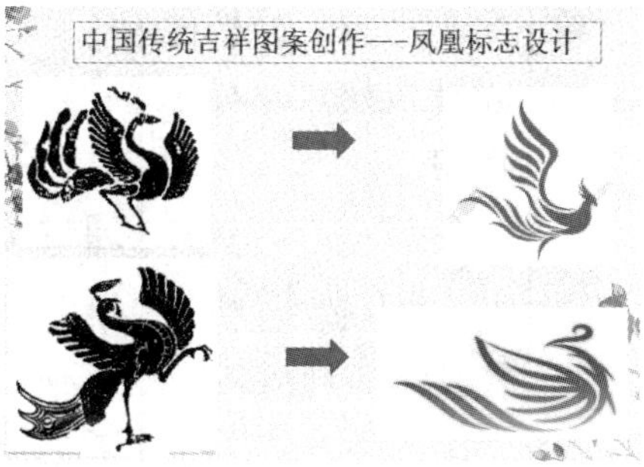	通过图例学员了解传统凤凰图案到现代凤凰标志的演变过程	
	（二）凤凰图案标志设计图例（提问、讲解）学员分组讨论 引导学生分析图例，观察分析图例中的设计方法、颜色运用及标志含义。  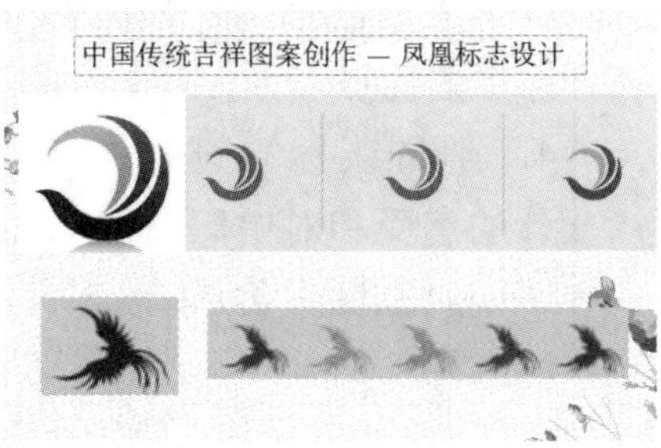	1. 学员分组讨论分析图例，会发现标志图案设计运用不是直接提取进行绘画，而是要进行美的设计，需要进行位置构图、打散重组、艺术夸张。如果直接运用完整不变形的凤凰图案就会有生硬格格不入的感觉； 2. 颜色运用和标志寓意不能脱离自己要设计的主题，颜色搭配合理	学员分组讨论合作分析学习。培养学员的合作意识、责任意识

续表

活动环节	教师活动	学员活动	设计意图
创作（80分钟）	凤凰图案标志设计 要求：1. 设计一款运用传统凤凰图案的标志设计，可以选取主题：旅游城市标志、公司形象标志、校园标志等； 2. 体现凤凰图案元素、图案颜色、创新设计并传承中华传统文化； 3. 运用适合自己已有的技能技巧设计绘画凤凰图案标志稿； 4. 定稿后进行文化衫绘制 注意： （1）选择主题； （2）用铅笔时，注意画面干净整洁； （3）学员相互交流提示协商声音要小，选择元素与绘画时相互提示色彩注意事项； （4）安全和良好习惯的养成教育	1. 学员相互交流及思考要设计的标志类型； 2. 确定主题后开始运用自己的技能设计传统凤凰标志图案； 3. 进行凤凰标志设计文化衫绘制	锻炼学员的思考和交流能力； 通过中国运用传统凤凰图案标志设计培养学员传承中华优秀传统文化意识
展示与效果检测（20分钟）	1. 学员展示凤凰标志设计。通过介绍作品，了解学员对凤凰标志设计特征和寓意的认知； 2. 通过学员作品展示学员评选 2 幅最佳凤凰标志设计。（为后期分组进行深入的设计活动做准备） 3. 教师分别点评，组织作品展示合影	最后学员展示、评选及小结。 1. 分组展示并介绍作品 2. 讨论可以调整的设计 3. 教师点评，鼓励学生的创意，合作中的优点 4. 学员谈标志设计的感受和对中国传统凤凰图案传承的感想	锻炼语言表达、展示能力。促进学生参与评议； 感受体验中国凤凰图案的独有魅力，传承中国传统文化

续表

活动环节	教师活动	学员活动	设计意图
拓展延伸（5分钟）	通过学员展示评选2幅优秀凤凰标志设计作品，学员分组，进行更系统的设计，如：凤凰标志的服饰、纪念品、用具等。让学员把传统文化与我们的生活联系起来，传承中国传统文化	利用中国传统图案标志设计让学员更系统地体验标志设计、标志运用。回归生活，体验创意，将图案的美融入日常生活中	评选2个优秀标志设计进行小组合作，回归生活，体验创意，将传统的审美融入日常生活中，从学员个人创作向小组合作创作发展，共同传承发扬中国传统文化

活动亮点：本次活动以传承中国传统吉祥图案文化为内容，弘扬传统文化，在活动设计上以学生为主，学员对活动内容感兴趣，能积极参与活动，利用中国传统图案标志设计让学员更系统地体验标志设计、标志运用。回归生活，体验创意，将图案的美融入日常生活中。

活动不足：学员第一次尝试凤凰图案设计，在活动中缺乏设计理念。

改进措施：今后多开拓学员视野，鼓励学生大胆尝试。

“画说”党史

——美术特色社会实践活动

房山区学生活动管理中心　吴丽华

一、活动主题

“奋斗百年路，开启新征程”八路军冀热察挺进军司令部旧址综合实践活动

二、活动背景

（一）活动依据

本次活动根据中共中央、国务院《关于深化教育改革全面提高义务教育质量的意见》而设计，意见中提出，“要突出德育实效，深化文化育人、活动育人、实践育人、协同育人；加强爱国主义、集体主义、社会主义教育，构建德智体美劳全面培养的教育体系，健全立德树人落实机制，培养坚定理想信念、厚植爱国主义情怀，引导学生爱党爱国爱人民爱社会主义；打造中小学生社会实践大课堂，充分发挥爱国主义、优秀传统文化等教育基地与自然资源的重要育人作用。”

（二）教育理念

本次活动以“立德树人”为根本任务，以红色教育为主线，以综合实践活动为方式，以“五育并举”为培育目标。注重美术学科与社会实践和其他学科紧密关联，通过“讲党史”“画党史”“演党史”过程，把德育教育渗透于活动的各个环节中。充分利用实践活动模式培养学生的社会主义核心价值观和综合素养。

（三）义务教育艺术课程标准

新课标提出将社会主义先进文化、革命文化、中华优秀传统文化、国家安全、生命安全与健康等重大主题教育有机融入课程，增强课程思想性，强化课程综合性和实践性。推动育人方式变革，着力发展学生核心素养。凸显学生主体地位，关注学生个性发展。

三、活动目标

（一）知识目标

1．了解八路军冀热察挺进军司令部的历史背景，相关故事。

2．理解成角透视原理、掌握不同视角构图。

（二）能力目标

1．能用流畅的语言、吐字清晰地讲一段抗战故事。

2．熟练运用线条、明暗等美术知识，通过取舍、提炼方法创新性写生。

（三）情感目标

体验马栏人民英勇的斗争精神和军民团结抗战的鱼水之情，坚定理想信念、增强爱党爱国爱社会主义的情怀。树立正确的历史观、民族观、国家观、文化观。

四、活动对象（活动参与者基本情况分析）

活动参与者为 45 名房山学管中心美术社团学生，年龄在 10 ～ 14 岁，属于小学中高年级。他们已经初步具备了自主学习和语言表达能力。在学校的爱国主义教育中有了一定的情感体验。社团学生在少年宫学习绘画已经有 2 年左右，掌握了基本造型、表现方法，但是写生练习不多，水平有待提高。

五、活动准备

教师准备：做好和场地工作人员的沟通、安全预案、大巴车一辆、防暑药品、急救箱、录像机、笔记本电脑。

学生准备：表演节目、速写本、铅笔、彩铅、橡皮、午餐。

六、活动时间和地点

活动时间：2021 年 7 月

活动地点：北京市门头沟区斋堂镇马栏村

七、重点难点

重点：参观八路军冀热察挺进军司令部遗址。

难点：熟练运用线条、明暗等美术知识，通过取舍、提炼方法创新性写生。

八、活动过程

活动环节	具体活动内容		设计意图	时间安排
	教师活动	学生活动		
一、自主学习	依据学情制定学习提纲 1．了解八路军冀热察挺进军司令部遗址的地理位置、历史贡献、周边环境 2．练唱歌曲“没有共产党就没有新中国” 3．分角色表演一个红军故事片段	上网搜集相关资料，请语文老师帮助，汇总成条理清晰的文字介绍稿； 请音乐老师帮助指导练习演唱 自由分组，选好组长，各小组选择一个抗战故事，分角色准备	培养自主学习能力和多学科联合解决问题的综合素养	活动前两周
二、集合出发	强调注意事项 1．按照自主学习小组参与整个活动； 2．提示活动过程中的安全事项、防暑防晒； 3．整个流程中同学们要保持良好的精神面貌，遵守纪律； 4．写生过程中有问题及时向老师请教，听从组长的安排	学生牢记注意事项，积极配合教师指挥，服从组长安排	培养安全意识和组织纪律性	7:00至8:30
三、参观	引导学生参观八路军冀热察挺进军司令部遗址，根据参观内容适时提问党史、革命史等相关知识、引导学生感悟红军精神	深入学习，思考如何在自己的现实生活中体现红军精神	在具体情境中加强学习，适时渗透思想教育，落实核心价值观的培养	8:30至9:20

续表

活动环节	具体活动内容		设计意图	时间安排
	教师活动	学生活动		
四、唱党史	参观后集中，组织学员在主院落进行合唱歌曲“没有共产党就没有新中国”表演	选出演唱水平高的同学领唱兼指挥，声音洪亮、音调、节奏准确	用歌唱形式抒发爱党情怀，培养综合素养	9:20至10:20
五、演党史	组织按小组表演故事片段	按照1～4组的顺序表演，由组长报幕和旁白	用不同形式深入了解抗战故事，感悟红军精神	
六、画党史	自由选择遗址内的对象，进行写生练习 1．用书写的方法画线条，线条要梳密结合； 2．运用透视理论塑造空间感； 3．选择不同视角（可俯视、仰视；可选局部，也可选择整体） 教师采用引导观察、示范、联系摄影取景、写作中详略得当等知识，帮助同学理解“取舍”“视角”“繁简对比”的抽象概念	结合素描知识运用线条、明暗手法取舍、提炼写生对象	培养观察能力、造型能力、创新能力及知识迁移能力	10:20至12:00
七、展示评价	给出评价细则和标准	学生展示作品分组讨论，给出评价结果	参与评价，培养分析评价能力	
八、午餐	提醒学生用餐卫生和保持环境整洁	按小组选择午餐地点，午餐后带走垃圾，保持环境原貌	养成爱护环境、爱劳动的好习惯	12:00至12:30
九、返程总结	乘车返回房山少年宫，在车上教师对活动进行全面总结	学生分别总结此次活动的收获	反思总结，巩固活动成果	12:30至14:00

活动评价

新课标指出要“坚持立德树人”，“立德”就是树立品德。青少年学生时代，是逐步形成人生观、世界观、价值观的关键时期。本次活动将立德树人的思想教育放在首位，落实了爱国、爱党的社会主义核心价值观。充分发挥情境教育优势，通过人物角色、道具、音效的气氛，丰富学生情感体验。在实践中锻炼了学生的观察能力、想象能力、创造能力、语言表达能力、合作能力，提升了综合素养。

树立学科融合的理念，丰富美育资源。挖掘其他学科中包含的美育内容，通过形式多样的小组活动提高学生的图像识读、美术表现、审美判断、创意实践和文化理解等美术学科核心素养。提高多学科联动、团队合作解决问题的综合能力。使学生在不确定的情境中生成跨学科解决问题的思维模式和探究技巧。

本次活动是一次综合性实践活动，活动以党史、革命史为主线，主题鲜明。将参观体验和表演艺术的“唱”“演”以及视觉艺术的“画”相结合，形式丰富多彩。活动过程充分体现了以学生为主体，自主学习、探究学习的教育理念。

教师充分利用计算机、多媒体设备、艺术软件等开发信息化艺术课程资源，从内容和方法上拓展艺术课程的空间，使艺术教学更具有直观性、互动性和时代感，促进学生学习方式的转变。尤其要借助现代信息技术整合艺术课程资源，积极搭建数字化、信息化的艺术课程资源平台，充分利用互联网信息量大、视听结合、互动共享等优势，开发新的教学资源，促进教学方式、方法的转变和创新发展。

综合实践活动是教育教学必不可少的活动形式，它为基础知识的运用、迁移找到了发挥的途径，应该纳入中小学和校外教育机构的常规课程中。实践活动需要紧跟时代、顺应事实、贴近学生的生活，符合学生身心发展规律。应该和本地区的社会大课堂资源单位合作，定期开展不同主题的活动，利用好社会资源。实践活动最大限度争取本单位领导和学生家长的支持，做到教育家校一体，有条件的可以定期举行亲子主题活动。

附件 1

参观、写生八路军冀热察挺进军司令部旧址实践活动安全预案

为组织好美术组学员到门头沟区斋堂镇马栏村参加实践活动，确保活动中师生的安全，特制定安全预案如下：

1. 活动时间：2021 年 7 月 18 日

2. 活动组织：活动分为 3 个组

带队教师	学生人数	家长
吴丽华	一组：李　昂 蒋俊杰 肖禄停 李昕洁 毛　敏 张　强 李玉明 李纪年 张海文 陶　慧 赵思静 吴　晗 程新宇 魏和任 王嘉怡	王嘉怡妈妈
王春鹏	二组：李宏途 付家树 王嘉怡 李嘉奇 于　鹏 范仲禹 刘梓甜 蔡慧聪 王思程 闫晓梅 杨爱华 杨　勇 李江霞 王丽杰 赵　洁	李宏途妈妈
李建伟	三组：隗硕廷 崔雨晨 张晨雪 晋　爽 王艳青 耿庆杰 于江明 王卫东 杨立业 张　强 郎丽英 程　英 江　海 李　文 吴　鹏	张晨雪妈妈

摄影：邢秀丽

摄像：李建伟

由带队教师对学生进行安全教育，强调要听从指挥，集体活动，不到危险区域活动，不能擅自离开活动场地，确保活动安全。

3. 路途安排：本次活动由旅行社提供车辆，少年宫与旅行社签订安全协议，由旅行社负责路途安全和学员保险。确定所有参与本次活动学员的家长联系电话，要求家长在活动期间保持联系畅通。

学员在少年宫 101 教室统一集合，不得私自变换地点。

如不幸发生交通意外，立即拨打 110，并做好现场的保护工作，随后将交通事故告知学校及家长，并配合有关部门处理事故。

4. 饮食安全：中午用餐安排，学员自带食物。

携带备用药品。皮肤表面创伤：纱布、“好得快”、创可贴等。

避暑：清凉油、防晒霜、藿香正气水。

提示学员自带饮水。

5. 少年宫成立安全工作小组

组长　吴丽华（联系电话 13718260008）

成员　李建伟 王春鹏 邢秀丽 学生家长 3 人

具体职责划分：

吴丽华：车辆、场地联系，制定安全预案，对人员进行分工，突发事件处理等。

王春鹏：与家长取得联系，对学员进行安全教育。

李建伟、邢秀丽：临时事务。

6. 意外事故处理：

老师及工作人员以保护学生为首要任务。

天气热雨水多，准备雨具，碰上风雨，要及时躲避，避免淋湿，以防引起各种疾病。

遇有自然灾害，要保持镇定，服从当地有关部门的指挥。

在实践期间，有学生出现不适症状，要立即送往当地医院并及时通知学校和家长。

遇有特殊情况，采取紧急措施，及时向少年宫领导和教委报告。

“弘扬爱国精神，拥抱健康人生”走进少年军校

——房山区少年宫健美操中级组社会实践活动方案

房山区学生活动管理中心　马俊超

一、活动依据

1．政策依据：德育教育是青少年健康成长重要组成部分，根据《中华人民共和国国防教育法》以及《中共中央、国务院关于进一步加强和改进未成年人思想道德建设的若干意见》等党和国家一系列重要指示。

2．现实依据：

（1）根据校外教育的实践性原则，为学生搭建实践的平台，使学生在实践中提高专业技能，同时使其核心素养得到提升。

（2）房山少年宫健美操社团“三个一”特色项目建设的需要。房山少年宫与房山二小进行资源整合，形成少年宫健美操精英社团，社团成员大部分来自房山二小，在学习内容、训练方法、活动目标等方面协调统一，在活动时间上达到每周三次以上，打破了校外小组活动次数少、生源参差不齐的规律，收到了显著效果。

（3）健美操精英社团学生现有的专业水平。多年来该社团学生承担了各级各类比赛和演出任务，本次社会实践活动任务艰巨，社团的学生能够圆满完成。

二、活动内容

以“弘扬爱国精神，拥抱健康人生”为主题到中国少年军校参观、慰问表演，开展社会实践活动。

三、活动目标

1．知识技能目标：

所有参加活动的学生能够规范完成规定动作的表演，队形变化流畅，富有激情和表现力。

2．过程与方法目标：

学生都能为活动做积极的准备，有团队意识和责任心，能够积极地和大家一起去分担活动过程中的各项任务，锻炼合作能力，最终体会到在大家齐心协力下才能够使活动更加圆满和顺利。

3．情感目标：

（1）通过活动使学生更加热爱集体，增强国防意识，加深爱国情怀，使自己更加坚强勇敢。

（2）体验到利用自己所学的知识技能服务于别人的乐趣，对生活充满热情，体会到成就感，对学习健美操更加有兴趣和信心。

【活动方式】参观学习，慰问表演。

【活动规模】学员 14 人，教师 1 人，摄影 1 人，摄像 1 人，中国少年军校总校领导和教官及参训学生共 200 余人。

【活动时间】2018 年 5 月 13 日上午

【活动地点】中国少年军校总校

【活动准备】

1．教师的准备：

（1）撰写活动方案，教师联系中国少年军校总校，向军校领导提交活动方案并讨论，协商参观内容、顺序和讲解要求，考察活动场地，安排好活动人员、工作人员和活动场所，准备光盘和音响。

（2）备齐演出服装和化妆用品。

（3）确定演出内容，辅导学生练习动作和编排队形，为学生做好活动的思想动员，使学生明白活动的目的和意义，能够高度重视，激励学生刻苦练习，达到更好的效果。

（4）做好活动安全预案。

2．学生的准备：

（1）练习表演内容和编排队形。

（2）准备服装和运动鞋。

（3）两位主持人练习开场词和节目的串词。

（4）每个人明确自己的任务分工。

任务分工如下：

赵梓一 杨宇涵：检查服装和鞋是否按要求穿着，活动结束后负责检查服装数量和收集服装。

张心怡 张梓祺：检查所需用的化妆用品是否齐备，化妆和补妆后负责收齐所有化妆用品并检查数量，乘车出发时和活动结束返回时负责带上所有化妆品和化妆工具。

王紫丹 王诺一：检查器械数量，检查每一件是否有破损，乘车出发时和活动结束返回时负责带上器械，演出之前把器械发给大家，演出结束收回。

刘丁旭 刘 琪：检查头花和发带数量，检查是否有破损，活动结束后负责收集所有头饰和发带并检查数量。

张 琦 孙凯彬：帮助同学打粉底，辅助老师给同学化妆，到了活动场地之后演出之前帮助所有同学检查妆容，需要补妆的及时补妆。

刘梦洁 曹子琦：跟老师一起撰写和修改主持词，练习节目串词，主持节目。

王雅桐：负责音响，将音乐存在U盘里，备份一份光盘，到达活动场地后检查音响设备，提前试音响，能够熟练使用。

姜凯露：演出催场。

四、活动过程

（一）活动的准备部分

1．7:20在少年宫健美操教室集合，清点人数，对没有按时到校的学生进行电话询问。

2．强调活动中的安全和注意事项以及纪律。

3．检查服装、鞋和所需物品。

4．化妆和盘头：老师给学生化妆和盘头，负责化妆的学生帮忙完成。

5．按照时间要求安排学生排队乘车。

要求：

1．学生按时到达集合地点，直接穿好演出服装，明确活动要求和注意事项，认真检查服装、鞋、演出用品。

2．学生之间相互帮助打好粉底，化完妆的同学帮助老师为其他同学化妆，做力所能及的事。

3．每个学生都有各自的任务，大家各负其责，检查服装、器械等物品，如果有问题及时向老师报告并及时解决。

4．上车时排好队，按照顺序乘车，固定座位，乘车时禁止将身体任何部位伸出车窗外，禁止打闹，禁止与司机交谈，注意车内卫生，禁止大声喧哗。带上所需用品，避免遗漏。

设计意图：遵守时间，有集体观念，强化安全意识，给每个学生都安排相应的任务，使其具有服务的意识和责任心。

（二）活动的基本部分

观看专题片

1．到达地点后下车，集合整队，强调活动目的、要求，强调纪律。

2．由军校接待人员将学生带到会议室。

3．军校领导与学生见面并讲话。

4．观看专题片《中国少年军校》。

活动要求：行进时跟紧队伍，不准单独行动，听从老师安排；在领导讲话和看专题片时认真听，认真观看，保持安静，保持良好的坐姿；有礼貌，言行得体；参观时禁止大声喧哗，禁止乱扔垃圾，爱护花草树木。

设计意图：（1）增强集体观念，强化纪律性。

（2）了解中国少年军校的职能特点和活动内容，了解青少年爱国主义教育和国防教育的重要性。

参观

方法：军校接待人员带领学生参观并向学生作详细讲解，向学生提出关于学习内容的问题。

参观内容：

1．将军大道

要求：认真听讲解，认真阅读将军题词，思考并回答问题。

设计意图：了解全国近百位将军为中国少年军校题词内容和各位将军对中国青少年寄予的厚望，有使命感。

2．歼6战斗机

要求：认真听讲解，在飞机周围及底部参观时注意安全，思考并回答问题。

设计意图：通过了解歼6战斗机历史的战争故事，使学生懂得珍惜现在的和平生活，为了和平，保卫祖国和建设祖国的任务是代代相传的，是每个中国人的责任，是每个青少年的使命。

3．宿舍

要求：排队参观，禁止乱动宿舍内的一切物品。

设计意图：了解少年军校的内务管理制度，学习严谨的生活习惯。

4．拓展训练场

要求：认真听讲解，明确操作要求，没有得到允许禁止攀爬或尝试训练设施，思考并回答问题。

设计意图：拓展训练主要是锻炼学生的顽强意志、跨越艰难和超越自我的品质，还有很多项目是要在集体共同配合的情况下才能完成。通过参观使健美操组的学生了解针对青少年的拓展训练项目，清楚每种训练项目的完成方法，体验活动项目，增加战胜困难的信心，热爱集体，珍惜集体。

健美操慰问表演

要求：表演动作规范有力，跳出活力和表现力；主持人声音洪亮，语速适中，富有感情；各组与主持人和负责音响同学配合好，按顺序上场。禁止挥舞器械。

设计意图：少年军校作为青少年德育教育基地，广大教官为青少年的德育教育和健康发展做出了贡献。以健美操慰问表演为途径，使学生懂得感恩别人感恩社会，感受到自己所学的健美操专业技术能服务于社会。

表演内容和出场顺序：

1．全国健美操大众锻炼标准第三套规定动作二级　表演者：张心怡 曹子琦 姜凯露

2．全民健身操二级有氧操　表演者：王雅桐 赵梓一 杨宇涵

3．全国健美操大众锻炼标准第三套规定动作四级　表演者：刘梦洁 张梓祺 刘丁旭

4．全民健身操三级轻器械操　表演者：王紫丹 王诺一　刘琪

5．全民健身操四级有氧操　表演者：张 琦　孙凯彬 杨宇涵

6．全民健身操一级有氧操　表演者：王雅桐 曹子琦 刘梦洁

7．全民健身操五级轻器械操　表演者：全体同学

注意事项：提前做准备活动，尤其是关节的活动和柔韧性练习，表演时拉开距离，避免碰撞。

军校领导对活动进行评价

与教官代表合影留念

活动结束，检查物品，与少年军校的领导和教官告别，乘车返回少年宫

【活动效果检测方法】

1．参观过程中回答问题，与教官的互动。

2．说出自己对此次活动的感受和收获。

3．根据表演时的录像，小组讨论评价自己和他人在场上的表现效果。

4．活动结束时少年军校领导的讲话。

5．老师对活动过程中学生的表现和效果作出评价。

寻 美 之 路

——古诗词创编与朗诵活动案例

房山区学生活动管理中心　马志维

《寻美之路》活动以新中国成立70周年为契机，打造最美课堂，通过中国传统节日的古诗词引导学生感受中国语言之美、山河之美，文化之美，提高学生审美能力，创造美的本领。

本节课的内容为学生在自主搜集和了解了中国传统节日，理解、朗诵了有关传统节日的古诗词，学习古诗词的平仄和意境知识，合作创编有关传统节日的古诗词并进行朗诵，让学生感受到古诗词中平仄的音韵美和意境美，学会创编韵律美、意境美的古诗词。

主题	寻美之路 ——古诗词创编与朗诵
活动目标	知识技能：能说出古诗词的押韵，说出古诗词意境美的方法
	过程方法：合作模仿古诗词的押韵和意境创编一首有关传统节日的古诗词，并有感情地朗诵
	情感态度：1．感受古诗词韵律美和意境美 2．体会创造美的快乐
重点难点	重点：能说出古诗词中的押韵和分析出诗词中的意境美
	难点：每组学生创编出一首传统节日内容的古诗词
资源设备	教师：PPT
	学生：1．学生提前上网搜集有关古诗中五言绝句或七言绝句的格律和词牌格式的知识，准备好一首古诗或词的内容说明 2．自主学习有关平声和仄声的知识 3．学生分组，确定小组创编有关哪个传统节日的古诗词
辅导方法	讲授法 讨论法 探究法

续表

	教师活动	学生活动	设计意图
活动过程	（一）游戏抢答知节日 我们现在做一个看图识节日的游戏，大家看到图片抢答说出是中国哪个传统节日，并说出传统节日有哪些习俗？过节时的哪些情景给你留下了深刻印象？	学生抢答并说出过传统节日	以游戏导入回忆传统节日的情景，激发学生学习兴趣，为创编古诗词准备内容，降低创编难度
	（二）探究诗词的写作方法 1．我们今天要分小组创编一首古诗词，你觉得写好古诗应该注意些什么？ 押韵： 使用韵母相同或相近的字或者平仄统一。 律诗：二四六八句押韵 绝句：二四句押韵 平仄：“平”指平直，“仄”指曲折。古汉语有四种声调，称为平、上、去、入。除了平声，其余三种声调有高低的变化，故统称为仄声 2．《清明》描写了一幅什么样的画面？ 3．用什么方法描写出这样的画面？ 意境：实感性《清明》，联想性《天竺寺八月十五日夜桂子》，感悟性《九月九日忆山东兄弟》	1．学生以《清明》为例，说写好古诗注意要素 押韵：押 un 韵，韵脚是魂，村，二四句押韵 2．学生思考后回答 3．做一个字的组合游戏体会意境美。“一，秋，叶，波，漾”，可以把字颠倒顺序，组合成一句话，说说它的意思，言之有理就可以	学习古诗词意境的写作方法及押韵知识，体会古诗词的韵律美、意境美，为学生创编古诗词做准备

续表

	教师活动	学生活动	设计意图
活动过程	（三）知识巩固练习 词与诗一样要押韵，注意有意境，我们来看一首16个字写的词，说一说词中的押韵和意境。	学生分析补充	进一步巩固古诗词知识，为创编出意境美、音韵美的古诗词符合要求做铺垫
	（四）合作创编古诗词 1. 我们也可以效仿古人有感而发，或抒思乡之情，或抒思亲之痛，或写过节之景，让我们一起来写一首古诗词吧 2. 教师巡视，有好的诗句及时分享表扬	学生3人一小组创编古诗词，完成任务单	本环节是活动的难点部分，教师采取巡视时个别辅导的方式，发现学生创编中存在的问题，给予指导。同时及时发现佳词妙句及时表扬，增强学生创编的兴趣和自信。本环节考察学生对古诗词知识掌握情况
	（五）师生鉴赏古诗词 分别从“最具意境美”“最具韵律美”“最佳朗诵美”等方面进行点评	1. 学生分组朗诵创编的古诗词 2. 学生点评	检测学生对古诗词知识深度理解和灵活应用，进一步巩固本次活动的重点，再一次激励学生创造美，体会创造带来的快乐
	（六）师生小结 你今天创编的体验是什么？收获了什么？	学生谈体会和收获	回顾本次活动的内容，注重学生体验和收获

续表

效果测评方式	（一）根据学生完成任务单的情况检测学生对古诗的平仄知识和意境美的写作方法掌握情况； （二）学生创编的古诗词是否押韵，有一定的意境，朗诵时能否读出古诗的韵律美； （三）学生运用所学音韵美、意境美的知识互相点评是否积极，点评是否到位，为同学的修改能否提出好的建议
活动反思	“寻美之路”——古诗词创编与朗诵活动在立德树人，对学生进行美育引导、教育的理念指导下，以学生为活动主体，活动设计科学合理，活动环节清晰紧凑，基本实现了预期目标。 一、活动亮点 1．活动环节清晰，学生任务明确 “寻美之路”——古诗词创编与朗诵活动每个部分均配有一张学习任务单。各个部分层层递进，环环相扣。任务单不仅使学生明确自己需要做什么，分几步做，而且在完成任务单过程中可以检测到学生对知识的掌握情况，对美的理解深度和创造美的能力。 2．美育教育突出，促进了古诗词的朗诵水平 本次活动中教师一步步引导学生主动探究古诗词的韵律美和意境美，帮助学生创造美的古诗词。比如本次活动用学生熟悉的古诗词为例分析押韵和平仄问题，用拼诗句“一叶秋波漾”的游戏帮助同学找到意境美的感觉，充分对学生进行了审美培养。最后让学生通过朗诵展示自己创编的古诗词，由于学生充分理解了意境、押韵、平仄等知识点，在朗诵古诗词时非常有感情，表现出了古诗词的韵律美、意境美，学生的朗诵水平有所提升。 二、活动中的不足 学生在朗诵展示环节节奏上没有变化，没有体现出古诗词的节律美，每个学生朗诵节奏都比较舒缓，没有出现朗诵效果特别好的展示。 古诗词还有很多美的东西可以挖掘，节律美也是其中之一，还可以再生成一节节律美的课程，全面充分提高学生对古诗词美的鉴赏能力和水平，进一步对学生进行美育的教育。

寻美之路
——古诗词创编与朗诵任务单

<table>
<tr><td>姓名</td><td></td><td>古诗词
名　称</td><td></td></tr>
<tr><td colspan="3">我对古诗词的分析</td><td>我对古诗词的鉴赏</td></tr>
<tr><td colspan="3"></td><td></td></tr>
<tr><td>组长姓名</td><td></td><td>传统节日
名　称</td><td></td></tr>
<tr><td>组　　员</td><td colspan="2"></td><td></td></tr>
<tr><td>我们创编
的诗词
（诗歌）</td><td colspan="3"></td></tr>
<tr><td>我们讲解
自己的作品</td><td colspan="3"></td></tr>
</table>

感谢有你献给平凡的英雄们

——钢琴展示活动方案

房山区学生活动管理中心　刘阿鹏

北京市房山区学生管理中心培训活动方案

活动主题	感谢有你献给平凡的英雄们！——钢琴展示活动		
活动时间	2021 年 1 月 22 日	活动地点	少年宫 303 室
活动依据	1．在新时代教育理念的引领下，以培养德、智、体、美、劳全面发展的学生为引领，以美育人，让学生学会学习、乐于创新、健康快乐地生活。培养学生有责任心有担当，懂得感恩。激发学生的求知欲，培养学员之间愉快协作，结合整个活动的排练、表演过程引领学生树立正确的价值观，落实立德树人根本任务 2．依据本学期目标和活动计划安排，本次活动完成个人作品展示。让孩子自己编写节目主持词，排演他们的作品更能调动学员的兴趣		
学情分析	参加本次活动的学员是少年宫钢琴兴趣班学员，共 20 人，在 6 ～ 11 岁，具有弹奏基础为初级水平，学生虽然学琴时间短但他们活泼可爱，喜欢音乐爱上钢琴课，对参加本次活动有强烈的愿望		
活动目标	知识技能目标：音符、节奏准确完整弹奏作品 过程方法目标：通过思考讨论发现团队合作中存在的问题并找到解决办法。在模仿教师要求的方法过程中深入理解舞台表演的特点并主动练习 情感态度价值观：培养学生常怀感恩之心、团队合作意识、创新能力、体验互动合作的快乐，增进同学间的友谊		
活动内容	通过彩排，集体完成展示的全部过程 学生给平凡英雄的寄语		

续表

重点难点	重点：彩排舞台表演中的走、眼、坐、奏，准确完成作品展示 难点：同学间的默契配合
检测方法	1．观察学员的表现 2．分组展示个人及合作展示作品 3．学员自评、互评 4．家长连线评价
活动准备	教师：布置活动场地、为每位学生准备一份小礼物。群内与学生讨论编写主持词（别写内容） 学生：练熟个人展示作品，画一张以感恩为题的主持词卡片

活 动 过 程

教师活动	学生活动	设计意图
一、导入 （2 分钟） 1．课间音乐播放 2．点名（2 分钟） 3．专业带入师生问好	同学们怀着轻松愉快的心情、踏着欢快的节拍走进教室 教师点名、学员向教师报告体温结果。 学生向老师问好	放松身心以愉快的状态进入课堂
二、教师导入本次活动主题 （10 分钟） 1．教师总结本学期前 14 周学习情况，引出本次活动目标 2．指导展示作品 3．学员分组，学员推选组长 4．引导学员推选展示活动主持人、工作人员名单。 5．教师点评鼓励	1．认真听教师讲解，复习一学期基本知识概况，了解本次活动的目标 2．学生认真弹奏展示作品，针对教师指出的不足及时改正 3．20 名学员根据年龄和能力自愿组合 5 人一个小组，并推选出组长 4. 学员经过讨论推选出本次表演的主持人、剧务、化妆、催场、摄影等人员召开会议，了解岗位职责、工作方法 5．学员明确活动过程、展示流程	让学生了解本次活动目标 以学生为主体，注重学员的学习体验，给学生提供参与的权力和展示的平台与机会

续表

教师活动	学生活动	设计意图
三、引导学员明白什么是感恩（10 分钟） 1．根据社会大环境引出感恩并解释 2．与学生共同讨论、编写学员向心中英雄要说的一句话 3．讲解弹奏要领 ①走 ②眼 ③坐 ④奏	1．学生根据教师关于对感恩的解释，去回忆、联想、见到或经历等等的事情，理解平凡英雄与感恩的密切联系 2．学员根据对感恩的理解，结合展示曲目编写对平凡英雄的一句话 3．学员认真弹奏展示曲目，针对教师指出不足及时改正。学生积极实践，反复练习	启发学员深刻对感恩的理解，结合平凡的英雄事迹，进一步加深对于情感目标的实现 对展示作品指导，提高弹奏作品质量
四、彩排（20 分钟） 1．教师讲上台注意事项并做示范 （1）走：走路挺起胸膛（双臂放松、面带微笑） （2）眼；眼睛平视 （3）坐：平稳、琴凳对位（根据身高调整琴凳的位置） （4）奏：如果演奏出错的解决方法 2．在彩排中学员发现问题，讨论问题 3．教师帮助演奏者，指导并解决问题	1．各小组认真观看教师讲解，分别练习舞台表演的走、走路挺起胸膛，眼、目视前方，坐、调整琴凳距离，奏、弹奏作品完整。并反复排练，合作节目走上台的统一化，默契度 2．所有学员带着问题观看，通过演奏者彩排发现问题如：走路姿势不对、眼睛上翻、弹奏忽快忽慢、坐姿过远，弹奏错误等。学生以组为单位讨论出现不足的原因 3．学员反复练习，在彩排中出现的不足，在教师的指导下及时改正	培养学生的舞台感，敢于展示、认真学习，克服胆怯 培养学生组织协调能力，团队协作能力，善于发现问题、解决问题

续表

教师活动	学生活动	设计意图
五、演出正式开始（40分钟） 1. 人员到位 2. 引导学员带着问题认真当好演员和观众 （1）你觉得哪个节目弹奏的最有音乐？ （2）哪个节目配合最默契？ （3）你个人的表演有哪些优缺点？	1. 换服装、同学间互相化妆、演员到位、工作人员到位、其他同学按着指定的位置坐好 2. 各小组抽签、排好顺序准备展示 其他学员带着问题认真观看，各工作人员各尽其职。 根据问题，小组内讨论、交流意见 组内意见归纳后，由组长或其他成员向全体表述	引导学员善于思考 提升学员的总结、概括、表达能力 提升学员的分析判断能力、舞台表演技巧
六、效果检测（8分钟） 1. 录制小视频，表达感恩之心 组织学员进行展示评价。 2. 对学员的作品及表现进行点评 3. 家长用微信参与、群内评价	1. 学员在镜头前每人用一段话表达对平凡英雄的感恩之心。 2. 组长总结本组成功或失败的经验，说出团队合作中存在的问题和改正方向 3. 学员总结，自评、互评	对学员表现进行总结，以鼓励为主。同时针对个人不足之处提出建议和改正方法。并赠送小礼物，表达教师对学生表现的肯定及寄语希望
七、教师总结 布置作业并赠送礼物。 安全教育 打扫卫生 送学生出少年宫	学员认真听讲，记清作业，大家团结一心参与劳动，收拾个人物品、教室门口有序排队、在教师的带领下走到少年宫门前，等待家长	

“致敬最美逆行者”舞蹈社团创编活动案例

房山区学生活动管理中心　孔祥涛

一、理论依据

根据《中国学生发展核心素养》里的活动育人，实践育人和“三个一”优质项目建设作为主要政策依据。舞蹈教育又是美育教育的主要途径和重要的内容，它在陶冶情操、提高素养、开发智力，提升学生综合素质，促进学生身心全面发展等方面发挥着独特的作用。

二、内容分析

创编课是本学期计划中设计的一次活动，正赶上这次疫情，医护人员冲在了最前沿，她们奋不顾身与死神博弈，担起了救国救民的重担。为了表达对他们的感谢，学生们利用所学知识以小组合作的形式进行自主探究。教师在创编过程中引导学生主动学习，抒发真挚的情感，弘扬抗疫精神，树立远大志向，从而全面提升学生的综合能力。

三、学情分析

参加本次活动的学生是舞蹈社团的 10 名女生，学习舞蹈三年多，基本功扎实，在以前的课堂上也多次以小组合作的形式进行学习，并且创编过简单的组合，对创编非常有兴趣，对这首歌也很喜欢。这次疫情又是学生亲身经历的深有感触，这些都为本次创编课打下了扎实基础。

四、活动目标

知识技能：学生利用所学知识配合音乐完成一组舞蹈动作。

过程方法：通过自主学习、小组合作的形式进行创编、排练、展示评比，提高学生主动探究能力和舞蹈表现能力。

情感态度：学生结合疫情在创编过程中主动交流合作，积极参与表演并进行评价，从内心抒发对医护人员的感谢与敬意，弘扬抗疫精神，树立远大志向，做有担当、有责任、有家国情怀的一代新人。

活动内容：舞蹈社团通过小组合作创编儿童舞组合《听我说谢谢你》。

重　　点：学生利用所学的知识根据歌词含义完成动作的编排。

难　　点：自主创新，主动合作，提升自主学习的能力。

辅导方法：引导法　讲解法　练习法　示范法　评价反思法

五、活动过程：

（一）准备部分

1．集合站队：师生问好，记录考勤，做好防疫检测。检查上节课作业，介绍这节课的主要内容，强调重点、难点和注意事项。提示学生站姿和精神状态，学生积极回答老师的问题，保持良好的身体姿态，锻炼严谨的学习风气，师生相互尊重，培养良好的礼仪习惯，检查自学情况学生是否完成老师留的作业，培养良好的回课习惯。

2．学生通过游戏进行热身活动，学生进行头、肩、胸、胯、手脚的热身活动。

3．基本功训练：地面练习压腿、压胯、后弯腰。把杆上的练习，压腿、压肩、教师放音乐带领学生活动身体，学生随音乐最大限度活动每个关节。课前热身避免拉伤，熟练动作，加强腰腿的柔韧性和力度为创编打好基础。学生站队随音乐进行训练，教师巡视，强调动作要领，指导并规范学生的动作。

（二）引入新课

1．回顾疫情，按要求坐到指定地点，认真观看并听老师讲解。播放医护人员的抗疫视频提问：通过自学说说医护人员的感人故事及感谢之情。引导学生抒发感情，提出本次活动内容，创编儿童舞蹈“听我说谢谢你”第一段基本动作。利用视觉和听觉提升课堂氛围，引导学生明确本次活动要完成的任务，有助于带着问题认真听讲。

2．播放音乐学生跟唱，教师提示歌曲关键词，讲解歌词含义，集体讨论用什么动作能体现出对医护人员的敬意和感谢。教师引导学生开动脑筋歌词里的关键词用什么动作表达最合适。学生围坐一圈积极回答老师的问题聆听音乐小声哼唱，并设想动作。培养学生自主学习发现问题解决问题的能力。

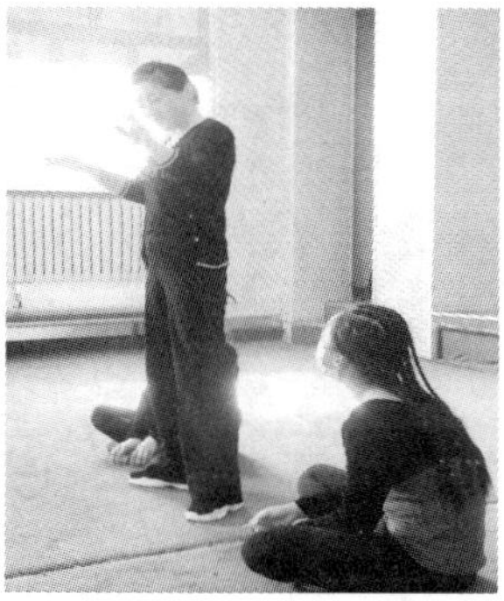

（三）开始创编

1．教师布置任务分 2 组，1 组创编前 4 个 8 拍动作，2 组创编后 4 个 8 拍动作。

教师组织学生分成两组创编，巡视并进行引导。鼓励学生们发现问题，并想办法解决问题。分组讨论并进行动作的编排练习，主动交流合作。通过教师具体的引导，帮助学生自主学习。

2．教师巡视指出学生创编过程中的问题，师生共同分析解决。

教师在观察学生分组练习后出现的一些问题进行讲解并示范。学生认真听老师讲解，将自己的问题在老师示范和讲解时找答案。引导学生积极投入，主动交流，相互合作。

3．通过观察指定组长，在组长的带领下继续编排动作。强调用歌词引领动作带着感激之情去创编，教师观察学生互相配合的情况，并有针对性地进行个别动作的引导，始终贯穿情感这条主线。在创编过程中遇到困难，积极与同学交流，并探讨解决的办法。认真聆听教师讲解，完成动作的编排、进行难点突破。通过学生再次练习后，选出组长带领，能更好地帮助学生解决问题。

4. 教师分组巡视重点强调感情与动作协调统一，师生共同解决问题，完成串排动作。教师针对学生再次练习后出现的问题和难点，进行分析和指导。学生按照老师的讲解，讨论解决问题的方法，再次进行练习，配合音乐练习，听音乐完成串排舞蹈，教师指导学生配合音乐初步完成创编的动作。

5. 教师放音乐，学生分组结合音乐练习。启发学生动作到位，音乐与动作完美结合，更好地抒发情感。教师观察学生练习的情况，并有针对性地进行引导。听音乐练习舞蹈适应音乐的节奏，更好地抒发对医护人员的感谢之情，通过结合音乐练习，检测动作与音乐是否完美结合以及和学生共同探讨问题解决问题的成效。

（四）熟练练习

要求学生分组结合音乐串排，1、2 组学生互相学习对方的动作，集体结合音乐感情饱满的完整练习。学生分组展示，教师指导学生跟音乐练习。创编完成后 1、2 组互相学习对方的动作，集体完成这首歌的第一段所有动作，用动作抒发情感，分组展示。两组学生互相学习对方创编的动作，集体配合音乐，优美流畅感情饱满地完成这首歌的第一段动作并展示。引导和鼓励动作熟练的同学发挥主动性和互助精神，使学生感到创编的快乐。

（五）效果检测

1．发给学生评价表并说明评分标准，教师引导学生公平公正地为展示的同学打分，听清展示要求和评分标准，并掌声鼓励，检测是否达到目标，提升学生兴趣。

2．学生分组展示，两组学生互评，自评，教师讲评。放音乐，分组展示后请其他组学生打分并做出客观评价，最后老师进行评价和总分，认真评价他人和自己并写下感受。通过展示检测学生完成动作情况，锻炼学生的表现力，让学生客观评价他人。

3．评选出五星表演奖，五星动作奖，五星配合奖，五星进步奖。教师通过评选标准进行总分最后确定奖项学生积极领奖，使学生体验到收获的快乐，从而激发进取心。

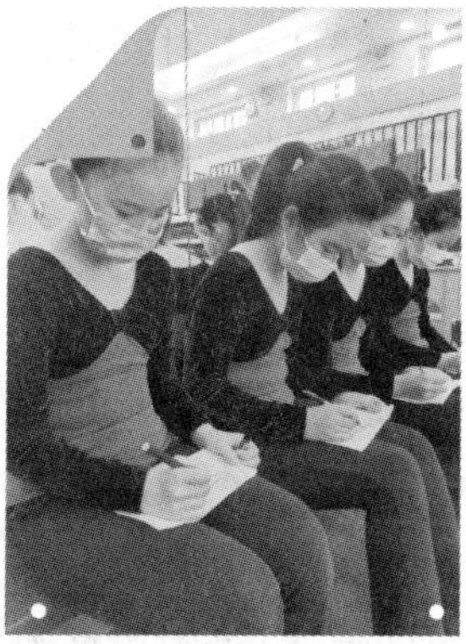

（六）结束部分

1．活动拓展

总结本次课的亮点，课后思考这次课最大的收获是什么，总结提示学生在学习的过程中找出自己的收获，认真听老师讲评，反思自己在本次活动课中的收获和不足，使学生了解本次活动整体情况，养成总结反思的好习惯。

2．布置作业分享成果

回家后精雕细刻创编的动作，录视频发到学习群里，大家互相学习。课后复习录制视频，养成良好的复习习惯，通过录视频互相学习提高表演水平。

3．师生再见

老师向学生说再见，学生向老师鞠躬说“谢谢老师，老师再见”，培养良好的礼仪习惯。

活动自评

（一）成功之处

本次活动重点让学生结合疫情，利用所学知识以小组合作的形式创编舞蹈组合《听我说谢谢你》，内容新颖，主题鲜明，紧跟社会热点，在活动过程中始终注重学生情感的激发，教育意义深远。这次疫情是学生们的亲身经历，感触很深，符合学生实际。所设目标明确具体，重点突出，在整个创编过程中环节紧凑，准备充足，学生兴趣浓厚，活动效果明显。

不仅注重学生综合素质的培养，同时也突出实践性，调动自主探究的积极性，深化育人性。在活动中教师也起到了恰当的主导作用，同时学生对创编课表现出了浓厚的兴趣，学生的知识技能、沟通交流、情感表达等综合素养得到了全面的提升。

（二）活动亮点

1．活动选材紧跟时代步伐，结合社会热点

2020年春节期间，新型冠状病毒肺炎肆虐武汉，蔓延全国，形势危急，全国各地医护人员逆行而上奔赴前线，争分夺秒和病毒赛跑，他们奋不顾身与死神博弈，担起了救国救民的重担诠释着大爱无疆。他们的坚守，换来了我们的平安，是真正的英雄。基于这个主题思想和时代背景我设计了舞蹈社团小组创编课，通过歌曲《听我说谢谢你》创编儿童舞组合，让学生用舞蹈动作抒发对医护人员的感谢与敬意。

2．充分发挥学生的主体作用

在准备阶段让学生通过各种途径自主学习，在课上学生分享各自的感受讨论创编细节，以小组合作的形式实施。在创编过程中激发学生主动学习、主动沟通、相互配合的积极性，提升发现问题并解决问题的能力，最终完成创编。这次活动自始至终都是学生亲身参与实施，其印象更加深刻，情感体验更加真实，有效地突出了学生主体作用，体现了重体验，突出实践性。

3．充分调动学生的积极性

学生对创编表演本身就有兴趣，这次疫情又深有感触，创编主题和疫情紧密联系，通过教师讲解、引导、展示、评价等多种方法，调动她们的积极性，启发学生听音乐抒发情感，带着情感用动作去表现。最后通过展示体验到收获的快乐，体现了重兴趣，调动积极性。

4．突出全方位育人

这次突发疫情是每个学生亲身经历的，所以创编课在选材上用疫情作为主线引导学生在创编过程中深刻地理解歌词含义，利用肢体语言满怀深情抒发对医护人员的敬意。教育学生弘扬抗疫精神，树立远大志向，做有担当、有责任、有家国情怀的一代新人。所以本次活动是学生情感与能力的深入与提升，在整个活动中教师自始至终用情感积极引导学生教育学生，充分体现了活动的育人性。

（三）不足与努力方向

学生创编动作经验略显不足，个别同学遇到问题不与其他同学主动沟通，在展示环节中感情丰富程度不够，在以后的教学中加强学生交流合作的能力及舞台表现力和情感方面的训练，提高学生整体水平。

快乐科技直通车

——科普互动展品我体验活动实施方案

房山区学生活动管理中心　张占峰　马小兵

一、活动名称

快乐科技直通车——科普互动展品我体验

二、活动主题

体验　创新　成长

三、活动依据

依据中共中央办公厅、国务院办公厅《关于进一步加强和改进未成年人校外活动场所建设和管理工作的意见》和中共北京市委办公厅、北京市人民政府办公厅《关于进一步加强和改进未成年人校外教育工作的意见》文件精神，作为校外教育教师将一定数量的青少年学生临时组织起来，通过某一种活动形式对青少年学生实施教育，促进青少年学生健康发展的一种教育活动。开展群众活动，可以充分利用校外机构阵地和广泛的社会资源，满足广大少年儿童的各种兴趣爱好、愿望和要求，满足他们个性发展的需求，使他们在多种多样、富有理想性的活动中；在传播传统文化、现代文化和传递最新科学知识的活动中；在培养技能技巧和陶冶情操、锻炼意志的各种有趣活动中，开阔眼界、激发兴趣、孕育理想，受到良好的教育。

四、活动目标

1. 知识目标：让学生通过科普展品展示的有趣科技现象，了解声、光、电等科技知识。通过活动后的思考体会，让学生在体验科普互动展品中培养科学素养，在体验中感受科技在身边，在互动体验中感受快乐科技。寻找日常生活中，哪些是利用了科技原理改善了人们的生活水平。

2. 技能目标：让学生了解和掌握操作互动展品的步骤流程。

3．情感目标：

A．培养学生集体主义精神，增强团队意识。

B．通过科普展品的展示介绍我国科技发展情况，培养学生的爱国主义精神，增强国家荣誉自豪感。

五、活动对象和时间、地点

1．活动对象：房山二小五年级、六年级学生（计 210 人）

2．活动时间：2021 年 5 月 29 日上午 9 点

3．活动地点：房山少年宫院内主楼前左侧

六、活动内容

本次活动主要是组织房山二小的部分师生到少年宫参观互动展品，让学生通过参观和实际操作科普互动展品，讲解展品的科学原理。了解科学知识，并结合生活中的点点滴滴，体验身边的科技。

七、活动的准备工作

（一）起草活动方案，制定活动计划，制定活动安全预案。确定本次的活动对象、时间、地点。（2021 年 4 月 30 日）

（二）联系学校负责人，结合学校统一安排，落实活动人数，具体组织办法，下发邀请函。（2021 年 5 月 1 日—10 日）

1．学校活动总负责人：蔡春洁，协助带队老师 6 名。

2．选拔五年级和六年级的 210 名学生分为 6 个组，每组 35 人。每组一名负责老师。

3．组织学校负责教师培训，对活动意义及科普互动展品情况进行简单培训，要求负责老师对参加活动学生提要求，布置活动后感想体会作业。

4．全部 210 名学生在活动日当天 8 点在学校集中，然后步行至少年宫参加活动。

（三）活动场地、科普展品设备准备及教师讲解员培训。

1．根据活动对象年龄特点，选择 15 件科普互动展品。检查功能及磨损情况，及时修复。检查电源，准备接线板 8 个。所有能够正常使用的展品于 2021 年 5 月 29 日上午 8:30 以前摆放到展示区域。（负责人：马小兵、王艳霞）

2．制作活动条幅标语，条幅字为“快乐科技直通车——科普互动展品我体验”。2021 年 5 月 29 日上午 8:00 以前完成。（后勤服务部：刘振乐 武文生）

3．活动场地，用绿色胶带标出展品摆放位置。椅子 5 把。2021 年 5 月 29 日上

午 8:00 以前完成。（负责人：马小兵）

4．教师讲解员培训，跟学校联系，由学校推荐 3 名科技教师作为此次活动的科技讲解员。活动前一天对科技讲解员进行培训，主要包括科普互动展品展示原理的应用及科普互动展品详细操作流程。2021 年 5 月 11 日—26 日前完成。（负责人：张占峰）

5．2021 年 5 月 29 日活动分工：A．学生组织：蔡春洁。B．场地组织及主讲人：张占峰。C、展品演示及操作指导：马小兵、吴大勇、李明、赵宇。

八、活动过程

（一）组织学生学校集中，按照年级和班级分为 6 个组，每组 35 人，由带队老师带领各组学生由学校步行到房山少年宫院内。（路上注意来往车辆，保证学生安全）

（二）参加活动学生在少年宫院内主楼前西侧集中，按照组别排成 12 排纵队。每组 2 排纵队。

（三）活动主讲人张占峰向参加活动的学生介绍本次活动的意义，并对部分科普互动展品进行简要介绍，实际操作演示展品功能应用。布置活动任务，要求学生在活动中从 15 件科普互动展品中，选择了解并掌握一件科普展品展示的科学现象和原理。

（四）参加活动学生按照小组分别进行参观互动。由吴大勇、李明、赵宇三名科技讲解员为学生演示操作科普展品的流程，讲解科技原理，指导学生进行操作。学生通过实际操作体会科技的奥秘。

（五）全体学生参观完科普互动展品后，进行活动效果小结，请参观互动的学生谈这次活动的感受和收获。

（六）活动结束，组织好学生离开活动现场，返回学校。（注意学生安全）

九、活动效果检测办法

1．活动效果小结，学生根据本次活动谈感受和收获。

2．活动后，到学校进行学生和教师的座谈会，谈学生在日常学习生活中，获取科学知识的渠道有哪些，通过此次活动能够达到什么样的效果，本次活动哪些地方需要改进。

3．采用调查问卷的方式，对参加活动学生进行调查。通过图表分析法检验此次活动的效果。

附件 1

快乐科技直通车 —— 科普互动展品我体验活动邀请函

各位同学：

你好，房山少年宫定于 2021 年 5 月 29 日（星期日）上午 9:00 在少年宫院内主楼前西侧组织“快乐科技直通车 —— 科普互动展品我体验”活动。目的是培养广大青少年的科技素养，普及科技知识，提高学生的动手动脑能力。活动方式主要是参观科普互动展品，实际操作感受科技的奥妙。

特邀您前来观摩。

房山少年宫活动部

2021 年 5 月 5 日

附件 2

快乐科技直通车
——科普互动展品我体验活动安排计划表

时间	活动内容	负责人	备注
2021.4.30	起草活动方案，制定计划和安全预案	张占峰	
2021.5.6	联系学校，下发邀请函，确定本次活动的参加学生及组织办法	张占峰 马小兵	
2021.5.7	组织培训带队教师，在安全组织上提要求。确定学生活动路线图。	张占峰 蔡春洁	
2021.5.12	与少年宫固定财产管理员协调，检修科普互动展品，挑选适合展示的展品	张占峰 王晓霞	
2021.5.26	活动场地布置，悬挂条幅“科技直通车——科普互动展品我体验”。科技讲解员培训，科普展品原理介绍，操作流程解读	张占峰 吴大勇 李　明 赵　宇	
2021.5.29 上午 8:30 前	用胶带勾画科普展品展示区域，将科普互动展品摆放到规定区域，摆放活动用桌椅	张占峰 吴大勇 李　明 赵　宇	
2021.5.29 上午 9:00	安全保卫，场地秩序维护	魏　兴	
2021.5.29 上午 9:00	活动开始，宣读本次活动注意事项。介绍科普展品情况，简要操作流程	张占峰 吴大勇 李　明 赵　宇	
2021.5.29 上午 10:30	活动小结，效果反馈	张占峰	
2021.5.29 上午 10:45	组织学生退场，安全返回学校，注意路途中安全		

附件 3

快乐科技直通车
——科普互动展品我体验活动安全预案

一、活动基本情况

房山少年宫于 2021 年 5 月 29 日上午 9 点在少年宫组织“快乐科技直通车——科普互动展品我体验”活动。地点：少年宫院内主楼前西侧。参加人数 210 人。活动历时 1 小时 30 分钟，活动结束后返回学校，没有用餐问题。

二、根据活动情况成立安全领导小组

组　长：马连山

副组长：于　雷

活动负责人：张占峰 马小兵

安全主管：张建良

场地秩序维护：魏兴 校内保安 4 人

电力安全保障：武文生

交通安全保障：蔡春洁

医疗保障：王晓霞

三、活动安全注意事项

1．要求所有参加活动学生由家长护送到房山二小集中，然后由带队老师组织步行至房山少年宫院内。活动结束后，由带队教师组织返回学校，家长接回。路途中注意来往车辆，红绿灯，遵守交通规则，保障学生的交通安全。

2．参加活动学生注意保管好贵重物品如：手机、mp3 等，以防在活动中丢失。

3．因活动场地是在少年宫院内，属于露天场地，要求学生家长为学生做好防暑防晒保护，准备好饮用水。

4．要求活动医疗保障组准备红药水、创可贴、纱布、冰块等简单医疗物品。

5．参加活动学生在场地内禁止奔跑、打闹，遵守活动秩序。场地秩序保障组维护好场地秩序，及时处理意外情况。

6．活动中，要求所有参加活动学生注意活动场地电路安全，因为部分科普展品需要电源，学生参观过程中不要踩到电源和接线板。电力安全保障组随时候命，遇特殊情况紧急处理。

四、遇特殊情况紧急处理办法

各个岗位保障人员要认真履行岗位职责，分工协作，积极主动，不等不靠。不走过场，及时发现隐患，查堵漏洞。杜绝重大安全责任事故的发生，确保师生和财产的安全。安全事件发生后，根据分工及时处理，并报主管领导，根据情况再报告有关部门。如遇特大自然灾害如：地震、火灾、水灾等重大情况，要先紧急疏散处置，然后上报主管领导。要做到先期处置、中期控制、后期消除。

新时代房山校外教育的实践与创新

课题开题报告

——北京市房山区校外教育研究优秀成果集

促进学生良好学习习惯养成的"宫"家合作模式研究

——以房山区少年宫琵琶小组为例

房山区学生活动管理中心　马连山　李　昂

一、课题研究的背景

1．选题缘由

《中共中央国务院关于深化教育改革全面推进素质教育的决定》指出："实施素质教育应当贯彻于幼儿教育、中小学教育、成人教育等各级各类教育；应当贯彻于学校教育、家庭教育、社会教育等方面。在不同阶段和不同方面应当有不同的内容和重点，相互配合，全面推进。"这充分说明了家庭教育在素质教育中的地位和作用。琵琶教学是校外教育器乐教学的组成部分。学习时间分为一周在少年宫学习新知识教师授课90分钟，其他时间在家练习。孩子到少年宫学习的时间是有限的，在家的时间相对较长，家长对孩子的教育直接影响着孩子行为习惯和学习效果。而在学习琵琶的家长中，懂琵琶教学的几乎为零。家长不论多重视孩子的学习，也会显得无能为力。而学生又不能完成自主自律的学习，只有教师与家长携手，共同营造良好育人氛围，探索家长与教师融合育人的有效途径、方法和手段，指导学生从盲目学习到自律练琴再到有目的的自主学习的良好学习行为养成的过程，探索宫家联合育人的教育模式。才有利于促进学生的身心健康全面发展，提高琵琶教育教学活动的质量，不偏离我国的教育方针，达到教育目标的实现。

2．研究意义

本课题就以房山少年宫琵琶兴趣小组为例，侧重于结合开设家长课堂的实践，把家长请进课堂，专家引领，共同交流，寻找家长与教师融合育人的有效途径、方法和手段，指导学生从盲目学习到自律练琴再到有目的的自主学习的良好学习行为养成的过程，探索宫家联合育人的教育模式。

（1）自觉与毅力来自行为结果期待的强度，而不是凭空产生的。在教师与家长的共同探索下，使学生在经过他律到自律的过程后，可以自己做计划、设立目标、自己寻找更适合自己的学习方式，创建学习手册，形成模式使其他同学少走弯路提升学习效率。

（2）提高教师的研究能力，促进教师专业发展。教师在课题研究过程中，首先进行学习和借鉴，转变教育理念。在行动研究中，不断探求新知、修正活动目标、方法和过程，重视实践性和体验性，使琵琶教学设计和活动效果达到最优。在总结和提炼中，提高综合能力素质。

（3）协调宫家双方的力量使之形成合力。为学生创造良好的学习和教育环境，有效地促进孩子健康快乐成长。家宫共育能有效地优化孩子成长的环境。宫家共育能有效地培养学生良好的品行，宫家共育能有效地促进孩子健康快乐成长。

二、文献综述

自 20 世纪以来，家校合作已成为世界范围内的教育改革和发展重要趋势。为了追求高质量的家校合作，我国政府作出了很多努力，出台了一系列政策文件，有力推进了家校合作的发展。我国在《国家中长期教育改革和发展规划纲要（2010—2020）》指出：“充分发挥家庭教育在青少年成长过程中的重要作用。家长要树立正确的教育观念，掌握科学的教育方法，尊重子女的健康情趣，加强与学校的合作，共同减轻学生课业负担。关心社会教育，帮助子女养成良好习惯，促进学生健康成长。”目前从知网、期刊网以及网络查阅的文献资料来看，我国与国外还存在一些差异：

在我国，家校合作在理论、实践方面都受到了社会各界尤其是教育界的广泛重视，成为学校教育改革的重要内容之一。但无论是家校合作家长担任的角色分类，还是按家长参与层次分我国的家校合作都处在低层次范围。张丽竞在《国内外中小学家校合作研究综述》中提到国内当前家校合作的研究范围大体可分为如下几个范围：一是有关家校合作理论的研究，二是对家校合作障碍及其对策的研究。三是对家校合作途径的研究。可以看出我国家校合作研究也还停留在初级阶段。

在具体的实践过程中，在开展的模式，涉及的内容，广度和深度都还处在探索的阶段。刘衍玲、臧原以及张大均《家校合作研究述评》中论述国内家校合作模式及实践：国内的具体情况主要是“以校为本”和“以家为本”，家长在引导下被动地进行家校合作的开展，或者是单独的在家庭中对孩子进行教育。家校双方没有相互交流和沟通。这样的开展模式不能有效地促进学校、学生的发展。

国外家校合作起步早，发展快。无论是在理论上还是实践上都取得巨大的成就。家校合作成熟于美国，陈娟在《美国家校合作的特色及对我国的启示》中提到与美国相比，我国家校合作无论是理论研究还是实践的广度和深度都是不够的。这主要是源于美国的家校合作有完善系统的政策法规保障，美国联邦和许多州制定及通过了一系列有关家长参与教育的政策和法规，为美国中小学家校合作的顺利运行提供了强有力的制度保障。

在此基础上，我国从2009—2019年家校合作工作覆盖面也显著提升，不同家校合作途径和方法的发展趋势一致。学校开展家校合作工作的比例明显上升。家长参与家校合作比例也有所上升，包括与学校和教师联系、参与学校教育教学管理等。这不仅反映了学校日益重视家校共育，还反映了家长对于家校合作的重要性有了较深的认识，更认同家校合作工作的必要性。校内的家校合作已有一定的模式，但在校外教育领域与家长合作育人研究的范围还不够广泛，属于探索阶段，虽有小部分的研究效果，但不同地区、不同性质的单位也有各自的特点。尤其是校外琵琶兴趣小组教学还有待于进一步探索与实践，尤其是宫家共育对学生行为习惯的培养更需要去探索其中的方法与模式，因此该研究对于全面育人的教育目标有一定的研究价值和研究的空间。

三、研究设计

1．本课题研究的概念界定

所谓“宫家共育”，是指少年宫充分开发利用家长这一有力的教育资源去优化教育环境，形成教育的合力，避免形成教育真空，使学生接受的教育更完整。“宫家共育”探讨的“宫家共育观”则旨在探求更新更有效的共育途径，通过更有效地挖掘家长在孩子成长过程中的教育潜力，最大化开发和利用教育资源，逐步形成宫家联手共育英才的良好态势。

2．研究目标

（1）探究现代教育理念下宫家共育对学生行为习惯培养的方法与模式。

（2）“双减”背景下，优化琵琶教学内容与作业方式，促进学生综合素养提升。

（3）促进家校联系，提升教师的综合素质和教育科研能力。

3．研究假设

教师与家长携手共同探索，双减背景下适合学生综合能力发展的琵琶学习内容与家庭作业方式，指导学生提高学习效率，从他律到自律形成良好的有规律的学习习惯，使学生自己做计划、自己立目标，形成自主学习的良好学习行为的宫家合作模式，

4．研究内容

（1）家长参与教学使学生从他律到自律形成良好的有规律的学习习惯。

自律之前，先要他律。他律到自律，隔着习惯、能力、兴趣、目标、理想……虽然远隔千山万水，但也不是无迹可寻。这中间，需要教师与家长给学生搭桥铺路。

教育中，陪伴、指引、帮助，是必须的。孩子不会自行养成好的学习习惯，在他律的帮助下，孩子才能养成习惯，形成能力。初学阶段家长要参与学习，了解琵琶学习的特殊性，能够初步掌握评价学生弹奏优劣的方法，有一定的欣赏能力，明确学习琵琶的目的和意义。

家长参与学习，可以帮助学生树立正确的目标，掌握正确的学习内容，在教师做好教学计划后，课后积极配合完成，并通过参与学习做好课后监督联系，初期教师与家长共同完成培养计划使学生能够在他律的情况下养成有规律的学习习惯，通过探究教师与家长的协同教育模式，使学生逐步养成从他律到自律的学习习惯，提升学习效率。

（2）家长做好教师与学生的纽带，用正确的方式参与孩子的教育，使学生形成自律、自主的学习习惯。

琵琶学习的时间长，演奏技法复杂不容易掌握，学习阶段性不明显。琵琶教学中存在大量可操作性内容，需要手指等各方面的运动机能一直保持积极的状态，如果一旦终止练习，这些机能就会迅速衰退。家长在课下也会急切地督促学生能够快速掌握，会讲一些大道理，但从家庭辅导上存在一定的困难，本课题希望通过教师与家长的联动，家长积极地参与教学以及课后教师的网络辅导，形成科学的课程框架，系统培养学生形成良好的学习习惯，提升学生的学习效率。

（3）教师与家长共同探索，形成学生学习手册，使学生自己做计划、自己立目标，形成自主学习的良好学习行为。

从心理学上讲，自觉与毅力来自行为结果期待的强度，而不是凭空产生的。在教师与家长的共同探索下，使学生在经过他律到自律的过程后，可以自己做计划、设立目标、自己寻找更适合自己的学习方式，创建学习手册，形成模式使其他同学少走弯路提升学习效率。

教师与家长在学生琵琶学习中都起着至关重要的作用。教师不断提升自己的教育教学水平，家长不断提高自身音乐修养，研究儿童心理的一般规律，教师与家长合力教育，在学生学习过程中分工明确，加强自己在学生学习活动中的责任，充分发挥积极作用，相信我们的学生一定能够成功，我们的教育一定能够成功。让学生充分体验音乐之美，让琵琶学习成为学生乃至整个家庭生活中增色添彩的活动。

四、研究的重点和难点

课题研究的重点：在琵琶教育教学过程中，教师与家长携手共同探索，指导学生提高学习效率，从他律到自律形成良好的有规律的学习习惯，使学生自己做计划、自己立目标，形成自主学习的良好学习行为的宫家合作模式，使每个学生都得到全面健康和谐的发展。

课题研究的难点：

1．如何调动家长的积极性配合少年宫和教师参与教育教学，实现协同共育。

2．如何发挥家庭优势，发掘学生潜能，使每个学生形成自主学习的良好学习行为，都得到全面健康和谐的发展，达到全面育人的目的。

五、研究方法与研究思路

1．研究方法：文献研究法，学习借鉴他人研究成果，寻找理论支持，有针对性地研究指导实践；问卷调查法，安排家长与学生的调查问卷，利用家长会进行调查问卷来了解学员及家庭基本情况，及时了解学员每学期学习的方向和愿望以及实施宫家共育措施后思想发展和学习效果发生的变化；行动研究法，教育实践中深入研究和探讨，建立专业组微信群负责制，以房山区器乐部家长委员会之琵琶兴趣小组家长委员会为基础，在专业微信群建立家委会家长负责制，在方便家长、学生对每学期计划安排及各项通知全面了解的同时，积极对每次课学员的学习情况进行总结，布置家长在课后对学生的学习方式和学习内容把关，加强教师与家长、学员之间的讨论与互动，培养学生从教师、家长的督促学习到自律学习的过程，对教学中难点重点及家长大课堂进行微视频教学。

2．研究思路：本课题研究将严格按照“确定主题—选择内容—制订方案—实践研究—交流总结 — 申请结题”的程序进行。先对房山区少年宫琵琶专业学生的现状作全面了解，明确研究的内容、方法和步骤；再组织本课题组成员学习课题研究的内容、任务和具体的操作研究步骤。通过一系列的应用研究活动，了解宫家共育的发展过程，建立起宫家共育体系，完成新型宫家共育新途径的探求，促进学生良好学习习惯养成的“宫”家合作模式研究。

六、研究保障

本课题从研究方向和研究内容的确立除与自身工作实际相结合外，课题负责人在“十三五”期间研究课题为《教师与家长的合作对校外器乐教育教学活动作用的研究》，对教师与家长的合作对于器乐教学的作用已进行了一定的研究，本次目的在于“宫”“家”合作对学生学习琵琶如何培养良好的学习行为模式的研究，从完全的家长督促到学生自律学习，提升学习效率的研究。

课题负责人和主要成员的研究能力从以下几方面评估分析：

李昂房山少年宫科研培训部部长、从事校外琵琶兴趣小组教学近20年。王文新房山区少年宫高级教师，从事电子琴、钢琴教学30余年。高峰老师是房山区信息中心的教师，同时也是琵琶兴趣小组家委会的委员。这3位教师有2位都是房山区骨干教师，3位教师都参加了“十三五”课题的研究，都顺利结题。其中王文新老师负责和李昂老师参与的“十三五”课题《教师与家长的合作对校外器乐教育教学活动作用的研究》获得北京市开题报告三等奖。3位教师都具有很强的教科研能力，每位教师都有多篇论文获奖或发表。

房山少年宫一直致力于“宫、校、家”的协同育人模式的探索，又非常重视教师教科研水平的提升，鼓励教师进行课题研究，能够给予课题研究充分的经费支持和后勤保障，能够聘请校外教育的专家、琵琶演奏家、教育家进行政策性和方向性的指导，通过学习教育教学理论、对外交流学习、总结反思等研究手段，探索琵琶兴趣小组“宫”“家”合作对学生良好学习行为模式的研究，提高课题组成员的理论水平和研究能力，确保课题研究顺利进行并圆满结题。

七、研究的实施计划及人员分工

本课题计划研究分四个阶段进行：

主要阶段及成果				
序号	研究阶段（起止时间）	主要研究工作及成果名称	成果形式	承担人
1	2021.9—12	1. 进行课题研究分析论证 2. 研讨课题研究方案 3. 查询文献资料，在原有资料的基础上，进一步搜集和整理相关研究资料，进行课题论证 4. 完成课题申报工作	开题报告	课题全体成员

续表

序号	研究阶段（起止时间）	主要研究工作及成果名称	成果形式	承担人
2	2021.12—2022.12	1．与专家联动，根据研究问题，推进研究工作开展 2．对相关学生、家长进行学习情况的问卷与访谈调查 3．请专家中期调研，进行深入研究的方向、策略指导 4．进一步完善房山区琵琶兴趣小组“宫”“家”合作对学生良好学习行为模式的内容、方式	调查报告 中期报告	课题全体成员
3	2023.1—2023.8	1．深入调研，广泛听取专家、领导、教师、家长、学生等反馈意见，进一步优化相关研究内容 2．进一步梳理琵琶兴趣小组“宫”“家”合作对学生良好学习行为模式的探索等 3．整理课程框架、学生学习手册，撰写阶段性的相关研究论文、案例	课程框架 学生学习手册	李昂
4	2023.9—2024.3	1．整理课题成果资料，组织课题组成员撰写研究报告 2．准备接受课题专家委员会的终期验收与审核 3．结题与总结提升工作	结题报告	课题全体成员

八、预期研究成果

1．《房山区琵琶兴趣小组“宫”“家”合作对学生良好学习习惯培养的研究》研究报告一份。

2．《房山区琵琶兴趣小组课程框架》一套。

3．《房山区琵琶兴趣小组学生学习手册》的学生用书一套。

校外聚焦立德树人的美育课程开发研究

房山区学生活动管理中心　马连山　吴丽华

一、研究的背景

（一）社会需求

20世纪以来，科技迅猛发展，世界产生了巨大的变革，哲学、美学思潮活跃。随着世界经济一体化步伐的日益加速，某些外来主义带来的困惑和虚无动摇了我们对传统文化的自信，甚至在很多领域丧失了恒定的标准，尤其影响了青少年的审美情趣、理想信念甚至行为准则。作为美育工作者，我们应该利用美育加强学生思想道德、传统文化教育，增强学生的责任感和民族自信心。

（二）国家教育的诉求

党的二十大提出了要“坚持立德树人，加强社会主义核心价值体系教育”。习近平总书记也在关于教育的讲话中提到，“坚持将社会主义核心价值观融入中华传统文化弘扬传承，从娃娃抓起、从学校抓起，做到进教材、进课堂、进头脑”。因而，国务院、教育部出台了一系列重大的文件，如《关于全面加强和改进新时代学校美育工作的意见》《深化新时代教育评价改革总体方案》《关于进一步减轻义务教育阶段学生作业负担和校外培训负担的意见》等。教育部领导也发表讲话“传统文化不进校园，中国人的重心就会漂移”。

（三）机构需要

为顺应时代变革，促进校外教育跟上改革的脚步，房山区校外美术科研部决定研究开发以传统文化为研究方向，基于立德树人的美育课程，强化美育项目的育人功能，提高学生审美和人文等综合素养。

（四）理论研究背景

中央美术学院，在我国美育研究界研究成果占据主导地位。在央美“十四五”发展规划中，明确要加强深入研究中华美育传统，总结新时代美育规律和美育特点，构建具有中国特色、时代特征的美育理论体系；加强美育理论与实践研究、中华美育研究。

2020 年 5 月，范迪安院长作为全国政协委员在全国“两会”上提案《加强美育学科建设》，建议在“艺术学”门类中设立“美育学”学科，推动美育师资队伍建设和美育理论研究。

本课题贴合前沿美育理论研究方向，以立德树人为根本目标，以传统文化为切入点，探究将美育理论落实于实践的方法。

二、研究意义

理论方面，落实近年来国家、教育部发布的各项教育政策。把“学习迁移理论”“跨学科整合思想”“综合实践模式”与美术学科知识相结合，形成创新理论。

实践方面，以往的课程和实践存在以下问题：

第一，课程内容零碎、分散，缺乏系统性梳理；弘扬中华优秀传统文化、强调德育的元素不足，与“立德树人”的目标还有距离。部分选材学生感到有距离，兴趣不浓。

第二，教学形式陈旧不够丰富，缺乏新颖的创意。

第三，教师的跨学科学习、多学科融合，合作意识淡薄，欠缺合作机制。

第四，教学内容缺乏与本地区文化的联系。

研究和探索解决这些问题，形成更有价值、值得推广的房山区校外美育课程，更好地满足在新时代发展中，学生对审美和生活趣味的多元需求；促进教师在实践中不断成长，并逐渐成为优秀的教育者和家长、学生满意的好老师。

三、文献综述

（一）国内外研究现状

1．实践探索现状

在基础教育阶段美国各学科都没有统一的教材，教师大多依据相应的“课程标准”自主开发课程。其中的“课程标准”是由一个学术性机构研究并颁布的。

美国的“艺术课程标准”被国家教育发展评估委员会用来作为艺术学科教学的评估标准，决定了全美各州艺术课程的内容设置与教学取向。

1994 年由美国“全国艺术教育协会联盟”研制而成的《艺术教育国家标准》，响应了 1993 年美国国会通过的《2000 年目标 —— 美国教育法案》，使得艺术成为中小学的核心课程。

2014年，在原有1994年版艺术课程标准的基础上，美国国家核心艺术标准联盟制定并颁布的新的《国家核心艺术课程标准》明确指出了艺术学习的“终身目标”。

在具体的课程设计方面，美国艺术教育中的课程标准设计和我们有着很大的不同。其划分学生课程内容的依据不是从学科门类，如油画、雕塑、设计等的角度出发，而是从“艺术过程”和“艺术活动”的角度，将视觉艺术课程的结构分为“创造、展示、回应、关联”四大部分。又分年级和学段给出了不同的目标追求。

其中，“创造”指“构思和发展新的艺术想法和作品”，这是艺术过程的第一阶段。“展示”是艺术过程的第二阶段，“展示”是指“诠释和分享艺术作品”。在艺术过程的后续两个阶段中，“回应”是指学习者对艺术的态度，具体是指“理解和评估艺术如何传递意义”，而“关联”是指“将艺术想法和作品与个人意义及外部背景联系起来”。

在美国小学的艺术课，不仅仅是给孩子一个时间自由地绘画，更不是正儿八经地给孩子讲授素描、色彩等绘画技巧技能，而是更多地综合了语文、数学、科学、社会研究等学科知识，与手工课融合在一起，所以是一门名副其实的综合实践活动课程。在日本，优化中小学课程中，也要求每周进行两小时的综合性课程学习。

关于美国美术课程评估，他们是这样做的。在一个学年中，学校发三次成绩卡，美术评定分三项：基本功（Applies basic skills）、表达力（Expresses own ideas），好的习惯（Exhibits good work habits）。

2．理论探索现状

弗兰克·罗伯特·萨伯尔教授是美国国家核心艺术课程标准“视觉艺术基石性评估模型”负责人、普渡大学教授，艺术教育系主任。他的研究内容包括评估、多元文化主义、艺术教育政策、课程开发和艺术教师的专业发展。

他在美国国家核心艺术课程标准改革进程中和美术教育的变化及未来的方向与重点中都提出以下观点：完整的教育需要包含美术教育，应该对每个学生进行价值观教育，美术课程更应该注重结构性、内容设置体现多样性等整体特征；美术教育方法也应该重视讨论，讨论重点旨在帮助学生更深入地思考持久的理解，并帮助他们更深入地思考他们所学的东西。讨论重点旨在激发思考，激发探究，并激发对更多问题的思考。

弗兰克·罗伯特·萨伯尔教授还制定了不同美术教育的标准，标准分为“基本标准”和“展示标准”。基本标准给出了对任何艺术学科都通用的知识和常用技术。展示标准是按年级顺序排列的，是为学生学习过程中遇到的特定学科而设计的。标准能够明确掌握学生在最后知道了什么、能够做什么，标准支持真实和形成性的评估。他还总结出21世纪的人才应该具备的最重要能力是：批判性思维、协作、沟通和创造能力。这和北大的谢维和教授提出的观点不谋而合。

另外，布鲁纳和奥苏贝尔提出的“学习迁移理论”，雅克布斯的“跨学科整合思想”，也引领了当今教育理论发展的新思路。

郑勤砚，中央美术学院教授，博士生导师。中央美院少儿美术教育研究中心主任。教育部首届全国中小学美育教学指导专业委员会副主任兼秘书长，中国美术家协会少儿美术艺委会副主任兼秘书长，北京美术家协会美术教育委员会委员，中国书法家协会会员，中国美术家协会会员。主持编写了《基础教育美术课程标准研制与实验》。

郑教授的主要观点：美术不再仅仅是作为附属的学科存在，而是一门独立的学科领域，是美育的重要组成部分，对儿童的品性、修养、道德起到规范作用。在学习创作的过程中，是对于孩子记忆力、想象力、观察力、思维能力、大脑与肢体的协调能力等的综合提升。在学习艺术形象创造的时候，通过对生活中事物的观察和再创造，能够很好地锻炼孩子的创造力，拓展在今后的生活中探索外部世界的可能性。

“少成若天性，习惯成自然”，艺术不是道德和说教，却能潜移默化、深入人心。在艺术教育中培养审美的眼睛，浸润内心的情感、品行，养正心、正德、正见、正行，这是美育的重要责任。学习艺术的过程不仅陶冶情操，在与伙伴进行协助创作时还可以加强合作能力，培养他们健全的人格和正确的价值观。

经“中国知网”文献检索，与立德树人和美术课程及传统文化有关的还有《核心素养下的美术社团活动课程化建设》《非物质文化遗产传统手工艺与工艺美术课程的融合研究》《传统文化艺术在高职学前教育专业美术课程中的渗透》《基于立德树人的儿童线描校本课程建设探究——以重庆市北碚区复兴小学为例》《民间美术资源的开发与课程文化建设研究》《小学美术课程建设方向及课堂模式探索》。

（二）综述

美国的美育课程着重突出创造力培养和综合性实践，课程设置并不从学科角度出发，更重视“艺术过程”和“艺术活动”。

国内外的美育观点也具有交集之处，就是强调“基于问题式学习”的重要性。强调学习者在复杂、有意义的问题情境中去探究和思考，进而一步一步地解决问题。这种学习方式的主要目的是帮助学生发展高水平的综合性思维、提高解决问题的能力和学习技能。另外，对于“美育是高质量教育发展不可缺少的重要组成部分”这一观点也达成了共识。

国内的立德树人和美术课程及传统文化有关文献研究成果，主要解决了以下问题，第一，将立德树人落实到国家课程和校本课程中。第二，将传统文化融入了美术课程。第三，探究了小学美术课堂的新模式。但是，这些研究更多停留在单个主题内容上，没有形成系统性、连贯性、学习应用性。

课程实施没有考虑到受众的个性化、本土化等特点。

综合分析与本课题相关的国内外研究的理论和现状，梳理出可借鉴的内容：美育的评价不应只停留在对作品的视觉评价，应该拓展为过程性的综合评价；重视在美育中融入价值观教育；重视培养学生协作、沟通和创造能力；课程内容在学科知识的基础上融合多学科内容，增加动手操作活动形式的占比。

四、核心概念界定

“校外”指房山区学生活动管理中心，视觉艺术类兴趣小组。参与此课题的小组有素描、速写、色彩、线描、儿童画。

“美育课程”之所以称为美育课程，而不是美术课程，主要是因为课程不以学科为中心，进行单纯的技能技巧训练；是“以立德树人”为根本任务，强调育人成效和综合能力的培养。

“课程”是校外美术教育的中间环节，也是教育思想、教育目标和教育内容的主要载体，是开展教育教学活动的基本依据。课程设置决定了学生通过学习将获得怎样的知识结构，它主要由特定的课程理念、课程目标、课程内容、课程结构和课程活动方式所组成。

本课题所指的“课程”不完全等同于教材，是以活动为载体，编创低、中、高层次的课程目标、框架、评价标准。探究融合信息技术、融合学科体系、融合教学模式、融合社会资源、融合教学方法等实践活动模式。研究的课程作为本单位校本材料使用，成果推广到房山地区的部分中小学校外美育活动中。

五、研究基本观点和假设

（一）研究基本观点

1．研究方向

课程以立德树人为根本任务，以培养学生综合素养为目标，形成多学科融合的综合性学习课程。

2．课程性质

课程以对具有中华特色的视觉形象进行感知、理解、表现、创造为特征，综合视觉、触觉、听觉提高创新思维和表达、合作、交流能力。

（二）研究假设

1．制定出分层课程目标，目标关注基于德智体美劳全面发展。

2．课程内容综合性加强，纵向衔接、各个单元主题贯穿、知识结构循序渐进、各学科知识适当融合。

3．艺术作品贴近生活、反映时代、表现形式多样化。

4．学生学习传统文化的兴趣提高、中华美德的思想品质逐渐形成。

5．学生形成良好的生活习惯和学习习惯，综合素养全面提升。

6．教师的综合素养和发现问题、解决问题的教育能力提高。

六、研究目标及主要内容

（一）研究目标

<table>
<tr><td rowspan="7">研究目标</td><td rowspan="2">思想行为能力</td><td>学生初步形成正确的人生观、价值观；具有健康的生活习惯，良好的学习习惯</td></tr>
<tr><td>美术学科核心素养及综合能力进一步提高</td></tr>
<tr><td rowspan="2">课程研发</td><td>制定出分层的课程框架、课程标准、评价标准</td></tr>
<tr><td>研发出包括基础课程、拓展课程、综合实践课程的学期课程基本架构</td></tr>
<tr><td rowspan="3">模式方法</td><td>得出具有典型性的融合书法、语文、体育、信息技术的方法模式</td></tr>
<tr><td>探究得出整合社会资源与美育相结合的综合实践课程模式</td></tr>
<tr><td>探究出具体可实施的提高学生综合素养的方法途径</td></tr>
</table>

（二）研究主要内容

<table>
<tr><td rowspan="7">研究内容</td><td rowspan="2">理论</td><td colspan="2">基于核心素养目标，从学生成长和现实生活需求的角度重组各类知识。</td></tr>
<tr><td colspan="2">创新性继承和发扬中华传统文化和具有中华特色的审美标准。</td></tr>
<tr><td>融合技术</td><td colspan="2">探究融合音频、视频、绘图软件、视频编辑软件、互联网等，辅助课程实施的方法</td></tr>
<tr><td rowspan="4">融合课程优化</td><td>融合体系</td><td>基于解决问题和完成任为目标，以美术学科为主联合其他学科参与课程实施</td></tr>
<tr><td>融合模式</td><td>融合专业实践和社会实践相结合的综合实践与基础知识相结合的课程模式；融合以互联网为主的自主学习和体现教师指导的传统教学模式相结合的教学模式</td></tr>
<tr><td>融合资源</td><td>利用美术馆、博物馆等社会资源参与设置实践课程</td></tr>
<tr><td>融合教学方法</td><td>结合小组共学、自主式学习、沉浸式体验、探究学习等综合式教学方法</td></tr>
</table>

（三）研究要点

1．研究重点

把握课程内容的选择要与学生生活密切相关、学生比较感兴趣、有时代感。

2．研究难点

探究专业实践和社会实践相结合的综合实践模式；探究活动中既能发挥教师引导、启发、监控教学过程的主导作用，又能充分体现学生作为学习过程主体的主动性、积极性与创造性的综合性教学方式。

3．研究基点

将中华美德和传统文化的视觉元素融入课程；将生活实际和其他学科知识技能融入课程。

七、研究路径设计与方法选择

第一阶段，准备阶段（2021.3—2021.5），查询文献资料，学习政策文件，进行课题论证，课题申报。

第二阶段，研究实施阶段（2021.6—2023.7），确定课程体系，分层设定课程目标，评价标准，编写课程内容，在各小组实施。

第三阶段，反馈修改阶段（2023.8—2023.12），改进研究内容。

第四阶段，总结阶段（2024.1—2024.6），整理成果，撰写典型案例、论文、结题报告。

（一）研究路径思维导图

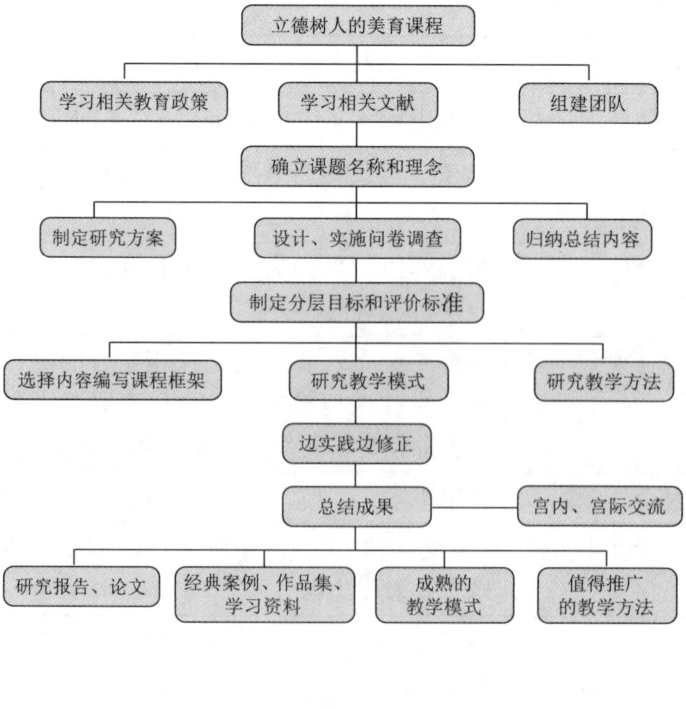

（二）主要研究方法

1. 技术手段：校外为课程建设提供充足的活动空间和场所、多媒体设备、阅读资源、动手材料等。

2．学术手段：课题组成员加强自学，定期集中研讨，聘请专家开展讲座辅导，外出参观学习。

3．行政手段：单位成立了奖励机制，对于突出研究成果给予奖金奖励，并把成绩量化成分值，纳入年中考核和职称评定中。

4．其他手段：课题将成立微信群，便于工作，根据研究进程定期出课题相关内容简报。

八、组织与经费保障、人员分工

房山区学生活动管理中心领导高度重视课题研究工作。单位给予充分的经费支持（每年 2.5 万元）和后勤保障，宣传部门充分利用网站、微信公众号等形式及时进行信息发布和宣传。

经费预算表

序号	科目	金额（万元）	项目经费预算明细
1	调研费	约 0.2	教师前往文化旅游地、各种文化场馆实地调研、车票费每人 100 元，调研天数为 5 天 / 次，餐补每人 50 元 / 天，调研次数为 15 次
2	印刷费	约 0.3	学生作品集、学习材料 每本 200 元印刷（彩印加胶装封面）3 本，每本 15 册
3	资料费	约 0.1	购买专业书籍 25 本左右
4	设备费	约 1	小型打印机 1 台 1500 元，优盘 6 个，塑封机 1500 元，绘图软件 1000 元，网络费 600 元 ×3 年
5	专家费	约 1	1 次 2000 元 ×5
6	低值易耗材料费	约 1	绘画材料，手工材料，书法材料，表演服装，化妆等 1 年 3000 元 ×3 年
7	租赁费	约 2	外出实践活动租车每次 3000 元 × 每年 4 次 ×3 年
8	奖金	约 1	教师本人论文或辅导学生获奖，国家级（一等每次 500 元、二等每次 300 元、三等每次 200 元）市级（一等每次 300 元、二等每次 200 元、一等每次 100 元）

研究项目团队组织及人员名单

姓名	工作单位	电话	邮箱
吴丽华	房山区学生活动管理中心	13718260008	chhzxwlhals@163.com
李建伟	房山区学生活动管理中心	13520077818	jianwei1966@163.com
王春鹏	房山区学生活动管理中心	13959003156	Wangchunpeng83@163.com
孔祥涛	房山区学生活动管理中心	13716797921	Fangshan718@126.com
池　伟	房山区琉璃河中学	13688247701	Chiwei1970@163.com
李红蕊	房山区良乡中心小学	13799724678	8308lhr@163.com

人员分工表

姓名	工作单位	专长	主要任务
吴丽华	房山区学生活动管理中心	美术	课题负责人，撰写各种文字文件，组织学习，召开会议，把握总的研究方向；传统文化与社会实践专业实践相结合的课程研发
李建伟	房山区学生活动管理中心	书法、中文	后勤保障、外联工作、书法及其他学科与美术相结合的课程开发
王春鹏	房山区学生活动管理中心	信息技术	信息技术支持及课程开发
孔祥涛	房山区学生活动管理中心	舞蹈与表演	与表演相关的美术课程开发
池　伟	北京市房山区琉璃河中学	学生心理研究	传统文化与绘画相关的课程开发
李红蕊	北京市房山区良乡小学	学生管理	中华美德与美术相结合的课程开发

九、预期成果

研发（低中高）三个层次的课程目标、课程框架、课程评价标准；编辑学习材料 1—3 册、经典案例 2 ～ 3 篇、学生作品集 1 册、论文 1 ～ 2 篇、研究报告 1 份。探究出具有指导意义的“自主学习模式”“专业实践和社会实践相结合的模式”“美术学科与其他学科相融合的活动模式”。

参考文献：

[1] 张应杭主编 . 中国传统文化概论 [M]. 杭州：浙江大学出版社，2005.

[2] 张岂之主编 . 中国传统文化 [M]. 北京：高等教育出版社，2006.

[3] 朱雪 . 中国传统文化的当代价值研究 [D]，成都：西华大学，2013.

[4] 冯天瑜主编 . 中华优秀传统文化 [M]. 武汉：湖北人民出版社，2015.

同时，张福铎在《中国传统文化在美术教育中培养策略的研究》中针对“如何培养教师的传统文化素养”给出了建议，值得借鉴。在活动内容上，可以遵循《美术课程标准》，参照国家“人美版”教材，开发基于中国传统文化的校外书画官本课程。

附件 1

学期课程结构

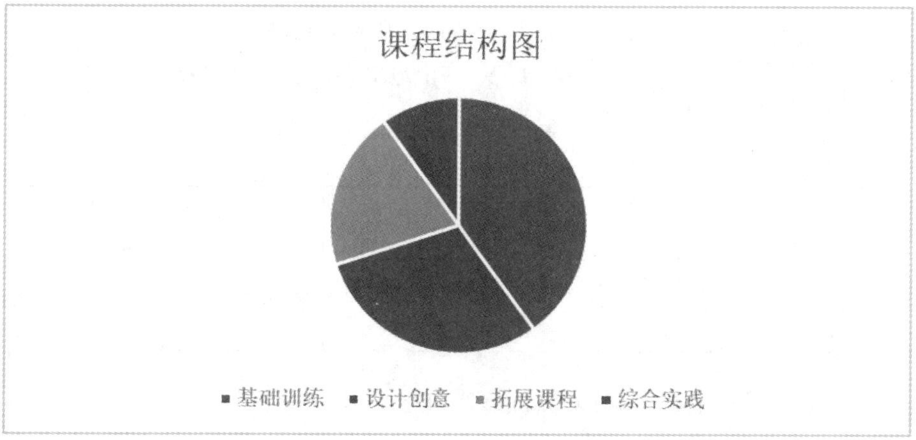

附件 2

课程解析　高级组

课次	课程类型	课程内容	融合学科和技术	美术知识技能	融合实施方式
1	赏析	开学第一课 赏析长城	时事热点、视频资料；语文、历史	文化理解 审美感知	赏、想、讲、析
2	绘画基础	北京的城楼（素描速写）	北京城楼的历史和用途 数学（比例）、地理（坐标） 以有关四合院的歌曲为背景音乐	理解范画文化内涵、对范画的审美感知；构图、视角、透视、用线疏密的方法	学、探、思、讲、画、评、测、展、论
3		京味儿四合院（素描速写）			
4		徽州民居(色彩)	徽州民居形成的历史、民俗故事、视频、图片	对中国传统审美的认识和领悟（南北风格的不同）；色调；色彩表现情感	
5		古建筑里的彩绘			
6	创意	古建筑元素手提袋设计	联系语文学科，理解概括、提炼、夸张、象形、组合等概念；引入工业设计基本知识	理解范例设计的文化内涵、对范例设计的审美认识；创意、实践	
7					
8		古建筑元素钟表设计			
9					
10		写生李大钊故居	讲名人故事	写生与临摹的区别（如何提取实物中的线条）	
11		写生冀热察挺进军司令部	音乐表演（唱红歌、演抗战故事）	如何概括实景中的型和色彩	

续表

课次	课程类型	课程内容	融合学科和技术	美术知识技能	融合实施方式
12	拓展课程综合实践	古建筑与诗词	诗词比赛	古建筑速写的要点	小组共学、沉浸式学习、做、分工合作、竞赛
13		古建筑中的书法	古建的历史背景、书法知识		
14		泥塑“门拔”	“门拔”的历史起源和演变、民俗（用途）、手工	感受传统建筑的审美特色 搓、盘泥条技术	
15	学期总结	展示、总结学期末成果	布展（动手）、语言表达、总结	布展设计基本知识	展、评、析

附件 3

高级组一学期评价表

评价内容		评价细则	备注
一级指标	二级指标		
德育	学习态度	①认真听讲，不做与课堂无关的事情，画具准备齐全 ②出勤活动次数 ③积极参与各种展示活动和比赛	根据研究不断修正内容，确定分值
	互相帮助、诚信、友爱	①助人为乐 ②不欺骗同学、老师、家长 ③遵守学校各种规章制度，尊重师长	
劳动教育	自主学习	①对教师布置的任务，主动思考按时完成 ②在学习中遇到的问题、困难，自己积极想办法克服、解决 ③能够积极主动提出问题	
	物品整理	按要求整理画具	
	值日	认真完成打扫卫生工作	

续表

评价内容		评价细则	备注
一级指标	二级指标		
智育美育	造型表现	①了解基本构图知识，合理安排画面 ②能够观察、表现出物体的比例，结构 ③画面中能够表现出物体的大小空间关系 ④合理运用对比色、邻近色 、冷暖色调表现主题 ⑤能用思路清晰的语言或文字评价自己和同学的作品	
	设计应用	①学会使用点、线、面构成方法设计作品 ②合理运用夸张、装饰、同构、拟人、抽象、概括等方法设计作品 ③合理运用色调、黄金分割比表现主题 ④设计实用性 ⑤运用设计知识评述自己和同学的作品	
	综合素养	①能够结合其他学科知识策划、创作、展示学校或社区的主题活动 ②编创主题绘本、校刊 ③调查、了解家乡现状、历史，发现问题，策划研究改进措施 ④思路清晰的口头表述、写作表达自己对事物的观点 ⑤能够处理好合作关系	
	参加比赛	①参加区级比赛 ②参加市级比赛 ③参加国家级比赛	
成绩	荣誉称号	被评为各级优秀或先进荣誉称号	

房山区校内外器乐社团建设和发展路径研究

房山区学生活动管理中心　汪小力　张行健　陈梦诗　孟和思琴

一、研究的背景

在“双减”背景下，如何更好开展房山区校内外器乐社团，活动以怎样的方式进行建设，沿怎样的路径发展，是目前我们一线教师急需研究的课题。

（一）研究的目的

近日，中共中央办公厅、国务院办公厅印发了《关于进一步减轻义务教育阶段学生作业负担和校外培训负担的意见》（以下简称《意见》）。“双减”要减掉的是不符合学生健康成长规律，不利于学生德智体美劳全面发展的过重的负担，并不是要减掉教育的分量和质量。2021 年 5 月，习近平总书记在中央深化改革委员会第十九次全体会议审议《意见》时强调，义务教育最突出的问题之一是中小学生负担太重，短视化、功利化问题没有根本解决。在校内外学生器乐社团活动中这些问题也很突出。根据 2020 年 10 月中共中央办公厅 国务院办公厅印发的《关于全面加强和改进新时代学校美育工作的意见》中的相关论述，艺术教育将成为学校美育的主体，器乐教育是艺术教育的重要组成部分，器乐社团是器乐教育的主要形式之一。近些年，器乐社团活动在培养学生审美情趣、文化理解、自主学习、合作能力等核心素养方面发挥的重要作用被社会广泛认知，校内外各种形式的乐团应运而生，但随之而来的不只有发展，还有困境。根据对房山区四所中小学和学管中心乐团负责人的问卷调查，校内外学生器乐社团建设中存在一些实际问题亟待解决，比如学生的选拔、培养与提高缺乏有效的策略和良性循环模式；师资水平参差不齐，活动时间不够，活动质量和效率很难保障；家庭、学校、校外机构间沟通合作不够；社团负责人缺乏组织管理能力；社团活动基本是比赛驱动，鲜有适合学生的专业课程，活动目标有功利化、偏离育人本质的倾向；学校缺乏中长期规划，特色不突出；器乐社团活动育人实效体现不充分等问题。

以上问题直接影响器乐社团的可持续发展和育人目标的实现，本课题研究的目的是基于项目建设理念，通过建立健全管理制度、完善管理办法、整合校内外教育资源、建设特色课程体系、加强校外教育机构—学校—家庭三方合作、促进器乐教育高质量发展、提高育人实效，打造学校、教师、学生共同发展的房山区器乐教育新格局。

（二）研究的意义

本课题通过与学校的深度合作，开发器乐教育优质课程，充分发挥校外教育专业师资和项目管理理念的优势，针对器乐社团建设中理念陈旧、管理薄弱、师资水平参差不齐、学生选拔培养缺乏有效模式等痛点，旨在提高器乐教育质量、回归育人本质，力争在房山区中小学美育教育中发挥重要作用。

1. 提高校内外器乐社团建设的专业化程度。
2. 培养懂专业、会管理、善合作的社团活动管理者。
3. 探索多点、多层次融合育人的有效途径。
4. 促进房山区校内外器乐教育高质量发展。

二、文献综述

通过对本课题内容十年内相关文献的检索，所有研究基本可以分为两类：一类是以学科视角侧重教学模式的研究，进而论证器乐社团活动对提高学生核心素养的作用；另一类是通过比较和调查的研究方法，对比分析中外学生乐团建设、发展的历史和现状。这些研究通过客观的数据分析和经验总结为我们提供了可靠的资料和重要的启示，但相当一部分是以音乐教育教学为中心，指导音乐教学方向与发展的音乐教育类书籍，未找到校内外联合开展器乐社团活动的相关研究资料，也未找到基于项目建设理念的学生乐团建设、管理和发展的研究。尽管如此，通过这些书籍仍然可以获得与音乐课外活动，音乐教学经验，以及音乐教学方法有关的大量信息，为该论题提供了有效的理论保障。

佟学主编，新华出版社出版的《中国名校——国家教师科研基金“十一五”成果集》，是一本较权威的教育科研成果论文集。该文集收录了280篇成果论文。其中包括两大板块，一是教育创新类，二是教育管理类。它以课题研究的实践为基础，用第一手调研材料、案例、事实、数据、表格等的细致描述与分析，展现了新课标下现代教育体系的教育教学科研成果。其中湖北省广水市实验高中的李小润，张群丽的《中小学校园文化建设诌议》中谈到“学校里的艺术活动，是一种集体性的文化活动，这正是校园文化活动的特点和优势之一。校园文化建设应着力发展这一特点优势，努力为学生创设发挥特长、表现才能、发展个性的校园集体活动环境，以增强校园文化活动的活力，增强校园集体活动的向心力和凝聚力。”可见艺术教育培养在校园文化建设的重要意义和作用。甘肃省兰州市第一中学的史长河老师在《重视艺术教育，推进校园文化建设实践》中强调“艺术教育是学生全面发展中不可缺少的部分，它对学生健康、全面、和谐地发展起巨大的催化作用，具有育人的综合功能。该校现有教学班级 43 个，有学生近 3000 名，在这些学生中，绝大部分学生都有自己的兴趣爱好、艺术特长，都有发展自己艺术特长的强烈愿望。针对这个实际情况，该校确定学校艺术教育的指导思想：面向全体学生，培养艺术兴趣和特长，全面提高学生整体素质。”并且 1993 年该学校成立了学生交响乐团，同时赴各国参加演出及交流，是目前我国中学生交响乐团中享有盛誉的一支优秀乐团。

这些成果给我们提供了很好的实践参考，具有充分的研究意义。然而在将近三百篇的科研成果中却没有谈及校外器乐社团建设、管理、提升的相关课题或者器乐社团在校内外建设中对各个方面的重要意义，从而反映出本课题处于一个不被重视的领域。本课题立足于校内外器乐社团的建设管理发展和实践教学研究，从中探讨器乐教育对我国中小学学生音乐培养的重要意义，为音乐基础教育提供一定的理论依据与实践参考。

姚思源的《中国当代学校音乐教育文选（1949—1995）》系统地梳理了从 1949 年到 1995 年教育部以及各音乐教育协会颁发和从事的音乐教学指导和音乐教育活动以及专注索引，为音乐教育工作者提供了学习、研究的思路，为本课题提供了国家文件以及背景框架的基础保障。俞玉姿的《中国近现代学校音乐教育文选（1840—1949）》是全国教育科学“八五”规划项目“学校美育理论与实践研究”成果的一部分。本书为中国近现代学校音乐教育思想、经验及其发展规划提供了原始资料。其中收录的胡敬熙的《小学生的演奏》中充分肯定了器乐演奏对学生音乐心理发展的积极影响。刘靖之主编的《中国学校音乐课程发展》充分地剖析了在以西方音乐教育理念冲击下，中国学校教育的借鉴与突破。该书的第一卷综述了 20 世纪中国学校音乐课程的发展历程；卷二系统地阐述了 20 世纪上半叶中国学校音乐课程的发展，卷三梳理了 1949—1966 年中国学校音乐课程；卷四梳理了 1966—2006 年中国学校音乐课程。该书全面细致地分析了中学学校音乐课程发展的具体脉络，为本课题研究提供了学校音乐教育方面的背景了解。

曹理编著的《音乐学科教育学》是一部关于音乐学科教学的理论专著，内容涉及音乐教育的本质特征与社会功能、中小学生音乐心理发展、音乐教育课程、音乐表演学习与教学、音乐创作学习与教学、音乐欣赏学习与教学、音乐基础知识和识谱记谱技能学习等，适合中小学音乐教师作为教学参考。同时也给本课题提供了充分的理论基础，让我们了解到了当代学校、学生以及教师状况，为本研究提供了实践准备。

Randall Everett Allsup 著、郭声健译的《音乐互助学习与民主行为》讲述了纽约州北部一个小镇上的九个高中学生和一位音乐教育教授共同创作和表演音乐的故事，他是一个关于发现音乐、体验音乐，并尝试新的音乐教学法的故事。这本书谈到了传统民族器乐与非传统民族器乐学习的融合，探索了器乐学习的重要意义。

朱则平主编的《全国新课程优秀器乐教学文选》，是一本针对中小学器乐教学的论文集。自改革开放以来，器乐教学越来越受到人们的重视，《音乐课程标准》也进一步明确了器乐教学的重要作用。该《文集》收录了四十余篇一线教师的器乐教学经验，每篇文章都各有特点，从不同角度体现了我国新课程器乐教学的面貌。具有深刻的理论性、实践性和探索性，为中小学音乐教育中器乐教学提供了学术参考，也为本论文研究提供了学术线索。但是该文集并没有涉及民族器乐的具体教学办法，本课题的研究将进一步完善中小学器乐教学的教学模式。

对于社团的建设和管理的相关研究不论是国内还是国外大多以高校和社会团体为主，国外尤其明显。在中国知网平台上搜索“中小学社团团里”的论文仅有9篇。且主要以社团活动种种现状的分析调查居多，总结出的也是具体的不足与对策，没有看到本质问题，即管理制度、教学模式和师资专业化程度，以上问题得到有效改善，校内外器乐社团才能更好地发展。

综上所述，现有研究中关于器乐社团在中小学段的研究尚付阙如。因此，本课题对中小学校内外器乐社团建设和发展路径的研究，填补了相关领域的研究空白，对校内外器乐社团的建设者和管理者有价值参考，对区域内校内外器乐教育发展以及美育教育有效落地有促进作用。

三、研究设计

（一）核心概念界定

1．校内外：“校内”指房山区属的中小学，鉴于本课题研究条件限制，具体研究对象是北京市理工大学附属实验学校、房山区北潞园学校、房山区琉璃河中心小学、房山区良乡第三小学；“校外”指房山区学生活动管理中心。

2．器乐社团：本课题所指器乐社团包括交响管乐团、民族管弦乐团等全编制大型乐团，也包括打击乐团、弹拨乐团、电声乐队等较少乐器编制的小型乐团，还包括古筝乐团、长笛乐团等单一乐器组成的重奏乐团。

3．路径：指完成目标的方法和路线。

4．器乐教育：以器乐教学为载体，以立德树人为根本目标的教育活动。

（二）研究假设

整合校内外教育资源，建立健全器乐社团项目管理办法和发展模式、合作开发优秀课程、联合开展教科研活动，是校内外器乐社团可持续发展的有效路径，在房山区具有普遍推广价值。

（三）拟创新点

将校外教育优质项目建设理念、模式和成功经验引入中小学，结合学校实际在课程开发、活动育人、器乐社团可持续发展等方面开展有针对性的合作，填补了校内外合作开展器乐社团活动研究的空白，为房山区中小学艺术课程开发与实践提供有价值的参考。

（四）研究目标

1．建立完善器乐社团课程体系，推广成功经验，促进器乐教育高质量发展。

2．建立校内外器乐学科音乐教师联合教科研活动机制，提高教师综合素养，促进器乐社团专业化、规范化发展。

3．健全器乐社团管理制度和发展模式，梳理活动育人策略，形成校内外融合育人有效路径，促进器乐社团可持续发展。

（五）研究内容

1．校内外器乐社团现行管理制度和运行模式，包括北京市校外教育优质项目的管理办法，以及中小学优质器乐社团的建设和发展历程。总结梳理现有机制和问题困惑。

2．调研校内外器乐社团使用的课程教材、育人模式和活动效果，以问题为导向，建设特色课程体系，探索可持续发展的有效途径。

3．器乐教育工作室的活动模式与发展机制。

（六）研究方法

1．运用文献研究法上网查阅文献，了解国内外研究现状。

2．运用调查研究法。第一，对房山区校内外学生器乐社团建设、发展的历史和现状进行调研，总结已有管理制度和模式，梳理发展过程中的问题和困境，为后续课题研究提供资料；第二，对少年宫器乐专业学生和不少于四所中小学的学生及其家长发放调查问卷，针对研究内容和目标进行有针对性的研究；第三，通过采访、座谈、问卷等方式与校内外教育机构的领导和老师进行充分的交流，了解开展器乐社团活动的现状、问题和思考。

3．运用个案研究法，梳理市级优质项目的理念、模式与创新，以及学校在课后服务中器乐社团活动的模式和价值。

4．运用经验总结法，总结经验、查找问题，形成研究报告、论文案例集等研究成果。

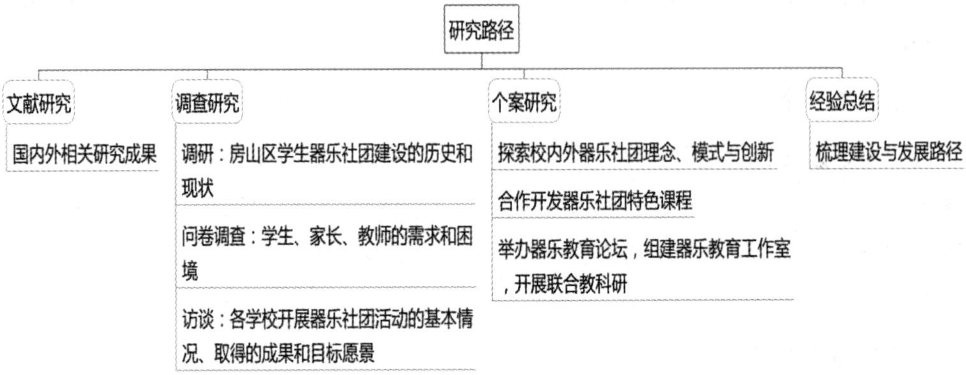

四、研究的实施计划及人员分工

（一）研究分三个阶段进行

1．准备阶段（2021.5—2021.8）：查询文献资料，前期调研，确定选题，充分论证。课题申报，开题立项。

2．实施阶段（2021.9—2022.8）：充分调研、实践探索、总结梳理。与学校联合开发课程、组织房山区器乐教师论坛。

3．总结阶段（2022.9—2023.7）：征求意见，修改提升，形成成果。整理课题资料，将典型案、论文案例和优秀课程设计汇编成集，撰写结题报告。

（二）人员分工

姓名	分工	研究成果
汪小力	文献研究，立项申请，开题报告、工作总结、研究报告等整合性文字资料的撰写，下校调研，个案研究并整理有效路径与发展机制等，全面负责课题研究工作	立项申请书、开题报告、工作总结、研究报告、案例、论文、课程、汇总整理课题研究成果
张行健	设计师生调查问卷并撰写调查报告、下校调研、个案研究	调查报告、调研报告、案例、论文、课程
陈梦诗	设计师生调查问卷并撰写调查报告、下校调研、个案研究	调查报告、调研报告、案例、论文、课程
孟和思琴	设计师生调查问卷并撰写调查报告、下校调研、个案研究	调查报告、调研报告、案例、论文、课程

五、组织与经费保障

（一）课题负责人和其他成员完成本课题的研究能力

课题负责人汪小力，房山区学生活动管理中心器乐部部长、校级骨干教师，负责所有器乐社团的管理工作。作为负责人组建了第一支区级学生交响管乐团并负责长笛声部教学工作至今，该项目被评为北京市校外教育优质创新项目。作为课题组成员参与了北京市课外、校外教育“十三五”科研规划课题“教师与家长的合作对校外器乐教育教学活动作用的研究”和中国教育学会科研规划课题“北京校外教育供给侧改革路径研究”子课题“整合校内、校外教育资源 构建融合育人体系”的研究工作，撰写的两篇论文先后在国家级专业期刊《中国教师》上发表，具有一定的教科研经验和能力。

课题组其他成员：

张行健，房山区学生活动管理中心民族管弦乐团团长、指挥，北京市校外教育优质特色项目负责人，在乐团建设、管理工作中有丰富的实践经验。

陈梦诗、孟和思琴两位老师均是音乐学相关专业研究生学历，硕士学位，在学校负责民乐团、管乐团或其他器乐社团的管理和教学工作，她们教学能力突出，有一定的组织管理能力，对学生器乐社团活动有丰富的实践经验，对器乐社团的建设和发展有深入地思考。

（二）完成课题的其他条件

房山学生活动管理中心器乐部下属四个器乐社团，直接参与学生 200 余人，辐射区内外 30 余所中小学，课题组其他成员来自区属中小学，下属学生乐团参与人数超过 200 人，上述单位地理位置分别隶属于房山区长阳镇、拱辰街道、良乡镇、琉璃河镇和城关街道，另有长阳镇中心小学等学校愿意以适当形式参与本课题研究工作。因此，本课题研究对象范围比较广、样本比较大，研究内容有代表性，能够保证样本的普遍性以及课题研究的科学性和有效性，研究成果具有可推广价值。

房山区学生活动管理中心暨房山区校外教育办公室负责全区中小学所有艺术类展演赛活动的组织管理工作，有丰富的文献资料可供查阅，亦有丰富的实践经验可以总结借鉴。同时，房山区学生活动管理中心给予课题研究充分的经费支持和后勤保障，可以利用网站、微信公众号等形式开展宣传工作，有利于课题成果的推广应用。

六、预期研究成果

最终研究成果				
序号	完成时间	最终成果名称	成果形式	承担人
1	2023.5	优秀论文、案例和课程设计	文集	课题组全体成员
2	2023.5	成果展示视频 1 份	光盘	课题组全体成员
3	2023.6	研究报告 1 份	文字	课题组全体成员

课外武术活动课程建设实践研究

房山区学生活动管理中心　张时海

一、课题研究背景

（一）选题缘由

自2014年北京市教育委员会下发《关于在义务教育阶段推行中小学生课外活动计划的通知》以来，伴随着政府、学校、社会的通力协作，北京市中小学课外活动的开展取得了突破性进展，课外活动对学生的健康成长产生了积极影响，进一步提升了学校教育教学工作的质量，开创了课堂内外协同育人的新模式，取得了可喜成果。我国学生课外活动的开展已有一百多年的历史。新中国成立之后，针对学生开展课外活动的相关要求在国家教育政策中时隐时现，在理论界也曾引发诸多讨论，在实践操作层面亦出现过多种“变体”。进入21世纪以来，我国基础教育进入一个新的发展阶段，在这样的背景下也促进了人们对课外活动的高度重视。首先，1993年《中国教育改革和发展纲要》的发布，拉开了我国素质教育的序幕；1999年，《面向21世纪教育振兴行动计划》开始全面推进素质教育。素质教育的开展一方面为课外活动的再度兴起提供了良好氛围，另一方面也为课外活动的实践提供了新的切入点。其次，2001年教育部颁布了《国家基础教育课程改革纲要（试行）》，被人们誉为“新课改”的启动。新课改的实施，使人们对课程的内涵以及功能有了全新的认识，对人才培养、学生学习方式的理解有了新的突破。由此，课外活动的“边缘性”角色逐渐得以转变，其功能也逐步得到充分肯定。最后，整个社会对青少年体质问题的关注也促使课外活动备受关注。青少年体质持续下滑已成为客观现实，并且在既有的教育条件下学生难以从原有的学科课程体系教育中得到充分的“补偿”，这就为通过课外活动提升学生综合素质提供了契机，课外活动为改善青少年体质问题提供了平台。2014年，北京市教育委员会下发了《关于在义务教育阶段推行中小学生课外活动计划的通知》，提出主要围绕体育、艺术、科技三个领域，在全市中小学义务教育阶段推行课外活动计划。北京市课外活动计划的实施，体现了新时代对人才培养目标的新需求、新要求、新标准，体现了对青少年核心素养的高度关注，体现了对青少年全面发展的深刻理解。2017年，教育部下发《关于做好中小学生课后服务工作的指导意见》提出，课后服务工作内容包括“安排学生做作业、自主阅读、体育、艺术、科普活动，以及娱乐游戏、拓展训练、开展社团及兴趣小组活动、观看适宜儿童的影片等”，提出通过“政府购买服务”“财政补贴”等方式对学校、单位和教师给予适当补助，通过将课后服务工作纳入中小学校考评体系的方式对其进行监督。由此，北京市中小学学生课外活动翻开了崭新的一页，开始在真正意义上沿着一条有系统并有规划的路径前行，在实施过程中不断呈现出各种创新模式。当然，以崭新模式推进的中小学课外活动工作，在启动之初难免遇到各种矛盾，这其中既有实践模式的问题，也面临经费保障的问题；既有师资队伍的难题，也有管理监督的困境。本质是因为学校的课外武术活动与其他的武术开展机制不同，具有自身的特点：1．参与活动的所有学生都是根据兴趣自愿报名参加的，而不是通过层层选拔的，来去自由度高。2．教师大多数是外聘教师（2021年房山区外聘课外武术兴趣活动教师112人），不是在岗在编的专业教师，其专业水平，参差不齐，并且流动性大。3．活动规模、参与人数不限，一般30～100人不等。4．教学内容多样，一般是根据教师自身技术而定。5．时间、次数固定，每天下午3:30—5:00点一小时，每周1～2次。6．教学目的不同，通常是以满足学生兴趣，锻炼身体，丰富课余生活，传承民族文化，提升综合素质为主。综合以上因素，现在遇到的各种矛盾，其中课程建设就是一个难题，尤其对于武术课程建设来讲，学生出现“喜欢武术，但不喜欢上武术课”的现状，究其原因有多种，比如：教学目标、教学内容、教学基本要求、教学进度等方面出现了一些随意性、盲目性和技术单一、训练枯燥等问题，特别是在武术文化内容渗透方面显得不足，出现“重技能，轻武德”的现象，久而久之就会使学生失去兴趣而放弃学习武术，转向其他课外兴趣小组活动，从而影响课外武术兴趣活动的发展。所以本课题希望通过武术课程的建设，总结课外活动实施的成果，冷静反思其中存在的问题，希望对北京的课外活动工作有所贡献，并向全国推广经验。

（二）研究意义

1．国家政策推动课外武术活动课程建设

武术又被称为国术，是中国传统文化的精粹，也是我国民族传统体育的重要组成部分。武术运动以其独特的文化内涵，技术特色，以及哲学思想深受大众喜爱。武术运动集强健体魄、抵御外敌、美学欣赏、修身养性为一体，武术不仅是一种运动，更蕴含一定哲学思想和文化底蕴。小学生作为中华优秀传统文化的传播者和传承者，对于武术学习的热情也比较高。在国家“武术进校园”的号召下，武术课程在小学体育教育中的研究、推广也非常广泛。然而，自2008年“武术项目”入奥失败以来，国家对于武术文化的宣传和推广乏力，热爱武术的群体逐渐流失，武术运动的发展遭遇困境。在此大背景之下，课外武术课程也存在教学内容枯燥、教学手段单一、师资力量匮乏等诸多问题。学生对于武术和武术文化的认知不足，形成学生喜欢武术，但不喜欢武术课的尴尬局面。目前武术课程不能达到预期教育目标，也无法完成党和国家促进青少年学习传统文化，培养民族文化自信的内在要求，所以要加强对课外武术活动课程的建设和改革。武术项目的繁多、运动形式的多样、显著的健身效果和丰富的文化内涵，这样具有特点的项目，是应该在校园环境中得到传播和推广的。综上所述，课外武术活动课程的建设要根据学生特点去设计，不仅能在课程中培养武德，而且对学生运动技能的形成也有提高。否则学生就会觉得枯燥乏味，把握不好，不仅起不到健身和传承文化的作用，还会使小学生对武术的认识产生偏差。

武术是中华优秀传统文化的传承与发展的进程中不可忽视的重要内容。教育部部长陈宝生在两会中提出“武术、太极都可以进校园”，这是在中共中央办公厅、国务院办公厅发出《关于实施中华优秀传统文化传承发展工程的意见》后，教育部做出的有力响应。陈宝生部长指出：优秀传统文化进校园，说起来就是3句话，第一句话，覆盖教育的各个学段，从小学到大学，我们把这项工作看成是一个固本工程。第二句话，融汇到我们教材体系中去，我们把这项工作看成是铸魂工程。优秀传统文化里，中国人怎么看待世界、怎么看待生命，中国人的价值观、世界观、人生观，有着非常丰富的资源，阐述得很系统。如果我们不把这些东西继承下来，在教育过程中没能让我们的学生了解、继承，他的人生就会发生方向上的偏离。第三句话，贯穿人才培养全过程，我们把这项工作看成是中国人打底色的工程。中国人怎么做人、怎么做事、怎么待人接物，行为方式怎么调整，优秀传统文化都有丰富的阐述。这三句话告诉我们优秀传统文化进校园应该做什么，国家有决心将传统文化推进学校的各个学段，从小学到大学，只有这样步步衔接，才能切实保证传统文化传承的脉络。同时结合现实情况，陈宝生部长还提出了在传统文化进校园方面，应该怎样做。谈传统文化怎么进校园，要做到教材体系的建设。针对各个学段特点，选择合适的内容进入教科书。优秀传统文化有的是涉及规律性的、有的是涉及方法论、有的是涉及技术层面、有的是涉及审美层面。针对不同学段，小学生、中学生、大学生适合什么内容，教材里面就进什么内容。

研究课外武术活动课程建设对传承中华民族传统文化有着重要作用。要想武术更好地普及与发展，就要对课外武术活动的课程进行改革与创新。让改革后的课外武术课程更适合学校的发展、教师的教学和学生的学习。2011年国家颁布关于《基础教育课程改革纲要（试行）》，指出要实行国家、地方、学校三级课程管理，在保证实施国家课程的基础上，鼓励地方开发适应本地区的地方课程，学校可开发或选用适合本校特点的课程。国务院副总理刘延东强调要推动武术等体育活动和具有地方特色、民族特色的运动项目，让青少年全面发展、健康成长。武术，不受场地器材的限制，任何人都可以练习。在学校普及推广武术不仅可以弘扬中国传统文化、强身健体，还可以培养学生顽强的意志和良好的道德情操。

2．教育对课外武术课程改革的诉求

课程改革需要在人才培养进程中不断实施和发展。课程改革是教育改革的重要组成部分，小学是学生全面发展、成长成才的重要基地，因此，在小学阶段，定期进行课程方案的修订是课程建设中必不可少的重要环节。

为深入贯彻习近平总书记关于“帮助学生在体育锻炼中享受乐趣、增强体质、健全人格、锤炼意志”的重要指示精神，贯彻落实党中央、国务院有关部署，认真践行“健康第一”的教育理念，切实加强中小学体育工作，着力提升学生体质健康水平，北京市教委在2021年1月18日，正式发布《北京市加强中小学体育增强学生体质健康二十条措施》，主要针对中小学体育改革的基础问题、紧迫任务和关键环节凝练出了20项具体措施。在《中小学体育二十条》中明确规定在校内体育课时量上有所增加，保证课外锻炼时间。

2004年4月2日，中宣部、教育部联合出台《中小学开展弘扬和培育民族精神教育实施纲要》，其中指出“体育课要适量增加中国武术等内容”。在全面推进素质教育的过程中，武术是中小学体育必修课，是素质教育所必不可少的内容，符合学校体育教育目的、培育目标。然而，众多因素的存在致使学校武术的开展现状不容乐观。因此，为了继承我国优秀传统文化，为了更好地开展课外武术活动，研究课外武术活动课程建设具有重要意义，是发展学生核心素养，实现教育“立德树人”根本任务的一个重要途径。

课外武术课程的建设，在完善课外活动的同时也丰富了校园文化生活。一方面为组织武术社团和学校文体演出做基础；另一方面可以用武术操取代传统广播体操提升学生兴趣。除此之外，武术承载着优秀的中国传统文化兼具武德教育可以培养学生谦逊、自强不息的思想品质，武德教育对学生思想品德教育具有一定的效用。因此，无论是从学生个人还是从学校层面无疑需要武术作为其教育教学中的一部分，来提高学生的身体素质和道德品质，丰富校园课程体系和校园文化生活。

3．学生管理中心是课外武术课程改革的先行者

学生管理中心作为校外机构，对全区中小学校课外活动的开展有指导、协调等的职能，做好课外武术课程建设工作是自身的职责，为各个学校提供课外活动服务的同时，更加了解本区的特点，能够有针对性地提出培养目标、课程目标、教学内容、课程结

构以及课程活动方式，等等。

4．提高自身开展课外实践活动质量，促进本区课外活动发展

如今，随着“双减”政策的落地，课外武术课程建设工作也随着各学校的发展进程不断努力完善。在课程建设的进程中，如何找准方向，不断完善课程，使其更适应学生的发展则成了亟待解决的课题。研究梳理中发现，由于时代的改变，武术课程价值也发生了嬗变，与此同时，价值的嬗变影响了学生需求、社会需求和学科发展的变化，这样一来，现行的课外武术课程体系在课程结构和课程要素方面存在一些亟待解决的问题，如现有的课程对于学生武德的渗透、文化的熏陶、内容单一、训练枯燥、实战层面等方面就没有充分考虑到学生的实际需求。因此，研究需要解决两个关键问题，一是需要建设什么课外武术课程？二是怎样建设这些课外武术课程？以此增强学生学习兴趣，提高活动质量；同时为他人（2021 年房山区课外活动外聘教师有 2083 人，其中体育教师 478 人，武术教师 112 人）提供借鉴，促进本区课外活动的发展。

二、课题的核心概念界定

1．课外活动：在汉语中，“课外”按其字面意思就是在“课程之外”，相应的“课外活动”可按其字面意思解释为“学校正规课程之外的活动”。通过查阅文献发现，目前我国体育界对课余体育、课余体育锻炼和课外体育锻炼这几个概念的看法基本都趋向一致，即将这些名词的概念定义为：指学生在课余时间里运用各种体育手段、身体练习方法，以锻炼身体增强体质、促进身心健康、提高运动技术水平和丰富课余文化生活为目的的体育活动。目前在我国的学校教育中，体育课外活动主要包括以下几种类型：即早操、课间操、班级体育活动、课余训练、课余竞赛、俱乐部及校外体育活动、家庭体育活动等各种组织形式和内容。《教师百科辞典》是这样定义课外活动的：课外活动也属于学校教育活动，是学校课堂之外的具有多种多样形式的，可促进学习者在德、智、体、美等方面发展的有效形式。“课外活动是一种延伸到课堂外的教育活动形式，是教师和学习者一起参与的教育活动”，这是美国的《枫丹娜现代思潮辞典》对课外活动的概念的阐述。从层次上看，人们对课外活动从广义和狭义两个层面做了不同的定义阐述，“从广义层面来看，凡是在学校正规课程之外的所有的教育活动都可称为课外活动，包括学校在校内或校外组织举行的活动，也包括其他教育机构在校内或校外举行的活动：从狭义层面来看，课外活动是学校利用课余时间在校内举行的活动”。从这些定义可以看出，课外活动强调在“课外”，是在课程以外开展的，笔者尝试对课外活动作出这样的解释：课外活动是在正规课程之外开展的，教师和学习者共同并自愿参与的，能使学生获得知识、发展智力、培养情感态度，促进学生发

展的一种活动。笔者在本文所描述的课外活动都是广义层面的，是除课程之外的所有的教育活动的综合。

2. 课外武术活动：张婧在《河南省普通本科院校大学生课余太极拳活动现状与对策研究》中把课余太极拳活动理解为大学生在体育课以外的时间进行的太极拳练习的手段和方法。在其文章中介绍到，武术课外活动的主要目的主要是用来增强学生体质、促进身心健康和丰富课余文化生活。而武术课外活动的概念，我们综合与分析上文中的观点和思想，可以将其概念总结为：课余武术活动是学生在体育课以外的时间里运用武术运动为锻炼手段与方式来进行体育活动的行为。而本课题所研究的武术课外活动指2014年根据北京市教委《关于在义务教育阶段推行中小学生课外活动计划的通知》精神以来在北京市义务教育阶段的中小学校普遍开展的一系列的课外武术兴趣活动，以“课后一小时”为主要研究对象。

3. 武术文化：武术作为传统体育的主要表现形式，是中华优秀传统文化的重要部分，中华武术具有非常广泛的内涵，涉及体育文化生活的方方面面。广义上的武术是中华民族孕育形成的人体破防技术，狭义上武术是指具有深厚理论基础的传统武术流派。武术文化和我们国家的传统文化，在某种程度上来看，具有同一性原理。在新时代文化视域下，笔者尝试对武术文化作出这样的阐述：武术文化不仅是指武术本身的基本知识技能、技击性、健身性和娱乐性狭义文化，还包括广义的武术文化内涵，如武术与地理、武术历史、武术与宗教等拓展文化知识。

4. 课外武术文化课程：作者武俊清在《新时代优秀传统武术文化课程建设的研究》中提到武术文化课程是指一种“研究型课程”。在目标上表现为较强的综合性，课程目标并非单一的，更非仅仅局限于知识层面，而是注重多个学科、多重目标的实现。也就是说，课程目标不仅指向某种知识内容，而且指向各种知识的综合探究过程，尤其指向在探究过程中学生得到发展的探究意识、探究精神和探究能力，指向学生对各种知识的综合探究过程中的情感体验和价值取向。

笔者尝试对课外武术文化课程作出这样的阐述：课外武术文化课程是指在课外武术课程中，把武术文化融入武术课程体系的方方面面，最终让学生养成良好的行为准则以及综合素养，彰显出武术文化在课程中的丰富内涵、无穷魅力，利用武术教育表现出武术的精神价值以及人文内涵，让学生在成长过程中逐渐发展成为德艺双馨的武术文化人，最终实现对武术文化的传承和发扬。

三、主要观点与创新性

构建符合学校课外武术活动特点的课程育人途径才能激发学生兴趣，吸引更多的人积极参与；发掘贴近学生生活、需要的内容才能提高锻炼体质，传承文化，全面提升学生的综合素质。

1. 对武术文化内涵的界定具有多层次、多维度和创新性。不仅包括狭义的武术文化，还深度融合了武术与宗教、武术与地理、武术与文学等广义的拓展文化内容，从国家、社会、个人多层面进行文化教育熏陶，激发学生兴趣，传承民族文化。

2. 原创性。在教材体系中根据课外活动形式特点、学生特点创编出武术操、拳术、器械校本教材，满足学生兴趣，发展学生个性，关注个体差异的需求。

3. 技术教学视频化。教材中每一个技术动作知识点的教学除了文字部分，都配有相应的教学图片、视频，所有这些图片、视频都是由我们师生来完成，这更贴近学生日常活动，有利于教材的推广。

四、国内发展现状述评

根据研究需要（见图 1），本研究以“校外武术”“课程建设”为关键词在中国知网检索近十年的相关文献，一共 575 篇。发现武术课程、武术教学是教育领域的研究热点问题。从文献检索结果看来，武术课程建设的研究相对较少，占 1.8%。可以看出，武术课程建设的相关研究缺少研究者涉足，该领域的研究亟待更多的研究者进行探索。从查阅到的文献资料来看，对课外武术活动课程建设的研究主要有以下几个方面：第一，以介绍课外武术活动的现状为主，如：课程开设情况、武术教学内容、教学方法、组织形式、武术师资及场地等，对课外武术活动课程建设的设计、实施策略的研究几乎为空白。第二，从研究的类型来看，大都是一些调查现状的描述类和小

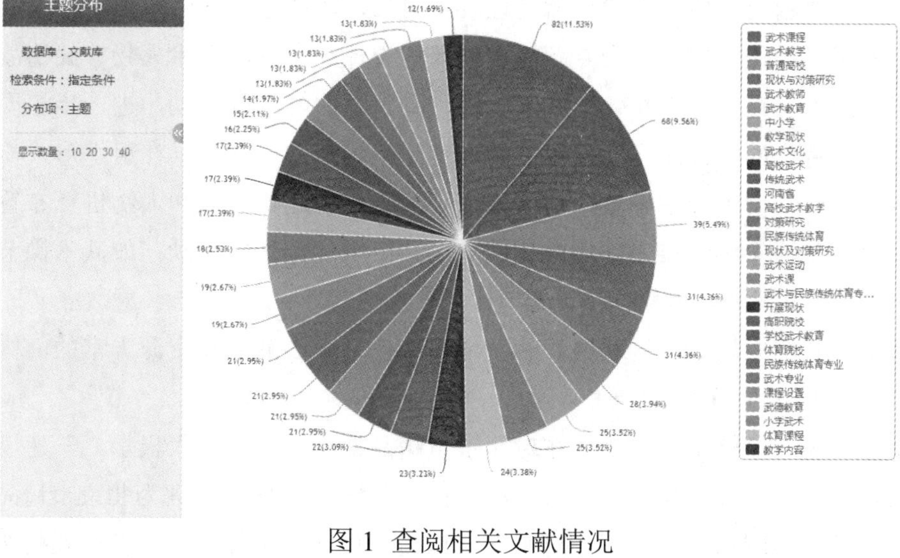

图 1 查阅相关文献情况

样本的实验类研究，理论思考较少，实践应用推广类较少。第三，对课外武术活动课程建设研究不系统和全面、深刻，主要集中在小样本的现状研究和个案研究上，内容方面只是很宽泛的指导思想和内容的设计和要求、作用和功能，评价和反馈较少。

作者许艳玲在《峨眉武术课程体系构建研究》中提到峨眉武术课程体系建设的理念原则有以下几个：（1）自用与传统教材的交互使用：创新与整合。其选用的教材大致分为三类：一是师范类教学，针对师范类学生中小学武术教学的需要，以基本功、初级三路长拳等为主；二养生健身类，其以太极拳、健身气功等内容为主；三技击格斗类，以散打、格斗技术为主要教学内容。（2）特色魅力课程的挖掘与开发：独特与实用。特色课程是指“以国家课程标准为基础，在学校教育理念和育人目标的指导下，充分利用学校课程资源而开发、设计和实施的，能集中体现学校办学特色和课程优势的主导性”。因峨眉武术的地域文化特征，其课程还具备了地方特色课程的特质。基于此，该课程的开发需紧绕“独特”一词来进行。（3）现代教学手段的运用与拓展：便捷与高效。就教育而言，互联网与其的融合也正处于蓬勃发展阶段，基于此，就峨眉武术课程实际而言，其改革路径脱离不了三个方面：其一，教学课程的开发；其二，教学手段的更新；其三，教学平台的建设。武术课程的实施由四个要素构成：课程结构、课时构成、课程内容、师资与评价系统。课程结构中包含：专业限选课程、公共体育课程、综合素质课程。课时构成、课程内容、评价系统也是根据课程内容进行安排的。

作者黄海燕在《幼儿园传统武术运动课程的建设与探索》中提到幼儿武术教育的重心不是搏击招法，而是侧重传统武术文化的教育功能，设计了“儿童立场下的武术运动课程”。分别体现在以下几个方面：第一，在课程设置中从本园幼儿基础和经验出发，立足课题组对传统武术价值的理解。第二，在主题方案中体现，在小中大各年级组开展了以“传统武术”为专题的主题课程设计与实施，武术人物、武德故事、武术游戏、武术套路、武术礼仪、武术欣赏、武术歌曲等专题活动，进一步拓展了“以传统武术为特色的幼儿园运动课程”的内容与组织形式。第三，在组织形式与策略上的体现，如：创设支持性环境。利用传统武术文化中经典故事和人物进行布置，引导幼儿在日常生活中不断接受环境文化的熏陶。组织体验性的活动：如武术操节、武术亲子运动会、武术集体教学活动，等等。

基于幼儿的立场去建构和展开的，寻找特色是中心鲜明和资源丰富的，构建以传统武术为特色的幼儿园运动课程。

作者何英、徐伟军、段全伟在对北京市精品课程“武术（太极拳）”建设的思考这篇文章中提到北京体育大学武术（太极拳）课程于 2005 年被评为北京市精品课程。如何将其锻造为国家精品课程，对照国家精品课程评估指标体系，设计太极课程（见表北京体育大学武术（太极拳）课程设计内容）对该课程建设的优势和不足之处进行了分析并提出改进建议。对校外武术课程的建设有一定的借鉴价值。

表 北京体育大学武术（太极拳）课程设计内容

<table>
<tr><td rowspan="4">教学
内容</td><td>分类</td><td>方向</td><td>原则</td></tr>
<tr><td>课程内容</td><td>课程内容设计</td><td>课程内容具有综合性和层次性</td></tr>
<tr><td rowspan="2">教学内容安排</td><td>授课教学内容安排</td><td>注重武德修养
理论联系实际
现代化手段教学与传统教学相结合</td></tr>
<tr><td>实践教学内容安排</td><td></td></tr>
<tr><td rowspan="2">教学
方法
教学
手段</td><td>教学设计</td><td></td><td>应用式学习
探究式学习
团队学习等</td></tr>
<tr><td>教学方法与手段</td><td></td><td>传统教学
多媒体情景再现教学</td></tr>
</table>

综述：课外武术课程建设对于教育具有重要的意义，首先是对于个人健康培养，道德培养，精神培养，文化修养都具有重要的意义。其次对于我国优秀文化传承，发展民族文化自信具有独特的价值。然而从研究可以看出，目前我国小学课外武术课程没有达到很好的预期效果。小学课外武术课程教学手段单调，教学形式单一缺乏创新，影响教学效果。教学内容不能满足学生需求，影响学生武术学习兴趣。教学评价不全面，在一定程度上影响武术课程的发展。目前小学课外武术活动只是将其作为一门运动，忽略其文化价值和精神内涵，没有有效发挥“武术”作为一门课程应有的价值和效果。在武术课程建设方面，我国武术教育经历了注重技能教学的竞赛课程建设，后转变为强调淡化武术的竞技性的课程建设，而后有转向提高身体素质为指导的课程教学建设，到最新的“强化套路、突出技术、保质求精、终身受益”的武术课程建设。武术教育改革取得了一定发展和成就，然而依然是任重道远，有很长的路要走。

五、研究目标、内容和重难点

（一）目标

1．开发并形成一套符合学校课外武术活动特点的校本课程，推动房山区课外武术小组活动的特色教育发展。

2．搭建学科教学研究的文化平台，助推教师专业能力的提升。

3．提供学生自主、合作、探究学习的实践渠道，促进学生核心素养的发展。

（二）内容

构建一套小学课外武术活动武术文化校本教材体系。

1．研究思路

（1）小学武术课程以理论知识为切入点，其理论涵盖了“课程思政”和“武术教育”等核心思想，其素材囊括了社会主义核心价值观、共产主义理想信念、中华优秀传统文化、武术文化、武术礼仪、习武常识、武德等内容，并以立德树人为根本，确定思政的育人目标。（2）小学武术课程以技术动作为切入点，遵循武术教学过程规律和学生的差异性，其包含武术基本功、武术套路、武术散打等运动素材，加入柔韧、灵敏、力量等身体素质的训练，教会学生运动的方法、原则与注意事项。（3）在教育部颁布实施的《体育（1—6 年级）· 体育与健康（7—12 年级）课程标准（实验稿）》中提出：体育课程资源的开发与利用应从体育设施资源、课程内容资源、课外和校外体育资源、自然地理资源、体育信息资源等方面着手，所以初步设想每个年级设计五个思政主题。

2．研究内容

表 研究内容一览表

序号	课外武术活动课程建设主题	内 容
1	中国武术文化主题	武术的起源、发展、特点、价值及与地理 、戏曲、宗教等拓展文化
2	武术基本功、武术套路主题	武术基本手型、手法、步型、步法、拳术套路与器械类的套路
3	武术基础知识主题	武术术语、技术分析、裁判发
4	体育卫生常识主题	安全教育、饮食习惯、运动损伤预防及处理
5	实践活动主题	展、演、赛及研学活动

综合来说，本课程建设试图从思想层面和技术层面进行剖析，设计五大主题为主导的小学课外武术活动课程，旨在充分发挥武术教学的育人作用，形成“以德立身、以德立学、以德施教”的武术课程。

（三）重难点

重点：如何科学、合理构建符合课外武术活动特点和学生需要的校本教材体系。

难点：课外武术活动课程的实践应用。

六、研究方法、手段、途径等

（一）文献资料法

通过知网数据库查阅有关课外武术活动课程建设的文献资料，联系自己的有关知识，对资料进行整理和分析，为本论文的研究提供了理论基础和研究经验。

（二）专家访谈法

本文通过对多年从事校内外武术教学，并且具有丰富教学经验的武术教育工作者进行访问。询问专家对于武术课程发展的现状和存在的问题，武术课程学的主要形式，武术育人功能等方面发展的看法和意见。并结合房山区实际情况，咨询体育工作者对于课外武术活动课程建设的意义。

（三）问卷调查法

根据调查所需要的具体内容，分别针对学生和领导教师设计调查问卷，通过发放问卷了解课外武术活动的发展现状。

（四）数据统计法

将所回收的调查问卷进行分类统计，并将所得的数据利用Excel软件进行统计分析，了解课外武术活动发展现状，为课程建设的研究提供重要的参考数据。

七、程序措施

（一）完善科研工作制度，定期进行课题的交流。

（二）邀请专家全程跟踪，主要采用电话、网络等方式，可以及时发现问题，解决问题。

（三）提供课题组成员学习的机会，自学与外出考察学习相结合，将理论学习与实践研究相结合，不断提高自身的科研水平和能力。

（四）对实施所需要的材料、资金，学校将给予保证与支持。

八、活动过程、进度与人员分工

（一）准备阶段

起始时间：2021.5—2021.6

人员分工：张时海、成璐

进度计划：

1．查阅文献：查阅中国知网，了解课外武术活动课程建设相关研究的最新动态和成果，为课题组提供研究基础。

2．人员分工：通过课题研究进程，结合课题组相关成员，确定人员分工。

3．课题论证：邀请有关专家、同行进行论证。对于课题的研究价值、研究内容、研究的思路和方法、具体实施步骤等进行探讨，初步形成统一方案。

4．制定方案：根据专家、同行、课题组成员共同的论证反馈，制定并完善课题研究方案。

（二）研究阶段——课外武术活动课程的建设

起始时间：2021.7—2021.10

人员分工：全体成员

进度计划：

对课外武术活动课程建设的相关资料进行整理与分析，为课题研究提供有效依据。整理相关资料，撰写课程建设方案。

（三）实施阶段——课外武术活动课程建设实践的方法

起始时间：2021.11—2023.6

人员分工：全体成员

进度计划：

1．对课外武术活动课程建设进行实践效果的研究。

2．根据实践的研究效果、收据搜集，撰写相关的论文。

3．收集整理前期课题的研究成果，撰写《课外武术活动课程建设实践》的研究报告。

4．在课外武术活动课程建设实践过程中，成员对各自负责的工作进行交流和探讨，调整研究实施的方法与进程，继续撰写相关论文，积极将优秀论文发表并收集成册。

（四）完善阶段——征求专家、领导等反馈意见

起始时间：2023.7—2024.2

人员分工：全体成员

进度计划：为了把控课题研究的质量，邀请专家全程跟踪，主要采用电话、网络等方式，可以及时发现问题，解决问题。

（五）总结阶段

起始时间：2024.3—2024.6

人员分工：张时海 成璐

进度计划：

1．整理研究材料，进行资料汇编。

2．完成结题报告及研究论文。

九、预期成果

（一）阶段性成果 3 项

1．调查问卷、分析报告。

3．相关论文。

4．中期报告。

（二）最终成果 4 项

1．一份结题报告。

2．一本论文集。

3．校本教材：教材系列全集。

4．教学光盘系列。

十、组织与保障

1．以房山区武术实践活动工作室、学管中心武术社团为依托，成立了课题核心组。本课题组由 6 位老师组成，高级教师 1 名，一级教师 2 名，初级教师 3 名；其中区级骨干 2 名，研究生学历 3 名。有较强的科研能力，多次参加市区级的课题研究。同时聘请了北京市特级教师、校外教育名家王德明，北京市体育学科带头人、房山区教研员何富奎老师为专家指导团队成员。

2．本课题前期的准备工作充分，本课题预计 2024 年 6 月完成。目前为止，课题组围绕本课题做了大量的文献收集工作，查阅了大量的资料，进行学习研究。

3．我区教委科研部门和学校领导都十分重视教育科研工作，并对本课题的研究做直接、有效的领导和组织协调工作，对实施所需要的材料、资金等，单位将给予保证与支持。

“翻转课堂”教学模式在房山区校外健美操课程中的实践研究

房山区学生活动管理中心　边大侠

课题研究背景

北京市“十四五”时期教育改革和发展规划（2021—2025 年）指出：深化新时代教育评价改革，对塑造首都教育的新生态提出了变革性要求。推进教育与现代科技深度融合发展，适应科技发展趋势，努力构建新技术环境下的人才培养、教育服务和教育治理新模式，以新技术激发教育活力，培育教育发展新动能。

著名教育家陶行知先生曾说过：“教育是培养有行动能力、思考能力和创造力的人。”体育是教育不可或缺的一部分，在体育学科上我们必须重视学体育课程的功能性开发，不断更新教育理念、创造信息化的学习环境、探索新的有效的教育模式等各方面。在时代的冲击和相关政策的鼓励下，我国教育学者对一种新型的教学模式展开了积极的探索，翻转课堂教学于 2011 年进入我国基础教学课堂。

对于房山校外教育健美操课程来说，教学中遵循传统的教学模式，在疫情常态化的今天，在信息时代不断发展的当下，学生面临更多的线上学习以及交流，传统的教学模式显然不能满足学生的需要，如何去找到突破口，探索新的教学模式已迫在眉睫。针对这种情况，本课题对“翻转课堂”教学模式在房山校外教育健美操课程中的应用进行探索，以期对今后校外体育教育课程中的研究提供理论依据。

（一）选题依据

1. “翻转课堂”教学模式的研究顺应信息化的发展趋势

随着现代信息科技与互联网技术蓬勃发展，传统教学模式受到严重冲击和挑战。在传统体育教学模式中，教师要在有限的课堂时间内向学生传授体育基本知识、基本技术以及基本技能，除了讲解，还要向学生示范。教师的讲授和示范占据了课堂大部分时间，而留给学生实践运动的时间比较少，导致最终教学效果和学生体质水平不能得到同时兼顾。如果翻转课堂教学模式运用到体育课程中，把提前录好的教学视频及初步的理论知识通过信息媒介让学生在课前先行练习，简单模仿，同时找出共性的问题；课上的时间教师根据学生提出的问题进行针对性的讲解，把更多的时间用在师生之间的互动讨论中，将传统教学模式中课后内化知识的过程挪到课中；课后教师总结问题，进行评估反馈，这种教学模式突破传统体育教学模式时间与空间上的局限，能在很大程度上弥补传统体育教学过程中教与练时间分配不均、课上没有足够的时间进行练习和巩固的不足。

2．后疫情时代对微课、在线课堂技术的要求以及延伸

2020年初在教育部发布的“停课不停学，停课不停教”的工作要求下，各个学校积极开展在线网络教学工作。在此期间开展的大规模线上教育正在引发教学模式、育人模式的深刻变化。对于校外教育来说，提高教学质量、教学效果迫在眉睫。新冠肺炎疫情给校外教育也带来了极大冲击，也影响和改变着传统的教学方式、学习方式、资源供给等教育生态，在线学习已经成为一种与线下学习并行不悖且互相补充促进的学习常态。

在教学中，坚持把师生的生命安全和身体健康放在第一位，充分发挥校外体育教育开放性、自主性、灵活性特点，积极探索疫情防控常态化背景下新的活动模式，在危机中育先机、于变局中开新局。

3．校外体育教育活动的特点

校外教育是基础教育的重要组成部分，拓展了素质教育时空，可以更好满足广大未成年人对优质、多样、均衡的教育需求和个性化发展需要，在培养德、智、体、美、劳全面发展的接班人中发挥着不可替代的独特作用。校外体育教育是实现学校、家庭和社会三位一体，促进学生身体健康的重要部分，能够弥补学校体育教育的不足，为体育教育的个性化和学生个体多样化的体育健康需求提供便利，但与校内体育教育不同，校外体育教育有其独特的特点。

第一，校外体育活动是学生自愿参加，学生的知识技术水平不能统一；第二，校外体育活动内容多样化；第三，校外体育活动组织形式相对灵活，以兴趣小组为单位，学生不分年级；第四，校外体育活动具有自主选择性，学生根据自己的兴趣选择喜爱的项目进行学习；第五，校外体育教育的课程设置基本上每周一次，间隔较长，学生由于自身原因不能保证每次都到教室学习，以致耽误学习进度。

4．研究目的与意义

（1）研究目的

当代校外教育的发展，迫切需要改革。传统的教学方式已经不能满足新时代校外

体育教学方式和学生学习方式转变的要求，不能满足学生全时段课外学习的需求。

本课题的研究目的在于以下几个方面：

首先，在校外健美操课程中确定“翻转课堂”教学模式的可行性；

其次，形成一套适用于房山校外健美操课程的实验方案；

再次，验证“翻转课堂”教学模式在房山校外健美操课程中的实验效果；

最后，促进房山区校外健美操课程的教学改革，提高健美操教学活动实效。

（2）研究意义

①理论意义

目前在房山校外体育教育中尚未有“翻转课堂”教学模式的应用案例，本课题通过对“翻转课堂”教学模式在房山区校外健美操课程中进行分析、探究，契合当前后疫情形势下校外体育教育发展要求，为此种教学模式今后在校外体育教育课程中的研究提供理论依据，同时进一步丰富校外体育教育教学理论体系。

②实践意义

对房山区校外健美操课程中采用“翻转课堂”模式进行分析，通过问卷调查及实验法等方法，全面了解学生学习情况，设计出适合校外健美操课程的一套方案，来验证在房山区校外健美操课程中采用“翻转课堂”教学模式对于提高学生学习兴趣、自主学习能力等方面产生的效果，做到全面分析此教学模式对学生的影响因素。第一，对房山区校外体育教育课程改革提供参考；第二，在如何提高学生主动性、自主学习等方面提供借鉴价值。

5．文献综述

（1）“翻转课堂”概念的界定

“翻转课堂”是由英语“Flipped Classroom”翻译而来，国内外对于翻转课堂的概念有不同的解释。

美国科罗拉多州林地公园高中（WoodlandPark High School）的化学老师乔纳森•博尔曼和亚伦•萨姆斯（Jonathan Bergmann and Aaron Sams）最早实践翻转课堂教学模式，他们认为翻转课堂最基本的理念是把传统课堂上对课程内容的直接讲授移到课外，在课上充分利用节省下来的时间对不同的个体进行针对性教学。

清华大学信息化技术中心钟晓流等认为，所谓翻转课堂，就是在信息化环境中，课程教师提供以教学视频为主要形式的学习资源，学生在上课前完成对教学视频等学习资源的观看和学习，师生在课堂上一起完成作业答疑、协作探究和互动交流等活动的一种新型的教学模式。

翻转课堂最基本的定义是“把原来在课堂上完成的知识传递过程改为在课前完成，

把原来在课后完成的知识吸收、消化过程改为在课上完成”，也就是将课堂翻转过来。课件、视频资源等信息技术是与翻转课堂相结合的产物。

（2）教学模式的定义

美国教育家布鲁斯·乔伊斯（Bruce Joyce）和玛莎·韦尔（Masha Weil）于 1972 年把教学模式作为一个正式的科学概念提出来。他们提出，教学模式就是学习模式。教师教给学生如何学习，将来能够更加简单、快捷地进行有效学习，使学生一方面获得知识、技能，另一方面掌握学习的过程。一种模式就是一种切实可行的教学方法，利用教学模式可以对教学、课程、单元和课时等进行设计，不仅可以适用于不同学生的风格，而且还能满足多种课程领域的要求，所以说教学模式是一个既严格又灵活的工具。

“翻转课堂”教学模式，是指教师提前录制好视频，学生在课前自由选择时间和地点进行自主学习，课中教师和学生共同探讨、解决问题的一种教学形式。教师不再占用课堂时间来讲授知识，课堂变成了教师学生之间和学生与学生之间互动的场所，包括答疑解惑、合作探究、完成学业等，从而达到更好的教育效果。它与在线视频有所不同，它是具有师生互动和交流时间的一种教学方法。这种教学模式的特点是：第一，教学视频短小精悍；第二，教学信息清晰明确；第三，重新建构学习流程；第四，复习检测方便快捷。

（3）“翻转课堂”教学模式的理论依据

①掌握学习理论

掌握学习理论是在 20 世纪 60 年代，由美国教育家杰明最先提出的，是翻转课堂教学法最基本的理论基础。布鲁姆认为，只要给学生提供足够的时间，绝大多数的学生都会掌握学习任务，但在布鲁姆设计的学习模式实际运作中发现，在群体教学中，学生个别化的辅导矫正容易被忽视，学习效果也会有所下降。在翻转课堂教学中，课前学生根据自身的学习情况自主学习，在课堂上教师的指导更具有针对性，从而达到掌握知识的目的。

② 自主学习理论

自主学习理论是在学习中，学生自己作为主动学习的主体，自觉自愿地学习，不受他人支配，主导自己的学习。翻转课堂中，课前的学习以及课中的探讨，学生都是自主学习的主体，学生根据自己的实际情况，自定学习时间、节奏等，学生成为学习的主人，这一学习过程充分体现了自主学习理论。

③协作学习理论

协作学习是学生为了完成学习目标，通过以小组或者团队的形式进行学习的方法。

协作学习可以提高学生的沟通交流能力、团结合作能力，增强集体意识等。在翻转课堂教学中，在课前的自主学习和课中的知识内化过程中遇到问题，既可以在同学互帮互助下解决问题，也可以在教师的指导下解决疑惑。尤其在课堂学习活动中，以协作学习为主，教师会根据学生提出的疑问设计协作学习教学活动，学生之间相互交流探讨，各抒己见，通过讨论给出解决方案。

（4）国内外研究现状

①国外研究现状

2000 年，美国 MaureenLage，Glenn Platt 和 Michael Treglia 在论文“Inverting the Classroom：A Gateway to Create an Inclusive Learning Environment”中介绍了他们在美国迈阿密大学教授“经济学入门”时采用“翻转教学”的模式，以及取得的成绩。但是他们并没有提出“翻转课堂式”或“翻转教学”的名词。

2007 年，美国科罗拉多州林地公园高中的化学老师乔纳森·博尔曼和亚伦·萨姆斯开始使用视频软件录制 PPT 并附上讲解声音。他们录制的视频上传到网络，以此为缺席的学生补课。不久他们进行了更具开创性的尝试——逐渐以学生在家看视频、听讲解为基础，在课堂上，老师主要进行问题辅导，或者对做实验过程中有困难的学生提供帮助。并推动这个模式在美国中小学教育中的使用。随着互联网的发展和普及，翻转课堂的方法逐渐在美国流行起来并引起争论。

想更好地运用翻转课堂进行教学，最重要的就是对建立的交流平台进行严格的监控，利用网上监控可以掌握学生们通过网络视频的学习效果，能否利用视频来有效地进行学习，当代学生普遍的学习自主性较差，而此模式恰恰能对学生的学习进行监督，以此来提高学生学习的自主性，因此要对交流平台掌控好才能更好地展现此教学模式在课程中所起到的效果。

② 国内研究现状

通过检索中国期刊全文数据库，以“翻转课堂教学模式 体育”为主题词，查到的相关文献 646 篇，关于健美操学科的研究有 52 篇。在健美操课程的研究中，关于健美操理论研究的文献为 7 篇，幼师阶段的文献 1 篇，小学体育 2 篇，中学阶段的 6 篇，高校文献为 32 篇，职业教育培训中心的研究文献为 3 篇。

③“翻转课堂”教学模式基本理论研究概况

何克抗从翻转课堂的根源、发展及功效、实行此形式的制约性条件以及可能遇到的挑战等方面进行了研究，进一步阐述了其模式的内在及实质，进而为此教学模式在中国的开展奠定了基础。

王小彦指出，翻转课堂作为新的教学理念与形式，通过学生在课余进行主动学习、课上细化的方式把知识内化，为教师与学生提供了灵活与个性化相结合的教学与学习平台。根据分析国外典型的翻转课堂教学形式，提出了此模式在实施个性化教学形式的方法。

张金磊认为新的教学形式是对传统课堂教学形式的一个倾覆的过程。传统课堂中教师将准备好的内容放在课上进行讲授，课堂下通过学生的练习来完成对知识的深入理解；而翻转课堂在课上就可直接对学习内容做到深化。

通过以上学者认为，新的教学形式是对传统课堂教学形式的一个倾覆翻转的过程。在传统教学的课堂中，教师将提前准备好的内容在课堂上进行讲授，课堂下通过学生的复习完成对知识的深入理解；而翻转课堂在课前学生提前通过视频学习知识内容，在课堂上就可直接对学习内容做到深化。

④“翻转课堂”在体育学科中的应用研究概况

在查阅的相关文献中，“翻转课堂”教学模式被大学体育教学所广泛采用。

2018 年，周余在文章中指出，“翻转课堂”教学模式被大学体育教学所采用，它对传统教学模式中种种缺陷进行了整改，是把学生作为主体的一种教育手段。

刘彬在 2015 年对体育课中使用此种新型的教学形式做了分析，认为这种教学模式在一段时间内对学生的术科成绩会有所提高，可以使学生更有自信，还可以提高其主动学习的能力，可以使教学流程得到有效改善，从而提升教师的教学质量和效率。

刘海军、王锦从翻转课堂的理论方向出发，在大学体育公共课中融入了翻转课堂教学模式，并在课程中进行实验得出：采用了翻转课堂教学形式的课程在理论方面、技能方面、达标测试以及综合评价方面都要优于传统形式，得出最终结果为新的教学形式有利于大学体育公共课中教学效果的提高。

张学乾认为，少儿篮球教学及训练方面会直接受教学模式的影响。通过实验对比发现，教学中采用“翻转课堂”教学模式引导学生学习，对他们手、脚基本功的提升效果较为明显，而且可以使青少年儿童的学习动机得到启发，学习兴趣得到提高，充分体现自己在教学中的主体地位。

李聪将翻转课堂应用在大学体育教学中，认为此教学形式的优点可以使学生随时随地进行学习，以学生为主体，教师负责指导，课前预习，课上充分讨论、答疑，对学生的自主学习性要求很高，按此形式进行教学可以使教学效果得到更好的提高。

综上所述，在查阅的相关文献中，翻转课堂教学模式被大学体育教学所广泛采用，它对传统教学模式中种种缺陷进行了整改，是把学生作为主体的一种教育手段。学者认为这种教学模式在一段时间内对学生的术科成绩会有所提高，可以使学生更有自信，还可以提高其主动学习的能力，可以使教学流程得到有效改善，从而提升教师的教学质量和效率。

⑤“翻转课堂”在健美操中的应用研究概况

在熊轩在“翻转课堂”教学模式在高中健美操课程中的运用研究中认为在高中体育课程中运用翻转课堂教学模式，大大提高了学生对体育课的兴趣，而且增加了学生对体育课程内容的掌握，增加了课上的互动。

唐爱英在“翻转课堂在健美操中的实践应用”一文中指出“翻转课堂”教学模式可以弥补传统教学法课堂教学中存在的一些缺陷，更好地帮助学生理解、吸收及运用知识，在健美操教学中应用“翻转课堂”教学模式必须有合适的步骤。

党笛洋在“翻转课堂教学模式在健美操教学中的应用研究”中认为，运用翻转课堂教学模式利用现代信息科技在健美操教学中更好地提高了教学质量，增加练习时间，学习效率。但是目前各高校教学内容缺乏实践运用，还需要不断增强评价体系。

何亚梅在“健美操‘翻转课堂’的教学实践研究”中认为健美操教学中运用“翻转课堂”教学模式，对学生学习健美操技能、提高创编能力、加强身体素质等方面具有积极的促进作用；既能有效地将健美操课内外教学融为一体，增加了大学生课外锻炼的时间，又能进一步丰富高校健美操教学方法。

韩荣在“‘翻转课堂’体育院校健美操选修课程中的应用研究”中认为“翻转课堂”教学形式是对传统教学形式的有益补充，可以提高学生自主学习以及互相合作的能力，但是对学生的基础以及教师的专业水平、录制视频的质量等有较高要求。

从以上文献资料可以看出，学者认为“翻转课堂”教学模式可以弥补传统教学模式中存在的一些缺陷，更好地帮助学生理解、吸收及运用知识，在健美操教学中应用“翻转课堂”教学模式必须有合适的步骤。目前各高校教学内容缺乏实践运用，还需要不断增强评价体系。“翻转课堂”教学形式是对传统教学形式的有益补充，可以提高学生自主学习以及互相合作的能力，但是对学生的基础以及教师的专业水平、录制视频的质量等有较高要求。

⑥当前研究中存在的问题

通过对中国知网的查询，可以看到目前翻转课堂教学模式在体育教学中的研究比较多，搜索主题为“体育 + 翻转课堂教学模式”文章有 646 篇，其中包含“健美操 + 翻转课堂教学模式”元素的文章有 52 篇，仅占体育类翻转课堂总文章数的 8.04%，主要集中在高校健美操教学中，进一步查阅在校外体育教育健美操教学应用“翻转课堂”教学模式的研究，暂时未找到相关文献资料。

☆“翻转课堂”教学模式理论研究较多，实践指导性差

纵观国内外对“翻转课堂”教学模式的研究发现，理论研究居多，而根据已有研

究的理论性文章，用于实践中的实施效果较差。

☆“翻转课堂”教学中的应用研究广度、深度不足

通过阅读有关“翻转课堂”的文献发现，有些文献仅对初步层次的观点进行研究，没有剖析其本质，缺乏深入性研究，缺少量化数据支撑。

综合上述研究发现，此教学模式在理论方面的研究较多，在实践应用方面相对较少，应用于健美操方面的实践案例更少，其中在教学实验方案设计、问卷的设计以及具体的实验实施上还处于探索期，并不是很完善，本文在理论研究的基础上进行具体的实验案例研究，进一步完善更适用于校外健美操课程的方案，对此模式进行深入剖析，使其在学习主动性、参与性以及学习效率等方面得到进一步提升。

（二）研究对象与方法

1. 研究对象

“翻转课堂”教学模式在房山区校外健美操课程中的应用研究

2. 研究方法

①文献资料法

通过计算机检索，对国内外翻转课堂相关研究文献进行收集，并整理、分类、归纳、提炼，以便为本课题研究提供经验和数据。

②问卷调查法

本课题根据校外健美操学生特点、健美操课程特点以及“翻转课堂”模式特点等设计相关调查问卷。

☆调查问卷的设计

☆问卷的效度与信度检验

☆问卷的发放与回收

③访谈法

根据研究需要，对体育教学、健美操教学方面的相关专家进行访谈。

④观察法

通过对学生课上交流、练习的情况进行观察；对学生课外练习状况进行跟踪调查；通过对其他健美操教师的教学方式进行调查，发现问题并记录。

⑤实验法

本课题对执教的班级进行实验组与普通组分组，普通组的教学中采用传统教学模式，实验组采取“翻转课堂”教学模式，实验周期为自然学期。在实验周期结束后，根据学生对动作的掌握情况进行分析。

⑥数理统计法

原始数据以 Microsoft Excel 的格式输入，并建立数据库。数理统计由 SPSS20.0 软件包处理，分析相关数据，为翻转课堂教学模式在校外健美操教学中的应用提供数据支持。

3．研究目标

目标一：基于校外健美操课程“翻转课堂”教学模式需求，设计应用于房山校外健美操学生“翻转课堂”教学模式的试验方案，根据实验内容评估实验对象的相关资料，为获得实验结果提供重要依据。

目标二：对“翻转课堂”教学模式的试验方案实施与监控，对实验过程进行评价与调整。

目标三：基于实验对象的数据档案，分析整理相关数据，得出预期结果即“翻转课堂”教学模式在房山区校外健美操课程中实施的可行性。

（三）研究结果分析

1．“翻转课堂”教学模式的分析研究

2．房山区校外健美操课程的特点

3．“翻转课堂”教学模式在房山区校外健美操课程中实施的可行性分析

①“翻转课堂”教学模式对授课教师的要求

②“翻转课堂”教学模式对学生的要求

③“翻转课堂”教学模式对硬件设施、交流平台的要求

4．“翻转课堂”教学模式在房山区校外健美操课程中实验结果分析

①设计应用于房山校外健美操学生“翻转课堂”教学模式的试验方案

②确定教学内容及教学目标

③设计并录制教学视频

④“翻转课堂”教学模式的试验方案实施阶段

☆确定实验对象

本课题实验对象初步定为本人执教的课外活动兴趣小组，分别为城关小学主校区与分校区健美操兴趣小组。实验组与对照组采用同学段、学习健美操时长相近的学生。

☆确定“翻转课堂”教学模式课堂教学方法

在实验组里把学生按照身高随机分组，每组选出一名能力较强的学生作为组长。课前教师建群将视频发送给学生，学生练习后发视频进行反馈。课中学生自由分配时间合理练习，教师进行一定的指导，并组织解决学生反馈的问题，课后学生复习，与

教师沟通并预习下次课内容。

5. 教学重难点分析以及教学进度

试验期间把整个学期的课时分为三个阶段，第一阶段为1～5次课，让学生在进行“翻转课堂”教学模式之前先了解健美操的特点；第二阶段为6～10次课，此阶段采用“翻转课堂”新型教学模式对教学进行干预；第三阶段为11～16次课，此阶段为对整个实验学习情况的检验。

6. 考核标准评价方案的制订

7. 分析实验结果

①实验前各组学生对健美操的了解分析

②实验前各组学生对健美操的基础分析

③实验期间各组学生对教学内容掌握情况分析

④翻转课堂教学模式对学生的影响分析

8. 研究预设结论

①“翻转课堂”教学模式在房山区校外健美操课程中实施可行。

②设计“翻转课堂”教学模式在房山区校外健美操课程中实验方案并实施。

③“翻转课堂”教学模式对学生的学习态度、自主学习能力及协作能力均有提升，但是需要家长及教师的监督。

（四）研究重、难点、创新点

1. 研究重点

本课题拟定从学生技能掌握、对翻转课堂教学模式的满意度、学生自主学习的有效度等方面分析比较在校外健美操课程中采用翻转课堂教学模式、传统体育教学模式哪种教学效果更好。

2. 研究难点

受个体理论水平及能力的限制，教学实验的设计方案不可避免地存在漏洞和偏差，在实验过程中对实验程序的控制方面以及在目前“双减”形势下如何保证学生课前练习的时间等方面，可能会影响翻转课堂教学模式的实际效果。

3. 研究创新点

翻转课堂教学模式在健美操教学中的应用研究相对较少，特别是在校外健美操体育教学中，目前尚没有找到相关的资料。本课题研究将会通过实验的方法以房山区校外健美操课程教学研究为切入点，更为深入地对校外健美操“翻转课堂”教学模式进行探索。

（五）研究步骤与阶段

1．准备阶段

（1）2021 年 4 月—2021 年 10 月

查阅收集文献资料，整理“翻转课堂”教学模式研究的相关文献及资料，撰写文献综述。

人员分工：边大侠 李端英

（2）2021 年 10 月—2022 年 3 月

与相关专家及教师沟通，设计调查问卷，初步制订健美操课程“翻转课堂”实验方案。

人员分工：边大侠 张时海 魏兴

2．实施阶段（2022 年 3 月—2023 年 9 月）

调查问卷发放与回收，录制教学视频，修改健美操课程“翻转课堂”实验方案。在城关小学开展健美操课程“翻转课堂”实验，收集相关资料。

人员分工：课题组全体成员

3．修改完善阶段（2023 年 9 月—2024 年 3 月）

征集反馈意见，整理资料，形成健美操课程“翻转课堂”教学方案。

人员分工：课题组全体成员

4．总结阶段（2024 年 3 月—2024 年 9 月 ）

整理成果材料，撰写结题报告。

（六）研究预期成果

1．阶段性成果 4 项

（1）调查问卷、分析报告。

（2）效果实验、实验报告。

（3）相关论文。

（4）中期报告。

2．最终成果 5 项

（1）结题报告。

（2）论文集。

（3）《全民健身操一级有氧》视频集。

（4）《全民健身操二级轻器械》视频集。

（5）房山校外健美操“翻转课堂”教学模式试验方案一套。

参考文献：

[1] 360 百科词条：翻转课堂式教学 .

[2] 张金磊、王颖、张宝辉 . 翻转课堂教学模式研究，远程教育杂志，2012（4）：46—51.

[3] 唐爱英 .“翻转课堂”在健美操教学中的应用 [J]，考试周刊，2015（78）：107.

[4] 张文杰 . 翻转课堂在中学数学中的应用 [J]. 教育探索，2014（4）：56—57.

[5] 百度百科词条：翻转课堂 .

[6] 党笛洋 . 翻转课堂教学模式在健美操教学中的应用研究 [J]. 当代体育科技，2017（25）：110—112。

[7] 何亚梅 . 健美操“翻转课堂”的教学实践研究 [J]. 赤峰学院学报（自然科学版），2017（4）：154—155.

[8] 陈陈 . 新时代下健美操课程教学中翻转课堂教学模式的应用探究 [J]，中国多媒体与网络教学学报（上旬刊），2019：3—4.

[9] 刘彬 . 翻转课堂教学模式在初中《体育与健康》课堂教学中的实践研究 [D]. 济南：山东师范大学，2015.

[10] 高宇飞 . 翻转课堂教学模式运用在高校网球选项课中的实验研究 [D]. 沈阳：沈阳师范大学，2017.

[11] 熊轩 .“翻转课堂”教学模式在高中健美操课程中的运用研究 [D]. 乌鲁木齐：新疆师范大学，2018.

[12] 张嘉萱 . 翻转课堂教学模式在中学健美操课程中的应用研究 [D]. 济南：山东体育学院，2018.

[13] 韩荣 .“翻转课堂”教学模式在体育院校健美操选修课程中的应用研究 [D]. 哈尔滨：哈尔滨体育学院，2020.

[14] 荣正通、王长明 . 西方科学文虎与钱学森的教育思想 [J]. 实事求是，2012（4）。

[15] 曹晓粉 . 翻转课堂教学模式的设计与应用研究 [D]，济南：山东师范大学，2015.

[16] 王勇 . 翻转课堂的理论与实践——基于应用型本科人才培养的探索 [M]. 杭州：浙江大学出版社，2016：37—56.

[17] 李婧 . 生本教育理念下的翻转课堂教学模式研究 [D]. 贵阳：贵州师范大学，2015。

[18] 崔维华 . 普通高校公共体育健美操选项课运用翻转课堂教学模式的实验研究 [D]. 石家庄：河北师范大学，2019.

校内外融合育人的途径研究

——以房山少年宫乒乓球项目为例

房山区学生活动管理中心　杨毅妹

一、课题研究的背景

（一）选题缘由

1. 基于政策执行视角下的思考

2021 年 1 月中共北京市委办公厅 北京市人民政府办公厅印发《关于全面加强和改进新时代学校体育工作的行动方案》及 2021 年 6 月教育部办公厅关于印发《〈体育与健康〉教学改革指导纲要（试行）》等政策，要求广大教育工作者要落实立德树人根本任务，坚持“健康第一”的教育理念，不断深化体育教学改革，强化“教会、勤练、常赛”，积极构建学校“一校一品”“一校多品”的体育特色项目，用科学、规范、高质量的教育教学，更好地帮助学生在体育锻炼中“享受乐趣、增强体质、健全人格、锤炼意志”，促进青少年学生身心健康全面发展，努力培养德智体美劳全面发展的社会主义建设者和接班人。政策的发布充分证实了国家对体育教育的重视，同时也对学校提出了具体要求，更为广大体育教育工作者指明了育人方向，随后在 2021 年 7 月，中共中央办公厅、国务院办公厅印发了《关于进一步减轻义务教育阶段学生作业负担和校外负担的意见》，其中特别提到了要充分利用社会资源，发挥少年宫、青少年活动中心等校外活动场所在课后服务中的作用。

如何发挥好校外教育的作用，将校外教育的优质资源与学校发展特色有机融合，共同构建校内外良好融合育人局面，不断促进学生专业化发展及综合能力的有效提升，进一步推动学校“一校一品”“一校多品”的特色发展，是摆在我们校外教育工作者面前的重大课题。

2. 基于“三个一”内涵思想的再认识

近几年来，北京市校外教育“三个一”优质项目建设以满足学生个性化成长、全面发展的需求，促进学生综合素质的提高及核心素养的提升为目标，持续推动了校外教育供给侧改革，建立了优质校外教育思想引领高地，其教育思想的本质内涵在理论与实践的融合中得到深刻验证。而我们在“三个一”教育思想的不断实践与研究中，深刻认识到其思想内涵所涵盖的理念不仅仅是供给侧的优质，更应该有需求侧的优质教育引领，这是“双主体”“共生式”的辩证发展的教育思想，是我们校外教育工作者不断推动校内外融合育人，推进“三个一”优质项目内涵发展的新途径、新手段。《快乐乒乓训练营》优质项目建设，不仅要把优质供给作为实践研究重点，更要在学生需求侧的优质教育引领上进行深入探索，促进校内外融合育人良好局面的形成。

3．基于学校开展乒乓球项目的现状

通过多方了解、调查、分析，我区各校课外活动所开展的乒乓球项目，在课程、师资等方面还存在机制不完善、训练不科学、梯队不完整、师资不健全、平台不丰富等问题。如课程的实施均是凭借教师的训练经验、能力、水平而定，而教师的专业水平和能力又是良莠不齐，在教育教学中侧重于专业技术水平的提升，忽略了对学生综合能力的培养，对育人目标及育人方向认识不够深刻，考虑不够全面，大大影响了学生综合能力的提升和可持续发展。

（二）课题研究的意义

1．探索融合育人途径，提升青少年综合素质

通过课题研究，探索校内外乒乓球项目融合育人途径，为广大青少年提供更加丰富、专业、系统、科学的优质资源，创造良好专业环境，搭建优质育人平台，为提升青少年综合素质和可持续发展奠基。

2．构建良好乒乓教育生态，助力学校特色项目发展

通过课题研究，结合学校办学理念及特色，探索适合校内外融合育人的乒乓教育生态圈，助力学校特色项目建设、形成及持久发展，同时为更多学校开展乒乓球项目提供一些科学、可行、专业的参考依据。

3．建设高质量校外教育，促进“三个一”优质项目内涵发展

通过课题研究，不断拓宽校外教育供给侧改革和需求侧改革途径，推进市级优质项目《快乐乒乓训练营》校内外融合育人的双向发展，形成部分经验和成果，不断建成高质量校外教育，促进“三个一”优质项目内涵发展。

二、文献综述

国内：经中国知网文献检索，近些年对学校教育与校外教育如何有效衔接、合作

等方面均有研究，分别阐述了校内教育与校外教育有效衔接的重要意义，大部分文献主要针对现阶段校内外衔接、合作的现状以及资源整合、资源共享、建章立制等方面存在的问题进行研究，另一部分校内外衔接的主体在学校，焦点在场馆使用、场馆建设等方面，主要以群众性活动、社会大课堂、竞赛组织等为切入点，借助相关政策，通过场地、场馆等的资源共享、平台搭建实现校内外有效结合的研究。还有一部分是通过深入学校开展专业小组活动、构建基地校等方式进行的内外融合育人的实践研究。其中，对与本课题研究内容相关的文献进行了以下梳理：

校内外课程融合方面：《关于将校外教育资源与学校课程改革有效衔接的探索》中提出：通过深入学校了解该校办学特色及课程改革在校内实施的情况，结合地方特色，利用该地方的人才优势、地域优势、艺术资源优势等，与学校共同构建校内外一体化活动课程。该研究对本课题在校内外课程建设方面具有可借鉴之处。

校内外师资融合方面：部分学者认为，在校内外师资建设方面，应充分发挥校外教师专业引领作用，积极加强校内外联动，通过组建专业教师团队、工作室等，开展一系列专业性研究，通过校外教师的专业指导、聘请专家、交流研讨等形式，不断提高校内外教师的专业水平，促进校内外有效融合及长久发展。与本课题研究方向接近，有可借鉴之处，但在具体实施和操作方面上没有进行具体研究。

校内外机制建设方面：大部分学者认为，学校教育与校外教育的有效衔接需要建立和完善政策保障和工作运行机制，现阶段关于校内外衔接、融合、合作等政策还不够完善、系统，阻碍了校内外融合育人的开展和有效实施，有待进一步研究。

校内外平台搭建方面：大部分研究是针对校外组织的竞赛、评比、艺术节、体育节等平台搭建进行的研究。其中在《校外教育助力特色发展》中提到：“要主动深入学校，了解学校特色发展现状，创设更丰富、更吸引学生参与、与学校特色发展更为密切的校外活动，与学校策划组织学生活动，在合作中为学校展示特色创建更多更好的平台。”与本课题在平台搭建方面的研究方向有相同之处，值得借鉴。

综上所述，我国学者针对校内外如何衔接、合作、融合，从不同角度、不同方面进行了详细分析，更多的是理论性、方向性、政策性的研究，对于本课题的研究具有一定指导意义，但在构建系统课程、打造专业师资、搭建实践平台以及建立融合育人机制等方面的具体融合实施方法、形式、内容等还不够详细、具体，理论研究较多，实践指导性不强。为此，我们将针对以上四个方面进行深入的实践研究，争取为校内外融合育人提供一些实用、可行的理论依据。

国外：通过“中国知网”查询，欧洲的社区参与模式、英国的场馆参与模式以及日本的社会参与模式等的校外教育均已形成了自己独特的“学校、家庭、社会”三位一体的教育体系，其中美国、日本对校外教育均制定了相关法律法规、行政制度及规范的运行机制，为校内外融合育人的开展和有效实施提供了有力的保障，有可借鉴之处。

本课题主要参考以下文献：

[1] 张秀平 . 积极创新，资源共享，推进校内外教育和谐发展 [J]. 中国校外教育，2009（S5）:180.

[2] 王雁冰 . 对校外教育资源的整合与利用等问题的思考 [J]. 教育现代化，2019，6（03）:65-66+132.DOI:10.16541/j.cnki.2095-8420.2019.3.22.

[3] 江秀娟 . 关于将校外教育资源与学校课程改革有效衔接的探索 [J]. 吉林教育，2011，No.582（10）:19—20.

[4] 邱玉华 . 学以致用，用以促学 —— 校外教育与校内教育的有机融合 [J]. 中国校外教育，2019，No.657（01）:9+18。

[5] 殷以杰 . 校外教育助力特色发展 [J]. 上海教育，2014，No.897，No.898Z140—41.

三、研究设计

（一）研究对象范围及概念界定

1．校内：房山少年宫所参与下校指导课外活动的房山四小、房山四中，这两所学校为小升初对口升学单位。

2．校外：指房山区少年宫。

3．乒乓教育生态：坚持立德树人总目标，通过课程体系设置、师资队伍优化、保障机制建设、家校协同育人、平台资源搭建等途径方法，为学生建构出校内外提高乒乓兴趣、掌握乒乓技能、养成运动习惯的多层面、全方位、立体式可持续发展支撑与生长环境。

（二）研究目标和研究假设

1．研究目标：

（1）整合优质资源，促进校内外有效融合，助力青少年综合素质全面发展。

在研究过程中通过资源整合、融合、共通、共享等方式，结合学校实际情况及特点，打造适合学校发展的专业课程及优质师资，创造更多训练、展示、竞赛等的实践平台，为学生提供专业化、系统化、规范化的优质资源，不断促进学生综合能力的有效提升及专业的持久化发展。

（2）探索校内外乒乓球项目融合育人途径，构建良好乒乓教育生态。

从课程、师资、机制建设、平台搭建、需求侧引领等方面入手，探索校内外乒乓球项目融合育人的有效途径，不断构建融合育人的乒乓教育生态圈，提高学生综合素质，促进学生乒乓专业的成长、成才。

课程方面：结合学校办学理念及特色，根据学生实际需要，借助“三个一”优质项目《快乐乒乓训练营》已有课程，与学校实际需求相结合，创建各学段课程框架及相关教材、学材。

师资方面：根据学校现有师资情况，制定专业的师资培养计划，促进教师专业水平的不断提升。

机制建设方面：全面梳理需求侧结构框架与要素，多途径探索学校、家长、学生需求助力机制，共同建立融合育人体系，保障校内外长效、持久、高效的融合育人发展。

平台搭建方面：以我区一年一度的中小学生乒乓球比赛为抓手，充分利用校外教育资源优势，创新展示形式、丰富展示内容，为不同年龄阶段的学生提供更多活动、展示、交流的机会，搭平台、促融合。

2．研究假设：

（1）通过研究能够形成适合学校发展的专业课程、优质师资，共同搭建更多实践、展示等的有效融合育人平台。

（2）打造乒乓生态模式，实现校内外有效融合育人，为更多学校开展乒乓球项目提供参考依据和优质资源，并形成有效的乒乓生态模式进行推广。

（三）研究内容

以下校指导的房山四小、房山四中为切入点（两所学校为小升初对口升学单位），通过资源整合与共享，对学校乒乓球项目进行合理规划，共同打造良好乒乓教育生态圈，形成生态闭环，促进有效融合。

1．校内外融合打造专业课程，提高教学质量。

根据学校实际情况，结合学生实际需求，与课题组成员共同研究、商议，制定丰富、规范、科学、系统的校内外融合育人的乒乓球课程，提高课程质量，促进学生全面发展。

2．校内外融合创建优质师资，提升育人水平。

对房山四小、房山四中现有乒乓球专职教练、教师进行摸底调查，发现存在问题，与课题组成员协商并找出解决对策。

3．建立融合育人机制，保障校内外融合育人的有效实施。

研究需求助力机制，探索乒乓生态圈闭环育人模式，与课题组成员及时沟通、协调，不断创新、完善课题研究过程与实践。

4．校内外融合搭建实践平台，促进综合发展。

发挥校外教育优势，搭建丰富多彩的实践平台，为学生提供更多课余、周末、节假日等训练、展示、竞赛的机会，并与学校建立长效融合培养机制，为学生综合能力的提升和可持续发展打下坚实基础。

（四）研究方法

1．行动研究法：根据研究设计方案。结合学校项目开展现状，针对课程、师资、机制建设、平台搭建等四方面进行研究并制定实施方案，在实践中不断发现问题、解决问题，使本课题更具实效性。

2．经验总结法：在课题研究总结阶段采用经验总结法对所研究的内容进行提炼、总结。

3．文献资料法：通过阅读大量相关文献，找到与此课题相关研究方向与研究内容，为课题提供实用、有效的理论依据。

四、研究的重点和难点

（一）研究重点

1．创建融合育人课程，提高乒乓球活动质量。

制定适合校内外融合育人的课程，制定符合学生身心发展需要的课程框架及实施计划，整理适合各学段学生对乒乓球知识、文化、技术等方面的活动资料，制定形式多样、科学有效、多元化的评价方法等。

2．制定融合育人师资培养方案，提高内外教师综合水平。

与课题组成员共同研究，制定教师培养及学习计划、方案及考核评价办法，有效提高教师专业水平及综合素养。

（二）研究难点

校内外融合育人途径机制建设与育人体系的建构。

1．构建融合育人机制，促进内外协调发展。

研究过程中与课题组成员进行有效沟通，搭建需求侧育人框架，研究多方融合育人机制及培养体系，保障乒乓生态闭环的有效实施，促进内外协调发展。

2．搭建融合育人的实践平台，提升学生综合素养。

建立校内外融合育人实践平台，提供更多丰富多彩、形式多样的训练、展示、竞赛等平台和机会，做好小升初对接工作，制定出从小学到初中不间断式的专业能力及综合素养提升方案，促进学生综合素质的全面提升和可持续发展。

五、研究的实施计划及人员分工

课题研究的过程：

时间安排（2021 年 5 月—2024 年 6 月）共分四个阶段：

（一）准备阶段（2021.5—2021.10），成立课题组，查询文献资料，提出问题，完成课题申请书的撰写，课题申报。

（二）研究实施阶段（2021.11—2023.7），解决问题。1．阅读相关文献加强理论研究并总结归纳。2．探索融合育人途径，形成具体实施方案并实施。3．整理收集相关资料。4．召开课题中期汇报活动，听取专家意见与建议，使课题不断完善。

（三）反馈修改阶段（2023.9—2024.1），征求反馈意见。整理、收集相关照片、影音、教材学材等活动资料，整理论文、总结、随笔、记录等文字材料，征求反馈意见。

（四）总结阶段（2024.2—2024.6），整理课题成果资料，撰写结题报告。

课题研究的保障措施：在经费投入和使用上本单位能够充分满足课题研究所需，保障课题顺利开展并实施。在校内开展乒乓球课程所需的场地及器材、多媒体等设备由学校提供并支持。

课题研究计划及人员分工

序号	研究阶段（起止时间）	主要研究工作及成果名称	成果形式	承担人
1	准备阶段（2021.5—2021.10）	成立课题组，查询文献资料，提出问题，完成课题申请书的撰写，课题申报	课题申请书	杨毅妹
2	研究实施阶段（2021.11—2023.7）	解决问题。 1．阅读相关文献加强理论研究并总结归纳。 2．探索融合育人途径，形成具体实施方案并实施。 3．整理收集相关资料。 4．召开课题中期汇报活动，听取专家意见与建议，使课题不断完善	论文	课题组成员

续表

序号	研究阶段（起止时间）	主要研究工作及成果名称	成果形式	承担人
3	反馈修改阶段（2023.9—2024.1）	征求反馈意见。整理收集相关活动资料，撰写论文	论文	课题组成员
4	总结阶段（2024.2—2024.6）	整理课题成果资料，撰写结题报告	研究报告	课题组成员

六、预期研究成果

（一）《校内外融合育人的途径研究——以房山少年宫乒乓球项目为例》的研究报告

（二）《校内外融合育人的途径研究——以房山少年宫乒乓球项目为例》的相关研究论文

（三）校内外融合育人的教材、学材

融入京剧元素的校外美术活动课程开发研究

房山区学生活动管理中心　孙禹梅

一、研究背景及目的、意义

（一）本课题之所以融入京剧元素的三点原因

第一是2021年教育部关于印发《中华优秀传统文化进中小学课程教材指南》的通知。为深入贯彻习近平总书记关于教育的重要论述和全国教育大会精神，全面贯彻党的教育方针，指导中小学课程教材系统、全面落实革命传统、中华优秀传统文化教育。本课程旨在以京剧元素这一传统文化为切入点实现校内外学生素质教育的融合。

第二是课程开发研就的需要。我国《基础教育课程改革纲要（试行）》提出要大力推进基础教育课程改革，调整和改革基础教育的课程体系、结构、内容，构建符合素质教育要求的新的基础教育课程体系。但是，这一政策实施的主要对象为教育体制内的学校教育课程体系。校外教育课程体系建设的系统性及科学性要求并未得到重视。校外教育课程的零散性和不成体系，使得校外教育难以得到学生、家长及社会的广泛深度认可。目前，校外教育在培养学生综合素质方面能够发挥的重要作用，对改善目前教育系统内存在的“片面追求升学率”和忽视学生心理健康现象具有重要意义。从培养学生的兴趣爱好出发，进而促进人的全面发展，是个人获得发展自信和能力的重要途径。所以，建立科学、系统的校外教育课程体系应成为课程变革的重要组成部分。学生活动管理中心作为校外教育的重要组成部分，其课程体系建设对其他校外机构课程体系的建设具有借鉴意义。

第三是整合地域资源实现京剧文化育人。房山地处北京，有丰富的京剧资源，如北京安徽会馆、北京湖广会馆、北京风雷京剧院、中国国家京剧院、长安大戏院、梅兰芳大剧院、房山区窦店的库尔剧场等。北京有很多的京剧名家，京剧爱好者，京剧团体、各类校内外戏剧社团，京剧师资等，挖掘和整合这些丰富的北京和房山的地域京剧资源，起到传承文化、涵养师生道德、增强学生文化自信的作用。

基于以上三点原因，课题组教师结合“十三五”科研课题和“三个一”优质项目建设进行教育科学研究，在活动中引导学生了解京剧元素，尝试用创新的表现形式，在实践活动中融入京剧元素，传承中华传统文化。但是研究得不够系统和深入。主要问题是：在“三个一”优质项目建设中有炫彩书画社美术社团的课程框架和实践活动模式，但京剧元素这一子课题没有细化的课程安排，没有系统的课程框架和校外活动校本教材，因此在“十四五”课题研究尝试探索融入京剧元素的校外美术活动课程开发研究。

（二）目的意义

1．重要性：对教育的改革和发展具有促进作用。《国家中长期教育改革和发展规划纲要》：“加强中华民族优秀文化传统教育和革命传统教育。”对进一步挖掘和利用区域教育资料，培养有个性的学生具有深远的意义。使活动育人落到实处，房山校外美术的活动，探索和实践把京剧元素融入美术活动中的有效方式。因其直观生动、内容丰富、传播性强，更易于与传统文化教育相结合，达到活动育人的目的。促进教师教育理念的转变，瞄准解决为谁培养人，培养什么人，怎样培养人这一根本问题。

2．实践方面意义：第一是校内外携手共同实现课程开发活动育人的目的。2016 年教育部全面部署推动戏曲进校园工作以来，房山区很多学校开展了戏剧进校园活动，据了解我区部分中小学，开展了京剧进校园活动，有的学校进行课程开发的研究。如窦店中心小学京剧校本课程开发，京剧进校园等丰富的活动。本课题研究旨在与校内中小学合作，落实我宫在“十三五”国家级科研课题子课题《整合校内、校外教育资源 构建融合育人体系》。第二是必要性。拓展校外美术教学活动空间和活动内容。充分利用专业实践活动帮助学生认识人生、认识自我、传播信息交流感情的功能，使学生在体验与探究中不断成长。第三是可能性。创新教学模式。本课题整合研究力量，自主解决在实际教学中存在的问题，探索校外美术教育活动的可持续发展之路。

二、文献综述

京剧是我国传统文化的重要组成部分，是我国的国宝。经文献检索，自 2016 年教育部全面部署推动戏曲进校园工作以来，全国各地中小学开展了丰富多彩的戏曲进校园活动，活动创新教学模式，激发了学生学习兴趣，为教育教学发挥了更好的推动作用。

本课题开展的校外美术活动中的京剧元素课程开发研究，过去美术小组具有以下方面的特点：

1．参与活动的学生是根据兴趣自愿参加的。

2．活动规模、参与人数一般在 20 ～ 100 人不等。

3．活动模式分小组活动模式、专业实践活动模式、夏令营活动模式。

4．活动时间相对固定，每周六日下午 13:30—15:30，每周一次。

5．教学目的：通常以满足学生兴趣，传承传统文化，提升综合素质为主。因此几年来在校外美术活动中融入京剧元素开展的过程中出现了随意性、没有形成系统的课程体系和框架。特别是在京剧文化内容深层次挖掘与学生教育思想方面显得不足，导致学生失去兴趣，影响课外美术兴趣小组活动的发展，因此建立科学、系统的融入京剧元素的校外美术活动课程的实践研究具有很大的现实意义。

本课题国内外研究现状述评：经“中国知网”文献检索，融入京剧元素的校外美术活动课程开发研究，外文文献没有相关研究，国内在该领域的研究没查到。但与之相关的研究很多，如传统戏剧进校园的策略研究、让学校成为传播传统文化的沃土刍议，基于传统文化的课程实践研究，社会资源应用于小学美术校本课程实践研究等约184篇，内容丰富。整体看来，已有的这些研究成果，以中小学校为主，校外美术活动课程研究很少，或者是宏观的、科学性很强的。

这些研究中大部分是校内美术课程与传统文化的融合，校内中小学美术课程与校外美术活动不同。但这些文献为我们课题进行科学的、深入的研究提供了很好的参考。本课题的研究无论在理论层面还是在实践层面对推进校内外美术活动发展，促进校内外协同发展、融合育人、整和校内校外资源、优质社会资源，引导学生创新实践，活动育人，提升教师教科研水平都具有现实意义。

三、本课题研究的主要内容和预期目标

（一）课题研究的概念界定

1．课程开发。指通过需求分析确定课程目标，再根据这一目标选择某一个学科或多个学科的教学内容和相关教学活动进行计划、组织、实施、评价、修订，以最终达到课程目标的整个工作过程。本课题的课程开发是基于对传承中华优秀传统文化的京剧元素融入校外美术活动的课程开发研究。

2．“校外美术活动”。本研究指的是房山少年宫美术社团和兴趣小组活动，包括美术专业实践活动、夏令营美术实践活动、社会美术实践活动等。鉴于课题研究单位的现有条件，参与此课题的小组有线描兴趣小组、色彩兴趣小组、手工兴趣小组、美术社团。

3．“融入京剧元素”。京剧元素指具有京剧特色的图案、脸谱、服装、道具等，区别于其他门类的特征，是京剧独有的内容。融入是在美术活动中把京剧元素与设计创作相结合，鼓励学员根据需要主动收集素材、激发创作灵感，把艺术设计应用到日常生活中，实现艺术作品美化生活的功能。

（二）课题研究方向

向校内有京剧课程开发的教师吸取已有的经验，结合校外美术活动的实际，开展美术实践系列活动等，尝试在“融入京剧元素的校外美术活动课程开发”方面做进一步的研究。

（三）本课题研究的目标及主要内容

整合北京区域教育资源，以京剧中的视觉元素为研究的切入点，开发并形成一套以房山区少年宫美术活动小组为例且符合校外美术特色的活动课程。在组织活动中尝试新的表现形式，具体做法有：

1．在校外美术活动中，用融入京剧元素的美术创意设计系列专业实践活动。

2．与我区校内中小学美术骨干教师或美术社团负责人合作，借鉴我区部分学校戏剧进校园、京剧进校园；京剧艺术在我区中小学校本课程的开发与实施等的已有实践探索研究经验基础上，设计一个符合校外美术特色的课程框架。

3．教师引导学生挖掘符合青少年身心发展的京剧元素，与美术小组和美术社团活动结合，带领孩子们认识京剧元素中蕴含的传统文化内涵、美学思想精髓、道德涵养、开展专业实践活动。开发一套《融入京剧元素的校外美术活动课程教材》。

四、本课题研究的方法、手段、途径

以行动研究法为主，辅以文献法、访谈法等来确定本课题的作用和实际效果。

课题研究的步骤：

1．准备阶段（2021.5—2021.7），查询文献资料。提出问题，进行课题论证。课题申报。

2. 研究实施阶段（2021.9—2022.7），解决问题。开发设计活动课程、活动内容和方式，在各个小组实施。修改完善。

3. 反馈修改阶段（2022.9—2023.1），征求反馈意见。整理活动资料，撰写课程框架。

4．总结阶段（2023.2—2024.11），整理课题成果资料，撰写结题报告。

本课题研究的措施：

1．分工合作，取长补短

课题组成员根据总体目标和规划，结合课题研究特点，分别在各类美术小组中进行研究。具体分工如下：

孙禹梅老师主要负责：撰写“十四五”科研规划课题申报书；分配课题任务、撰写中期课题汇报材料；撰写研究论文、撰写结题报告。

高福禄老师协助课题负责人完成课题的申报、实施、结题工作。

刘阿鹏老师主要负责：参与课程的开发与实施，课题材料的整理，文字校对、打印，论文撰写。

王佳老师主要负责：京剧进校园实践探索研究、有京剧艺术校本课程的开发与实施的成功经验协助课题负责人完成课题的申报、实施、结题工作。

2．组织学习，提高认识

邀请相关专家来宫进行指导。组织课题组成员听课、参观、交流，提高教学能力。

3．相互交流，达成共识

积累影像、文字、数据资料，定期组织案例交流研讨。课题组成员通过交流达成共识，对各自的活动内容、方法、策略进行修改完善。

五、完成课题的条件和保证

1．课题负责人和主要成员完成本课题的研究能力。

孙禹梅：课题负责人是区级骨干教师，北京市“三个一”《炫彩书画社》特色项目负责人，参与的北京市“十三五”科研课题《少年宫书画小组强化中华优秀传统文化教育实践的研究》开题报告和结题报告均获市级一等奖。北京市“三个一”特色项目征文《京剧元素剪纸装饰纸箱》获市级三等奖（北京市校外教研室）（2018年9月）。在课题中进行了子课题《在美术活动中融入京剧元素的研究》，在课题实施中引导学生了解京剧元素，尝试用创新的表现形式，在实践活动中融入京剧元素。善于学习和创新，具有一定的教科研经验和能力。该课题被评为市级一等奖。负责人热爱京剧艺术，会唱京剧名段《梨花颂》等；深入解读由王如宗先生编著，清华大学出版社出版的《图解京剧艺术》一书。

王佳：课题组主要成员，德育主任，承担校内教育和管理工作多年，年富力强，教育教学和管理领域均取得了很好成绩。王老师在“十三五”科研课题期间参与房山区窦店中心小学的《京剧艺术》校本课程的开发与实施，研究了基于地域文化特色开发校本课程，这项研究是北京市基础教育课程建设研究，主要解决的是在校内小学教学中加强中华优秀传统文化教育的问题，在京剧进校园和校内外戏剧资源整合研究方面有丰富的实践经验。对本课题有很大的借鉴价值。

课题名称	负责人	课题形式	获得奖项	时间
《少年宫创新型戏剧课堂内容的实践与研究》	王佳	“十三五”科研课题	北京市校外“十三五”科研课题结题评选获二等奖	2020.10
《国粹传承正当时——京剧进校园实践探索研究》	王佳	论文	北京市课外校外理论研讨会论文评选三等奖	2019.11
《京剧艺术》校本课程的开发与实施	王佳	校本课程	北京市基础教育课程建设优秀成果二等奖	2017.12

2. 本课题组还将聘请高校专家、校外美术教育专家、戏曲专家、美术教研员为顾问，提高课题组成员课题研究的理论水平和实践能力。

3. 完成本课题的其他条件。

北京城区和房山区均有丰富的京剧区域教育资源，便于引导学生传承中华传统文化。美术在房山地区是优势项目，受到城镇、农村地区学员的普遍欢迎，校外美术学员来源广泛。部分中小学有京剧进校园的经验探索，这为整合区域教育资源，融入京剧元素的校外美术活动课程开发研究，提供了经验支持。房山少年宫有美术专业教室、多媒体等硬件条件，领导高度重视课题研究工作，单位给予充分的经费支持和后勤保障，宣传部门充分利用网站、微信公众号等形式及时进行信息发布和宣传，有利于课题成果的推广应用。

六、课题研究计划

主要阶段及成果

1. 准备阶段（2021.5—2021.7），提出问题，查询文献资料，进行课题论证，课题申报。撰写开题报告，承担人孙禹梅。

2. 研究实施阶段（2021.9—2022.7），解决问题，开发设计活动内容和方式，在美术小组实施，修改完善。带领学生参观梅兰芳大剧院，和京剧艺术家交流，对京剧专家进行访谈，了解京剧文化。

“活动课程”，呈现出有地方特色的美术活动课程，基于课程的相关研究成果。设计课程框架、课程方案、课程案例。撰写中期报告。

七、最终研究成果

1. 研究报告一份：《融入京剧元素的校外美术活动课程开发研究》。

2. 论文一篇：《融入京剧元素的校外美术活动课程开发研究》。

3. 《融入京剧元素的校外美术活动课程框架》1 份、《课程方案》1 份、《课程开发系列案例》5 篇、《融入京剧元素的校外美术活动课程》参考教材 1 份。

依托房山区红色资源
开展沉浸式戏剧教学的实践与研究

房山区学生活动管理中心 丛君敬

一、课题研究的背景

（一）国家政策层面

红色教育作为时代的精神内涵，是教育长久发展的内核，是对学生进行爱国主义教育和革命传统教育的重要载体，是中华民族生生不息、薪火相传的精神血脉。习近平总书记指出："要把加强青少年的爱国主义教育摆在更加突出的位置，把爱我中华的种子埋入每个孩子的心灵深处。"青少年是祖国的未来、民族的希望，是爱国主义教育的重中之重。新时代加强青少年爱国主义教育，需要紧密结合时代特征丰富教育内容、拓展教育途径，把爱国主义教育贯穿于青少年成长全过程和各环节，实现课堂内外、线上线下同频共振，让爱国主义精神代代相传。

（二）社会资源

房山区红色文化底蕴深厚，有着光荣的革命传统。抗日战争时期，中共中央北方局和八路军总部在这里开辟了平西抗日根据地，涌现了许多可歌可泣的英雄人物和动人事迹。

房山区红色资源丰富，歌曲《没有共产党就没有新中国》词曲发源地，没有共产党就没有新中国纪念馆，红色背篓精神传承教育基地，平西抗日战争纪念馆，王家台烈士陵园等40余家红色资源单位，无数革命前辈在这片红色热土上抛头颅、洒热血，留下了许多英雄足迹和光荣的革命传统。因此，课题研究把红色社会资源转化成红色教育资源，通过沉浸式的教学对戏剧专业进行新的尝试和探索。

（三）教学诉求

房山区作为红色资源大区，红歌唱响的地方，作为房山的教育工作者，我们要切实肩负起让红色基因代代相传的历史责任，课题组以少年宫为工作统领，充分发挥校内外资源优势，紧密结合区情、盘活资源，在沉浸式戏剧课堂中让青少年能够更生动、更深刻地了解房山所承载的红色底蕴，引领广大青少年爱党爱国、锤炼品德、勇于创新、实学实干，成为堪当民族复兴大任的时代新人。

二、选题的目的、意义

2021年是中国共产党成立100周年，也是“十四五”规划开局之年。本课题组将充分发挥校内外融合育人优势，立足房山区域特色，积极营造爱党、爱国浓厚学习氛围，将以红色教育为核心，沉浸式戏剧教学为抓手，抓实思想引领，瞄准红色教育“靶心”，深入挖掘房山红色资源，设计适合学生学习的戏剧课堂模式，重点以戏剧教学+红色教育+沉浸式体验的课堂模式，引领广大青少年叩问初心、追寻使命、践行担当，让红色基因焕发时代光芒，为中国共产党成立100周年营造良好氛围，让青少年在党的光辉下茁壮成长。

三、文献综述（课题国内外研究现状）

（一）实践探索现状

房山区红色教育开展至今已有20余年的历史，从1938年房山区十渡中心小学取名“抗日小学”到1995年各校开展不同形式的红色育人活动，红色基因代代传承。房山区戏剧教育在校外开展已有11年时间了，覆盖房山区中小学校80余所，受众学生达10余万人，校内开展时间较早，教学形式主要体现在根据特殊节日设计主题活动，如读红色故事书、演红色舞台剧，讲红色历史等，利用红色资源开展戏剧教育教学活动较少，目前，仅2所学校参与到红色教育基地开展与戏剧专业相关的红色讲解员活动。利用红色资源开展沉浸式戏剧活动目前还没有。

（二）理论探索现状

目前，国内开发本地红色资源并服务于教育教学的研究不在少数，但是相关红色资源的应用大部分与校内思想品德政治课程共同研究，如张爱平的《地方红色资源在思想品德教育中的价值研究》、郭银生的《如何发挥地方红色资源在小学思想品德教育中的作用》、陈秀美的《地方红色资源在德育中的价值探究——以“红土润心，追寻先烈”主题活动为视角》等，在这些研究中，都以本地红色资源为基础，在政治课堂上发挥其地方文化的特色和作用，而对于地方红色教育应用于戏剧课程的研究，目前尚未找到。

沉浸式教学起源于加拿大，最早应用于双语教学，创设脱离于母语，完全使用目标语言的情境，学生在目标语言的语境中学习和生活，最快能够达到掌握一门外语的效果。目前国内关于沉浸式教学的研究，大致分为三类：

第一类是对于美国汉语沉浸式教学的研究将其成果应用于我国学科类教学。如，惠天罡的《基于 CBI 的美国汉语沉浸式教学的分析与思考》；央青的《美国犹他州汉语沉浸式教学模式 —— 以 UintahElementarySchool 为例》；钱明才的《沉浸式教学及其对我国英语教育的启示》；沈坚主编的《初中语文“沉浸式”教学研究》。这类研究成果多以辅助国内学科教学为目的，将沉浸式教学方法引入国内，帮助学生创设情境，使学生身临其境地学习。研究成果丰硕，这里不做过多赘述。

第二类是红色沉浸式教育。2019 年上海市静安区文史馆以“沉浸式”作为核心主题，在各个场馆开展党史课。

第三类红色沉浸式戏剧演出。2020 年 6 月北京市门头沟区“红色马栏”沉浸式爱国主义教育基地正式启动。2021 年 8 月山西县剧团打造大型沉浸式红色教学实景剧《梦回西柏坡》10 月大连传媒集团试水红色沉浸式演艺，通过沉浸式戏剧体验和跨时空对话的形式解锁红色主题教育新模式。本课题中的红色“沉浸式”戏剧教学的研究，在以往的研究中没有相关文献记载。

四、研究设计

1．研究目标

（1）利用房山红色资源做好红色教育，引导学生发扬和传承红色基因。

（2）校内外融合育人，通过沉浸式戏剧教学，创新戏剧课堂，开展戏剧教育教学多样化、直观化的活动，带领学生更加深入体验情境、增强信念感，完成角色创作与表演。

2．研究假设

梳理房山区适合中小学生开展的红色教育基地，带领学生进行沉浸式戏剧课堂的学习与实践并创排优秀红色作品，将创新的教学模式进行推广。

3．研究方法

（1）资料文献法

在本课题研究中，我们依托图书馆和利用网络查阅相关历史资料，运用文献研究法搜集、整理房山区红色资源相关的论文、论述及理论成果，以及校内课堂和校外培训机构（少年宫）的融合育人思路、想法和做法，把握课题研究的对象、内容、原则和方法，合理利用红色教育的经典案例、成功做法和相关理论等，为课题研究提供必要的理论学习和研究基础，使本课题的研究能有较科学的定位和更高的层次，使课题成果更具普适性。

（2）经验总结法

课题研究人员将对中国共产党建党一百周年以来的各阶段进行分析和提炼，揭示内在的联系和规律，使之上升到理论的高度，充分利用房山区红色资源（房山区41个红色教育基地），找到可以运用和推广的规律性内容，做好校内外融合育人，使学生得到的认识、体会，形成正确的价值观，记录每一阶段的实践成果并总结融合戏剧育人的经验，力争做到在实践中提升理论，在理论指导下完善实践。

（3）活动实践法

房山区是优秀的红色教育基地之一，我们不仅要把红色文化融入学校德育美育教育活动中，更要带领学生到不同的红色场馆，体验多种主题的红色沉浸式教育活动，将戏剧课堂教学与校外实践融合育人相结合，构建学校教育、红色教育资源、少年宫校外教育的三位一体教育模式。运用红色基地沉浸式戏剧教学进行情感体验、角色分析、红色历史学习、讲演红色故事、创排红色剧目，等等，开展教育教学多样化，直观化的教育教学形式，带领学生实地亲身体验，提高思想道德品质，同时在活动中不断调整研究的计划和策略，积累行之有效的方法。

（4）问卷访谈法

主要应用问卷和访谈两种方法，来了解学生对“房山区红色资源”和“沉浸式戏剧课堂的理解”现状进行问卷调查，课题结束前再次进行问卷调查和访谈，并对数据管理和分析，探索带有普遍性和倾向性问题，为研究提供充足的事实依据。

4．研究手段

红色沉浸式戏剧教学具有突出的实践性、时代性，对于解决当前学生处在和平年代如何建立革命精神与现实之间的联系有很大的促进作用。创新戏剧教育理念，以红色文化传播为载体，充分利用房山区红色资源、联动我区13所中小学开展沉浸式戏剧教学研究，拓展爱国主义教育的实践载体，建好用好爱国主义教育基地深度开发融教育性、知识性、文化性、体验性、艺术性于一体的创新型红色戏剧教育。

5．研究途径

通过充分梳理房山区红色资源，整理适合学生开展红色沉浸式戏剧教育实践内容，带领学生到红色教育基地或把红色资源进校园，营造沉浸式戏剧课堂，让学生通过讲故事、角色扮演、制作军装、播放视听资料，角色扮演，根据红色故事设计游戏、让学生实践、体验等。以沉浸式带领学生深入红色，感受红色、在红色基因中茁壮成长。积极举办红色“沉浸式”戏剧活动。我们将改变传统的红色经典影视欣赏、红歌传唱、红色经典诗歌朗诵等方式为创新教育形式，可以把红色资源带到学校，例如：让场馆的人去讲故事，播放合适的视听资料，学生穿相应的服装，一部分学生扮演一些角色；让参观过的学生分角色扮演讲故事，听故事的学生模仿一些动作、情节；根据红色故事设计一些游戏、体育活动，让学生去体验和感悟；等等，也可以在欣赏红色经典影视剧的时候将原音去掉，让学生参与配音；举行唱红歌的比赛比的不是唱功而是看谁记的红歌歌词多，旨在挖掘蕴藏在各类红色经典中的时代内涵，提炼出红色经典的永恒魅力，最终提高学生的文化和思想道德素质。

不仅如此，我们更注重组织学生走进红色教育基地参加社会实践活动，在少年宫校外教育机构的带领下，学生能在不同主题的红色实践活动中洗涤心灵。比如，让学生们在房山区长阳镇盛通红木文化馆的知学堂（建党百年红色故事场馆）中阅读红色经典故事、讲述红色经典故事、表演红色经典故事，展示红色经典书画、书信等。同时，我们将充分利用房山区的红色资源优势，将红色资源和思想政治教育相结合，使其发挥出最大的功效，在节假日或者寒暑假期间，组织学生到本区的红色旅游景点瞻仰革命的遗迹，以此来启迪学生的心灵，净化学生浮躁的心境。比如，走进平西抗日纪念馆、《没有共产党就没有新中国》歌曲创作地、坡峰岭红色背篓、窑上英烈园、房山区档案馆等，可以直接将课堂搬到革命遗址，与红色基地建立联系点，切实做好校内外融合育人。通过现场的观摩和体验更有利于提高学生学习的积极性，坚定学生爱党爱国爱人民且做好社会主义建设者和接班人的理想信念，做到学党史、感党恩、听党话、永远跟党走。

五、研究的重点和难点

（一）重点：整合、挖掘区域红色育人资源。

两方面内容，一是校内外教育资源整合，二是梳理房山区红色资源。

（二）难点：校内外融合育人红色沉浸式戏剧教学的探索。

六、研究的实施计划及人员分工（研究步骤、阶段）

准备阶段（2021.5—2021.6），查询文献资料。提出问题，进行课题论证，课题申报。

研究实施阶段（2021.7—2022.12），解决问题。开发设计活动内容和方式，在戏剧小组实施。

反馈修改阶段（2023.1—2023.5），征求反馈意见。整理典型课例音像资料，撰写论文，整理教材学材。

总结阶段（2023.1—2023.5），整理课题成果资料，撰写结题报告。

主要阶段及成果				
序号	研究阶段（起止时间）	主要研究工作及成果名称	成果形式	承担人
1	准备阶段 2021.5—2021.6	成立研究小组，做好开题工作	课题立项申报表	从君敬 李春艳 王子豪 车靓雯
2	实施阶段 2021.7—2022.12	房山区红色故事创编 房山区红色故事录制 沉浸式情景舞台剧剧本撰写 沉浸式情景舞台剧创排	剧本、故事集光盘、照片、现场展示等	从君敬 李春艳 王子豪 车靓雯
3	总结阶段 2023.1—2023.5	课题组进行整理、分析、研究、总结所积累的资料撰写研究报告和成果，做好结题工作	研究报告	从君敬 李春艳 王子豪 车靓雯

1．从君敬：课题负责人，职责：统筹领导课题研究的全面工作，督查课题研究进展与具体实施。全面协调课题研究的日常工作以及各项研究工作的具体安排，对接红色资源基地联系安排专家相关工作，跟踪课题研究进展，督促各阶段工作落实，组织相关实践活动、观摩，活动、交流活动等，各类资料、报告的整稿与修改，开题、结题报告撰写，戏剧工作室联动校外教师动态资源及培训机制等的研究工作。

2．车靓雯：落实课题研究工作的相关环节，收集各类研究材料，课题成果梳理与整理；红色资源与历史学科相结合研发创新课程创新历史相关教材及课题文集整理，课题的音视频制作、宣传，文字资料收集整理。

3．李春艳：红色资源的梳理与研究，红色资源融合育人的策略与推广制度梳理。

4．王子豪：依托红色资源开展校内活动，对活动育人实效进行梳理。

七、保障措施

（一）师资队伍

1．成立子课题研究实践小组

组长：从君敬

主要成员：车靓雯、李春艳、王子豪、白林辉、刘芳芳、张涛、罗守彪、赵云鹤、王佳、闫语、毕晶、赵美娟

2．成立子课题研究专家指导组

方志专家 张昊

宋庆龄儿童活动中心主任 蔡颖

房山区团区委副书记团教工委书记 刘尧

房山区学生活动管理中心主任 马连山

四位校外教育资深专家负责指引方向，帮助解决研究中遇到的困惑、难题，为我们提供精神动力与智力支持。

（二）制度建设

按照课题管理科学体系，对各方面的工作进行有效管理，由少年宫马连山主任做课题总监管、田立新主任做项目实施监管，科研培训部负责对课题进行日常管理。有明确的课题负责人职责、制定了详细的管理政策规定，严格的经费使用规定，安全管理制度，责任到人。

制定了科研课题管理办法，主要从少年宫科研主管部门负责对课题进行日常管理、课题管理的有关政策规定、课题负责人职责三方面来制定同时还有参与教师们共同制定守则。

（三）经费投入

房山区教委、房山区学生活动管理中心各级领导对本课题重视程度高，大力支持并给予精心指导，包括在研究过程中能给予理论指导和经费支持，财务支出详细、严格按照课题经费使用办法，全面保障课题顺利结题。

八、预期研究成果

最终研究成果（限报3项，其中之一必为研究报告）				
序号	完成时间	最终成果名称	成果形式	承担人
1	2022.11	研究报告	研究报告	丛君敬
2	2022.11	《房山平西故事100讲》教材	教材	丛君敬
3	2022.11	沉浸式戏剧表演光盘	影像资料	丛君敬

基于美育的少年宫兴趣小组主题活动的逆向教学设计研究

房山区学生活动管理中心　马志维　孙凤娟　邢秀丽　赵春燕　王春鹏

一、课题研究的背景与意义

（一）研究背景

1．时代需要

党的十八大以来，以习近平同志为核心的党中央高度重视学校美育工作。习近平总书记在全国教育大会上强调，要全面加强和改进学校美育，坚持以美育人、以美化人、以美培元，提高学生审美和人文素养。2020 年 10 月，中共中央办公厅、国务院办公厅印发《关于全面加强和改进新时代学校美育工作的意见》从更高站位出发，对学校美育工作进行再认识、再深化、再设计、再推进，进一步强化学校美育育人功能，构建德智体美劳全面培养的教育体系。

学校将学习贯彻落实习近平总书记关于美育的重要论述作为重大政治任务，引领学生树立正确的审美观念、陶冶高尚的道德情操、塑造美好心灵。进一步增强学校美育意识形态属性的认识，高度重视思想和价值观的培育，将社会主义核心价值观融入课堂教学、课外活动、校园文化建设和教育教学全过程，通过教材与教学落实落细落小，文化自信不断增强，完善强化学校美育评价机制。推进美育评价改革，学校美育工作展现新局面。

学生活动管理中心是青少年校外活动场所之一，属于校外教育，与学校教育相辅相成。在国家大力提倡美育的时代背景下，校外应成为继学校之外的美育主阵地，开展校外美育工作。

2．育人需要

“立德树人”是教育的根本任务。“立德树人”的出处，应该与教育相关。如：“别而履之，和而从之，礼乐之道，可以立德而成行矣”（《子夏易传·卷八》）。而在这个语境中不难看出，德育和美育共同分担着“立德”的重任！《礼记·乐记》的“礼乐皆得，谓之有德，德者，得也”也辅证了“立德树人”的“德”，不是德育的“德”，而是包括了德育和美育在内的、覆盖面更大的母概念。所以，“立德树人”这个“德”的内涵，恰恰是德智体美教育方针与优秀传统文化相结合的最佳写照。

3．工作需要

房山区校外教育专业兴趣小组以美术、声乐、舞蹈、表演、朗诵等艺术类专业为主，艺术教育虽然仍不能完全排除艺术本身的教授，但其主旨不完全在于艺术技法本身而在于以艺术的美来育人，发挥艺术的育人作用。席勒认为，美育所凭借的手段是美的艺术。他从艺术类型的角度论述了理想的美育的途径。那就是由优美到崇高，达到人性的高尚。而从纵向的角度，席勒勾画了审美教育从古代到现代理想的美育的历史过程，又称审美教育或美感教育，它是人类文明发展的必然结果，也是人类自身建设的一个重要方面。房山区校外教育兴趣小组活动大部分为艺术类教育，活动中存在以技能教授为主，美育教育时有时无的现象。校外教育对学生美育培养应该是有计划性的，而不是随意性的；应该是成体系的，而不是零散的；应该是落实到日常兴趣小组活动中的，常态化的。如意见中所指出的美育通过教材与教学落实落细落小。以美育为前提的兴趣小组教学设计成为值得研究的课题。

（二）研究意义

《关于全面加强和改进新时代学校美育工作的意见》，为学校开展新时代美育工作给出指导意见。北京市校外教育作为基础教育的重要组成部分，关注到青少年美育教育。由于校外教育存在没有规定教材、教学大纲及课程标准的特殊性，使得校外教育对学生美育教育需要探索和研究。

1．理论意义

查阅文献资料中可以看出，校外美育教育工作起步晚，取得美育方面的科研成果较校内少，希望通过本次课题研究，深入研究校外兴趣小组主题活动及活动中各个环节的设计，创新兴趣小组活动内容和模式，促进美育教育落到实处，校外美育育人取得成效，丰富校外美育教学理论。

2．实践意义

本课题探究兴趣小组把专业基本理论和技能技巧与美育教育有机结合，将美育教育贯穿于兴趣小组活动的始终，使参与的学生能够通过活动提高审美和人文素养。

（1）瞄准学生的审美和人文素养提升，使活动育人落到实处。少年宫兴趣小组最大的特点是活动育人，在各种艺术专业活动中对学生进行美的教育和培养。通过设计优质主题活动，创新活动模式使美育在活动中发挥育人作用，使美育在活动中落地落实。

（2）创新兴趣小组活动设计。运用逆向教学设计理论，重新设计兴趣小组的主题活动内容和形式，精心设计小组活动各个环节，把美育落实到兴趣小组的每一次活动中，整合研究力量，探索总结出少年宫兴趣小组落实美育教学模式。

（3）提高少年宫教师的研究能力。教师在课题研究过程中，查阅文献资料进行美育、教学设计等学习和借鉴，更新教育理念，研究活动目标、方法和过程，评价的设计，重视实践性和体验性，使活动设计和活动效果达到最优，在总结和提炼中提高教科研能力和专业水平。

本课题探索适合校外兴趣小组落实学生美育的活动设计，总结校外教育美育的经验，在校外教育兴趣小组活动中能够推广，符合校外教育进行美育和兴趣小组活动的现实需求。

二、文献综述

1．关于美育研究

以“美育”为检索词，在中国知网和期刊网进行检索，可以发现我国基础教育领域一线教师和专家学者对美育的研究较多，大部分是从音、体、美、思政课融入美育的角度以及美育评价体系的研究。

校外教育研究美育的内容主要有校外中的美育对青少年全面发展的影响，基于美育的校外社团建设，校外美育课程研究等。这些内容与本课题基于美育的活动教学设计研究不雷同。

2．有关主题活动教学设计研究

文献呈现出有关主题活动教学设计的研究校内主要集中在某一学科主题教学设计。校外主题活动比较丰富，其中朱燕老师撰写的论文《基于全人教育的校外课程结构设计》提到校外课程结构可以围绕两大方向进行设计，即在教育过程中对学生自我的“激发”与“推动”。前期进行“发现教学”重视对学生道德情感的引导教育；后期进行“发展教学”，在实践活动中对学生创新精神与动手能力的引导训练，鼓励学生将自身的特色想法与个性思维进行展示与发展。对本课题研究教学设计的起点和终点是什么，活动延伸到什么程度对学生进行美育，是有借鉴意义的。

3．逆向教学设计

文献资料有关逆向教学设计的研究大部分以探讨学科设计为主。其中论文《逆向教学设计 走向深度学习——以西洋管弦乐器音色塑造音乐形象的主题课为例》，运用逆向教学设计理论，结合管弦乐教学实例，比较详细地阐述了逆向设计的步骤，设计效果，与本课题使用的设计原理和步骤是一样的，对课题研究有借鉴作用。

从文献资料分析来看，研究基于美育的学生活动管理中心兴趣小组主题活动教学设计的内容很少，可以填补校外美育理论和实践空白，有很大的研究价值。

三、核心概念的界定

1．教学活动设计

教学活动设计是以教学目标为指导，把促进学习者的学习作为首要教学任务，采取系统的、科学的方法，将有关教学的各种理论转化为对实际的教学活动的系统安排。其目的是达到教学结果的最优化、创造合理高效的课堂教学。

2．主题活动

主题活动指在集体性活动中，以一个主题为线索，围绕主题进行活动。本课题研究的少年宫兴趣小组主题活动是每学期围绕一个主题开展15次活动教学。主要以美育为出发点拟定主题内容，教学目标和教学评价。

3．逆向教学设计

课题中逆向教学设计主要是应用美国格兰特·威金斯、杰伊·麦克泰格著作《追求理解的教学设计》理论。我们的课堂在逻辑上应该从想要达到的学习结果导出，而不是从我们所擅长的教法和活动导出。课堂应该是展示达到特定学习结果的最佳方式。最好的教学设计是“以始为终”，从学习结果开始的逆向结果。逆向教学设计分为三个阶段：确定预期目标，确定合适的评估证据，设计学习体验和教学。

<table>
<tr><th colspan="2">阶段1——预期结果</th></tr>
<tr><td colspan="2">所确定的目标： G
● 此设计将达到什么目标（例如，内容标准、课程或项目目标、学习结果）？</td></tr>
<tr><td>理解： U
学生将理解……
● 大概念是什么？
● 期望他们获得的特定理解是什么？
● 可预见的误解是什么？</td><td>基本问题： Q
● 什么样的启发性问题能够促进探究、理解和学习迁移？</td></tr>
<tr><td>学生将会知道…… K
● 作为本单元的学习结果，学生将会获得哪些关键知识和技能？
● 习得这些知识和技能后，他们最终能够做什么？</td><td>学生将能够做到…… S</td></tr>
<tr><th colspan="2">阶段2——评估证据</th></tr>
<tr><td>表现性任务： T
● 学生通过哪些真实的表现性任务证明自己达到了预期的理解目标？
● 通过什么标准评判理解成效？</td><td>其他证据： OE
● 学生通过哪些其他证据（例如，小测验、考试、问答题、观察、作业、日志）证明自己达到了预期结果？
● 学生如何反馈和自评自己的学习？</td></tr>
<tr><th colspan="2">阶段3——学习计划</th></tr>
<tr><td colspan="2">学习活动： L
哪些学习体验和教学能够使学生达到预期的结果？设计将如何：
W=帮助学生知道此单元的方向（Where）和预期结果（What）？帮助教师知道学生从哪（Where）开始（先前知识、兴趣）？
H=把握（Hook）学生情况和保持（Hold）学生兴趣？
E=武装（Equip）学生，帮助他们体验（Experience）主要观点和探索（Explore）问题？
R=提供机会去反思（Rethink）和修改（Revise）他们的理解及学习表现？
E=允许学生评价（Evaluate）他们的学习表现及其含义？
T=对于学生不同的需要、兴趣和能力做到量体裁衣（Tailor）（个性化）？
O=组织（Organize）教学使其最大程度地提升学生的学习动机与持续参与的热情，提升学习效果？</td></tr>
</table>

逆向教学设计有固定的模板，每个阶段都有各种因素，本课题设计主题活动内容及各活动环节，根据研究需要，适当修改其中某些因素，探索设计出符合学生活动管理中心兴趣小组活动的模式。

四、研究设计

校外教育机构最基本和常见的开展培训活动的形式是专业兴趣小组活动。以房山区学生活动管理中心专业兴趣小组活动为例，本课题中提到的兴趣小组教学活动设计指每学期15次活动总体设计和每一次活动的具体教学设计。

（一）研究目标

本课题采用逆向教学设计理论，设计少年宫兴趣小组落实美育的主题活动内容及主题活动中每一次活动的具体内容和模式设计，使美育教育落实到每一次兴趣小组活动中，创新校外兴趣小组教学模式，提高兴趣小组育人质量，培养学生审美和人文素养。

（二）研究内容

1．学生活动管理中心兴趣小组专业与美育结合主题活动内容的研究。结合学生活动管理中心教育兴趣小组专业，贴近学生生活，把美育内容具体划分为社会美、自然美、生活美等几方面，把审美能力划分为感受美、欣赏美、创造美的能力，将这些内容纵向纳入不同层次的兴趣小组活动，横向形成模块化教学，使美育在兴趣小组中形成常态化。

2．主题活动落实美育活动模式的研究。依据逆向教学设计模板，根据校外专业兴趣小组实际活动特点，确定具有特色的校外兴趣小组活动模式。

（三）研究拟创新点

本课题研究拟创新点是首次对少年宫兴趣小组活动的教学设计进行研究，采用逆向教学设计理论，从美育培养目标出发设计教学环节、创新教学模式，探索出落实美育的途径。

（四）研究假设

1．美育内容与兴趣小组专业相结合进行有关美育内容课程框架设计，全方面提升学生审美能力和人文素养。

2．依据逆向教学设计模板，根据专业活动特点和内容修改、完善逆向教学活动设计因素，形成学生活动管理中心兴趣小组实施美育活动模式。

3. 分解美育教学目标为教学评价标准，使美育教育落地。

（五）研究方法

1. 文献研究法

通过文献研究法了解国内外此项内容研究成果，界定本课题研究的价值，借鉴已经成型的研究成果，为研究本课题服务。

2. 调查研究法

本课题在开展前与美术、器乐、舞蹈专业教师进行谈话，了解专业教学活动设计情况。通过调查问卷了解少年宫各专业兴趣小组目前教学活动开展情况，在活动中怎样进行美育教学。根据调查问卷反映的情况和出现的问题，确定研究方向、研究内容及研究方法。教学设计实施后向教师和学生发放反馈调查问卷或者当面访谈获取意见，分析活动开展效果。

3. 文本分析法

文本分析法是一种在定性研究基础上的量化分析法，通常以记录的内容、数据为分析对象，根据研究所需对分析对象进行客观的比较并以定量的形式展示信息观点的研究方法。本课题通过对访谈内容和观察记录的分析，获取学生、教师对于少年宫兴趣小组对美育教育开展的主题活动逆向教学设计的真实想法和意见，活动设计实施效果等内容，从反馈中反思、改进小组教学活动设计，为后续活动提供参考。

五、研究过程和预期成果

本课题共分为四个相互联系的研究阶段，每个阶段由课题组所有成员参与：

第一阶段 [准备阶段（2021.6—2021.12）]：采用文献资料分析法对美育，逆向教学设计，主题活动教学及教学设计等研究现状梳理、分析，了解当前本课题内容的研究趋势和核心问题，确定本课题研究方向和程度，撰写课题申请书和开题报告。

第二阶段 [研究实施阶段（2022.3—2022.6）]：通过对美育的内涵与逆向教学设计深入理解分析，探究小组活动的教学目标、教学评价、教学活动环节设计的内容及方法，形成少年宫兴趣小组主题活动逆向教学设计模式并在各专业小组实施。

第三阶段 [反馈修改阶段（2022.9—2022.12）]：对实施过程中收集到的信息、数据、反馈进行分析，总结实施效果，并修正教学设计模式，在各专业兴趣小组实施。

第四阶段 [总结阶段（2023.3—2023.6）]：整理课题成果资料，撰写结题报告为形成课题研究结论做准备。

预期研究成果

成果名称	负责人
《基于美育的少年宫兴趣小组主题活动教学设计的研究》结题报告1份、工作报告1份	马志维
发表或获奖的相关论文5篇	课题组成员
教学案例或教材学材5份　学生比赛获奖	课题组成员

六、研究经费与保障

本课题研究内容与自身工作实际紧密结合，进行了大量文献资料的查找和研究，了解国内外对本课题研究内容的研究程度，借鉴了很多相关的研究成果。这些研究成果受到社会认可，均是刊登在核心期刊上的正规论文，也有一部分是博士硕士毕业论文。对本课题研究的方向和内容把握是准确的。

本课题组成员共4人，分别是房山校外教育朗诵专业教师马志维老师，扬琴古筝专业赵春燕老师，拉丁舞专业教师孙凤娟老师，美术专业教师王春鹏老师。这4位教师有两位是房山区骨干教师，每位教师都参加了“十三五”课题的研究，都已经顺利结题。其中王春鹏老师参与的市级重点课题《少年宫书画小组强化中华优秀传统文化教育实践的研究》获得北京市一等奖，他本人单独进行了一项子课题的研究。马志维老师负责和孙凤娟老师参与的“十三五”课题《校外教育精品学生社团建设的研究》获得北京市三等奖。4位教师都具有很强的教科研能力，每位教师都有多篇论文获奖或发表。

4位兴趣小组专业教师构成课题组成员，充分考虑到课题研究的方向和内容，与日常工作紧密结合，有利于课题研究工作开展，保证研究结果有实用价值。

房山校外教育非常重视教师教科研水平的提升，鼓励教师进行课题研究，领导高度重视，给予经费支持。本课题计划用三年时间进行研究，采取文献研究法、调查问卷法、文本研究法等科学有效的研究方法，通过学习教育教学理论，对外交流学习，总结反思等研究手段，研究出适合少年宫兴趣小组开展美育的小组活动模式，确保课题研究顺利进行并圆满结题。

房山区校外艺术社团与爱国主义教育基地融合育人课程开发实践研究

房山区学生活动管理中心　孙凤娟　田立新　马志维　邢秀丽　岳　新

一、课题研究的背景

（一）选题缘由

习近平总书记指出："弘扬爱国主义精神，必须把爱国主义教育作为永恒主题。"学习党史、新中国史、改革开放史、社会主义发展史这"四史"，是爱国主义教育的重要组成部分。这对校外艺术社团与爱国主义教育实践基地融合育人课程开发研究指明了方向。

中宣部、教育部等十部门提出：加强和改进爱国主义教育基地工作更好地为青少年思想道德建设服务。房山区具有丰富的教育资源。既有传承红色基因的革命旧址和纪念设施，弘扬优秀传统文化和展示奋斗创新精神的各类博物馆、纪念馆，也有反映改革开放史、社会主义发展史的新农村建设、脱贫攻坚等资源。

如果要做到校外艺术社团与爱国主义教育基地融合育人，就要坚持课堂教育与实践教育相结合。既要充分发挥课堂教学的主渠道作用，又要注重发挥爱国主义教育基地的育人作用。如果我们能把爱国主义教育基地的育人精髓，创造性地融入教育教学活动和学生的生活实践中，可能会使学生多方面能力得到锻炼与加强，对核心素养的提升起到不可忽视的作用。

校外艺术社团活动内容，因直观生动、丰富可视、传播性强，更易于呈现爱国主义教育内容，开展与爱国主义教育基地融合育人课程开发的实践研究。房山少年宫负责教育教学管理的领导干部 1 人，舞蹈社团、朗诵社团、儿童歌舞剧社团教师 2 人，群文活动部负责房山区社会大课堂教师 1 人，爱国主义教育基地教师 1 人。在以往的社团活动中，我们进行了一些融入爱国主义教育的主题活动尝试，如《我爱你中国》拉丁舞社团舞蹈创编活动，《百年红色传承，百年初心不变》系列朗诵活动等，这些尝试为进一步开展课题研究奠定了基础。

艺术社团教师都具有丰富的教育教学和实践经验，热衷于发扬爱国主义教育，善于学习和创新，都在各自的领域中取得过优异成绩。课题组还吸收了校外活动部负责社会大课堂的教师和爱国主义教育基地的教师，能够给其他成员提供帮助与支持，使大家能够深入了解和把握房山区区域爱国主义教育资源的深邃思想和鲜明特色，并协助大家解决艺术社团与区爱国主义教育基地资源融合育人中遇到的问题。

房山区少年宫是重要的爱国主义教育基地，拥有丰富的教育资源，学员来源广泛。家长普遍支持校外艺术社团的活动，能够接受教师的教育理念和方法，在教育孩子方面形成家校合力。

（二）课题研究的意义

本课题通过调研、实践和资料分析，找到房山区少年宫艺术社团与区爱国主义教育基地资源利用之间的契合点，将爱国主义教育贯穿于学习活动的始终，使参与的师生都能够通过活动知史爱党、知史爱国，做爱党爱国学习者也做传播者。并通过专业知识和技能表现出来，以及构建相应的课程体系，形成相应的活动教材。对全区的爱国主义教育起到引领和示范作用。

1．开发系列化、体验性的实践活动课程。整合资源力量，将爱国主义基地教育真正融入校外艺术活动中，使学生在体验与探究中不断历练与成长。

2．使活动育人及宣传教育落到实处。房山少年宫作为房山区唯一一所专门的（公立）校外教育机构，具有较高的知名度和影响力。艺术社团因其活动内容丰富、传播性强，更易于与爱国主义教育基地相融合，达到育人和宣传教育的目的。

3．探索和实践房山区少年宫艺术社团与区爱国主义教育基地融合育人的方式。在以往的艺术社团教学活动中，无论是小组活动还是社会实践活动，都有很多与爱国主义教育相关的内容，也获得了一定的效果，但是不够系统和深入。

4．有利于教师教育理念的转变、创新精神的提升和坚定理想信念。

二、文献综述

通过查阅资料，相关的研究有《新时代爱国主义教育途径初探》《校外爱国主义教育基地服务质量研究》《论“四史”教育融入大中小学思想政治理论课一体化建设》《增强新时代青少年“四史”学习教育实效性探索》等。

这些研究主要解决的问题有的是开展爱国主义教育的策略，有的是要加强校外爱国主义教育基地的建设，有的是推动课程思政一体化建设。

校外艺术社团与爱国主义教育实践基地融合育人课程开发的研究，和相关的系统课程，目前没有找到。本课题在此基础上进行探索与归纳出房山区少年宫艺术社团与区爱国主义教育基地融合育人的途径，构建实践活动课程，培养学生的爱国情操，具有一定的研究价值和社会意义。

本课题主要参考以下文献：

[1] 王泽应 . 习近平新时代爱国主义思想研究 [J]. 伦理学研究，2018（2）：1—7.

[2] 杨艳梅、王洪鹏 . 加强爱国主义教育基地建设的几点思考 —— 以北京市海淀区为例 [J]. 科协论坛，2018（3）：40—45.

[3] 冯晓青 .《中国近现代史纲要》教学中爱国主义教育途径新探 [J]. 理论观察，2018（5）：119—121.

[4] 陈冬良 . 校外爱国主义教育基地服务质量研究 [D]. 上海：华东师范大学，2010.

三、研究设计

（一）本课题研究的核心概念界定

1. “校外艺术社团”指校外教育机构中专业性较强的各种艺术类团体，鉴于房山少年宫的现有条件，参与此课题的艺术社团有舞蹈、朗诵、儿童歌舞剧。

2. “爱国主义教育基地”指对受教育者进行热爱祖国、忠于祖国、报效祖国教育活动的地方。本课题选择的是房山区与“四史”相关的、有代表性的 8 个爱国主义教育基地。

3. “融合育人”指通过协作、互动、有机联系、共同作用，形成教育合力。本课题将设计一系列实践活动，以少年宫艺术社团为主体，以本区爱国主义教育基地为实践资源探索和挖掘融合育人的途径，为两者有机的融合，更深入地进行爱国主义教育探索出一条新路。

4. “课程开发”本课题的课程开发主要是根据房山区少年宫舞蹈、朗诵、歌舞剧社团的专业性特点、条件，结合房山区爱国主义教育基地的资源利用，对爱国主义教育进行专业体现。包括：开展以“四史”为主题的系列舞蹈、诗歌、戏剧的活动课程，提供给社团和基地共享。

（二）研究目标

在艺术社团日常教学活动和参与爱国主义教育基地实践中增强“四史”教育，探索创编出房山区少年宫艺术社团与区爱国主义教育基地相结合的宫本课程。提高学生对“爱国主义”教育主题活动的创编兴趣，使他们能主动学习和实践，并将爱国主义情感和学习成果在作品中加以表现。

（三）研究假设

1．提升艺术社团学员整体素养水平，形成梯队培养模式。

2．加强社团师生有关“四史”教育的学习，提高国家认同感。

3．提升艺术社团教师和爱国主义基地教师的专业水平，提高活动质量。

4．加强家校合作，提高学生思想和专业提升的重视程度及效率，并为活动顺利开展提供有力保障。

5．融合育人，实践活动形成各艺术社团的专业特色。

（四）拟创新点

本课题从房山区现有资源出发，首次将“四史”教育通过爱国主义基地实践活动，融入房山少年宫艺术社团的课程中，形成一系列可应用的学习材料，使活动育人落到实处。

（五）本课题研究的主要内容

主要是针对当前的问题，结合房山区现有资源和艺术社团专业特点，对房山区少年宫艺术社团与区爱国主义教育实践基地融合育人进行课程开发，形成系统性的爱国主义教学活动内容和形式，在舞蹈社团、歌舞剧社团和朗诵社团中进行推广。

1．对于房山少年宫艺术社团（舞蹈、朗诵、歌舞剧）活动内容的研究。整理出参与爱国主义教育基地实践活动的知识和材料，从中提炼能与专业相融合的活动内容，进行实践和创新。

2．对于房山少年宫艺术社团（舞蹈、朗诵、歌舞剧）活动内容系统性的研究。将爱国主义教育内容纳入艺术社团活动计划，使爱国主义教育在艺术社团中形成常态化。

3．对于房山少年宫艺术社团与区爱国主义教育基地融合育人辅导方法的研究。探索二者结合的方式并在实践中不断完善。

（六）研究方法

1．文献研究法：查阅关于爱国主义教育、“四史”、实践活动等方面的文献资料。

2．问卷调查法：开展问卷调查，并进行统计分析，把握当前存在的主要问题。

3．行动研究法：结合当前房山区少年宫的现实情况，探索开展少年宫艺术社团与区爱国主义教育基地实践活动相结合、构建爱国主义教育课程的有效路径。

4．归纳总结法：对课题进行总结。

四、研究的重点和难点

1．重点：研究并提出房山区校外艺术社团与爱国主义教育基地融合育人课程开发实践研究有哪些具体、有效的途径方法和手段。

2．难点：研究如何将爱国主义教育基地活动与自己的专业进行合理统筹。

五、研究的实施计划及人员分工

课题研究的步骤：

第一阶段：准备阶段（2021.5—2021.6）

1．确定主题，制定方案，填写任务书、开题报告。

2．制定目标和计划。

3．查阅文献资料，形成文献综述。

第二阶段：开题调研阶段（2021.7—2021.12）

1．立项两周内开题。

2．编制调查问卷，以房山区为例开展问卷调查。选取 8 个房山区教育资源单位、基地，或学校进行问卷调查。

3．建立数据库，分析当前中小学爱国主义社会实践活动课程的情况。

4．请专家指导，提出建议，完善行动方案、策略、措施等。

第三阶段：实施阶段（2022.1—2023.3）

1．师生走进爱国主义教育基地，开展学习实践活动。

2．将实践成果与社团课程相融合，开发相应的融合育人课程，并形成教学方案或课程教材等。

3．在研究的基础上完成中期报告及相应成果。

第四阶段：总结与结题阶段（2023.4—2023.7）

1．汇总资料，完成结题报告、论文、教材或学材，展演赛视频。

2．对课题进行成果鉴定、总结推广。

课题研究计划及人员分工

序号	研究阶段（起止时间）	主要研究工作及成果名称	成果形式	承担人
1	准备阶段（2021.5—2021.6）	①确定主题，制定方案，填写任务书、开题报告 ②制定目标和计划 ③查阅文献资料，形成文献综述	课题 申请书 开题报告	课题组全体成员

续表

序号	研究阶段（起止时间）	主要研究工作及成果名称	成果形式	承担人
2	开题调研阶段（2021.7—2021.12）	①立项两周内开题 ②编制调查问卷，以房山区为例开展问卷调查 ③建立数据库	开题报告、调查问卷、数据库	课题组全体成员
3	实施阶段（2022.1—2023.3）	①开展学习实践活动 ②将实践成果与社团课程相融合，开发相应的融合育人课程，并形成教学方案或课程教材等 ③在研究的基础上完成中期报告及相应成果	论文、活动资料、中期报告	课题组全体成员
4	总结与结题阶段（2023.4—2023.7）	①汇总资料，完成结题报告和论文、案例合集 ②对课题进行成果鉴定、总结推广	论文、小组活动教材、结题报告	课题组全体成员

预期研究成果

成果名称	负责人
《房山区校外艺术社团与爱国主义教育基地融合育人课程开发实践研究》报告一份	孙凤娟
相关论文 3 篇	孙凤娟 马志维 邢秀丽
教材学材 1—3 册：歌舞剧创编活动教材、朗诵创编活动教材。	孙凤娟 马志维

组织与保障

1．研究能力。课题组的所有成员长期从事青少年工作，负责人是区级骨干教师，也是歌舞剧社团和拉丁舞社团的负责人，个人事迹在《新京日报》、《京郊日报》及《房山新闻》上面进行过报道，与马志维老师共同参与的“十三五”课题《校外教育精品学生社团建设的研究》获得北京市三等奖，有丰富的教科研经验和能力。课题组成员有负责教育教学管理的领导干部、有朗诵专业教师、群文活动部负责房山区社会大课堂教师、爱国主义教育基地教师，具有丰富的教育教学经验和管理经验，善于学习和创新，每位教师都有很强的教科研能力，有多篇论文获奖或发表，取得了一定的成果，积累了较丰富的经验。本课题组还聘请了高校专家、校外教育专家为顾问，提高课题组成员课题研究的理论水平和实践能力。

2．时间保证。课题组制定单独的研究计划，利用每周四的教科研时间进行研讨，并将调查、实验等工作与日常教育教学工作紧密结合。

3．具有非常充实的理论基础和现实依据。

4．单位支持。房山区少年宫是重要的爱国主义教育基地，单位鼓励工作人员积极开展课题研究，在政策上给予了很大支持。宣传部门充分利用网站、微信公众号等形式及时进行信息发布和宣传，有利于课题成果的推广应用。另外，单位为课题研究设立了专项的资金，课题研究中所需要的费用都有保障。

5．资料准备。通过网络查阅了大量相关方面的学位论文、期刊论文，另外对课题组成员在教学过程中发表的论文、研究的教学方案等也进行了整理，有充足的资料。

6．资源丰富。房山区既有传承红色基因的革命旧址和纪念设施，弘扬优秀传统文化和展示奋斗创新精神的各类博物馆、纪念馆，也有反映改革开放史、社会主义发展的新农村建设、脱贫攻坚等资源，这些基地充分利用自身资源，积极开展各种形式的爱国主义教育活动。

京剧身段课与提升小学生核心素养的研究

房山区窦店镇窦店中心小学　赵　颖

一、课题研究的背景

（一）选题的缘由

1．政策背景

（1）2008 年 2 月，教育部办公厅下发了《关于开展京剧进中小学课堂试点工作的通知》。通知指出：为贯彻党的十七大精神，传承中华民族优秀文化，建设中华民族共有精神家园，我部决定将京剧纳入九年义务教育阶段音乐课程之中。在已修订的《义务教育音乐课程标准》中增加了有关京剧教学的内容，确定了 15 首京剧经典唱段作为中小学音乐课的教学内容，根据不同学段学生的具体情况，将 15 首京剧唱段安排在 1～9 年级。

（2）2011 年 4 月，教育部办公厅下发了《关于在义务教育阶段中小学实施“体育、艺术 2+1 项目”的通知》。要求通过学校组织的课内外体育、艺术教育的教学和活动，让每个学生至少学习掌握两项体育运动技能和一项艺术特长，为学生的终身发展奠定良好的基础。

（3）2014 年 1 月，教育部颁发了《教育部关于推进学校艺术教育发展的若干意见》：有条件的学校要开设丰富的艺术选修课供学生选择性学习。鼓励各级各类学校开发具有民族、地域特色的地方艺术课程。

（4）2014 年 10 月 14 日，习近平总书记指出，中华优秀传统文化是中华民族的精神命脉。它是社会主义核心价值观的重要源泉。它也是我们在世界文化中立足的坚实基础。增强文化自觉和文化自信是信心和理性的坚实之路。自信和制度自信的含义。进入京剧可以让我们感受到我们祖先创造的京剧的高雅、宁静和高贵。在给予美育的同时，更唤醒了我们对中华传统文化的一种“记忆”。

（5）2015 年 9 月，国务院办公厅下发了《关于全面加强和改进学校美育工作的意见》。各级各类学校要贴近校园生活，根据学生认知水平和心理特点，积极探索创造具有时代特征、校园特色和学生特点的美育活动形式。要以戏曲、书法、篆刻、剪纸等中华优秀传统文化艺术为重点，形成本地本校的特色和传统。加强美育与德育、智育、体育相融合，与各学科教学和社会实践活动相结合。大力开展以美育为主题的跨学科教育教学和课外校外实践活动，将相关学科的美育内容有机整合，发挥各个学科教师的优势，围绕美育目标，形成课堂教学、课外活动、校园文化的育人合力。

2. 艺术背景

《艺术课程标准》（2022版）在前言的培养目标中指出：义务教育要培养有理想、有本领、有担当的，德智体美劳全面发展的社会主义建设者和接班人。五育并举，德育为先。《艺术课程标准》指出：在艺术教育中，坚持以美育人、以美化人、以美润心、以美培元，引领学生在健康向上的审美实践中感知、体验与理解艺术，逐步提高感受美、欣赏美、表现美、创造美的能力，抵制低俗、庸俗、媚俗倾向；引导学生树立正确的历史观、民族观、国家观、文化观，增强爱党、爱国、爱社会主义的情感，坚定文化自信，提升人文素养，树立人类命运共同体意识，为实现中华民族伟大复兴而不懈奋斗。

《艺术课程标准》一个重要的理念就是聚焦核心素养。在聚焦核心素养，组织课程内容中指出：我们通过教育传承文化，要根据时代的发展和社会的要求选择合适的资源，把优秀的、符合时代的、有生命力的文化传给下一代，同时还要在继承的基础上进行创造，创造具有时代精神的新文化。注重培育学生终身发展和适应社会发展所需要的核心素养，特别是真实情境中解决问题的能力。

京剧作为我国传统戏剧中的瑰宝，是一种流行于全国的戏曲剧种，有近两百年的历史。它吸收并融会了其他剧种在音乐及表演方法上的长处，逐渐形成相当完整的艺术风格和表演体系。让京剧艺术走进课堂，孩子们学习领会中华民族艺术精髓，增强中华民族自信心、自豪感，通过京剧教育传承文化，把优秀的、符合时代的、有生命力的文化传给下一代。同时还要在继承的基础上进行创造，创造具有时代精神的新文化。强调坚持以中华民族传统文化为主体，培养学生的核心文化素养。

（1）审美感知。通过学习京剧课程，学会发现、感受、欣赏京剧中的美，感受到传统戏剧的魅力，提升学生的审美水平；通过了解戏曲中的核心情节，传承中华优秀品德。

（2）艺术表现。京剧文化中的色彩搭配、京剧服饰、身段训练等，有利于传统戏曲文化进一步普及，提高学生对传统戏曲的兴趣，更有利于优秀的传统文化得到传承与创新。

（3）创意实践。学生可以将在京剧课程中的所见所闻、所感所想，运用到日常的生活与学习中，培养学生们的创新意识，促进实践能力的养成。

（4）文化理解。学生是祖国的未来，“戏曲进校园”活动一定程度上能够坚定文化自信，提升我国的文化软实力。

在国内，弘扬优秀文化传统，全面实施素质教育，正成为中国教育改革的热点。如何挖掘传统文化，赋予传统文化新形势下的育人功能，已经成为国内广大中小学校实施教育教学改革的切入点和突破口。在近几年的小学音乐教育中，流行乐成为小学生音乐课堂的主要内容，导致学生无法与其他艺术形式进行紧密的接触，特别是京剧对于学生来说非常陌生。京剧作为我国传统艺术的典型代表，如果能够被小学生所了解和学习，与小学音乐教学进行结合，可以使小学音乐教学内容更加丰富，改变以往的音乐教育格局，使小学生对京剧有更加全面的认识和了解，为京剧的传承和发展贡献更多的力量。

3．学校文化背景

我校始建于 1942 年，是一所乡属平原农村中心校。下设 4 所完小，87 个教学班，3273 名在校生。学生包括回、满、蒙古等多个少数民族，同时，中心小学是一所民族小学，并于 2015 年获得北京市民族教育示范校称号。学校共有教职工 248 人，其中专任教师 165 人。学校的精神文化浓厚。具有健康、向上的校风，教风、学风朴实。“和美”文化氛围初步形成，“和而异、美而共”的教育理念，“让每一个生命都精彩”已成为全校师生共同追求的美好愿景。

窦店中心小学作为民族教育示范校，经过两年的努力，教学模式已从京剧进课堂发展到成立兴趣小组再到打造精品京剧社团。目前，京剧社团中，学习京剧演唱的学生 300 多人、京剧演奏 200 多人，社团先后参加北京市学生艺术节、窦店镇团拜会，房山区艺术教育成果展示、北京市艺术教育成果展示等。为了进一步传承民族文化，提升我校的京剧文化艺术，学校与北京戏曲博物馆建立联系，在北京戏曲博物馆建立学生实践基地，为学生全面了解京剧文化创造了条件。通过京剧艺术教育建设，探索农村学校学生学习京剧艺术的途径与方法及农村学校推广京剧艺术的意义。

“双减”背景下，学生的课业压力有所缓解，各地纷纷开展了形式多样的艺术教育，很多学校联合戏剧团为学生带来了一场传统戏曲的盛宴，拉近了学生和传统艺术的距离，受到家长及其他教育者的一致好评。

（二）选题的目的意义

1．选题的目的

（1）提升学生的艺术文化修养

京剧已经有上百年的发展时间。京剧融合多种表演艺术，使观众在观看京剧的过程中可以获得特殊的感受。通过学习京剧，可以使小学生更加重视传统文化，对小学生未来的发展产生积极的影响。

（2）传承传统京剧艺术文化

在小学音乐教学中加入京剧教学，可以使小学生的学习范围得到进一步的延伸，使小学生对音乐学习产生更加强烈的兴趣，对京剧艺术传承具有积极的促进作用。在小学音乐教学中引入传统京剧，可以与现代音乐紧密融合，并通过现代音乐的方式进行展现，不仅能够传承传统文化，同时又可以使小学生的创新能力得到显著的提升。通过小学音乐课堂学习京剧，可以使京剧艺术得到创新性的发展，使小学音乐内容更加丰富。通过专业的教育和学习，可以使小学生全面强化艺术修养，提升对艺术的认识，使小学生更愿意弘扬和传承传统文化艺术。

（3）提升学生核心素养

在聚焦核心素养，组织课程内容中指出：我们通过教育传承文化，要根据时代的发展和社会的要求选择合适的资源，把优秀的、符合时代的、有生命力的文化传给下一代，同时还要在继承的基础上进行创造，创造具有时代精神的新文化。注重培育学生终身发展和适应社会发展所需要的核心素养，特别是真实情境中解决问题的能力。

其实，党的教育方针是建构学生发展核心素养体系的根本依据和最终落脚点。学生发展核心素养是对教育方针所确定的德智体美全面发展的具体化和细化，是将党的教育方针中的培养目标转化为对学生必备品格和关键能力的要求，进而贯穿到各学段，体现在各学科，最终落实到学生身上。

此次对京剧身段课与提升小学生综合素质的研究主要是以北京市窦店中心校为例，我校几年来依托社会资源和各级领导支持，以京剧艺术教育为突破口，传承京味儿艺术，使学生了解北京的历史、北京的文化，培养了学生的艺术素养，也充分体现了包容、厚德的北京精神。我校的音乐课、校本课程、学生社团、学校文化布置、教师论坛都融入了京剧元素，学校的京剧文化特色正在逐步形成。

2．选题的意义

（1）学术价值

①实施本课题研究，针对京剧身段教学模式中存在的问题展开讨论，具有较强的现实意义。

②本文通过对《义务教育艺术课程标准2022年版》仔细研读并探讨京剧身段在小学课程中的可行性教学方案，这是前人很少涉及的，因而具有一定的研究价值。

（2）应用价值

开展此课题从国家政策文件、文献资料、观察访谈、问卷调查中大致梳理了我国小学目前京剧现状，并对已有的教学方法进行了总结，因此，对小学音乐教师的京剧教学具有很大的启示。必将促进我校发挥京剧艺术教育的育人功能，全面提高我校学生的综合素质。必将促进我校京剧特色学校、艺术特色学校的形成。必将对我校应用古诗、书画、民乐等其他传统文化，优化素质教育起到有力的借鉴作用，必将赋予活动课程以新的内容。必将促进我校教师特长的全面提高。必将全面提高我校教师的教育科研意识和能力，全面提升我校的办学品位。

①提升文化自信。京剧艺术是我国国粹，有着悠久的历史和独特的艺术形式。它源于中国并独属于中国，所以它也是中国的一种标志，高度程式化的表演规律和丰富辉煌的名家流派，奠定了京剧独树一帜的艺术特点，也形成了京剧与现代时尚艺术不同的品貌与魅力，在很大程度上代表着中国的文化形象。当京剧以举世无双的风姿呈现于世界面前，令全世界叹为观止时，作为中国人将大大提升我们的文化自信。

②传承中华精神。京剧艺术还蕴含和承载着深厚的文化和精神内涵。京剧源远流长，有低谷也有辉煌。近两百年的历史，使京剧艺术与中国文化水乳交融。京剧故事中很多美好的品德，比如爱国主义、英雄主义、忠诚正直等都是特别值得传承和推崇的。

③提高学生综合素养。京剧是一门综合性艺术。它的每一部分都极具欣赏和美学价值。当今时代，人们的观念开放，艺术间融合、交叉成为大趋势，京剧与其他艺术形式的结合也越来越紧密。京剧的身段优美，人物的一举一动、一看一望等程式化动作，富有美感的同时又极具特色。而京剧基本功和武打等动作，对于提升小学生身体素质非常有帮助。

二、文献综述

（一）概念界定

1．京剧。京剧，又称评剧、京戏等，中国国粹之一，是中国影响最大的戏曲剧种，分布地以北京为中心，遍及全国各地。

清代乾隆五十五年（1790）起，原在南方演出的三庆、四喜、春台、和春等多以安徽籍艺人为主的四大徽班陆续进入北京，与来自湖北的汉调艺人合作，同时接受了昆曲、秦腔的部分剧目、曲调和表演方法，又吸收了一些地方民间曲调，通过不断的交流、融合，最终形成京剧。

京剧在文学、表演、音乐、舞台美术等各个方面都有一套规范化的艺术表现形式。京剧的唱腔属板式变化体，以二簧、西皮为主要声腔。京剧伴奏分文场和武场两大类，文场以胡琴为主奏乐器，武场以鼓板为主。京剧的角色分为生、旦、净、丑、杂、武、流等行当，后三行已不再立专行。各行当都有一套表演程式，唱念做打的技艺各具特色。京剧以历史故事为主要演出内容，传统剧目约有一千三百个，常演的在三四百个以上。

京剧流播全国，影响甚广，有“国剧”之称。以梅兰芳命名的京剧表演体系被视为东方戏剧表演体系的代表，为世界三大表演体系之一。京剧是中华民族传统文化的重要表现形式，其中的多种艺术元素被用作中国传统文化的象征符号。

2006 年 5 月，京剧被国务院批准列入第一批国家级非物质文化遗产名录。2010 年，被列入联合国教科文组织非物质文化遗产名录（名册）人类非物质文化遗产代表名录。

2．身段。身段是传统戏曲中的专有名词，是传统戏曲中一个重要组成部分。在传统戏曲唱、念、做、打的“四功”中，不论哪一功都有由内而外、通过形体来表现情节、表达人物思想感情的外部动作。从最简单的比拟手势到复杂的武打技巧，都蕴含着极丰富的舞蹈动作，这些都称之为身段。在传统戏曲中，有不同行当的身段，有文和武不同性质的身段，有结合一定情节表演性的身段，有结合道具、服饰组成的身段，有通过武打、技巧构成的身段，等等。

身段一词从字意来讲，“身”是指身体，“段”当术解。简而言之，身段就是形体动的艺术，侧重指外部的舞蹈技术；当然身段也含有表演因素。戏曲身段经过不断继承和实践，形成了一种富有民族特色的血路艺术程序，它的一举一动都有尺寸，一看一望都有规定。因此在塑势造型、形体动作、比拟手势、步法行进、眼法传神上都有它独特的身法韵律。

身段总的来说包括神和形两个方面。形是客观存在的外部舞蹈动作，神是表达内在感情的手段。神，广义地讲是通过内在感情表露在形体上的神态，也是形的动作依据。从外部技术来讲，神又是指眼神的运用，神和形的凝结才产生身段的身法韵律。神无形则不显，形无神则僵死。这种神形兼备的舞蹈动作，就称之为身段。

3．综合素质。综合素质是指一个人的知识水平、道德修养以及各种能力等方面的综合素养。人的综合素质的全面提高是社会发展的一般要求和趋势，尤其是当前人类即将迈入知识经济社会，提高人的综合素质尤为迫切。

综合素质评价包括：

（1）道德品质。爱祖国、爱人民、爱劳动、爱科学、爱社会主义；遵纪守法、诚实守信、维护公德、关心集体、保护环境。

（2）公民素养。自信、自尊、自强、自律、勤奋；对个人的行为负责；积极参加公益活动；具有社会责任感。

（3）学习能力。有学习的愿望与兴趣，能运用各种学习方式来提高学习水平，有对自己的学习过程和学习结果进行反思的习惯；能够完成规定的物理、化学、生物等学科的实验操作；能够结合所学不同学科的知识，运用已有的经验和技能，独立分析并解决问题；具有初步的研究与创新能。

（二）国内研究现状

经过查阅文献发现，国外关于京剧的研究综述比较少，因此研究综述以国内为主。国内研究综述可分为两类：一是戏曲文化进入校园的研究，二是京剧进课堂的研究。

1．戏曲文化进校园的研究

研究始于收集整理校内文献资料。收集整理之后，找到了124本学术期刊，24篇学术论文。可以分为两大类：一种是论述戏曲文化在素质教育和音乐教育中的重要性。另一种是“走进校园”的实践与思考，是对安阳市人民大道小学戏剧表演艺术教学活动的课外兴趣班调查。从1996年下半年到小学课外活动，戏曲表演艺术已通过近两年的四个学期的实践证明。这有利于提高小学生品德、智力、身体、美貌的全面发展。本文指出戏曲教育是音乐教育的重要组成部分。重要性：“戏剧文化与人格塑造——论歌剧在普通高校音乐教育中的作用”（李晓春，首都师范大学硕士论文，2006），论述了歌剧在普通高校音乐教育中的三大作用：一是弘扬爱国主义精神，塑造道德人格：二是普及优秀文化知识，三是培养审美能力，提高审美能力；二是从实践的角度提出了解决戏曲文化进校园的相关问题的对策和思考。在“戏曲进校园”（刘冠俊，数学管理，第十一阶段2008）的综合实践中，笔者提出以音乐、艺术、体育、语文课和课外活动为载体，将传统戏曲开展到校园活动中来。从《牡丹亭》到《京剧走进校园》的启示（2008年5月，《中国青年研究》），作者分析了著名作家白先勇和《北京牡丹亭》的成功之处，分别是上海两岸的“牡丹亭”。台湾海峡两岸的两侧，提出了“牡丹亭”在北京和上海的成功。京剧进入校园应注意三点：一是要慎重选择适当的游戏，满足青年的心理特点；二是要精心安排剧目，结合时代流行元素，并考虑到青年人的审美特征；三是重视戏剧文化，搭建受众与文化自身沟通的桥梁。“三大地平线进入校园的戏剧——以西北地方戏为例”（高宇民，戏剧艺术，2012第六期），结合西北戏曲发展与学校教育的特殊关系。从歌剧到校园，我们应该借鉴其他地方戏曲和戏剧，以现代化的思维和科学的建设创造民族歌剧。从音乐教育体系和校园文化建设的三个视角，提出了戏剧进入校园存在的现实问题和解决办法。

2．京剧进课堂的研究

根据咨询过的相关信息，我们可以了解到，最早的学校进入不仅是京剧，而且是京剧和昆曲艺术并入校园的两个，具体的点是进入大学校园。戏曲以京剧为主，昆曲在北京大学有着深厚的基础。1990 年 11 月，在文化部的大力支持下，“美学与艺术研究中心”率先在中国传统艺术系列研讨会（北京戏曲）首届大会上揭开了北京歌剧、Kun 研究复兴的帷幕。北京大学“文化大革命”后的曲剧。

教育部“京剧进课堂”实施九年以来，相关文献十分丰富，涉及“京剧进课堂”的各个方面。通过对文献的详细筛选和整理，收集了与之密切相关的 168 篇文章，其中包括 86 份期刊文献、71 份报纸文献和 8 份研究生论文。通过对这些文章的深入阅读和仔细分析，作者将其分为三类。

第一类是关于北京戏曲进入课堂的新闻报道。这些文章是由报社记者编撰的。通过对“京剧进课堂”的相关活动的访谈，记录了不同的人对“京剧进课堂”的态度、看法和建议，为进一步研究提供了可靠的文献基础。例如，两会的回声墙：梅葆玖谈到了“京剧进入课堂”，并提出了在课堂上选择京剧剧目的几点建议。

第二类是对“北京戏曲进课堂”的评论，也就是各界人士对“北京戏曲进课堂”的评论。通过检索和总结：对《京剧进课堂》政策的报道和报刊评论大体上可以分为赞同和反对两个方面，其中有比赞成者更认可的文章。“北京戏曲走进课堂文化走进北京歌剧中小学课堂的深层意义”，明确指出“京剧走进课堂”的可行性，学生可以找到不同的趣味点。“课堂不是传统艺术复兴的殿堂”中写道：对于脱离主流生活方式的传统艺术，它将无助于解决继承危机。还指出，进入教室是逃避鸵鸟政策的一种逃避。

第三类是“京剧进入课堂”的研究论文。本文从教育政策（刘雪良，中国音乐学院音乐学硕士学位）的角度对北京戏曲进行课堂调查研究，从“京剧进入课堂”的角度，对其进行了研究。对教育政策进行了总结，总结了政策执行中的得失，并考察了实施效果。

《齐鲁晚报》2021 年报道：青岛宁夏路第二小学为一年级小同学开设了“京剧课”，旨在传承京剧这一国粹，让孩子们从小接受传统文化教育。这也是在学校“全纳”教育思想指导下，拓展学校课程的一种新尝试。聘请的专家指出：小学开设京剧课的初心，是培养京剧忠实的观众，而不是要培养京剧演员。“要让孩子们懂得京剧的一些规矩，能听得懂、看得懂京剧，只有普及了京剧知识，培养大批专业的京剧观众，我们的国粹才能更好地传承下去。”

2014年我校将京剧艺术引进课堂，开展《京剧艺术》校本课程开发。历经八年的教育教学实践，京剧艺术在我校已生根发芽，初绽蓓蕾。

综上所述，经过查阅文献与资料，目前还没有相关的文献对京剧身段课与提升小学生综合素质的研究，因此发现京剧身段课与提升小学生综合素质的研究有一定的研究价值，并且对周边的京剧发展有一定的推广作用和辐射作用。

三、研究设计

（一）研究目标

1．培养对京剧这种传统文化的热爱之情，掌握最基本的传统文化知识，提高全体学生对京剧艺术的了解，激发学生对民族艺术文化的兴趣，提高对民族文化的自信，助推传统文化的传播。

2．通过对京剧艺术的欣赏，能够充分调动小学生的各种感官，使小学生的音乐感知能力、形体感知能力和色彩感知能力均得以加强，从而使小学生的审美水平有所提升。

3．通过学习京剧，引导学生树立正确的历史观、民族观、国家观、文化观，增强爱党、爱国、爱社会主义的情感，坚定文化自信，提升核心素养。

（二）研究假设

1．通过京剧身段课教学，引导学生深入了解京剧艺术的魅力，激发全体学生对京剧艺术的热爱，提高民族文化自信心。

2．通过身段课教学，提高学生耐力素质、灵敏素质、柔韧素质、心理素质等综合素质水平。

四、研究方法与策略

（一）研究方法

1．文献研究法：通过查阅和搜集有关民族音乐的相关论文进入校园，将民族音乐融入课堂，将京剧融入课堂，对相关论文进行了收集和研究。戏剧、戏曲进课堂、戏曲教学等相关书籍和专著。这些数据的积累和整理为京剧的课堂教学、调查和写作奠定了坚实的理论基础，并洞悉本课题研究现状，掌握党的有关方针政策，挖掘课题理论基础，吸收先进经验。

2．调查访问法：本研究是在窦店中心校各年段学生进行问卷调查的基础上进行的。在查阅大量“京剧进课堂”相关文献的基础上，根据本文的目的和内容，结合教育问卷的制作方法，进行了较为科学的问卷调查。通过问卷、观察等方式，有目的、有计划、有系统地了解学生现状，借以探索身段教学对学生的意义和作用。

3．个案分析法：确定个案追踪研究对象，围绕课题运用适当的手段、方法对个案现状观察、测量，对收集来的个案资料进行核实、整理和分析，进行初步的、合理的判断，揭示个案发展变化的特征和规律，指导和促进个案的发展。有针对性地开展典型专题实验，并进行剖析，从中探索身段教学的内容、方法，了解对学生全面发展的意义。

4．经验总结法：定期总结实验的经验教训及阶段性成果，及时进行信息反馈，不断改进完善。具体情况进行归纳与分析，使之系统化、理论化，探索戏剧身段教学的内容、方法，形成系统的教学内容与模式。

5．行动研究法：抓住研究的重点和难点，收集各种资料，分析资料，形成行动策略，实施行动策略，检验行动策略，并作适度调空，在研究过程中不断反思、不断完善，使学生在京剧课程学习中有所获得。

6．访谈法：通过教师的学习方式，走访了戏曲教师，倾听了学生的声音，掌握了京剧教学中存在的问题，并提出了解决的办法，提供了良好的素材，用于论文的撰写。

（二）研究思路

通过六年的京剧课程学习，我校学生对京剧艺术有了一定的了解，京剧社团学生对京剧产生了浓厚的兴趣。同时形成了初步对本民族文化的认同感，增强了民族自信心和文化自信。基于此，成立本课题组，发掘京剧身段课对小学生综合素质提升的优势。使京剧这门民族传统艺术在我校普及、推广的同时，达到更加有益于学生身心健康的效果。

（三）研究途径

查阅文献、收集资料、确定课题 — 课题开题 — 京剧艺术学情基本情况分析 — 培训指导 — 探索相关内容、方法 — 总结梳理成果 — 完成结题报告

1．2022 年 6 月 —2022 年 10 月：开题准备阶段。

2．2022 年 10 月 —2023 年 9 月：具体实施阶段。

3．2023 年 9 月 —2023 年 12 月：总结梳理成果阶段。

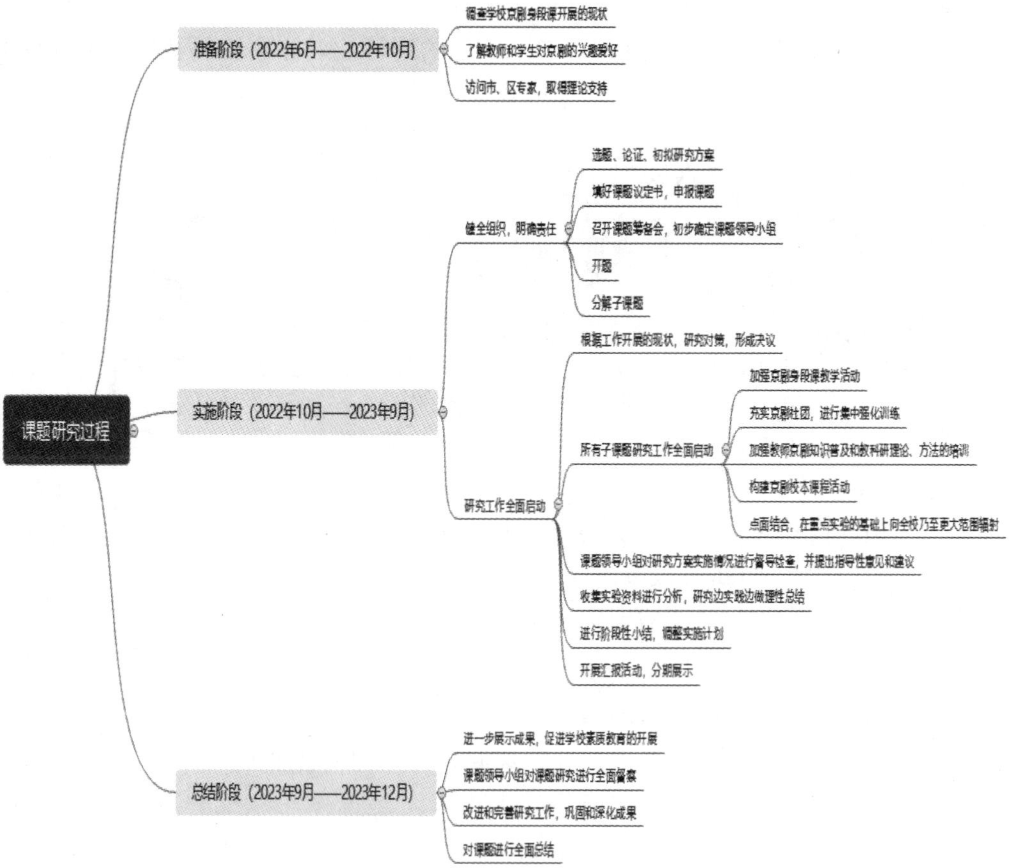

五、研究的重点与难点

（一）研究的重点

1．小学京剧身段课的分年段教学内容。

2．京剧身段课的实施模式。

3．京剧身段课对于提升小学生综合素质的作用。

（二）研究的难点

1．激发学生对京剧身段课的兴趣

京剧的身段表演是靠演员的肢体动作来塑造艺术形象的，京剧身段的表演可以完整表达作品人物的思想感情。京剧身段表演既来源于生活又高于生活，既取材于生活又比生活更夸张。京剧身段的程式化和舞蹈性表演具有完美的独特色彩。如何激发学生的学习兴趣，理解京剧中身段所表达的意义，是本课题研究的一个难点。

2．通过京剧身段课提升小学生综合素质

通过身段课程的教学，将五育教育自然融入其中，突破以往京剧艺术教学中重唱功轻做工的做法，让学生在欣赏京剧、学唱京剧的同时，关注京剧的身段。并在学习过程中提升全方位素质。

六、课题研究步骤及人员分工

主要阶段及成果				
序号	研究阶段（起止时间）	主要研究工作及成果名称	成果形式	承担人
1	2022 年 9 月—10 月	1．进行课题研究分析论证 2．研讨课题研究方案 3．查询文献资料，在原有资料的基础上，进一步搜集和整理相关研究资料，进行课题论证 4．完成课题开题工作	开题报告	课题全体成员
2	2022 年 12 月	1．与专家联动，根据研究问题，推进研究工作开展 2．对相关学生、家长进行学习情况的问卷与访谈调查 3．请专家中期调研，进行深入研究的方向、策略指导 4．进一步探索京剧艺术教育对学生各项素质提高的促进作用	调查报告 中期报告	课题全体成员
3	2023 年 1 月—8 月	1．深入调研，广泛听取专家、领导、教师、家长、学生等反馈意见，进一步优化相关研究内容 2．进一步探索京剧艺术的学习对学生素质提高的途径 3．撰写阶段性的相关研究论文、案例	课程框架 学生学习手册	王 佳
4	2023 年 9 月—12 月	1．整理课题成果资料，组织课题组成员撰写研究报告 2．准备接受课题专家委员会的终期验收与审核 3．结题与总结提升工作	结题报告	课题全体成员

七、预期成果

完成时间	最终成果名称	成果形式	承担人
2023 年 12 月	《京剧身段课与提升小学生综合素质的研究》研究报告	研究报告	课题全体成员
2023 年 9 月—12 月	《京剧身段课与提升小学生综合素质的研究》研究论文	论文	课题全体成员

参考文献：

[1] 崔娜．京剧进中小学音乐课堂的现状调查研究——以黑龙江省小学为例 [D]. 哈尔滨：哈尔滨师范大学，2011.

[2] 王艳．京剧进课堂的实践与思考——以中学七个京剧唱段教学为例 [D]. 上海：上海师范大学，2014.

[3] 张妤．京剧在小学音乐课堂教学中的融合与渗透 [J]. 戏剧之家，2019（6）：27.

基于初中学生核心素养提升的地方优秀传统文化项目式学习研究

北京市房山区良乡第三中学　李　蕊

一、课题研究的背景

（一）选题的缘由

1．基于教育发展的需要

中国共产党第十八次全国代表大会提出，“把立德树人作为教育的根本任务，培养德智体美全面发展的社会主义建设者和接班人”；党的十九大要求，中国特色社会主义新时代的教育，“要全面贯彻党的教育方针，落实立德树人根本任务”；在全国教育大会的重要讲话中，习近平深刻阐述当代中国教育及其现代化发展的方向和目标、新形势新时代教育完成好立德树人根本任务的要求，明确指出，“培养什么人，是教育的首要问题。我国是中国共产党领导的社会主义国家，这就决定了我们的教育必须把培养社会主义建设者和接班人作为根本任务，培养一代又一代拥护中国共产党领导和我国社会主义制度、立志为中国特色社会主义奋斗终身的有用人才。这是教育工作的根本任务，也是教育现代化的方向目标。”

2．基于新的课程方案的要求

《义务教育课程方案（2022 年版）》中提到：准确理解和把握党中央、国务院关于教育改革的各项要求，全面落实习近平新时代中国特色社会主义思想，将社会主义先进文化，革命文化、中华优秀传统文化，国家安全，生命安全与健康等重大主题教育有机融入课程增强课程思想性。

《义务教育课程方案（2022 年版）》中提到“加强课程与生产劳动社会实践的结合，充分发挥实践的独特语言功能，突出学科思想方法和探究方式的学习，加强知行合一、学思结合，倡导‘做中学’‘用中学’‘创中学’，优化综合实践活动实施的方式与路径，推进工程与科技实践，积极探索新科技背景下学习环境与方式的变革。”

3．基于区域资源的供给

房山区作为“人之源”，有着70万年历史的“北京人”；作为“城之源”，有着3000年历史的商周遗址；作为“都之源”，有着800年历史的金陵遗址；作为“生态涵养区”和“文化聚集区”，拥有浓厚的历史文化底蕴。

4. 基于学校发展的需求

丰富课程内容，完善课程体系。学校本着“以师生发展为本，为师生成长奠基”的课程理念，基于课程建设的研究与实施，以“礼·责”文化为引领，坚持“立德树人”的根本任务，五育并举，积极培育和践行社会主义核心价值观，传承和弘扬优秀传统文化，此研究能够进一步丰富“礼·责”课程内容，完善课程体系，拓宽实施路径，评价更加科学。

项目式学习是一种促进以学生学习为主、对现实世界的主题或问题进行探究的创新方法，它通过项目促进学生探究、协作、批判性思考和解决问题的能力。通过这种学习方式的研究促进教师“教”和学生“学”的方式的变革。

（二）选题的目的价值

1. 目的

以项目式学习理论研究与实践进一步推动教师教育观念变革，提升地方优秀传统文化教育效果，进一步提升初中生核心素养，特别是在科学精神、学会学习、责任担当、实践创新等方面的提升。

2. 价值

（1）理论价值

①有助于拓展“地方文化”认知体系，促进学生心智、身体与环境的高度融合发展。②有助于建构学生综合实践、跨学科学习学术观点与理论框架，丰富国内项目式学习研究实践成果。

（2）实践价值

①有利于项目式学习理念与实践方式的实践应用

通过课题研究，教师对项目式学习理念的理解更加深刻，对其操作模式和路径形成自己的思考，提炼出相关教学方法的行为操作模式，并能熟练应用；在课题实施过程中，对课内资源与课外资源进行深入开发、融合，提升教师优质资源整合利用能力，为课程实施提供有力资源保障。通过跨学科教研，提升教师专业素养和创新能力，努力实现课程整体育人的目标。

②可为初中学生探究“地方传统文化”提供实践参照

研究的过程和成果将为其他学生探究“地方传统文化”提供更为鲜活的案例和实践素材，研究形成的“地方传统文化”项目式学习模型也是对项目式学习模式的有益补充，亦能为其他学校进行探究类课程的开发与实施提供模式参照。

③有利于学生核心素养在教育教学中得到发展

专家的倾力指导、教师的精心研磨、自主管理与合作学习探究的模式能够使学生获取更为丰富的学习资源，更加富有启发性的学习指导。更多运用自主探究的学习方式，更广阔的社会交往途径，使其在科学精神、责任担当、实践创新等核心素养方面得到切实的加强。

二、文献综述

（一）核心素养

核心素养最早是由国际经济合作组织在 1997 年提出的，将“素养”界定为包含知识、技能、态度与价值观的能够满足自身复杂需要的能力。新西兰课程网站指出，核心素养是人们现在和将来生活、学习必须具备并不断发展的能力，涉及能够指导我们行动的知识、技能、态度和价值观。联合国教科文组织认为其内容结构包括以终身学习为导向的素养内容和以学习领域划分的素养内容结构，包含学会求知、学会做事、学会共处、学会生存和学会改变五个大方面和身体健康、社会和情感、文化和艺术、语言和交流、学习方法和认知、算和数学以及科学和技术七个大方面。欧盟核心素养分为人与社会、人与自己、人与工具三个大方面。在培养和提升学生核心素养的途径上，各国一般采取政府主导，家庭、学校和社会“三位一体”的教育模式。学校多是结合国家课程内容，地方、学校的办学理念和特色来规划学生核心素养提升的落位，即通过国家的课程纲要、学校的各种实践活动（项目式学习、STEAM 教育模式、主题教育、研究性学习等）、课后服务活动的设置以及社区服务等形成合力致力于核心素养提升。

教育部核心素养课题组将中国学生发展核心素养以培养“全面发展的人”为核心，分为文化基础、自主发展、社会参与三个方面，综合表现为人文底蕴、科学精神、学会学习、健康生活、责任担当、实践创新等六大素养。学校对于核心素养培养与提升一般是围绕各学科的教学、德育主题教育、综合实践活动、研究性学习等开展。

（二）地方优秀传统文化

大部分国家只强调基于国家的文化概念，一些东方国家有地域文化的概念。我国学者认为地方文化是与特定区域相联系的文化，一般来说指的是地方的特色文化，具有明显的地方特征。国内学校对地方文化课程的开发主要集中于人文学科的教学与实践、短期的主题教育活动、综合实践活动、某一非遗文化或地方传统技艺的校本课程设置。本课题中的“地方”特指师生生活的房山地区，“地方传统优秀文化”即房山的先辈流传给后辈子孙的丰厚遗产中符合社会主义核心价值观，具有当代价值、世界意义的部分，蕴含着共同的情感和价值，共同的理想和精神，包括思维方式、价值观念和行为准则，也包括红色文化、非遗文化、历史文化等。

（三）项目式学习

项目式学习最早源自约翰•杜威（John Dewey）的实用主义哲学教育思想，他主张以学生、活动和经验为中心，让学生参与到真实情境中来思考问题和处理问题，从做中学，这为项目式学习奠定了理论基础。随后，克伯屈提出了设计教学法，主张学生参与有目的的活动获得知识，这是项目式学习的基础。90 年代，项目式学习真正引起教育界的广泛重视。所罗门•格温认为项目式学习往往围绕着具有一定挑战性和真实性的项目主题展开，依托着某一学科的理论，并在活动中体现多学科交叉的思想；卢卡斯教育研究尝试通过研究高水准项目式学习的共性特征，为项目式学习改进提供依据。

在美国该模式已发展成熟，有一批新型学校一直在课堂上实行项目式学习的教学模式，如顶峰公立学校（Summit Public School）、可汗实验室学校（Khan Lab School）、辛克全球学校（Think Global School）、高科技学校（High Tech High）等。

国内项目式学习主要体现理论研究层面，以大学阶段使用为主，初中阶段具体教学场景的运用并不常见。刘延伸指出：项目式学习是学生通过查阅搜集资料、撰写论文等方式将理论与实际问题相结合，并在课堂上与其他同学进行交流。徐锦生认为：在项目探究过程中，以学科核心概念和基本原理为中心，以制作项目作品为最终目的，促进学生投入学习生活中，从而提高学生终身学习能力和核心素养的发展。

综上所述，国内外学者从不同的视角、不同的方面对“核心素养提升”“地方文化”以及“项目式学习”进行了积极有益、开拓性的研究与探索，为我们课题研究提供了充分的理论指导和实践借鉴。但是我们也发现，采用“项目式学习”的方式来开发“地方传统文化”和提升中学生“核心素养”的研究较少，更多的是通过单独学科教学、短期主题教育、综合实践活动和非遗文化来进行，缺乏层次性、综合性、系统性的构建，也缺乏跨学科之间的整合。同时，我校地处有着“人之源、城之源、都之源”之称的房山区，具有得天独厚的地区文化优势；通过项目式学习的研究，将促进地方传统文化的认知与传播，提升学生核心素养。

三、研究设计

（一）研究目标

构建地方优秀传统文化“项目式”学习的基本模式，以地方传统文化为核心，通过课程体系构建、跨学科整合、实践性课堂、“项目式”学习等方式，构建地方传统文化“项目式”学习的基本模式，为学校“项目式”学习模式提供范式，实现与学生发展的核心素养相对接。

（二）研究内容

本课题的研究对象：地方优秀传统文化项目式学习

专题一：文献梳理

对核心素养、地方优秀传统文化、项目式学习的构建、实施和评价进行文献研究；对国家关于中华优秀传统文化教育的政策文件、理论阐释以及习近平总书记关于中华优秀传统文化论述的核心思想进行梳理；对项目式学习在初中阶段应用的路径与方法、优点与缺点等进行文献研究，找准课题研究的核心问题及研究的基本定位和逻辑起点。

专题二：实证调查

对“地方优秀传统文化”内容及其表现形式、项目式学习理论及其操作要领进行问卷调查，教师通过观察、访谈、座谈等多种方法，梳理学生实际生活情境中相关话题和问题，初步形成相关项目式学习门类及相应的项目式学习主题，然后学生选择相应的学习，检验其育人效果。

专题三：案例分析

是对优秀传统文化项目式学习进行系统分析，总结梳理该项目式学习的核心要素。是将研发出的比较成熟的项目式学习案例针对性分析，进一步了解项目式学习对学生的适切度，进一步调试项目式学习的有效范式，不断满足学生学习和成长的需求。

专题四：项目式学习的范式的构建

对项目式学习的目标体系、内容体系、结构体系、实施路径、评价体系进行系统研究。

（三）研究假设

1．基于学生核心素养的“地方优秀传统文化”的项目式学习，丰富学校的课程体系和课程资源，形成以“地方优秀传统文化”为核心的跨学科整合，为跨学科整合提供系范，更好地提高学生的核心素养。

2．基于核心素养的“地方优秀文化”的构建路径将受到教师能力、社会资源、学生兴趣等重要因素的制约。

3．项目式学习对“地方优秀传统文化”的结构产生积极影响；“地方优秀文化”的结构便于更好地开展项目式学习。

四、研究方法与策略

（一）研究方法

1．文献研究法：通过对相关文献进行查阅、分析、整理，全面而准确地理解地方传统文化、核心素养和项目学习等，为课题研究提供重要的理论依据。

2．调查研究法：通过问卷、访谈、座谈和现有资料文本的分析等多种方式，准确地、深入地、广泛地了解“地方优秀传统文化”内容及其表现形式，了解学生在地方优秀传统文化和项目式学习中的实际问题等，为课题研究提供明确的方向。

3．比较研究法：与国内外相关核心素养和项目式学习研究进行比较，汲取本研究所需要的理论依据、实践路径等。

4．经验总结法：通过对研究过程及其研究形成的经验的总结分析与提炼，形成“地方优秀传统文化”项目式学习的实施经验、学生实践性学习经验等。

（二）研究策略

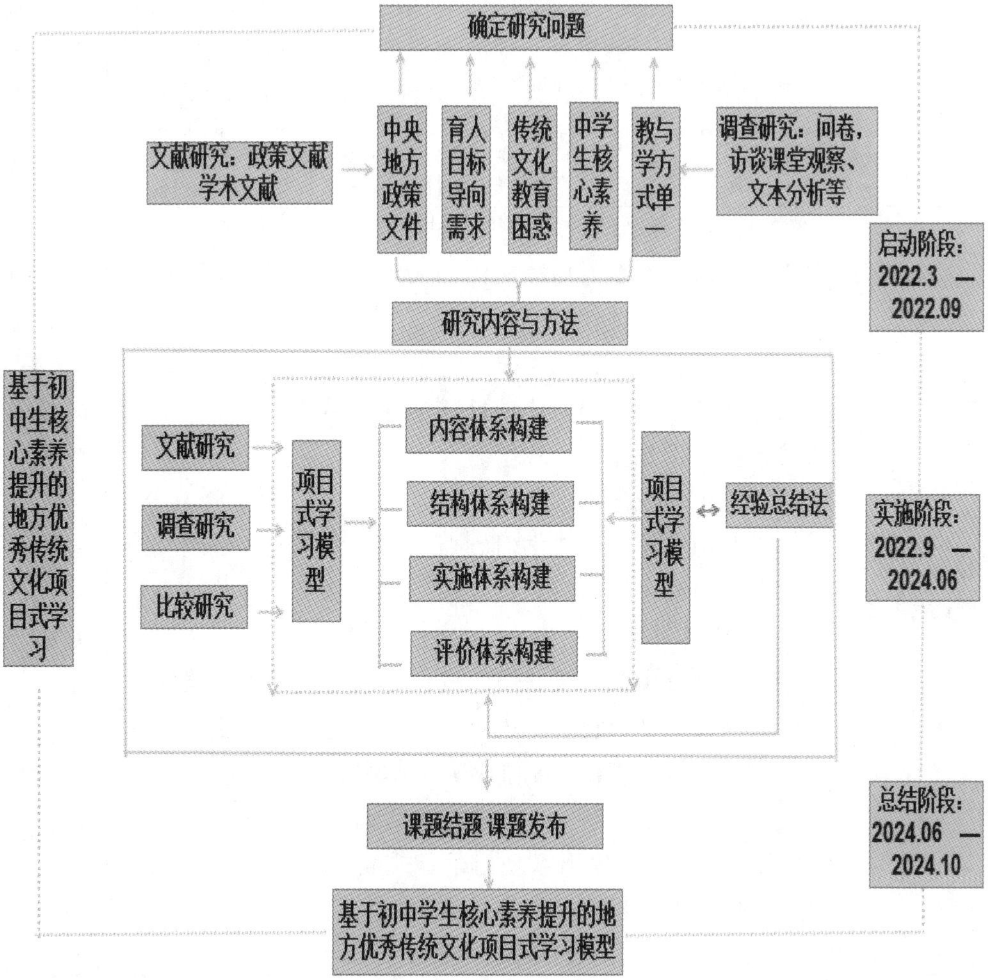

五、研究重点难点

（一）研究重点

本课题的研究重点是基于核心素养，对项目式学习的内容体系、实施路径、评价体系进行研究。

（二）研究难点

本课题的研究难点是基于核心素养，通过地方优秀传统文化的项目式学习研究，提供中学生地方优秀传统文化项目式学习基本路径的成功范式。

六、课题研究步骤及人员分工

时间	步骤	人员分工
2022年6月—9月	启动阶段：选题、查阅资料、申报立项、开题论证 1．前期调研：学生对于地方文化的认知、对于项目式学习的了解及困惑、教师对学科之间整合的认识与实践等 2．文献研究：地方传统文化、核心素养和项目式学习等 3．确定选题、申报立项、开题论证等	洪　阳 李　蕊 晋宏伟
2022年9月—2024年6月	实施阶段：开展研究、中期评估 1．理论研究：地方传统文化、项目式学习模型建构 2．项目学习模型构建： （1）走进良乡项目式学习 （2）地图中的传统文化项目式学习 （3）英语话龙乡项目式学习 （4）房山传统艺术项目式学习 （5）房山文化项目式学习 （6）项目式学习目标、内容、结构、实施、评价体系研究 （7）对开发出的项目式学习进行案例研究，调试课程 （8）项目式学习目标、内容、实施、评价一致性研究 （学生分组搜集整理资料，确定本组选题，编制访谈和调查问卷，实地考察，完成实践活动任务或提出问题，形成学生成果、提出家乡村落、文物开发与保护和城市发展规划建议等） 课程资源开发、整合	洪　阳 苗丽娜 安　博 侯珊珊

续表

时间	步骤	人员分工
2024年6月—10月	总结阶段（整理资料，总结反思，形成成果，结题推广） 1．形成“基于中学生发展核心素养提升的地方传统文化校本课程体系” 2．梳理地方传统文化“项目式学习”基本模式 3．编制《“地方传统文化”项目化学习实践指南》 4．形成跨学科研究机制 5．整理学生项目式学习成果 6．总结课程实施案例 7．完成结题报告，进行成果推广	项目组成员

七、预期成果

主要阶段及成果				
序号	研究阶段（起止时间）	主要研究工作及成果名称	成果形式	承担人
1	2022 年 12 月	《地方传统文化学生项目式学习策略研究》	论文	洪阳等
2	2023 年 3 月	《地方传统文化校本课程实践手册》	实践手册	安博等
3	2023 年 5 月	《地方传统文化校本课程建设与实施》	论文	苗丽娜
4	2024 年 8 月	学生项目式学习成果集	成果集	课题组
5	2024 年 8 月	基于初中学生核心素养提升的地方传统文化项目式学习研究的研究报告	研究报告	课题组
最终研究成果（限报 3 项，其中之一必为研究报告）				
序号	完成时间	最终成果名称	成果形式	承担人
1	2024 年 10 月	基于初中学生核心素养提升的地方传统文化项目式学习研究的研究报告	研究报告	课题组
2	2024 年 10 月	学生项目式学习成果集	成果集	课题组
3	2024 年 10 月	《地方传统文化校本课程实践手册》	实践手册	课题组

发表文章

——北京市房山区校外教育研究优秀成果集

梦想民乐团项目概述

房山区学生活动管理中心　马连山　张行健　李　昂　徐淑慧　赵春燕

为进一步丰富我区青少年学生校外文化生活，提高我区民乐学生的专业素养与综合能力，为喜爱民乐的学生搭建学习、展示、交流的平台，房山区少年宫于2004年组建房山区中小学生民乐团，这也是我区唯一的区级学生民乐团。2015年正式命名为“梦想民乐团”，源自我宫的办学理念“梦想的摇篮”，希望通过乐团活动实现学员们的民乐梦想。近年来，乐团以北京市“三个一”优质项目建设为契机，规划乐团建设、规范乐团管理、提高乐团活动质量、提高学生的民乐素养。针对我区艺术教育的现实情况，乐团以“普及与传承民族传统器乐文化，宫校家联合育人”为活动理念，加深对中国传统文化的认识，增强人文积淀，培养学生团队精神，开发学生创新性思维，提高学生演奏技能、音乐情感表现力、增强学生的音乐视野与学习兴趣，促进学生全面发展。乐团教师通过长期下校辅导，结合《教师与家长的合作对校外器乐教育教学活动作用的研究》市级课题研究，探索出“宫校家”联合培养模式。通过少年宫、学校与家长三方的紧密合作，保证乐团活动质量的稳步提升，落实立德树人根本任务。

一、基本概况

梦想民乐团的建设初衷，一是符合首都教育综合改革方向以及对乐团区域化发展的诉求。根据“十三五”时期教育改革和发展规划，“学校要构建美育课程体系，以提高学生艺术素养、陶冶高尚情操、培育深厚民族情感，统筹整合学校与社会美育资源，推动开齐开足艺术课程，促进每个学生形成一两项艺术特长和爱好”。二是乐团建设符合学生成长规律，适应学生发展需求。乐团活动以立德树人为根本任务，根据学生现实情况选择排练曲目、设计活动内容，着力培养青少年学生的合作能力、实践能力与审美能力，适应青少年学生发展需求，培育和践行社会主义核心价值观，普及高雅艺术，传承中华优秀传统文化。三是为民族文化传承、为爱好民乐的学生搭建更专业、更广阔的活动平台。

二、项目团队建设及保障

目前，乐团建设具有良好的现实基础，少年宫具备项目实施及发展的师资、场地、设备设施等基础条件。现有在编在岗民乐教师 4 人，外聘专业教师 7 人，共有专业教室 10 余间，排练教室一间，大件乐器齐全。这些条件为乐团的发展提供了切实保障。

1．师资队伍。梦想民乐团项目团队共有核心教师 5 人，涵盖二胡、琵琶、大提琴、古筝、扬琴等专业。高级教师 1 人，一级教师 2 人，二级教师 2 人，职责明确。

李昂，少年宫科研培训部部长、乐团艺术总监、琵琶专业教师，主导乐团发展规划、活动质量监督、管理弹拨乐声部日常训练；

张行健，乐团团长、指挥、大提琴专业教师，负责设计乐团课程框架、安排活动计划、管理乐团事务与排练工作；

徐淑慧，二胡专业教师，管理弦乐声部日常训练；

赵春燕，古筝、扬琴教师，管理吹管乐声部日常训练；

王文新，高级教师，《教师与家长的合作对校外器乐教育教学活动作用的研究》市级课题负责人，为乐团“宫校家”联合育人模式提供智力支持、家长支持。

为提高乐团的演奏水平与学员综合能力，我们还聘请了：

中国戏曲学院牛常虹教授，中央民族乐团张鸣老师，中央民族大学音乐学院琵琶教师王婷，中央民族大学音乐学院音乐学系教师、中国少数民族音乐学会副秘书长、中央民族大学博物馆特聘研究员李建军老师，中国民族器乐学会弹拨乐器创新研发中心主任、民族弹拨乐器制作名师、中国音乐家协会琵琶学会理事曹卫东老师等专家为乐团活动进行指导。

2．师资培养。通过理论学习、教学实践、信息技术运用、教育科学研究、论文撰写、教研学习、课题引领、观摩音乐会、教学随笔、每日练功一小时、专家指导、外出交流等形式，培养教师的教育创新思维能力、专业知识拓展能力、信息技术运用能力、教育研究能力和育人能力。

3．制度建设。乐团关于训练制度、组织机构及责任、奖惩制度、团员的选拔与退团都有明确的项目管理办法，同时对人员分工和乐团日常训练、排练及组织外出实践活动也有明确的安全管理规定。

4．经费投入。声部教师课时费年约 20 万元，专家指导年约 5 万元，实践活动支出年约 5.5 万元，耗材及器乐保养 2.5 万元，年合计投入约 33 万元。

三、乐团的建设目标及实施

为响应中小学中华优秀传统文化素养提升工程，推广中华优秀传统文化，乐团建设需要长远规划。

（一）打造全区高水平示范性民乐团

根据“十三五”时期北京市要求加强中小学学生核心价值观教育，实施中小学中华优秀传统文化素养提升工程，乐团未来的发展定位是：为房山区民乐学员搭建展示平台、培训平台、活动平台、提升平台。

结合学生实际需求与乐团发展定位，乐团育人目标为：（1）通过搭建合奏与展示平台，提高学员的合作能力与民乐实践能力，增强民乐学习兴趣，具有积极乐观的人生态度，为终身教育打下良好基础。（2）通过专业训练，学员能够提升演奏水平，了解民乐传统与民族文化，拓展音乐视野，初步具有并存共荣的多元文化观。（3）通过多种实践活动，提高学生的审美能力、生活能力及综合素养，促进德智体美劳全面发展。

乐团的建设目标是进一步整合教育资源，深化、完善“宫校家”联合育人模式，着力打造“梦想民乐团”这一品牌，力争建设成房山区示范性民乐团、北京市青少年高水平民乐团。

（二）优化乐团课程结构，充实自编教材

1．课程结构

乐团以三年为周期制定课程框架，在每学期的课程纲要中具体分析实施背景，科学设置课程目标，合理安排课程结构，详细制定课程内容与评价，实现乐团课程体系单元化、活动形式多样化、活动内容育人化。

乐团课程结构包括常规活动和乐团实践活动两个方面，其中乐团常规活动每学期30课时，学习内容以一首音乐作品为核心，以分排＋合排的形式进行。乐团排练曲目风格多样，广泛涉及不同类型的优秀中外音乐，兼顾传统音乐与现代音乐，学生通过了解、学习不同种类曲目，能够拓宽学员的音乐视野，提升艺术素养。

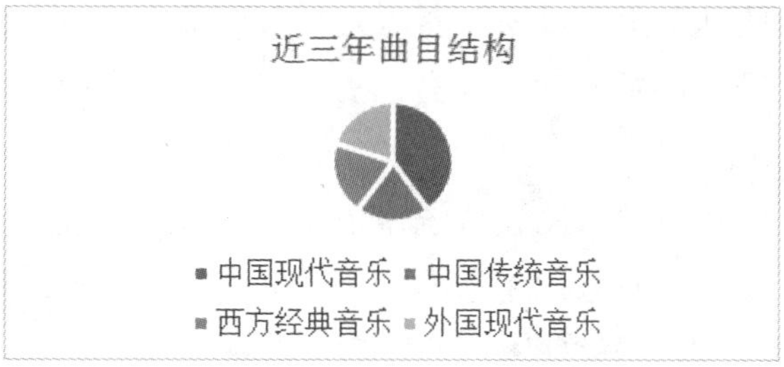

乐团的实践活动以艺术观摩、音乐会欣赏、参赛展演等多种途径进行。乐团每学年组织一次夏令营，通过封闭式的集中活动提升学员的生活能力与专业能力，实现多方位育人。乐团的活动内容始终以学生发展的实际需求出发，着重培养学生的合作能力与实践能力，学习中华优秀传统文化，提高学生核心素养。乐团多年来积极利用社会资源开展各类乐团活动，借助广泛的教育资源实现教育目标。

例如：我们在音乐之声音乐工作室培养学生学习音乐基础理论知识；走进曹卫东工作室，曹老师为团员们讲解乐器的制作原理、发声原理、如何保护乐器、民族乐器发展史及专家音乐会的学习及欣赏；前往怀柔生存岛、门头沟雁翅教育基地开展封闭式素质拓展训练，在集体的活动中，团员们不仅提高了艺术水平，也加强了个人综合素质；曾赴国家大剧院、国家图书馆音乐厅、金帆音乐厅等场馆开展音乐鉴赏与展演活动，为团员提供更广阔的艺术实践平台。

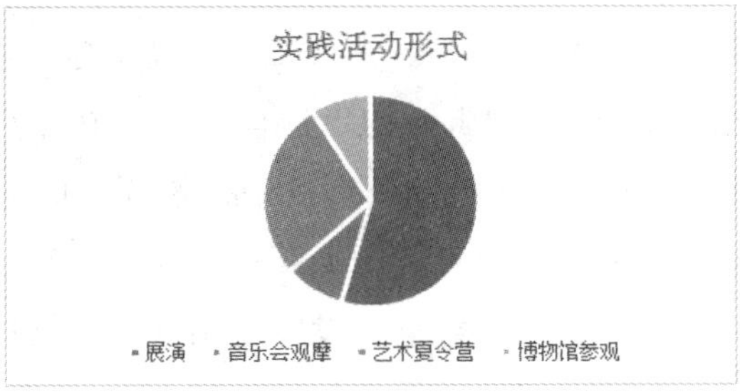

2．自编教材

为进一步提高乐团训练活动的规范化、科学化，琵琶、二胡、大提琴、扬琴、古筝等声部针对本专业特点，编有适用于我团的训练教材，其中徐姝慧老师选编的二胡教材获市级一等奖并出版。

（三）建构“宫校家”联合育人模式

针对我区艺术教育的现实情况，根据北京教育“十三五”规划中提出的“要促进教育内部各个系统之间的相互开放”要求，结合教师下校制度与“家校合作”市级课题的研究，乐团探索出“宫校家”联合育人模式。教育的目标是人的发展，唯有家、校、社合作才能提升人才培养的效能。因此，我们从宫、校、家三个维度提取、组织、整合各类教育资源：以少年宫提供活动与课程服务为依托，与学校共享生源与师资力量，在协调家庭教育资源的基础上，以民族器乐为平台传承中华传统文化，利用各类社会教育资源开展自我提升和展示活动，在宫、校、家三方合作中实现教育合力，保证乐团活动质量的稳步提升。

为此，我团以“普及与继承民族传统器乐文化，宫校家联合育人”为活动理念，采用宫校合作增量，宫家合作提质的策略。

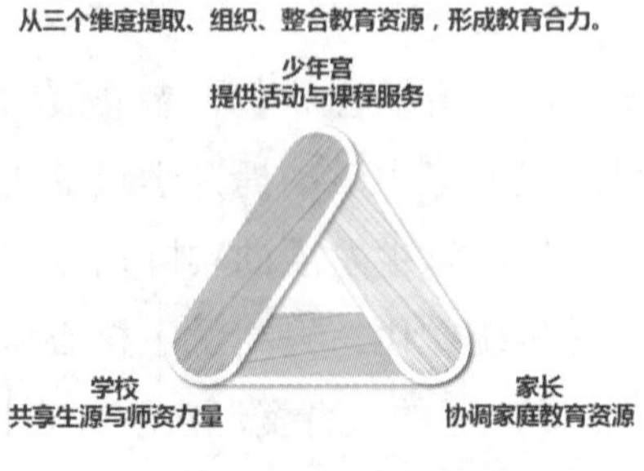

通过宫校合作的方式增加生源数量，合作形式：

1．教师下校教学，在多所合作学校开展学员的选拔与培养工作。

2．与周边学校合作，定向培养稀缺声部学员。

3．掌握全区民乐发展现状，整合教育资源，扩大招生范围。

通过宫家合作的方式提升学员活动效果，合作形式：

1．成立家委会，与家长密切合作。

2．聘请专家开展家长讲座活动。

3．用现代信息手段进行课后交流与反馈。通过微信回课、声学图谱等方式提升学习效率。

4. 坚持开展家长进课堂、家长座谈会、家访和调查问卷等方式与家长保持有效沟通。

通过以上方式，切实保障乐团活动的有序开展和育人目标的有效达成。

（四）梯队建设与五阶段训练模式

乐团A团中现有团员67人，已有多年器乐学习基础，来自房山区多所中小学校，8～12岁的低龄学员偏多，发展潜力较大。为确保乐团计划和课程的有效实施，目前多数声部已有梯队建设，乐团另下设有古筝团、弹拨乐团、二胡乐团等，其中的优秀学员可以通过考核梯队式进入A团。

乐团在长期的活动中不断总结经验，形成了一套高效和稳定的训练模式，五个阶段之间相互联系，层层递进。如图：

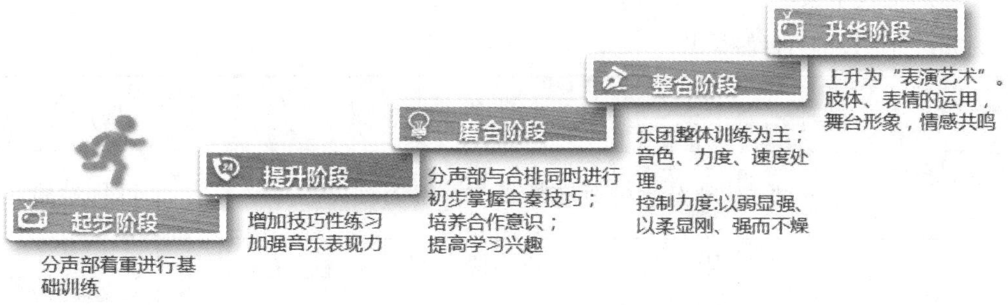

（五）以学生发展为核心，多方位育人

在乐团教学活动中我们坚持以学生为中心，始终围绕学生发展需求设计教学内容和环节。注重对学生核心素养的培育，让学生在探究、讨论、实践、趣味的过程中得到提升。

1．技能与软技能。我们在注重对学生技能培养的同时，也注重学员软技能的培养，如简练的语言表达能力、在演奏中与他人的沟通能力、配合能力、包容能力以及练习中的自律能力等。

2．体验与感受。在演奏中，我们始终强调学生的聆听意识，引导学生用心奏、仔细听，从同伴的音乐中加深体验，通过调节自己的音色与音量，逐步向集体靠拢，求得音色的统一、音调的准确、声部的和谐。同时能够从集体情感的氛围中不断获得适度感，形成内心感知、情感共鸣，得到美的享受。

3．人文素养与人文情怀。学员在演奏技能提高的同时，我们还着重培养学生的知识内涵与人文素养。通过探究音乐知识、传统文化以及与其相关的历史背景，让学生实现多方位获得。同时，乐团注重引导学生将人文素养上升为人文情怀，使学生能够对美好的事物产生向往，对悲惨的事物产生同情，对邪恶丑陋的事物以排斥，初步具有明辨是非的观念与能力。

4．过程性检测与学生自我评价。乐团注重对学生的过程性检测与学生的自我评价，通过活动中学员的讨论、发言与演奏情况，检测学员对本次活动内容的理解程度及积极性。同时，乐团着重培养学生的自我反思能力，每次活动均设有交流环节，团员每学年提交一份收获与感受，使得学生能够对自我的成长与进步进行评价和肯定。

乐团经过长期的发展已形成较为稳定的活动模式。乐团在活动过程中精心设计探究、合作、交流环节，有目的地培养学生自主学习能力与合作学习能力。活动过程中多采用问题探究、情景设置的方式引导学生进行正确演奏。合作是消磨化解不良个性的有效途径，在合作中形成高度默契，知真鉴美。同时对学生的检测方式以自我认识、自我反思为主要手段，实现了检测动态化、全程化。

例如：乐团合排训练模式

活动过程	时间	方法与设计意图	检测方法
师生问好、校音	2 分钟	培养学员尊敬师长与演奏习惯	过程性检测
导入	5 分钟	用高效、生动的手段吸引学生注意力，对活动产生兴趣	过程性检测
布置活动内容及目标	3 分钟	让学生了解本次课的内容，明确学习目标	过程性检测
集体训练长音及力度	10 分钟	使乐团的整体音色靠拢，学会观察指挥，提升合奏能力和集体凝聚力	过程性检测
分声部检查作业	20 ～ 30 分钟	通过合作与展示的方式检查上次排练中存在的问题，学员间互相评价，提高排练效率	过程性检测

续表

活动过程	时间	方法与设计意图	检测方法
合奏	20 ～ 30 分钟	通过合奏积累乐队学识，培养严谨态度，提升学习能力与团队精神。通过情景设置引导学生进行演奏表现，从而把握乐曲风格，提升演奏效果	过程性检测
分声部演奏	15 ～ 20 分钟	以声部为单位探究式学习，培养学生视奏、和声听力、探究能力、注意力与分散能力，重点解决声部中的难点	过程性检测
合排	25 ～ 30 分钟	集体展示团队合作的成果，此时乐团的演奏效果较课前具有明显提升，肯定能力的同时提升学习兴趣	结果性检测
指挥总结、学员交流及布置作业	5 分钟	指挥总结点评，激发学员思考，理解本次活动的目的和意义。明确各声部待改进点，课后加强练习。学员交流学习收获与体验，加强学员自我反思能力与沟通能力	结果性检测
检测方法	1．过程性检测：通过活动中学员讨论、发言、演奏的情况，检测学员对学习内容的理解与积极性 2．结果性检测：通过学生的练习与展示，检测目标达成情况；活动后与学生进行交流，检测活动目标是否达成		

四、成绩与效果

1．学生收获。乐团积极参加各级比赛和各类演出，曾多次在北京市学生阳光艺术节中获奖。学员在乐团活动中乐于学习民族乐器和传统文化，在提升自身综合能力的同时也培养了良好的行为习惯与品德。近年来，乐团中多名学员通过北京市高水平艺术团招生测试，以特长生的身份考入理想高校并作为乐团骨干积极在校内组织文艺活动。

2．教师发展。项目的五名核心成员在三年内均承担过市级公开课，项目团队中有四名教师为市级课题组核心成员。近年来，四名民乐教师共获奖50余项。获奖论文有《浅析学生乐团在音乐鉴赏活动中追求的真、善、美》《浅谈琵琶轮指初学及审美思维培养》等22篇。自编教材 / 学材有多篇获市级一、二等奖。

3．机构发展。乐团的建设对本机构具有明显的积极作用，定期的展演活动不仅提升了本机构的知名度与综合实力，更促进了多个民乐专业的快速发展。通过科学的乐团教研活动提升了本机构的教学质量与办学水平。乐团以“三个一”优质项目建设为契机，积极参与“三个一”教研活动与评选活动，其中房山区少年宫在2017年被评为北京市校外教育先进集体，荣获北京市校外教育“三个一”活动及校外教科研工作优秀组织奖，梦想民乐团为我宫实力的提升做出了积极贡献。

4．学校发展。乐团秉承“普及与继承民族传统器乐文化，宫校家联合育人”这一活动理念，与多所乐团合作校、乡村少年宫长期紧密合作。近年来，民乐教师共下校辅导中小学校十余所，在此过程中，我们不仅推广和普及民族器乐，同时培养学生民族文化认同感、自豪感，为学校搭建展示传统文化的教育平台。民乐教师通过自己的专业教学和乐团管理经验，为所在学校培养出多批优秀学员，对学校提升乐团活动质量做出一定贡献。

近三年教师下校名单（部分）及乐团获奖成绩：

序号	学校名称	乐团成绩
1	行宫园学校	市级银奖
2	南梨园中学	区一等奖、市级铜奖
3	交道中心小学	区一等奖
4	琉璃河中心小学	区一等奖
5	良乡第三小学	区三等奖
6	青龙湖中心小学	区三等奖

5．社会影响。家长对乐团活动具有较高的认可度，普遍认为乐团活动提高了学员学习器乐的兴趣，有效消磨化解学员的不良个性，增强了学员与他人的包容、沟通、合作能力，学生在生活中的自理、自律能力也有所提升。乐团每学年参加房山区中小学教育成果展示，每学期最少一次进行区内展演，并由“房山校外”公众号进行报道，在房山区内已拥有一定的知名度与影响力。

习近平总书记在2019年学校思想政治理论课教师座谈会中提出：“引导学生增强中国特色社会主义文化自信、厚植爱国主义情怀。”梦想民乐团将坚定不移地贯彻习近平总书记讲话精神，以民族器乐为平台传承中华优秀传统文化、弘扬爱国主义精神，落实立德树人根本任务。

快乐乒乓　健康成长

——快乐乒乓训练营项目概述

房山区学生活动管理中心　马连山　杨毅妹　马俊超　李慧燕

青少年健康成长是国家发展的基础，体育运动对青少年形成强健体魄、坚强意志有着不可替代的作用。乒乓球运动对青少年提高运动技能、培养自信、健全人格起着积极的促进作用。《快乐乒乓训练营》特色项目以“三个一”特色项目教育思想为引领，通过模块化递进式课程因材施教，重设计、强体验、提技能、启思维、促发展，为学生健康成长构建了系统课程支撑和良好体育生态。

一、项目简介

（一）项目依据

1．社会发展对教育的必然要求

五育并举，体育为基。纵观人类发展史和体育发展史，体育在社会发展过程中起到了重要作用。迈入新时代，体育运动承载着国家强盛、民族振兴的梦想。发展体育运动已成为推动社会发展和社会文明进步的重要载体。教育兴则国兴，少年强则国强。历史文明的车轮靠人类推动，不断培养出新时代中国特色社会主义合格建设者和接班人，不仅是教育的使命与责任，更是时代发展和社会进步的必然要求。

2．教育改革对课程质量的必然要求

随着我国全面推进教育现代化，体育课程教学改革也越来越关注公平而有质量的体育教育。从体育课程理念的生本化定位、体育课程目标的层次化设置、体育课程内容的结构化编排，到体育课程实施的多样化呈现、体育课程评价的多元化应用等，学生从知识与技能的学习、运用、创造到意志品质的体验、感悟、升华，成为一个不断学习、实践、再学习、再实践的教育提升过程。这就要求我们在课程内容设计和课程质量上要把握育人规律，根据青少年学生的身心发展特点，围绕社会主义核心价值观和核心素养，形成高品质的乒乓球特色项目课程，构建良好体育生态。

3．学生健康成长规律的客观需求

青少年学生的健康发展需要身心同步、知行合一的教育理念与教育体系作支撑。不同学段的学生身心发展需要不同教育手段满足其发展需要，这是多元化教育手段的客观需求，更是学生健康成长的客观需求。快乐乒乓训练营特色项目把学生的需求侧要素转化为学生成长供给，在课程中施以导、引、启、激、提、评、促等手段，使学生身体成长和心理成长同时同步，使不同认知、不同水平、不同需求的学生，都能在课程中获得启发、感悟规律、体验成功。彰显出发展兴趣、活动育人、个性培养的多元校外教育特色，满足了学生全面发展的客观需求。

（二）项目理念

理念：快乐乒乓 健康成长。通过快乐乒乓训练营，使学生在“玩”中“学”、在“学”中“得”、在“得”中“成”。培养会学习、能合作、懂技术、爱乒乓、健身体、强意志的好少年。

（三）项目目标

1. 培养体育精神：爱国、爱家、爱伙伴，爱想、爱说、爱运动。
2. 掌握体育技能：拓展学习方法，提高运动技能，促进自我认知。
3. 形成体育习惯：健全心智、健康生活、锤炼品质。

（四）项目课程框架（见图 1）

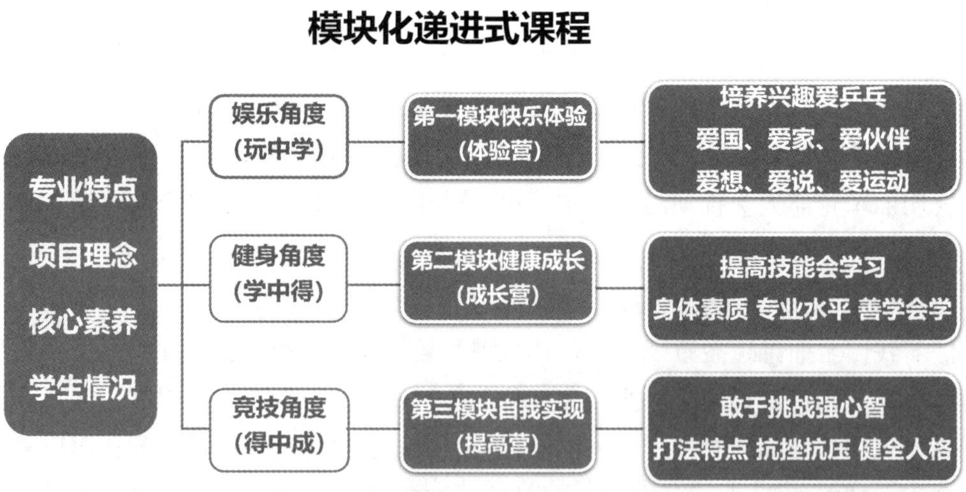

图 1 模块化递进式课程

基于核心素养的快乐乒乓训练营，针对 6 ～ 14 岁学生身心特点，深度挖掘在乒乓球项目上的育人因素，创建体验营、成长营、提高营三个营级的模块化递进式课程。设置三个模块针对不同阶段设定不同目标，模块之间相互联系，由浅入深，由易到难，循序渐进，运用递进式使各模块环环相扣、层层递进，最终形成以培养学生身心健康发展为目标的特色课程，体现特色育人。

模块一：培养兴趣爱乒乓。运用“国球精神”“国球故事”“名人堂”“乒乓互动”“乒乓游戏”等激发学习兴趣，使学生产生爱国、爱家、爱伙伴、爱想、爱说、爱运动的六爱精神，充分体验在“玩”中“学”的乐趣。

模块二：提高技能会学习。提高身体素质、专业水平、专项素质，培养学生学会学习、勤于反思、认识自我等方面素养，不断激发潜能，体会在“学”中“得”的快乐。

模块三：敢于挑战强心智。运用多种多样的竞赛形式，发现自我打法特点，提高运动技能，提高抗挫、抗压能力，健全人格，建立自信，感受在“得”中“成”的成就。

课程设置充分运用乒乓球项目特点，通过模块化递进式课程规划，以探究式、合作式、自主式等教学方法贯穿每节活动课程，学生在相互沟通中共建友谊，在相互帮助下共同进步，在相互讨论中发现问题，在共同研究下找出办法，在团结协作中学会配合，在相互鼓励下共同提高，一起感受乒乓乐趣，传递乒乓友谊，弘扬乒乓精神。

（五）项目特色

1. 健康乒乓，快乐成长

运用乒乓球专业特点，把快乐因素贯穿整个活动过程，营造欢乐氛围，创造快乐因子，在“乒乒乓乓”中健康、快乐成长。

2. 创建特色课程，加强校内外对接

结合学校实际，合理使用模块化递进式课程，设专人负责内外对接工作，并建立校内活动、联赛、选拔等机制，使校内乒乓球课程更加系统、专业、规范，整体彰显特色课程的育人效果。

3. 多方式启思、激情、提能

通过乒乓游戏、乒乓操、分组练习、集中讨论、合作式多球练习以及个人赛、团体赛、分组赛、身体素质接力赛等多种内容及形式，锻炼学生看、想、说、动、评、改、助、拼等能力，提高自主学习及主动探究能力，不断养成良好运动习惯。

二、方法与过程

项目实施过程中，通过不同模块制定教学目标和教学计划，细化活动方案，以探究、合作、自主的学习方式，创新活动形式，运用现代信息技术丰富活动内容，将核心素养的培养融入每一次活动中，细心观察学生的一言一行，认真关注学生的点滴成长。运用多元化的评价机制，关注个体、注重过程，把核心素养落实到地。

（一）落实基于培养学生核心素养的基本方法与途径

1．体验营：引趣——玩中学（见图2）

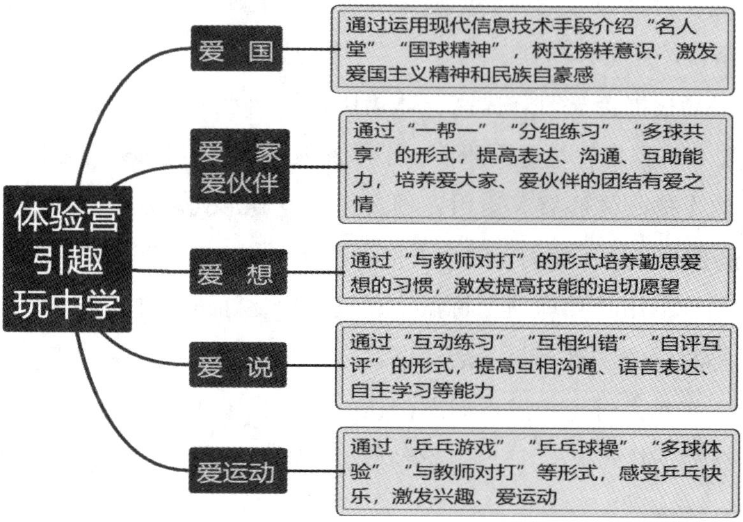

图2 体验营

体验营的课程内容设置注重学习的体验性和趣味性，通过多种形式的“玩中学”，在教师积极的评价中提升学生获得感、成就感。学生在童年中乐享童年，在运动中爱上运动，构建起体育的自然生态。

2．成长营：启思——学中得（见图3）

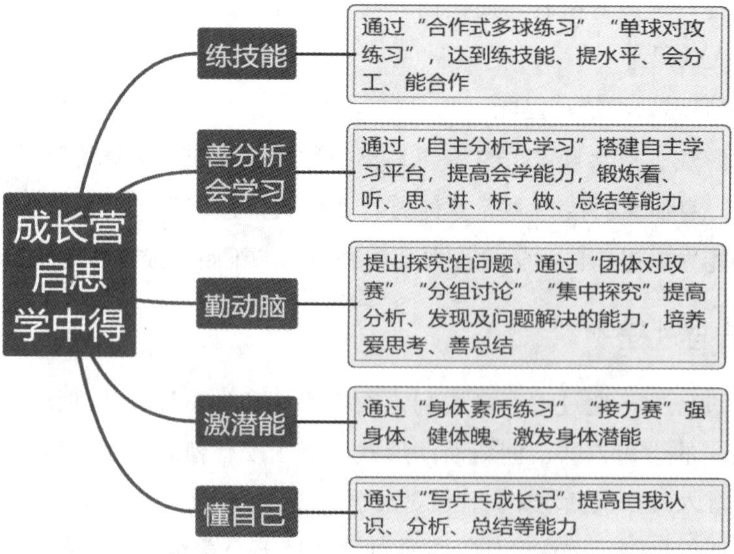

图3 成长营

成长营的课程内容设置具备较强的启发性、探索性及自主性，整个活动以学生为主体，通过教师的引导，在启思中提高，最终达到积极锻炼强身体，提高技能会学习的目标。

3．提高营：激情——得中成（见图4）

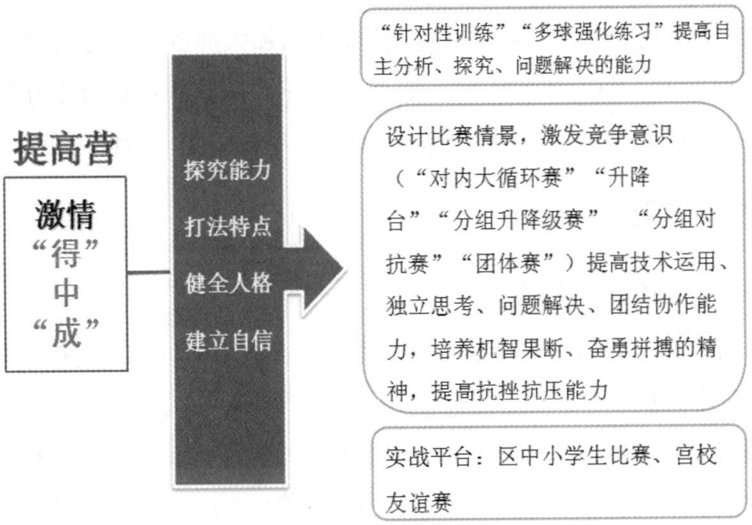

图4 提高营

提高营的课程内容设置具备较强的技术性、激励性及挑战性，整个活动在实践中进行自我检验，在激情中磨炼意志品质，最终达到参与实战练技能，敢于挑战强心智。

项目实施过程中注重全员育人、全过程育人以及全方位育人，使学生充分感受在“玩”中“学”、“学”中“得”、“得”中“成”的学习过程及实际收获，切实提高了学生的综合素质，充分体现了特色课程的育人实效。

（二）制定基于培养学生核心素养的评价机制

在全过程育人的同时实施全过程监测，具体可测、形式多样、效果突出的多元化评价方法，保障了每一位学生、每一层次、每一营级学生的核心素养得到有效提升。

1．通过撰写“乒乓成长记”对三维目标进行检测。

2．通过活动中观察学生是否积极参与、认真、专注、投入等表现，检测学生主动参与情况。

3．通过多种形式的比赛检验学生技术水平的掌握情况。

4．通过观察学生在赛中的表现以及赛后的交流，检验学生是否存在畏惧、紧张的心理以及是否具有敢于拼搏、永不服输的精神。

5．在活动过程中通过问答形式进行检测。

6．通过学生自评、互评，检测学生学习情况。

7．通过活动中及时性、激励性点评和活动后的总结性评价进行检测。

三、支持与保障

项目开展以来，我们组建专业团队做支撑，不断加大师资培养力度，提升师资水平；制定严格管理促发展，细化各项指标，明确职责任务，确保项目有序开展；配备后勤保障奠基石，单位经费充分满足项目发展所需，为项目做好一切保障措施。

四、成绩与效果

（一）项目实施落位学生核心素养

快乐乒乓训练营里的学生，通过进阶课程，综合能力的训练，在德、智、体、美、劳等方面都有了明显提高。

学生李天依，在快乐乒乓训练营从初学到成长，提高了运动水平、锤炼了意志品质，形成了良好体育习惯，在家长开放日的竞赛场上高喊：我要打出我的乒乓梦！以李天依为代表的学员们，近几年多次代表少年宫和各学校参赛屡获佳绩，获得市级比赛一等奖 8 名，二等奖 3 名，三等奖 10 名，区级比赛获得一等奖共计 45 名。

（二）科研引领助力教师专业发展

科研引领促进教师提升，成员教师在各级各类的教科研评选活动中获得了共计 38 项市、区级奖，并完成了十三五市级科研课题《基于学生核心素养的少年宫乒乓球兴趣小组活动方法的实践研究》等荣誉成果。自身提高的同时也带动了房山区乒乓球专业教师的发展，切实起到示范引领作用，对该项目和本机构发展起到积极的推动作用。

（三）系统建构推动学校特色建设

项目实施使学校乒乓球课程更加系统、专业、规范并形成了学校特色，助推了房山四小等学校申请房山区乒乓球项目传统校并正式获批挂牌，不断推动了学校特色建设和可持续发展。

（四）宫校结合发挥融合育人实效

项目实施带动校内外发展，相互促进形成融合育人局面。学校乒乓球项目质量有大幅提升，学生特长得以持续性发展，从小升初、初升高都能够发挥主力军作用，促进了专业持久发展，彰显了校内外融合育人实效。

（五）积极宣传形成良好社会舆论

项目的实施受到了社会各界的广泛关注，通过积极的宣传与推广，已形成良好的社会舆论。借助本单位和相关学校的公众号对项目大力宣传和推广；通过参与我区电视台乒乓球运动推广活动的录制等宣传手段，扩大了宣传力度与广度，社会反应良好，影响力较高。

项目展望：

1．根据学生身心发展特点及日益增长需求，丰富课程内容，创新活动形式，制定多元化评价体系，统筹设计、系统安排，形成高品质乒乓球课程。

2.不断完善项目机制，拓宽项目渠道，搭建项目平台，突出项目效果，促进项目成效。

3．构建乒乓项目生态，整合并利用学校、校外、社会及家庭的各自优势，为我区青少年创造良好的乒乓球运动资源及氛围，助力青少年成长、成才。

乒乒乓乓是学生快乐的源泉，乒乒乓乓是学生成长的足音。我们坚信，在北京市“三个一”优质项目建设标准引领下，在有着深厚乒乓土壤的区域优势滋养下，我们的训练营必将与热爱乒乓的孩子们一起茁壮、快乐成长。

承古典精华　炫时代色彩

——房山区少年宫炫彩书画社项目概述

房山区学生活动管理中心　孙禹梅　李建伟　刘淑娟　吴丽华　王春鹏

基于房山区少年宫的学员需求，从立德树人的根本任务出发，房山区少年宫自2015年2月成立了炫彩书画社，项目团队由美术、书法教师组成，确立了“承古典精华，炫时代色彩”的活动理念。项目挖掘本地教育资源，以传统文化为切入点，进行课程开发和实践，实施四年多来，理论与实践相结合，形成了比较完善的课程体系和运行保障机制，形成了以挖掘区域教育资源、突出传统文化的传承为特色，产生了较好的效果和社会影响力。

一、规划与计划

（一）依据基础

1．政策依据

习近平总书记多次在讲话中强调弘扬中华优秀传统文化的重要意义，“中国传统文化博大精深，学习和掌握其中的各种思想精华，对树立正确的世界观、人生观、价值观很有益处”。

《全日制义务教育美术课程标准》：“培养学生对祖国优秀美术传统的热爱”“美术教学要创设一定的文化情境，增加文化含量，使学生通过美术学习，加深对文化和历史的认识，加深对艺术的社会作用的认识，树立正确的文化价值观，涵养人文精神”。

2．项目挖掘符合青少年身心发展的传统文化元素，与美术、书法项目结合，带领孩子们认识传统的美，运用传统的美，开展实践活动，娱悦身心，提高技能，美化生活，服务社会。

3．师资基础及场地设施：具有稳定的师资队伍，由6名房山少年宫在编书法、美术教师和2名外聘美术教师组成。有7部美术书法专用教室，均配备多媒体设备、展示柜和展示墙，为项目实施提供了较好的物质基础。

4．成立时间：2015年2月。

特色体现：传统文化与地域特色结合。

（二）理念目标

以“承古典精华，炫时代色彩”为理念，注重经典价值的有效传承，融入教育教学活动和生活实践中，结合本地区社会资源，把传统文化融入丰富多彩的实践活动中，在传承、弘扬中华优秀传统文化的同时，把传统文化元素视觉化、具体化、生活化，实现创造性转化。

活动目标

项目建设目标	初期 3 年	形成社团理念、课程框架，课程模式基本确定，学员层次明确，开始教材建设
	未来 3 年	调整课程框架，课程模式定型，学员梯队稳定，有成熟的教材，教师团队稳定，社会影响力不断增加
育人目标	将传统文化教育融入书画活动中，以传统故事、京剧元素图案、传统建筑形式、吉祥纹样、汉字字体为素材，组织学生开展艺术创作与实际生活相结合的专业实践活动，在体验与探究中不断成长，在参与和融入社会中成长	

（三）结构内容

项目团队在原有书画学科的基础上，根据团队理念、总体目标和学科特点，制定单元化课程规划。每位教师根据自己的学科内容，结合“十三五”市级重点科研课题《少年宫书画小组强化中华优秀传统文化教育实践的研究》，将子课题研究成果形成模块，分别制定课程框架，供项目教师选择使用，在此基础上，形成整体化课程框架，形成学员梯队。

预备团 → 适合作为书画各科目的主修或选修课程，以中华优秀传统文化作为切入点，学员在学习传统文化知识的同时，学习书画专业基础知识，掌握书画造型、色彩表现技巧，提高审美能力和视觉表达能力

成长团 → 中华优秀传统文化与书画技能技巧有机结合，学员在学习传统文化知识的同时，将中国传统故事、传统建筑、传统吉祥纹样、京剧、书法、国画等传统文化精华应用到书画学习中，学习书画专业基础知识，掌握书画造型、色彩表现技巧，提高观察能力、审美能力和视觉表达能力

实践活动 → 将中国传统节气、节日、传统习俗等传统文化元素与书画技能技巧相结合，突出实用性、实践性、创新性，使学生在活动中感受中华优秀传统文化，增强文化自信、民族自豪感

重视课程建设，注重单元化、模块化、整体化，突出育人目标，设计内容完整、系统。课程框架共150次，10个学期。编写了一系列教材学材，其中6份教材在市级比赛中获奖。

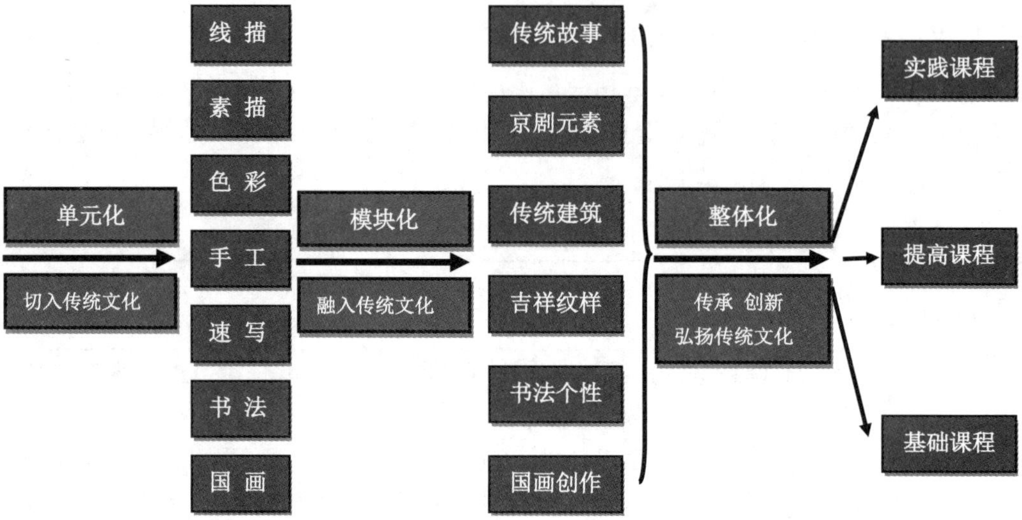

为了开阔学生眼界，提升活动质量，我们积极挖掘、利用区域教育资源。房山区很多古迹、博物馆，给我们提供了丰富的传统文化教育资源。经过研究、筛选，我们先后与北京燕都遗址博物馆、云居寺、北京猿人遗址博物馆、房山区儿童福利院等单位联系，作为我们的教育资源，带领学生深入资源单位开展活动。于2016年在怀柔生存岛，2017年在门头沟雁翅中小学素质教育基地，成功举办了2期夏令营活动，充分发挥了区内区外资源的教育作用。

有稳定的学生梯队，预备团，有线描、水粉、手工、速写、素描、书法、国画，练习书法、绘画基础；成长团练习精细刻画，组织参观、体验、创作、竞赛等实践活动，学生层级清晰。各类内容预备团27个，成长团3个。

二、支持与保障

（一）师资队伍

团队共8名教师。有3名高级教师，4名1级教师，1名2级教师。其中1名市级骨干教师、区级学科带头人，2名区级骨干教师，1名校级骨干教师。最长从事校外教育工作25年。

团队教师分工明确，分别负责制定制度、后勤保障、经费管理、宣传推广、内外联络等。

三年来，我们重视对团队核心成员教师的培养，制定了三年培训计划。通过一系列培训，教师专业水平、组织活动能力有了大幅度提升。北京校外教研室主任周立齐、校外教育专家周放、先后聘请北京校外教研室副主任周咪、北京教育学院教授、原北京书法家协会副主席薛夫彬，北京书法家协会副主席、北京教研中心专家杨广鑫，北京教育学院教授李蕴平，北京校外教育专家王平、儿童美术教育专家龙念南等进行系统培训，提升了团队教师的活动设计能力、活动辅导水平、基本功。

组织团队教师进行写生采风、笔会、才艺展示，磨炼教师的基本功素质。教师精心制定活动计划、方案，从学生的需求出发，环节设计合理，备内容、备学生，使活动高质量完成。经常撰写教学随笔，学期结束后进行反思，使活动内容、方式和效果不断改进，达到优质。

（二）场地设施

1．活动场地是开展活动的重要物质保障，团队中每个项目有自己的专业教室，有专业设备设施。

2．项目活动室设备设施适用于开展专业活动，有安全保障。

（三）制度建设

1．项目有发展规划、安全管理办法和安全管理制度，团队根据管理办法进行监督，保证活动的顺利开展。

2．安全制度责任到人，包括日常活动管理、外出安全管理、大型活动管理等，在方案中有明确的职责分工。

（四）经费投入

房山少年宫给予充足的专项经费支持。其中，仅 2018 年，日常教学活动材料经费 11000 元，用于活动开展、教师培训、活动室建设资金投入将近 100 万元。

三、方法与过程

（一）教学条件

在书画社活动理念的指导下，每学期，各专业根据书画社总体目标制定自己的教学计划，保证活动在设计中有序进行。活动前，认真设计活动方案，从学生的需求出发，环节设计合理，备内容、备学生，使每一次活动高质量完成。学期结束后，对本学期活动进行反思，找不足、总结收获，以利于更好地开展今后的活动。

团队教师运用现代信息技术，每个项目都建立微信群，与家长沟通学生学习情况，并熟练使用 PPT、投影仪、白板、视频处理软件等。

团队先后有13人次获得北京市校外教育研究室等相关部门组织的论文案例评比中获得等级奖。

（二）教学过程

书画社活动开展，注重加强师生互动、小组学习、任务驱动式学习，培养学生的学习能力，主动探究能力和学生的社会责任感。从目标的设定、导入，复习，新授，活动效果检测，拓展延伸等每个环节，都关注学生的成长。从核心素养、创新能力、合作能力、自主学习能力、探究能力和专业表现力等方面，全方位育人。

教师讲课时的位置不局限于讲台和多媒体黑板，而是关照到教室的各个角落，这样做的目的是：（1）观察到每一个孩子的状态；（2）从学生的视角体验，在任何一个角落是否能看清屏幕、看清范画；（3）将讲台留给学生，从学生的角度倾听和指导孩子的发言；（4）因材施教个别指导全部到位。

教师的语言以启发、引导式为主。以描述式语言创设情境，以问题引导学生主动思考，以鼓励的语言评价和激励学生。全程师生互动、生生互动，全程关照学生的兴趣、情绪、情感、态度。

学生以小组合作学习、任务驱动式学习为主要形式。组内分工明确，每一个孩子都发挥自己的特长，并且有目的地主动学习、互相学习、有效学习。

各单元以主题引领，突出育人目标，突出动手能力、劳动意识、创新精神的培养。活动设计和实施注重要素的完整，活动内容设计和实施符合学生的身心发展。活动目标设计具体可测，活动开展聚焦活动目标。

书画社成立以来，通过组织丰富的活动，把创作与实践紧密联系起来，根据学生实际，结合社会热点，跟随时代发展，调整学习内容，将“十三五”课题研究成果融入活动的开展，边实践、边研究、边修正，注重理念的更新。

在活动开展过程中，针对实际情况，不断调整内容，更加适合学生的实际情况和发展需求。

“炫彩”注重活动形式的丰富多彩：

（1）小组活动

通过小组活动，进行书法、绘画基本技法的学习，认识京剧元素、建筑、传统纹样的知识、素材的积累与探究；认识、了解家乡；进行手工制作，动手做，与实际生活相结合，画鞋、钟表、画日历、团扇、画手提袋等；请部队教导员走进活动室开展讲座；请家长介绍生活常识，教孩子刷鞋；话端午，做香包，感受屈原的家国情怀，学会了香包装饰方法和缝纫技巧；设计制作水泥摆件赠送老师，锻炼了动手能力，提高了劳动意识，更加懂得感恩；进行绘本展示等活动。

小组活动模式

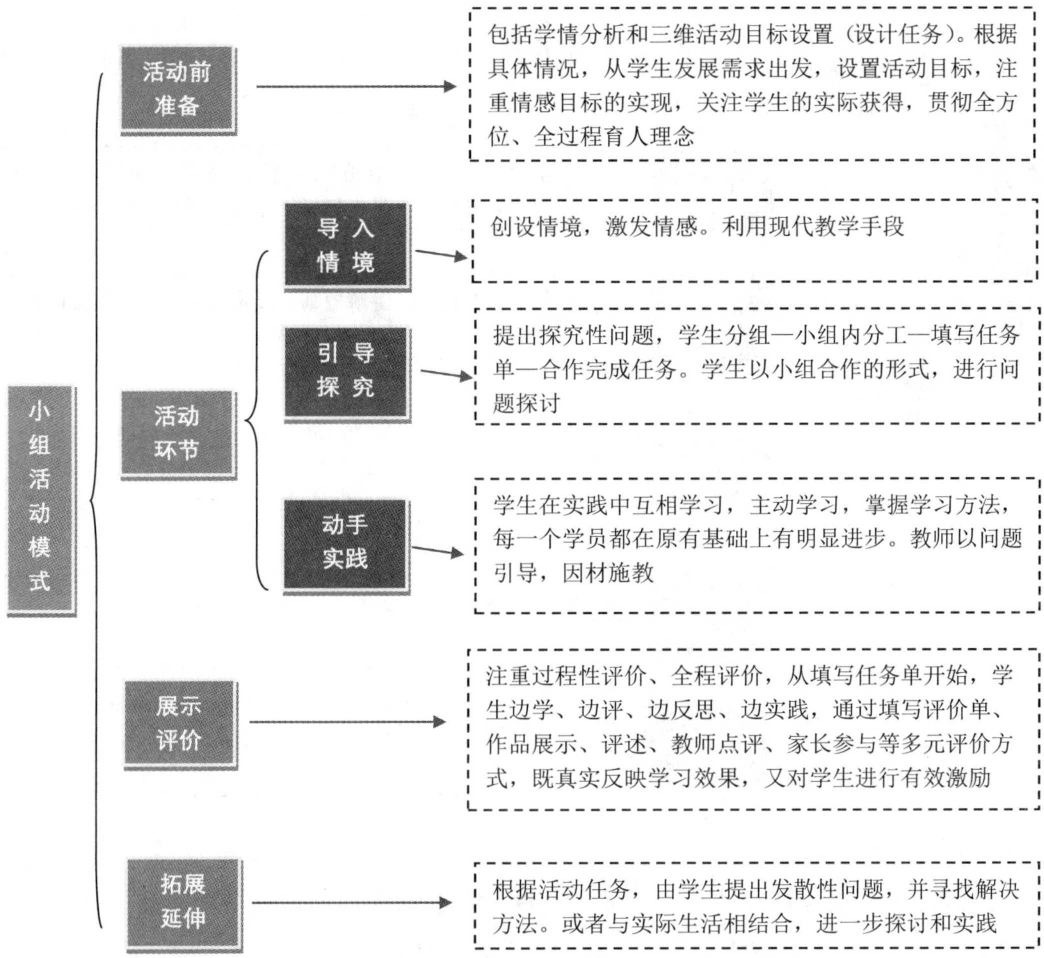

（2）实践活动

在社会实践活动中，培养学生文化责任感、服务大众的情怀。书画社成立以来，组织了以下社会实践活动：《我是环保宣传员，我要碧水蓝天》世界环保日为牛口峪水库画宣传画、爱心绘汇爱心钟表义卖捐赠活动、书画作品展览、参观博物馆（孔庙）；走进燕都遗址博物馆认识古代青铜器、画青铜器的专业实践活动；走进城关东里社区写春联活动；春节团拜会上表演剪纸、书写福字，歌颂改革开放成果，展示、弘扬传统文化，然后将作品赠送给退休教师，祝福新年，激发了学生的爱国主义情怀和敬老爱老之情；文化衫创作展示活动，提高了学生的书画技能、表达能力等。

实践活动模式

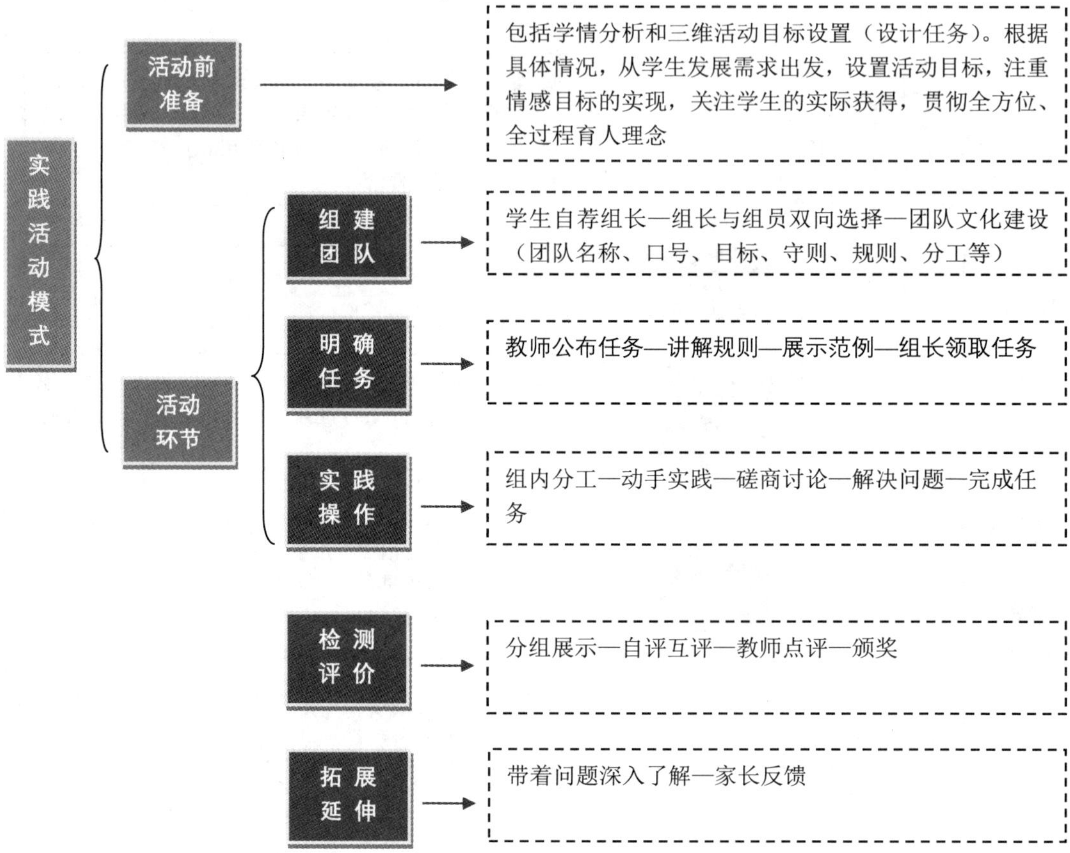

（3）夏令营活动

组织社团学生分别到怀柔生存岛举办以“我能我行”主题夏令营活动，到门头沟雁翅举办以“画自然、画生活”为主题的夏令营活动。

夏令营活动模式

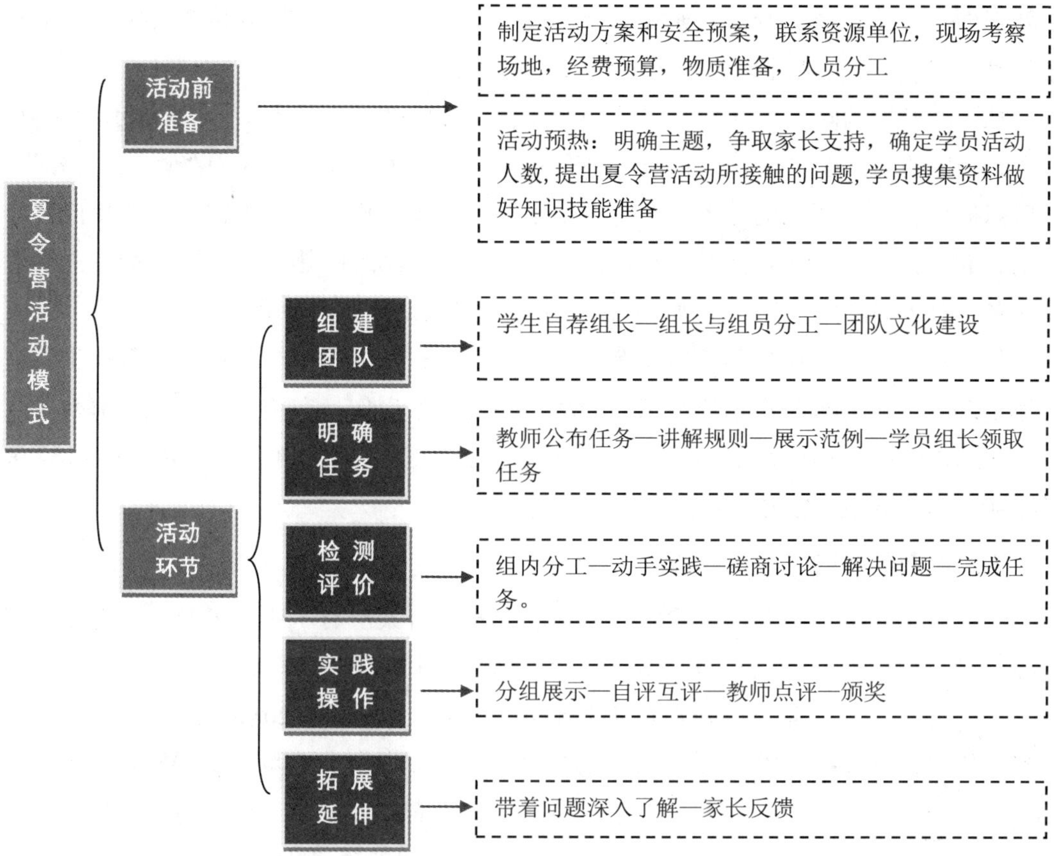

每项活动，都制定了具体的活动方案和安全预案，活动后进行总结和反思，收到了良好的效果。

活动注重学生的成长，检测方法着眼于目标的实现和学生的实际获得，检测方法包括：作品展示、作品自评互评、活动后谈感受、对学生进行星级评价等，评价方法多元，评价内容多元，本着激励学生进步，鼓励学生成长的原则进行评价。

小组活动、社会实践活动、专业实践活动中，注重活动环节的完整，把教师的教、学生的学和活动效果的评价结合起来，注重学生的实际收获。每次活动有活动设计方案，方案中有明确的教师活动、学生活动、活动效果检测方法。

有明确的规划和活动计划。各项目也有自己的活动计划，所有活动都在计划之中开展。严格按照社团规划和计划设计组织活动。

四、成绩与效果

（一）学生收获

通过活动的开展，学生对传统文化产生了浓厚的兴趣，积极参与各项活动，拓宽了知识面，审美素质、专业素养和综合素质有了明显提高，并成为传统文化的“小专家”“小宣传员”，把学习内容拓展到家庭和学校。

社团的侯嘉桐同学在2018年北京市少年宫举行的“最美宫娃娃”个人展示活动中，以遒劲有力的书法创作、完美的古诗词问答，获得全场最高分，被评为“最美宫娃娃”。孙雅恩同学在自己所在的学校良乡第三小学举办了个人作品展。李宏途同学和自己的妈妈一起，多次参加社会公益活动，他的作品《五彩缤纷的热带鱼》被北京陶瓷艺术馆收藏。孩子们的成长充分展现了社团“承古典精华、炫时代色彩”的成果。

书画社的学生参加各部门活动有了很大收获：有262人次在北京市教委和北京市学生活动管理中心等各级单位组织的活动中获奖。学生作品在全区中小学艺术教育成果中展示，在北京市阳光少年艺术节、“双有”图文大赛、全国中小学生绘画比赛、“鱼悦生活”等活动中参加展览并获奖。

（二）教师发展

团队教师在活动的开展过程中，专业能力和综合素质有了明显提升。《美术社团彩绘京剧人物活动》在2017年北京市郊区校外教育机构“三个一”市级公开观摩课评选活动二等奖；2017年，刘淑娟老师设计实施了市级研究课《2017，我的小长征——色彩中级组日历设计制作活动》；2018年11月，孙禹梅、王春鹏老师展示了“美术社团设计京韵冬奥吉祥物活动”市级公开课；吴丽华老师展示了“身边的四合院”市级公开课；刘淑娟老师与丛君敬合作，展示了“综合表达训练营”市级公开课。

团队教师申报立项的“十三五”重点课题《少年宫书画小组强化中华优秀传统文化教育实践的研究》，开题报告获得市级一等奖，中期成果获得市级一等奖。课题负责人为刘淑娟老师，社团教师是课题核心组成员。

教师教育教学及专业能力有了明显提高，教师获奖丰硕：孙禹梅、吴丽华、王春鹏老师获得2018年校外教师基本功展示三等奖，郊区观摩课展示二等奖。2017—2018学年度获得论文、案例，专业辅导奖等25人次。

（三）机构发展

书画社结合课题研究，相互促进，相得益彰。社团活动的开展，拓展了专业教学思路，对房山区少年宫综合实力的提升有了很大的促进作用。在教材建设、教科研能力提升、学生获奖和教学质量的提升有明显的促进作用。

（四）学校发展

团队教师每年对全区中小学课外美术书法活动教师进行培训，并深入岳各庄中学、城关小学等 12 所学校，指导学校美术书法教师，进行书法绘画的教学，对学校的书画活动的开展、书画社团建设、学校特色的形成和书画素质的提升有很大的指导和推动作用。

（五）社会影响

房山少年宫非常重视家长对教师的评价，书画社教师连续几个学期价值观念满意率在 90 % 以上，通过书画社活动的开展，上学期家长问卷满意率达到 98.7 % 以上。在家长中有较好的口碑。

书画社通过近几年的努力探索，在房山区逐渐扩大了影响，团队教师在专业中逐渐成为当地知名人士。刘淑娟老师成为北京市校外兼职教研员，市级骨干教师；《美术社团彩绘京剧人物活动》在 2017 年北京市郊区校外教育机构“三个一”市级公开观摩课评选活动中获二等奖。

书法教师李建伟是房山区书法家协会理事，北京市第七届“兰亭杯”书法大赛专家评委（团市委、市教委组织的传统书法赛事）。

书画社开展的活动多次在《首都校外教育》《燕山油化报》《房山研训》《学通房山》等相关媒体中报道。

未来，我们将在主题活动的开发、课程的完善、书画项目与科技相结合、学生自主开发教育资源等方面，做努力探索，使炫彩书画社向着精品项目发展，成为区域品牌项目。

“炫彩”自诞生以来，我们像对待一颗新芽般精心呵护，除草、灌溉、施肥，结出果实。我们是校外教育的行者，我们愿做一级阶梯，托举着孩子们不断向上，向更高的顶峰攀登；我们愿做一丝清泉，引领着孩子们不断向前，去拥抱海洋。

房山区校内外教育融和育人探索与实践

房山区学生活动管理中心　马连山　王春鹏

【内容摘要】教育不分校内校外，育人是共同目标。校外教育工作不再是学校教育的简单补充，而是全面实施素质教育的重要组成部分和学生成长过程中的一个重要路径。校外教育机构也不再是传统意义上的培训和选拔功能，而应该担负起区域内课外、校外教育活动的组织、指导、服务、研究和示范职责。

【关键词】校外教育　学校教育　融合　育人

《中共中央关于全面深化改革若干重大问题的决定》对教育领域综合改革提出了立德树人的基本导向。本质要求就是育人为本、德育为先、能力为重、全面发展，尽力为每个学生提供适合的教育，让每个孩子都能成为有用之才，成为德智体美全面发展的社会主义建设者和接班人。

随着教育领域综合改革的全面推进，特别是北京市中小学生社会大课堂、综合素质提升工程、课外活动计划、“四个一”活动和义务教育课程设置实验等一系列改革措施的相继落位，给予了中小学生课外、校外和社会实践等教育活动有力的政策支持和资金保障。这些教育活动在形式和内容上虽有不同，但其最后的直接指向都是“育人”这个核心词。

在这样的改革背景下，要实现“立德树人”的育人目标，仅靠传统的课堂教学，几乎是不可能，也是不完全的。校外教育必须和学校教育融合，和谐育人，为学生全面发展服务。校外教育工作不再是学校教育的简单补充，而是全面实施素质教育的重要组成部分和学生成长过程中的一个重要路径。校外教育机构也不再是传统意义上的培训和选拔功能，而应该担负起区域内课外、校外教育活动的组织、指导、服务、研究和示范职责。

教育不分校内校外，育人是共同目标。正是源于这样的一个基本认识和观点，房山区坚持把培育和践行社会主义核心价值观，增强学生科学精神、艺术素养和体质健康，培养学生创新精神和实践能力，提升学生综合素质和核心素养，作为提升房山教育品质和教育强区的突破口和增长点。房山区加强统筹，多措并举，以点带面，扎实推进，不断探索和实践校内外融和育人的有效途径和模式。确立了“普及与提高并举、全面与特色并重、硬件与软件并行、校内与校外并轨”的校内外融和育人思路；实施了“科技教育先行——做专做特，艺术教育延展——做广做深，体育工作点睛——做强做亮”的校内外融和育人策略；形成了以中小学课外活动、乡镇活动站、社会大课堂为载体的校内外融和育人布局，促进了全区中小学生综合素质快速提升。

一、坚持活动育人，中小学课外活动成效显著

中小学生课外活动计划是一个涉及面广泛的系统工程，为切实保障计划常态落实、取得实效，房山区确立了“校长与班主任观念转变并重、校内资源与校外专业指导并重、课外与课内教育并重、普及与提高并重、培训学生与培训教师并重、活动与机制建设并重、小学奠基与中学巩固并重、大众化与特色创新并重、艺术与文化并重、交流与宣传并重”的课外活动总体思路和工作要求。制定了《房山区中小学生课外活动计划实施方案》《关于进一步推进课外活动工作的实施意见》和《房山区中小学课外活动管理办法与评价标准》，给予了课外活动全方位的保障和规范。

一是健全活动管理机制。全区各中小学均成立了课外活动领导小组和工作小组，结合实际制定了课外活动实施办法。窦店中心校等学校，从学生选择课外活动项目到活动评价表彰，形成了完整的管理评价体系；北京小学长阳分校等学校在《课外活动教师工作手册》等环节，形成了有效的过程监控体系。良乡二中等学校建立了艺术节、科技节、体育节等活动平台，形成了长效的展评激励体系。良乡二中和良乡二小等对口中小学，通过项目捆绑、接力运行模式，保障了管乐团持续发展。

二是发挥校外教育机构指导职能。中小学课外活动指导，是学校教育与校外教育融和育人的一个很好的结合点。房山区学生活动管理中心主动转变职能，发挥专业优势，全面承担了中小学课外活动的指导和监督职责。在管理上采取统筹规划、强化普及、特色助推、提高质量的方法；在指导上采取按需分配、专项指导、全面协调、年度轮换的办法，将专业教师全部分派到校，协助学校课外活动管理并进行专项指导工作；在评价监督上采取周反馈、月总结、学期联检、年度展演的办法，切实保障了全区中小学课外活动的落实和效果。

三是组建活动专业师资库。制定了《房山区中小学课外活动聘任社会机构与教师资格认证管理办法》。与区文化馆、体育局、旅游委、科协等部门和北京天坤恒业科技发展有限公司、北京飞燕雅韵艺术传媒中心等社会教育机构进行合作，通过集中培训和考核，组建了一支由少年宫和中小学教师为骨干，社会志愿者、民间艺人和名师专家组成的1000余人的兼职教师资源库，基本满足了全区中小学课外活动师资需求。

四是搭建活动展示平台。房山区依托中小学生艺术节、科技节、体育节和课外活动展演四大平台，通过全区性合唱、集体舞、器乐、球类等集体展演，以及科技创新大赛、经典诵读、武术、健美操、中小学生十项才艺大赛等全年70余项丰富多彩的展演活动，营造了浓郁的活动育人氛围。以房山世界地质公园、西周燕都遗址博物馆等优质资源单位为试点，开展了“重走李四光之路”“文化寻根”和“博物馆进校园”等系列活动。6月，在窦店中心校成功召开了全区中小学课外活动现场推进会。12月初，又以“抒龙乡学子情，筑快乐成长梦”为主题，举行了全区中小学艺术教育和课外活动成果展示活动。节目涵盖了中国鼓、民乐、管乐、舞蹈、戏曲、快板、校园剧、独唱、合唱等艺术类节目，以及诵读、书法、武术、健美操、舞狮、空竹、时装秀等特色表演类节目，更有体现区域特色的市级非物质文化遗产项目中幡。活动内容丰富多彩、节目形式新颖独创，演出场面令人震撼，充分展现了房山区中小学课外活动水平及中小学生精神风貌，区委和区有关部门领导参加活动并给予高度评价，市、区多家媒体进行了专题报道。

五是活动成效全面显现。课外活动计划实施以来，全区所有中小学全面落实了每天1.5小时课外活动时间，科技、艺术、体育等217项课外活动在全区中小学范围内得到了普及，满足了学生全面发展和个性化需求。同时，通过“未来科学家培养计划”，取得了107项科技发明专利，填补了房山区青少年科技发明专利空白；通过“高雅艺术进校园”项目，达成了与中央音乐学院、荷风艺术基金会等7个高端艺术团体的合作，打造了一批特色社团；通过“校园足球基地校”项目，完成了12所体育传统校建设。实现了“项目进校树典型，汇点连面成规模，资源共享同受益”的课外活动总体布局，形成了良乡四小合唱、房山五中民族舞、良乡二中器乐等一批特色项目与特色学校，在市、区艺术节等比赛中屡获重要奖项。首师大房山附中成为我区首家北京市科技金鹏团成员。

二、坚持全面育人，校外活动站建设覆盖全区

针对区域校外教育资源不足和日益增长的校外教育需求，自2007年起，我区有效整合利用中小学优质教育资源，在全市率先启动了校外活动站建设。目前，全区校外活动站数量现已达33所，其中市级活动站27所，国家级乡村学校少年宫8所，基本覆盖全区各乡镇、街道，被孩子们誉为“身边的少年宫”。

一是加强活动站建设与管理。先后制定和完善了《房山区校外活动站建站办法》《房山区校外活动站及乡村学校少年宫管理办法》《房山区乡镇校外活动站及乡村少年宫考核方案》等一系列管理规定。建立了区教委统筹规划、区少年宫检查指导、活

动站自主管理的运行和保障体系。几年来，市、区累计投入专项资金1400余万元支持活动站建设，全区所有活动站均已达到市级建站标准。让山区和农村的孩子不出校门就能享受到优质的教育服务，逐步形成了较为完善的建设、管理和运行模式，多次在全市做典型经验介绍。

二是加大活动站指导与服务。将活动站建设与中小学课外活动指导进行了有机整合。结合活动站需求，每周三、四、五下午和节假日，统筹安排少年宫和外聘专业教师走进活动站，进行活动检查和专业指导。组织开展民乐、管乐、舞蹈、武术、轮滑、太极扇、快板等各类公益性兴趣小组和社团活动30余项，有效提升了中小学生的科技、艺术和身心素养。

三是提升活动质量和水平。在全面普及的基础上，充分发挥区少年宫的阵地和示范作用，狠抓普及基础上的提高和高水平的普及，构建了“普及在学校，提高在中心”的金字塔式活动模式，大力提升小组和社团活动品质。倾力打造了合唱团、鼓乐团、民乐团、戏剧团、舞蹈团等5个区级特色社团，形成了一定规模和水平。一年来，小组学员近千人次参与了首都市民合唱周等市、区级各类展览、演出、比赛活动20多项。

三、坚持协同育人，社会大课堂资源走进课程

校外教育空间广阔，需要一个庞大的教育资源。随着教育综合改革的不断深化，校外教育资源育人的重要性更加凸显。我区高度重视课程的整体育人价值，不断加强综合实践基地建设，开发实施形式多样的实践活动课程，把丰富的社会资源变成有效的教育资源。

一是推进资源圈建设。房山历史悠久，风光秀美，拥有丰富的自然资源和文化资源。房山区充分利用区域优势，不断加大区域教育资源开发与管理，全区形成了以周口店北京人遗址博物馆、西周燕都遗址博物馆、平西抗日战争纪念馆、房山世界地质公园博物馆为代表的19家市级和49家区级应用资源群。通过板块化资源分类，初步构建了历史、地理、文化、劳动、社会主义核心价值观教育五大资源圈。

二是开发课程资源。按照《房山区中小学生社会大课堂工作评价方案》、《房山区中小学生综合素质提升工程项目实施方案》和《房山区实施北京市〈义务教育课程设置实验方案〉的课程计划（修订）》等文件精神，坚持以课程为核心，将社会资源转化为教育资源，积极进行地方课程、校本课程的开发与应用。编印了《房山区中小学生社会大课堂教学活动实施要点》《房山区中小学生社会大课堂资料汇编》等指导丛书并开设“房山文化”“房山区地理”等地方课程。使区内教育资源有效服务于学生实践学习，实现了中小学生社会大课堂向课程的延伸，形成了各学段学生递进式学

习实践的工作布局。

三是创新学习实践模式。房山区学生活动管理中心，积极探索大课堂、小课题研究性学习实践模式。充分依托房山世界地质公园、西周燕都遗址博物馆等优质资源单位开展试点，在“重走李四光之路”“文化寻根”和“博物馆进校园”等系列活动中，开展课题研究，加深学生切身体验，培养学生优秀品格，助力学生健康成长，取得了良好的效果。

校内外教育融和育人不是一个新的命题，但确是一个永恒的课题。当前，房山教育已经站在了新的战略起点，正由教育大区向教育强区转变，由基本均衡向优质均衡转变，由学习型向创新型教育转变。我们将进一步抢抓机遇，加快发展，整体布局，重点突破，通过扎实的工作和有益的尝试，全面构建我区青少年素质教育网络，不断提高校内外教育融和育人实效，持续促进房山教育事业科学发展。

参考文献：

[1] 陈正华、康丽颖、杨彩霞 . 校外教育与学校教育资源共享与互补机制研究 [J]. 首都师范大学学报（社会科学版），2010（4）：102.

[2] 刘登珲 . 我国校外教育功能定位流变及其现代转向 [J]. 湖南师范大学教育科学学报，2016（9）：114—119.

[3] 蔡颖，周放，韩静 . 校内外教育有效衔接的策略与实施 [M]. 武汉：武汉大学出版社，2013：48.

[4] 霍艳平 . 发挥校外教育优势培育学生核心素养，首都校外教育，2017（1）：38.

少年宫创新型戏剧课堂内容的实践与研究

房山区学生活动管理中心　丛君敬

【内容摘要】本课题研究指向在新时代教育思想引领下，从学员的实际需求出发，以学员为主体，提高学员的戏剧学习兴趣为初衷，培养学员高阶思维、自信、快乐成长为目标。以戏剧教育理论为指导，课堂教学为载体，打破传统戏剧课堂注重戏剧知识和表演技能的课堂教学，重点针对课堂内容进行创新与研究。基于对少年宫创新型戏剧课堂研究已有8年的时间，通过课题引领，更加科学、规范、有针对性地进行尝试、探索、提炼、汇总出学员感兴趣的创新型戏剧课堂内容——“戏剧素质训练＋创编戏剧游戏＋戏剧故事”即TGSD（Training，Games and Story of Drama），提升学员学习兴趣，满足学员的个性化需求，促进学员全面成长。综合课题研究内容，本研究的发展和创新点在整合国内外戏剧教育资源，以学员兴趣为出发点创新课堂教学内容，以促进戏剧课堂的科学性、趣味性、可持续性。

【关键词】创新型戏剧课堂　戏剧育人　整合资源

一、课题研究的背景

以习近平新时代中国特色社会主义思想为指导，坚持中国特色社会主义教育发展道路，培养德智体美劳全面发展的社会主义建设者和接班人。党的十八届五中全会提出建设“美丽中国”，为切实贯彻党的十八大方针政策和习近平总书记的重要讲话，具体落实国家中长期教育改革和发展规划纲要（2010—2020年）、国务院办公厅《关于加强和改进学校美育工作的意见》以及教育部有关推进美育工作的系列文件精神，要求强化美育，并明确提出用戏剧课程强化美育的措施。2001年教育部制定了《艺术课程标准（实验稿）》，把戏剧纳入中小学的学科教学中，成为艺术课程的一部分，这一课程设置为学校范围内戏剧教育的开展提供了政策依据，也是对戏剧教育倡导者进一步开展工作的极大鼓励。2014年，北京市委、市教委开展高等学校社会力量支持和帮助中小学体育美育教育工作。旨在发挥高等学校社会力量对于中小学在体育美育方面的优势和引导作用，帮助中小学全方位多样化、深层次地开展体育美育工作，简称“高参小”工作。2015 年 9 月底，国务院办公厅下发了《关于全面加强和改进学校美育工作的意见》，明确指出，要在有条件的地方开展戏剧课、舞蹈课等相关艺术课程。大力开展以美育为主题的跨学科教育教学和课外校外实践活动，将相关学科和美育内容进行有机结合。在国家政策层面将戏剧纳入课程标准。这一系列的政策方针为戏剧教育在中小学内的发展提供了基础和条件，为我国戏剧教育事业指明了方向，有利于戏剧教育事业的发展。

从社会层面来看，随着我国教育改革不断深化，戏剧在校园艺术教育中的推广和应用，戏剧教育的概念被人们越来越熟悉，戏剧在教育中的地位和作用也逐渐引起国内教育界的注意和重视。现如今在北京、上海等一线城市已经将戏剧教育作为校园全方面发展的一门重要学习课程。众多专家表示，戏剧教育是一种综合的教育，戏剧教育可以视为“全人教育”，原体卫艺处处长王军曾经说：“戏剧是有力量的，是值得回忆的，因此在校园推动戏剧的发展，是要给学员留下过去的记忆和展望美好的未来，这也是戏剧在校园蓬勃发展的作用。”

从专业层面来看，戏剧之所以被重视，原因在于戏剧教育不仅仅是以戏剧知识和表演技能的学习为目的，而是通过戏剧方式对学员进行认识社会、思考人生、选择生活及自身素质修养的提升，它是一种戏剧方式的教育活动，是学员美育发展中不可缺少的专业学科。戏剧教育有效地促进学员高阶思维的发展，提升学员适应社会发展所需要的核心素养，帮助学员更好地学习生活，是在新时代教育思想引领下从学员的实际需求出发，以学员为主体，对学员综合能力的全面提升的重要学科。但是，目前的戏剧教学多以专业院校固定的戏剧课堂内容为主，传统的戏剧教育注重戏剧的排练、演出。通过让学员背台词、记动作，反复排练来呈现一出“好戏”。而这种所谓的“好戏”则是教师训练儿童的“成果”。这样带来的结果就是老师们“苦口婆心”，学员们则是苦不堪言。在舞台上，“小演员们”说什么、做什么等都是事先规定好的，这种本末倒置的戏剧教育虽然赢得成人的掌声、喝彩，但是磨灭了儿童的戏剧天性，扼杀了他们的想象力与创造力。

从学员层面来说，少年宫戏剧课堂应该是充满兴趣、满足学员的全面成长和个性发展需求，为他们提供更加适合、更加优质的活动，引导学员自信快乐成长。因此，我们决定创新戏剧课堂，围绕课堂内容进行创新，用学员喜欢的戏剧游戏为切入点，提高学员学习兴趣，创新出“戏剧素质训练 + 创编戏剧游戏 + 戏剧故事”即 TGSD（Training，Games and Story of Drama）课堂内容，提高学习质量、引导学员在戏剧体验中进行思考和探索，激发儿童的文化表现力和艺术创造力。

二、课题研究的意义

（一）从1912年第一本教育戏剧著作《教学中的戏剧方法》问世至今，教育戏剧研究在国外已经历经百余年的发展历史。在我国也有着近二十年的发展历程，尤其是近年来，随着我国教育改革工作的不断推进，素质教育的重要性得到多次强调，愈加得到戏剧界和教育界的广泛关注，在教育戏剧如火如荼发展的今天，系统梳理教育戏剧在国际领域的发展脉络，清晰呈现国际教育戏剧研究的热点主题对我国教育戏剧发展有着重要的意义。

（二）霍姆林斯基说过：“只有能激发学员去自我教育的教育，才是真正的教育。”根据学员的成长规律和学科的发展趋势，从学员的兴趣出发，以学员为主体，把学员的核心素养和学科素养作为课题研究的聚焦点和着力点。在课堂教学中，抓住学科的内涵发展，启发学员思考，让学员在掌握所学知识的同时充分挖掘学员潜力、真正有意识地培养学员的高阶思维、创新精神和实践经验，学员在轻松愉快的气氛中获取知识和能力，形成和发展核心素养。实现“乐中学、学中乐”将课堂真正转化为学堂。

（三）基于实现教育教学改革，我们对传统课堂进行深入研究和剖析，传统的戏剧课堂基本是继承前人知识、以教师向学员灌输知识为主，教学内容程式化、固定式，学员只是被动接受，缺乏创新性，课堂教学已满足不了少年宫戏剧专业发展需求，课堂内容又是在课堂中实施教与学的全部过程，因此，我们决定针对戏剧课堂内容进行深入研究来带动少年宫戏剧课堂的创新，用学员喜欢的戏剧游戏为切入点，通过合作、小组学习、讨论、案例学习、角色扮演、问题求解等学习活动进行创编体验游戏和戏剧故事，让学员投入分析、比较、对比、归纳、概括、实验和创造等系列学习活动中去，有效地促进学员高阶思维能力的发展，引导学员主动参与、乐于探究、勤于动手，培养学员收集和处理信息的能力、获取新知识的能力、分析和解决问题的能力以及交流与合作的能力。因此，决定在十三五校外教育课题中申报《少年宫创新型戏剧课堂内容的实践与研究》课题。

三、课题研究概念的界定

“少年宫戏剧课堂”是以注重学员的学习兴趣发展为前提，开展戏剧课程，全面提升学员的综合能力并使其快乐成长。

“少年宫创新型戏剧课堂内容”是指从学员需求出发，以学员为主体，满足学员的个性化需求，在保留传统戏剧教育、尊师重道、严谨求学的优良传统的同时创新教学内容，通过学员体验戏剧素质训练、创编戏剧游戏、戏剧故事、组合式教学满足学员的个性化需求，激发学员的兴趣。不仅实现了声、台、形、表全方位训练，还增强了孩子的观察能力、模仿能力、思考能力、判断能力、激发创作力、领导力、沟通力等，从而提升学员的综合素养。

四、研究现状的综述

通过文献研究法，按照时间顺序对中西方戏剧教育进行完整的梳理，对适合我国少年宫戏剧课堂的教学经验进行总结、归纳。

西方戏剧教育经过近百年的发展，大致经历了四个时期，其研究热点主要集中于教育戏剧概念、功能和教学方式三大研究领域，形成了CreativeDrama、DIE（Drama in Education）和TIE（Theatre in Education）等主要模式。三种戏剧教育模式都具有过程性、非演出性和参与性强等特点，但是各自适用的对象不同，而且有不同的侧重点和主题来源。在我国，戏剧教育虽然起步较晚，但也大致经历了前研究阶段、萌芽阶段、探索成长阶段和蓬勃发展阶段四个时期，研究热点主要集中在戏剧教育理论探讨、戏剧教育在我国中小学教育实践现状和西方教育戏剧发展经验三大研究领域。作为我国戏剧教育事业的探索者和实践者，我们在推进戏剧教育的教学和研究过程中，较为系统完整地对国际各地区的戏剧教育发展对比分析，对其中优秀的教学方式进行吸收融合，同时结合本国的教育、文化特点进行开拓创新，以促进我国戏剧教育事业更好发展。其中如何能够保留其精华，创新适合少年宫戏剧课堂尤为重要，戏剧创新课堂在中国乃至世界都是戏剧教育者不断思考的重要问题，而戏剧课堂教学的内容、方法和手段也一直是表演教育工作者不断探索和研究的课题。

在我们传统优秀教学的基础上，将国外优秀的戏剧方法结合本国学员特点有效实施，是推动我国戏剧教学的重要途径。由于国外艺术教育和校内结合在一起，没有独立的少年宫，我们只能对戏剧教育教学方面成效突出的社团进行研究。法国巴黎欧洲演员学院、德国柏林表演艺术高等学校和德国汉堡表演艺术学校、英国威尔士表演与音乐学院澳大利亚墨尔本的维多利亚艺术学院都提出了创造性教学，如英国是进行的与本土音乐结合的教学方法，美国是多种课程全面结合的教学理念，中国戏剧教育创新性课堂教学相信很多教师都在实践探索，在比赛和演出中都可以看到创新的影子，在课堂教学中，各大学都在积极努力探索，但是在校外教育领域还没有文献记录。想要创新戏剧课堂就必须从课堂教学的内容开始创新，课堂内容既能保留传统戏剧课堂优秀的教学方式和方法，又能满足少年宫不同阶段学员有兴趣的学习，从而培养学员的专业素养和综合能力。

五、课题研究的目标

（一）研究出适合少年宫创新型戏剧课堂的教学内容，提升学员学习兴趣，满足学员的个性化需求，促进学员全面成长。

（二）发挥戏剧专业引领作用，构建校内外相融合的模式。通过打造少年宫戏剧品牌的影响力，提升教师的教学设计、指导和组织实施能力，为房山区培养优秀戏剧教师队伍。

（三）助推我国教育戏剧的改革和发展，丰富校外教育戏剧教学内容，为校外教育戏剧提供可借鉴的创新思路及做法。

六、研究的主要内容

通过梳理近 8 年来戏剧课堂在创新方面的经验，本课题主要从两方面入手，一是怎样创新课堂内容以提升学员学习兴趣、满足学员的学习需求，培养学员的综合能力。二是实现校内外融合开展戏剧教学。

（一）戏剧游戏——提升学员兴趣

“知之者不如好之者，好之者不如乐之者”，在学科教学中，学员对学科感兴趣，他就会热心于接触、观察、积极参与活动，并注意探索其奥秘 ，兴趣可以转化为内在动机，成为推动、引导学员参与专业学习的一种力量。学员学习动机强就会采取积极的学习态度和学习行动，进而就会取得良好的学习效果。美国著名华人学者丁肇中教授就曾经深有感触地说：“任何科学研究，最重要的是要看对自己所从事的工作有没有兴趣。”那么，怎样能够提高少年宫学员对戏剧专业的兴趣？我们通过大量的实践总结出优先培养学员直接兴趣再过渡到间接兴趣培养方法，来实现学员对学科从有兴趣到能够在兴趣中进行深入思考、主动探索，使他们主动学习，提高学习效率。

所谓直接兴趣就是人对事物或活动本身的外部特征发生的兴趣。是学员对新鲜的事物或内容在感官上产生的一种新异的刺激。这种刺激反应强烈但比较短暂。抓住这一特点，我们每上一堂新授课时，课程内容设计丰富，学员往往表现出极大的兴趣，总是追随教师不断学习新知识，尤其是在课堂设计中加入戏剧游戏，不仅能够让整个课堂充满欢乐，学员回味无穷，甚至所有的知识点学员更是准确掌握，无论过了多久的游戏画面、场景，学员都历历在目。这不禁让我想到樊登和日本右脑学家七田真先生对于知识在学员大脑记忆时长的观点表述一致，他们认为画面较语言、肢体能让学员对知识的掌握更准确和长久。戏剧课堂中有趣的戏剧游戏，能吸引学员参与群体活动，体验戏剧角色的兴趣；新颖的教学内容和有兴趣的教学方法，能激起学员学习知识的兴趣。需要指出的是，如果课堂教学一直采用直接兴趣，课堂知识的传授不会深入，学员会依赖这种带来“快乐”的教学方式，一旦没有戏剧游戏，他们就存在对课堂失去兴趣，我们要找到兴趣的真正内涵，兴趣的激发主要在于学员的直接兴趣，而兴趣的培养取决于间接兴趣。我们平时往往重视了学员的直接兴趣而忽略了学员的间接兴趣，导致学员兴趣并没有真正的建立起来，比如，我们常常听说学员喜欢某个专业但不喜欢上专业课。那么我们如何引导学员从直接兴趣过渡到间接兴趣？通过在教学中反复探究、总结，通过戏剧游戏提升学员的直接兴趣，进一步把体验游戏的难度增大来吸引学员去“闯关”，由体验游戏到创编游戏再到体验游戏，学员利用了他掌握的技能去创编、体验戏剧游戏获得的成就感，对戏剧游戏的意义产生了认知，那么这就使直接兴趣和间接兴趣发生迁移，学员的兴趣才是真正的建立起来。

（二）TGSD——创新课堂内容

TGSD 是我们提炼出的一套符合少年宫创新型戏剧课堂的教学内容，即“戏剧素质训练 + 创编戏剧游戏 + 戏剧故事”，教师授课的形式和方法更接近于戏剧创意课，教学内容在不同年龄段、不同领域中灵活运用，学员能够对戏剧课堂有更深入的了解，师生共同探索戏剧教育的理念和方法，融合剧场艺术的基本元素，引导学员在创新型戏剧课堂体验中进行思考和探索，激发儿童的文化表现力和艺术创造力。

通过对国内、外大量有关创新型戏剧课堂的相关文献进行学习、分析、比对，以及总结我在大学 4 年戏剧课堂的亲身体验，学习并实践了由中央戏剧学院创新的戏剧教育教学方法——“形体操 + 戏剧游戏 + 戏剧故事”，在教学实践中我们发现“形体操”对于少年宫学员核心素养培养上有一些单一，如果能够把“形体操”的内容与戏剧表演的核心专业“声台形表”知识进行整合，再根据学员的成长规律加入规定情景、情感、自信心、爆发力的训练，那么无论从专业角度还是能力培养上都是更加符合少年宫的育人特点。因此，吸收国内外优秀教学经验，把中央戏剧学院创新的戏剧教育教学课堂“三步走” 进行改良和大胆创新，通过实践形成符合少年宫学员创新型戏剧课堂内容“戏剧素质训练 + 创编戏剧游戏 + 戏剧故事”即 TGSD（Training，Games and Story of Drama）。

1．戏剧素质训练

素质训练是把戏剧最核心专业“声台形表”内容与戏剧元素进行结合，根据学员的年龄特点按照阶梯式成长方式设计训练内容，将戏剧素养的培育进行有规律的碎片化融入课堂中，在设定的情境中，教师引导学员体验生活、感受角色，培养学员的观察能力、肢体表现力、音乐感受力及语言表达能力，在落实美育教育和学员核心素养培育中起到了重要的作用，尽可能地保证学员在素质训练中体验规定情境的“真”，即真听、真看、真感受，在戏剧表演中更是难能可贵的。专业院校经常通过一学期的素质训练让学员达到解放天性、还原学员原本的“真”，少年宫教育教学面向的群体是青少年，青少年正处于身心迅速发育成长的时期，儿童的身心状态表现出极大的可塑性，也正是通过专业的训练能够促进身心发展，提升其专业素养。在教学中通过对学员的观察、访谈，发现学员的专业成长更需要一个释放情绪、提升自信、敢于表达、相互交流的课堂，因此，把形体训练、音乐感受力训练与学员的需求进行趣味性组合编排，满足学员的学习和成长需求。

2. 戏剧游戏

游戏是学员的天性，戏剧进入少年宫课堂，其目的并不在于教会学员如何表演，也更不是呈现一台完整的戏剧演出，而是在课程中以戏剧独特的方式带领学员置身于有趣的戏剧情境中快乐的“游戏”，在这种轻松快乐的游戏氛围中，学员会收获到戏剧带给他们无形的力量。游戏很重要的作用是给孩子练习如何输得起，输得起不会一蹶不振、不会消沉，也不会怒发冲冠，而是收拾好心情越战越勇。

我们更赞同美国戏剧教育专家所提出的“创造性戏剧”的理念，这是一种即兴、非表演为目的且注重过程的戏剧形式。注重过程性戏剧课堂的教师，一定会抓住每一个能够带给学员改变、帮助学员成长的课堂瞬间，当思考游戏背后更多可持续发展的课堂内容时，我们在体验戏剧游戏的基础上研发了“创编戏剧游戏”，丰富了创新课堂内容，课堂主体还给学员，鼓励他们在戏剧游戏的基础上进行深入挖掘、研究。从戏剧游戏兴趣培养到创编游戏，根据学员的实际需求、能力培养方面着重设计四大主题——“出口成章”“齐心协力”“翩翩起舞”“歌声嘹亮”进行创编，围绕“声、台、形、表”进行团队合作、语言表达、音乐感受力、肢体协调力，发现问题并解决问题的能力多方面培养。在教师的引领下小组相互合作，运用想象和创造力共同进行游戏创编，游戏设计—道具准备—实践验证—修改方案—完善游戏，整个过程实现学员主动交流、互相理解、团队合作、语言表达、概括总结、发现问题并解决问题等能力得到很大提升、学员既是设计者又是实施者。目前经不完全统计，创编戏剧游戏作为戏剧课堂内容之一，在我国戏剧课堂中还是首次运用，我们不根据学生的实际情况断地做出及时的调整和经验总结。

3. 戏剧故事

“戏剧故事”的编写，不追求难度，其目的也非技巧训练，众所周知，戏剧是行动的艺术，剧作家给出的台词在舞台呈现时，是众多舞台表现中的一部分，因此，在实施教学时应给予学员广阔的创作空间，引导并鼓励他们敢于调动自己的想象力去行动，才是最重要的。少年宫戏剧小组设计大多以混合班为主，根据学员的实际情况，我们在教学中总结了一套“简便廉验”的创新方法，以戏剧故事为载体，解决学员从敢于表达，准确表达，自信表达，到团队合作集体表演完整作品。“戏剧故事”是戏剧课堂中最重要的部分，在教师的引领下，学员通过角色扮演、台词呈现、共同行动等方式，独立自主地对有着现实意义和哲理内涵的简单故事或经典戏剧作品进行编演，在这个过程中学员相互配合、分工明确，既锻炼了其动手能力，增强其文学底蕴，又促进了彼此交流，同时通过对戏剧故事的亲身体验，可以身临其境地学习其中的哲理思想，对学员有着极强的美育教化作用。

“戏剧故事”设计共分为 2 个层级，初级学员，抽象逻辑思维刚刚萌芽，他们对于抽象文字语言的理解能力还很有限，因此先以动物、植物故事为主，根据他们心理特点在课堂上进行“滚雪球”式小组接龙，由词变句子、由句子变段落、由段落变故事，故事编创、点评故事、课下分配任务、完善故事、最终团队一起表演故事，从熟悉的生活取材，利于学员理解和表演，将家庭教育和学校教育进行部分延伸重叠，引起共同作用。

高年级的学员已经有了自己独立的想法和思考，具备一定的观察能力，表现出一定的创造力，对于戏剧的学习期望能给予更多互动与自我发挥的空间，因此教学重点内容是传统文化故事和家国戏剧故事的创作，以及戏剧与剧场性的戏剧扮演、戏剧赏析与展演活动，真正了解戏剧舞台基本知识，呈现出完整的戏剧作品，建立自我的价值观。引导学员弘扬中华优秀传统文化，传承红色基因，讲好中国故事，学好专业本领，培养少年儿童的创新精神和实践能力。

经过一年多对少年宫创新型戏剧课堂的实践，我们累计授课 135 节、培训学员 2700 人次，在北京小学长阳分校、窦店中心小学分别开展戏剧校本课程、戏剧特色社团，累计授课 720 节，培训学员 26460 人次，学员、家长、校领导对于创新型戏剧课堂给予了高度认可，他们认为戏剧教育本身对学员的全面培养有一定的促进作用，当戏剧课堂围绕学员的实际需求、创新课堂内容、有针对性地引导学员独立思考、善于表达、发现问题并解决问题，增强了学员的学习兴趣，有效地促进学员高阶思维能力的发展，学员学会了相互合作、主动参与、乐于探究、勤于思考，语言表达能力、总结概括能力，以及创新精神和实践能力得到增强。在体验创新型戏剧课堂的多样化、丰富性中，激发学员的学习兴趣，培养学员的专业素养。

（三）校内外教学融合开展戏剧教学

戏剧是教育改革背景下，实现学员核心素养提升的重要学科，儿童戏剧表演活动所具备的艺术性、综合性、实践性、融合性等特征，使其能够成为推动校内外融合育人的有效切入点。通过创新型戏剧课堂内容的实践与研究，培养一批有创新精神和创新能力的教师队伍，打造我区戏剧品牌影响力，带动我区戏剧教育蓬勃发展。

从培养创新型戏剧教师出发为校外戏剧教师队伍建设提供了新的思路，通过一年半的探索与实践，课题组成员的学习脚步从未停歇，先后到中央戏剧学院、中国传媒大学、人民大会堂、中国话剧团等高校高院通过参加学习、交流、实践、探索、共同展示等方式不断拓宽视野，扎实了教师的专业理论、突破专业发展瓶颈、发挥自身优势、打造专业品牌。在科研课题的引领下，团队教师充分利用中小学戏剧专业讲座、中小学戏剧外聘教师培训会、名家进校园等方式，带领房山区中、小学校教师组建了8个创新型戏剧社团，培养我区校内外教师2000余人次，并在我区打造了一批年龄在35岁以下、艺术素养高，专业能力强的戏剧教师队伍，教师在开展教学、组织展演比赛活动中发挥着重要的作用，同时带动了校内多专业融合，提升了我区戏剧专业的品牌化、专业化，有两所学校一年多来在课题的引领下和专业教师的带动下在我区成了戏剧示范校，如窦店中心校“会飞的戏剧社”，把美术、舞蹈、语文等学科进行整合，课程依据学校文化建设重点进行，与学校的课程建设、学员社团活动紧密结合。在项目建构过程中，依托学校办学特色、发展目标、学员特点进行活动设计，在实施过程中，对学校特色发展起到推动作用。通过项目的介入，带动了学校整体育人模式不断创新。

七、课题研究的方法

此课题的研究主要运用了文献研究法、行动研究法、经验总结法、案例研究法、问卷调查法。

（一）文献研究法

文献研究法在整个课题研究中贯穿始终，课题组成员广泛收集和学习国内外文献资料37本，有关戏剧方面的硕博论文10余篇，从1912年第一本教育戏剧著作《教学中的戏剧方法》问世到西方戏剧教育经过近百年的发展，再到我国目前北上广和中央戏剧学院戏剧教育的课程开设，给我们提供了丰富的教学经验，使我们对教育戏剧方面有了更多的认识，对教师的理论基础和专业素养有了很大提升。让我们的课题更具有规范性和科学性。文献研究让团队教师对于课题研究更加严谨。整理出完整的戏剧教学文献研究报告。

（二）行动研究法

课题组成员在课堂教学实践中基于解决实际问题的需要，通过教学反思、同伴互助、专家引领，针对创新戏剧课堂内容进行系统的研究，并将教学成果用于实际教学，在行动中研究，在研究中行动。

（三）案例研究法

梦想戏剧社团成立于2015年，其初衷是想让戏剧小组的学员能够在北京市阳光艺术节比赛中增强自信、开阔视野、相互学习。这也是房山少年宫戏剧专业第一次参加阳光艺术节比赛。从校领导到教师都很重视此次活动，我们在戏剧小组选拔优秀学员并对其进行培训，从一个社团只能有12名学员，到如今已经发展成A、B团共有80名学员。参加2019年北京市阳光艺术节比赛戏剧专业并获得了金奖的好成绩，实现了房山少年宫历史性成绩突破。对成果评价上有特别好的激励作用，我们一直在做的就是兴趣引领，和学员一起制定社团制度、社团成长规划，学员和家长制定个人成长档案，让每个学员都是社团的不可缺少的优秀学员，社团的发展更离不开大家的努力，给学员树立责任意识和担当意识。不错过任何一个展示、学习的机会，和学员建立相互信任的良好师生关系，社团建立至今，在教师和学员的共同努力下创排原创作品13个，参加展演赛20多场，得到社会的一致好评。

（四）经验总结法

通过实践探索与研究，不断总结少年宫创新型戏剧课堂内容的典型案例与经验，进行不断反思、验证，有利于进一步推广应用经验方法。由学员和家长共同制定成长档案对于学员的全面成长起到了重要作用，教学内容的创新让学员专业素养稳步提高。

（五）问卷调查法

课题组成员通过一年半的时间，对全区200多名戏剧教师进行“创新型戏剧课堂”的问卷调查，形成了具有参考价值报告，针对学员的需求，在新时代教育思想引领下，我们采用加强教师队伍建设和创新课堂内容两手抓，在房山区不仅创建一支理论水平高、专业能力强且具有创新精神和实践能力的戏剧教师队伍，通过学习国内外戏剧教学的理论和经验，以创新教育思想为引领全面提升房山区的戏剧教育水平，促进学员全面成长。

八、课题研究的步骤

（一）准备阶段（2018.3—2018.10）。优质课题标准学习，提出创新型戏剧课堂需要解决的问题，课题组成员确定研究内容，针对内容进行人员分工，查阅文献，学习国内外创新型戏剧教学经验。课题申报。从君敬、刘哲负责文献学习，整理及开题报告的撰写。徐利负责申报材料把关、修改。

（二）研究实施阶段（2018.10—2019.6）。研发创新型戏剧课堂内容，确定创新内容，在校内外实施创新型戏剧课堂。

从君敬负责组织学员探究、体验创新型戏剧内容、完成创编戏剧游戏教材、将创新型戏剧课堂内容用于校内戏剧课堂、共同打造以创新型戏剧内容为引领的戏剧特色校、创排一部原创戏剧，王春清、王佳负责学校戏剧课程设计、活动开展、教师团队组织。从君敬、刘哲负责带领学员创编教材、剧本编写，对教材整体把关、提出修改意见、设计排版。

（三）反馈修改阶段（2019.6—2019.10）。征求反馈意见。整理视频资料，撰写论文，印刷教材学材。课题组成员共同完成一部舞台剧视频整理制作、两节创新型戏剧课堂活动实录、两篇论文、一本创编戏剧游戏教材、一本戏剧剧本集。

（四）课题结题阶段（2019.10—2019.12）。王春清、王佳整理课题成果资料，从君敬撰写结题报告，刘哲撰写文献研究报告。

九、课题研究的主要过程

（一）准备阶段（2016.9—2018.10）

本课题申报前就对于创新型戏剧课堂进行了长达 8 年的实践与探索，本课题自 2018 年 3 月开始申报，目标更加聚焦研究创新型戏剧课堂内容。因此在前期准备阶段，对于国内外尤其是北上广戏剧教育开设较好的一线城市进行研究，并查阅了关于戏剧创新型课堂的相关资料。认真探究课题研究目标、途径、方法及手段。研究内容成果以及聘请专家团队指导等分工明确。于 2018 年 10 月进行课题申报和论证。

（二）研究实施阶段（2018.10—2019.6）

第一学期我们的主题是“了解戏剧课堂”、通过“戏剧游戏”“素质训练”让学员对创新型戏剧课堂产生兴趣，体验专业院校戏剧课堂内容。第二学期，“创编戏剧游戏”和“戏剧故事”组合式训练，以任务驱动式引导学员主动学习，在学习中善于总结，编创素质训练游戏、戏剧故事提升学员的语言表达能力，以实践和合作的方式增强学员音乐感受力，在团队协作中提升学员发现问题并解决问题的能力，通过训练观察、感受，提升肢体的表达能力。第三学期，学员共同整理学习成果，把创新型戏剧课堂内容与学校，相结合开展戏剧课堂。运用创新型教学内容帮助学校根据学员特点组合式教学。修改完善“戏剧故事”剧本，帮助北京小学长阳分校组建团队、训练、排演，鼓励学员将学过的戏剧知识综合运用，在排练、演出过程中充分展示自我，获得成就感。全面培养德智体美劳全能型人才。

我们通过三个学期的实施总结，将优秀成果于房山区两所戏剧特色学校北京小学长阳分校和窦店中心校一同进行创新型戏剧课堂的实践与研究。同时，我们对房山区各机构260名戏剧教师进行培训经验分享。课题组通过问卷数据分析于研究，形成调查报告。创新型戏剧课堂内容不断完善、提升。针对在创新中产生的疑惑，通过团队成员集中整理，形成了具有参考价值的《创新型戏剧课堂教与学》一书。不仅集中解答了教师们在戏剧课堂上的疑惑，同时也是对课堂教学的整体梳理与总结。

（三）反馈修改阶段（2019.6—2019.10）

在上一阶段的研究基础上，课题组成员通过三个学期的少年宫教学实践，与两所学校进行戏剧课堂的创新实践，形成了丰富的教学成果。在窦店中心校与多学科整合创新模式。开展了会飞的戏剧社。有语文、美术、戏剧三位老师共同实施教学。形成了绘本集、编故事、说故事、演故事、画故事。所有内容都由学员独立完成。教师提出修改意见帮助作品完成和提升。通过对我区戏剧教师的培训，优秀教师组建团队在窦店中心校和北京小学进行教学与研究。为两所学校打造了《我们需要补什么》《友爱之泉》《都是跟您学的》《蚂蚁总动员》等作品，在房山区中小学艺术节，北京市第21届中小学科普剧比赛活动中均获得一等奖的好成绩。教师团队还编创剧本集。对大量剧本进行实践、修改、提升并形成剧本集。

（四）课题结题阶段（2019.10—2019.12）

此阶段是课题组全体成员对视频、文字、音频进行整理，撰写研究报告。整理了少年宫及下校创新型课堂内容研究的全部过程资料。对各资料进行分类、归纳、总结。形成“三个一”优质项目引领下的课题成果集。教育教学成果进行专场演出及录制。完成了音频视频光盘制作，及多篇教学论文案例投稿、获奖发表于首都校外教育、房山教育等刊物。

十、研究成果

创新型戏剧表演课程内容初步建立，完成了1～6年级戏剧表演教材、剧本集、语音基础级、诗歌集、绘本集教材、成果作品共16本。教学音视集、教学视频集、展演成果集制作完成，文献研究报告一份，创新型戏剧课堂内容“TGSD（Training，Games and Story of Drama）”建立。不仅完成了预期创新成果，在其基础上丰富了课题成果的多样性。从数量和形式多样化上超过预期目标。课题为引领提升戏剧专业影响力、构建校内外相融合模式、打造少年宫戏剧品牌影响力、为房山区培养优秀戏剧教师队伍、帮助学校组建戏剧社团、创编戏剧作品多次参加展演赛获得佳绩。其中在2019年北京市阳光少年艺术节比赛中，戏剧《38张请假单》获得历史性突破成绩金奖。在整个过程中我们收获了以下更多有利于创新型戏剧课堂实践与研究的方法。

（一）创新教学内容，提升教学质量

编创戏剧游戏，让学员参与游戏，思考创意，解决问题，总结观点，创意游戏，实施总结，完善提高。这样的过程是能够充分调动学员的积极性与能动性，发挥学员自身学习潜能，学员在学习的过程当中，学会思考、善于总结，设计游戏的过程就是学员发现问题并解决问题的过程，同时在实施合作的过程中，反复进行修改，能够培养孩子不怕挫折、认真严谨的科学态度，在游戏的完善阶段，学员不仅能团队相互合作，共同完成高质量的戏剧游戏而努力，也学会总结、相互合作、相互欣赏，培养了自信乐观的学习态度，戏剧游戏的教学方式不再是单一的，而是给老师和学员更高、更广阔的创作空间，真正去感受课堂、享受课堂。

在戏剧课堂游戏环节不仅仅是带领学员玩游戏、体验创编游戏的过程，更注重知识的传授和能力的培养，正确价值观得以体现。由以往死记硬背\机械式的被动学习，变成主动参与、勤于动脑动手、善于发现问题并解决问题，在这个过程中，学员查阅资料、收集和处理信息的能力增强了，获取新知识的途径拓宽了。通过实施编创游戏的方式解决戏剧课堂单一化、模式化的问题效果显著。

教学内容带动教学方法创新提升教学质量，针对学员情况创新出属于戏剧表演课堂“简便廉验”的实用方法，如“竞赛法”“歌唱法”“情绪演艺法”“角色扮演法”实用性强、课堂效果好，学员在体验与创作中高阶思维得到培养，在原有知识的基础上加深理解和记忆，在实践中将感悟、体会融入知识中，在呈现戏剧作品的时候，他的内心更丰富，情感更加真实，角色更加饱满。学员真正体会课堂学习的快乐，逐步实现了爱表演、会表演、用心表演。

（二）科研引领教师队伍发展

查阅资料、阅读书籍、高校高院学习提升了教师的理论水平，在课堂的改革创新中，以科研课题为引领，教师的课堂教学水平和能力及创新思维和创新意识得到很大提升。在参加各级各类教研活动中，开阔视野，增进交流。教师团队通过理论学习交流实践探索，总结出符合少年宫创新型戏剧课堂内容并进行全区推广，承担公开课、观摩课、示范课、辅导课十余节，并多次在市级教研活动，“三个一”总结会等活动中进行发言和分享经验，教师团队编创教材 12 本，论文 10 余篇并获得区级以上奖项，自创多个教学教具提升教学质量。为我区培养戏剧教师 2000 余人次，帮助中小学组建 12 个戏剧精品社团，在窦店中心校带领戏剧社团师生共完成了自编、自讲、自画、自排、自演《我想》系列故事 10 个，绘本 5 本，优秀作品 5 部。北京小学长阳分校以多学科整合的方式，在全校开展教育戏剧校本课程，带领团队研发创新型戏剧校本教材三册（上、中、下）满足了 1 ～ 6 年级的教学需求，团队教师组建专业教师团队 6 人，一年半时间共完成了 1980 节课堂教学，形成班班有戏剧，期期有成品的戏剧教学成果，以学校的“友善”文化为创作元素，在团队教师的指导下帮助学校组建了一支 20 名戏剧教师队伍，在中央戏剧学院专家的指导下，团队教师与学员共同创、编、排、演大型原创儿童剧《友爱之泉》完成了首演，近 1500 名观众给予了强烈的反响，获得多位专家一致好评。

在课题建设过程中，教师们深入研究、积极实践、协作共享，师德师风、理论水平、专业素养得到显著提升，一批优秀的戏剧教师脱颖而出，使我区戏剧水平大幅提升。在北京市第 21 届、第 22 届中小学员艺术节比赛中，在作品数量、质量、奖项上都有很大进步，其中《拔苗助长》《我们需要补什么》分别获得北京市中小学戏剧专业优秀节目展演金奖和银奖的好成绩，课题既促进了新教师的快速成长，又推动了骨干教师的不断成熟。

十一、研究中的反思及今后的设想

（一）反思

1．课题成果推广

我们进行了创新型戏剧课堂内容的研究，如何通过校内外联动机制更好地推广，打造我区戏剧品牌影响力。

2．完善评价机制

课堂评价是课堂教学中不可缺少的有机组成部分，做好课堂、课后评价机制建设，对学生成长更加有利。

（二）设想

1．通过与高校、高院携手、专家讲座、研讨会、展演赛等方式，进行戏剧教育的普及和推广。在 TGSD（Training，Games and Story of Drama）创新内容下，进行多学科融合，让戏剧教育在学校美育教育中发挥更大的作用。

2．以课题促提升，以创新求发展，充分发挥校外教育机构活动育人的主阵地作用，满足中小学生对优质校外教育的迫切需求，构建了校外教育新生态，是我们不断努力的方向，在科研课题引领下跟踪学生的成长，构建校内外评价机制、校内抓普及校外促提升的育人模式与家长联动，为孩子建立成长规划，使孩子的快乐成长融入更多的关爱和责任。

参考文献：

教育学

[1] 蔡真妮 . 用尊重成就孩子的一生 [M]. 北京：北京师范大学出版社 .

[2] 帕克·帕尔默著 .《教学勇气：漫步教师心灵》[M]. 吴国珍等，译 . 上海：华东师范大学出版社 .

[3] 钟道然 . 我不原谅：一个 90 后对中国教育的批评和反思 [M]. 北京：生活 • 读书 • 新知三联书店 .

[4] 雷夫 • 艾斯奎斯 . 第 56 号教室的奇迹 [M]. 北京：光明日报出版社 .

[5] 苏霍姆林斯基 . 给教师的 100 条建议 [M]. 武汉：长江文艺出版社 .

[6] 吴非 . 不跪着教书 [M]. 上海：华东师范大学出版社 .

[7] 佐藤学 . 静悄悄的革命：课堂改变，学校就会改变 [M]. 北京：教育科学出版社 .

[8] 李镇西 . 爱心与教育 [M]. 桂林：漓江出版社 .

一、教育戏剧 & 创造性戏剧 & 戏剧治疗

[1] 张晓华 . 教育戏剧理论与发展 [M]. 台湾：台湾心理出版社 .

[2] 张晓华 . 创造性戏剧教学原理与实作 [M]. 北京：中国戏剧出版社 .

[3] 张晓华 . 教育戏剧跨学科教学课程设计与实践 [M]. 北京：中国戏剧出版社 .

[4] 张晓华 . 表演艺术 120 节戏剧活动课 [M]. 北京：中国戏剧出版社 .

[5]Jonothan Neelands. 建构戏剧 70 式 [M]. 舒志义，李慧心，译 . 台北财团法人成长文教基金会 .

[6]Neelands，Jonothan. 开始玩戏剧 11-14：中学戏剧课程教师手册 [M]. 欧怡雯译 . 台湾：台湾心理出版社 .

[7]Jonothan Neelands. 透视戏剧：戏剧教学实作指南 [M]. 台湾：台湾心理出版社 .

[8] 林玫君 . 儿童戏剧教育的理论与实务 [M]. 上海：复旦大学出版社 .

[9] 林玫君 . 儿童戏剧教育活动指导：肢体与声音口语的创意表现 [M]. 上海：复旦大学出版社 .

[10] 林玫君 . 儿童戏剧教育活动指导：童谣及故事的创意表现 [M]. 上海：复旦大学出版社 .

[11] 葛琦霞著 . 当绘本遇见戏剧 [M]. 北京：外语教学与研究出版社 .

[12] 张金梅 . 学前儿童戏剧教育 [M]. 南京：南京师范大学出版社 .

[13] 卡梅尔 • 奥沙利文 . 教育戏剧：实践指南与课程计划 [M]. 抓马宝贝教育体验中心译 . 北京：中国人民大学出版社 .

[14] 假戏真做，做中学：以戏剧作为教学工具，帮助学生有效进入主题学习 [M]. 财团法人成长文教基金会，2005.

[15] 奥古斯都•波瓦．欲望彩虹：波瓦的戏剧和治疗方法 [M]. 马利文，欧怡雯，译．北京：北京师范大学出版社。

[16] 蕾妮•伊姆娜（Renee Emunah）. 演出真实的生命 [M]. 徐琳、别士敏，译．北京：北京师范大学出版社．

[17] 罗伯特•兰迪．躺椅和舞台：心理治疗中的语言与行动 [M]. 彭勇文，译．上海：华东师范大学出版社．

[18] 中央戏剧学院戏剧教育系．小学戏剧课堂课程教材 [M]. 北京：文化艺术出版社．

二、班级与课堂管理

[1] 托德•威特克尔、凯瑟琳•威特克尔．你的第一年：新教师如何生存与发展 [M]. 顿小慧，韩小宁，刘白玉，译．北京：中国青年出版社．

[2] 魏书生．班主任工作漫谈 [M]. 桂林：漓江出版社．

[3] 朱永新．我的教育理想 [M]. 桂林：漓江出版社．

[4] 李镇西．做最好的班主任 [M]. 桂林：漓江出版社．

[5] 陈海滨，徐丽华．有效教学 66 个经典案例 [M]. 上海：华东师范大学出版社．

[6] 希尔伯曼．积极学习：101 种有效教学策略 [M]. 陆怡如，译．上海：华东师范大学出版社．

[7] 马克思•范梅南．教学机智：教育智慧的意蕴 [M]. 北京：教育科学出版社．

[8] 罗杰•霍克．改变心理学的 40 项研究 [M]. 北京：人民邮电出版社．

[9] 魏勇著．怎样上课，学生才喜欢 [M]. 北京：中国人民大学出版社．

[10] 杨敏毅、谢晓敏．怎样读懂学生：心理特级教师的建议 [M]. 北京：中国人民大学出版社。

[11]（美）Carolyn M. Evertson. 透视小学生课堂行为：小学教师的课堂管理指南（第 9 版）[M]. 北京：中国轻工业出版社．

三、硕博论文

[1] 陆素英．小学语文“教育戏剧”课程开发与实施研究 [D]. 上海：上海师范大学硕士学位论文，2015.

[2] 顾纾．教育戏剧在小学语文课堂教学中的实践探索 [D]. 上海：上海师范大学，2015.

[3] 肖燚．创造性戏剧教育对 4—5 岁幼儿口语表达能力影响的实践研究 [D]. 温州：温州大学，2017.

[4] 杨娟 . 大班幼儿创造性戏剧工作坊的行动研究 [D]. 南京：南京师范大学，2012.

[5] 叶玉环 . 创造性戏剧教学对幼儿自我概念，人际智能与创造力之探讨 [D]. 台北：台北市立教育大学，2009.

[6] 易蕾 . 论童话在小学教育戏剧中的应用 [D]. 上海：上海戏剧学院硕士学位论文，2010.

[7] 钟宜君 . 教育戏剧融入阅读教学对国小四年级学童阅读理解与阅读行为之影响 [D]. 台湾：台湾艺术大学，2014.

[8] 方芳 . 学前儿童戏剧教育是什么—基于学生儿童戏剧教育存在问题的研究 [D]. 南京：南京师范大学，2012。

[9] 常清 . 初任教师课堂管理低效的成因分析及对策 [J]. 基础教育研究，2013.

[10] 张金梅 . 美国儿童教育中的创造性戏剧教育 [J]. 早期教育，2003（10）.

校外教育精品学生社团建设的研究

——以房山区少年宫精品学生社团建设为例

房山区学生活动管理中心　马志维

【内容摘要】房山区少年宫作为一家校外教育建构，在精品学生社团建设方面取得了比较好的成绩。通过对房山区少年宫精品学生社团建设方法和途径的分析和研究，总结出校外教育建设精品学生社团可以从社团文化、社团制度、师资、课程等方面进行建设，探索出校外教育精品学生社团建设模式，切实提高校外学生社团质量，为广大青少年提供优质的校外教育资源，为校外教育精品学生社团的研究提供参考和借鉴。

【关键词】校外 精品社团 建设

为了推动校外教育供给侧改革，充分发挥校外教育机构活动育人的主阵地作用，满足全市中小学生对优质校外教育的迫切需求。2016 年北京市教委发布《关于在全市校外教育机构开展“三个一”活动的通知》，要求“培育一批创新项目，建设一批特色项目，发展一批精品项目”。怎样建设一批精品学生社团项目成为校外教育者需要思考、研究的一个问题。

经过历时三年的探索和研究，房山区初步找到了校外精品学生社团建设的模式和途径，提出校外教育精品学生社团建设的标准。

一、构建精品学生社团管理机制，为精品学生社团建设提供保障

一个学生社团成为精品社团要靠其优质有效的管理机制的建设。房山区少年宫在学生社团管理方面建构了“三管理一配合”的管理机制：文化管理、制度管理、自我管理和家长配合管理。

（一）精品学生社团文化管理

房山少年宫学生社团成立之初就以“立德树人”为宗旨，每个社团都有自己的社团理念。向学生、家长宣传社团理念。阳光向上的社团理念，让参与社团活动的学生在快乐中收获，在收获中成长。

1．精品学生社团制度管理

房山少年宫根据目前社团情况，分别制定了《房山少年宫社团管理制度》《房山少年宫社团聘请专家制度》《考核奖励制度》。各社团在与房山少年宫各项规章制度不矛盾的情况下制定具体的、个性化的社团制度，以保障社团活动有章可循、顺利进行。每年对社团进行考核，从中找出存在的问题，及时调整解决，奖励开展活动好的社团及辅导教师，促使各社团健康快速发展。

2．精品学生社团自主管理

社团实行学生自我管理制度。学生推选出社团干部管理社团，协助辅导老师组织活动，设计活动内容等，调动每位学生参加社团的积极性。培养学生自主学习、自我管理、与他人合作等能力。

3．家长委员会制度

精品学生社团的建设离不开家长的支持和配合。房山少年宫建立了两级家长委员会：一级家长委员会是少年宫家长委员会，二级家长委员会是各社团家长委员会。家长委员参与少年宫和各社团发展建设，出谋划策，促进社团建设发展。

（二）制定校外精品学生社团建设标准

校外教育建设精品学生社团需要出台社团建设标准，我们在课题研究过程中，根据实践经验和参考北京市“三个一”活动对优质项目的评价标准，从社团建设宗旨和理念，课程和师资，社会影响力，管理与保障等方面制定出精品学生社团建设标准。

房山少年宫精品学生社团建设标准

建设项目		建设标准
宗旨	社团建设宗旨	立德树人
理念	社团文化或理念	建设学生认同的社团文化或理念
课程	创编特色教材	创编社团教材学材
	创建特色活动	每年举办汇报演出、比赛展示、外出交流、社会公益活动、传统项目活动
	教育资源圈	整合校内外资源、地区资源，构建教育生态资源圈
师资	专家型师资	1．社团核心组成员 3 人以上 2．辅导教师本科以上学历，区级以上骨干教师 3．辅导教师有很强的科研能力，论文和教材学材获奖，承担过课题研究

续表

建设项目		建设标准
影响力	影响力	1. 学生参加社团有兴趣，社团生源充足，至少有2个梯队，生源流失率在15%以下 2. 各级各类比赛中成绩优异，获得市级比赛一等奖或国家级奖项 3. 有区级以上主要媒体的宣传报道
管理与保障	保障到位	1. 有符合专业特点的固定场地，设施设备 2. 经费投入能够充分满足项目发展需求
	三制度一配合	1. 精品学生社团管理制度 2. 社团干部制度 3. 考核奖励制度 4. 家长委员会制度

二、树立社团大课程观，构建精品学生社团特色课程体系

建设精品学生社团，深入实施“突出育人本质，弘扬传统文化，体现专业关联，让每一位学生获得充分发展”的课程建设思路，专业与专业结合，专业与社会资源结合，促进校内外融通、教育资源融通、课程与实践融通。使多样的教育资源生动地转化为体现活动育人价值的课程资源，系统构建社团专业课程、社团特色活动、社团社会实践活动。

（一）研发教材

教育改革的核心在于课程改革，而课程改革的核心在于教材的创新和研发。根据社团发展情况，结合现代教育改革，学生能力水平和素质发展需要，高瞻远瞩制定出3～5年社团发展规划，3年课程纲要。社团课程体系化、主题化、系统化、力争1～2年创编一本有本社团特色的教材。编写有专业特点，融入时代主题或传统文化的原创教材，注重单元化、模块化、整体化，突出育人目标，设计内容完整、系统。

（二）创新教法

社团活动以学生为主体，以问题引导，多方式启思，与人合作探究，搭建自主学习平台，提高学生综合能力。学生不仅专业技能提高很快，而且鉴赏水平、发散思维、与人合作、创新能力显著提高。

（三）多学科整合

社团的终极目标是育人，单一专业不能完成学生综合素养培养的需要。社团必须

进行各学科整合，根据社团本专业的需要，融进其他专业要素，达到学生专业水平提高和综合素养提升的目的。

（四）开展丰富多彩的社团活动

特色活动也是社团课程之一，凸显校外教育的全面育人、个性育人、活动育人、实践育人功能。发展和建设一批具有时代特色、传承优秀文化、符合学生身心特点的优质活动项目，比如专业交流活动、社会公益活动等，不断满足学生个性化发展需要。

三、打造“专家型”教师团队，提高精品学生社团建设软实力

教师是精品学生社团建设的策划者、执行者，教师的水平很大程度上决定了一个社团的建设水平，所以建设精品学生社团要打造专家型队伍。

（一）通过学习提高教师精品社团的认识

所有参与社团建设的教师通过学习了解学生社团存在的价值，树立精品战略意识。教师能设计出代表社团理念，有社团特色的精品活动。

（二）多渠道提升教师教科研水平

社团要发展，教师是根本。我们瞄准高素质、专业化、团队化发展方向，把“做学生素质提升的引路人，做教师专业发展的领跑人”作为社团教师的成长目标。依托专家讲座、专题教研、骨干论坛、宫际交流、写生采风等专业发展路径，拓宽教师视野，掌握先进教育理念，研教一体，努力培养一支专家型、复合型校外学生社团教师队伍。

（三）科学组建社团教师队伍

精品学生社团辅导教师队伍要有科学合理的人员构成和人员分工。成员中有一名主管教学的校级领导，能够统筹协调各部门各单位的关系，对社团建设提供各方面支持和保障。核心教师要求本科以上学历，中青年区级骨干教师，要有一定的教科研能力、水平和经验，为今后开展各项活动，可以有不同专业教师参与。社团还要配备 1 ～ 2 位合作两年以上的专业或者开展活动的专家进行定期或不定期指导。

四、开展社团活动，提高社团影响力

精品学生社团要经常开展代表社团理念、特色和价值的活动。活动要设计新颖，紧随时代发展的步伐，主题性强，结合当前社会热点话题。社团开展活动要积极与社会资源相联系、相整合，在提升学生综合素质的同时，扩大社团在社会上的影响力。一些优秀的有代表性的活动还可以延续下来，成为社团的传统活动。这些活动也是课程建设的一部分。

（一）交流活动

精品学生社团每年定期举行对外交流活动，实现优势互补，互相学习。对外交流可以是校内的优秀学生社团，也可以是社会专业社团，有条件的可以与国外学生社团进行交流。

（二）公益活动

每个学生社团最好有固定的社会资源联系单位。这些资源单位可以是专业团体，像交流活动就可以与专业团体进行，以提高专业水平为主，也可以是社会其他资源单位，形成固定活动、传统活动，以培养学生学以致用，服务社会的意识，提升学生综合素质。

（三）展示比赛活动

注重学生展示，从展示中了解学生的真实获得。学生展示不仅是教师了解学生获得的渠道，还能够增强学生的自信，展示也是社团建设中发现问题、解决问题的好方式，在展示中社团建设不断地积累经验，在展示中促进社团建设。社团中每一位核心教师都重视展示，为学生搭建展示的平台。每一年都要举行有主题的展示活动，是对各学生社团进行年度考核。目前房山少年宫已经形成五级展示平台：社团内部展示—少年宫学习成果展示—房山区艺术节展示（区级比赛展演）—北京市各级各类比赛展示—全国（世界）比赛展示。

（四）传统活动

精品学生社团一定要有自己的传统活动，或者说是能够传承下来的有自身理念和特色的社团活动，在学生中、家长中，社会上有一定知名度、认可度的活动保留下来，定期举办，对社团也是一种宣传、提高社团影响力的途径。目前房山少年宫快乐乒乓训练营学生社团和房山体育总局联合举办的“米兰杯”房山区中小学生乒乓球比赛在每年的春节前举行，这是房山区中小学生一项传统赛事，每年都会有很多小选手脱颖而出，为房山少年宫“快乐乒乓训练营”输送了很多优秀选手，同时“快乐乒乓训练营”的同学们也得到了很好的锻炼，为参加北京市乒乓球比赛奠定了很好的基础。

（五）媒体宣传活动

社团活动注重媒体宣传，每一位社团教师都要有媒体宣传意识。开展任何一项活动，要求在活动第二天完成新闻稿的撰写，经过领导审核后，在房山校外公众号和房山校外教育网刊登，在房山电视台播放，甚至是在更高层次的媒体上进行报道宣传。这些活动在房山区学生、家长心中扎下了根，提高了房山少年宫精品学生社团在本区、北京市的知名度和影响力。

五、树立大育人观，整合校内外资源，提高社团学生整体素质

教育无边界，处处皆育人。我们坚持把社团学生放在正中央，不断整合利用各类教育资源，打造社会育人共同体。

（一）建立区级育人生态资源圈

房山少年宫在全区评审认定了20家市级和17家区级社会大课堂资源单位，涵盖红色教育、地质教育、劳动教育、文化教育、科技教育、体育国防教育六大教育资源圈。组建了一个2500余人的校外活动师资库，为全区中小学生课外校外教育活动开展，提供了丰富的教育资源和强大的师资保障。在这些教育资源圈内开展多种活动，全面提升学生素质，为房山少年宫精品学生社团的学生来源提供了源头活水，走出了一条有房山特色的校内外资源结合道路。

（二）宫校合作增量，宫家合作提质

房山少年宫在提高社团活动质量明确提出宫校合作增量、宫家合作提质的理念。各社团的核心教师每周都要到有同样社团的学校指导，第一时间掌握房山各学校本专业社团水平和学员情况，积极吸收优秀学员到少年宫来学习，每个社团建立家长委员会，密切与家长联系，通过宫家合作的方式保障生源、共同提高社团建设。

（三）社团与社会资源相结合发展

房山是一个历史悠久的地方，有很多非物质文化遗产，根据专业特点，与本区县资源结合，开展活动，提高社团建设质量。房山少年宫龙武少年武术社团就是这样一个校内外资源充分结合而发展起来的高水平武术社团。龙武少年武术团与北京市非物质文化遗产“房山区公议庄五虎少林会”为教学资源单位。每年联手为房山区传统春节庙会献上精彩的武术表演。学生参与积极，兴趣浓厚，在活动中学生与老师傅切磋技艺，专业水平显著提高。

六、学生获得

学生是教育的出发点，也是教育的归宿。我们在进行学生精品社团建设中始终关注学生，把学生的获得和成长放在社团建设的首位。

（一）学生在专业上进一步提升

校外精品学生社团建设“抓基础、重实践”，采取分层教学和创新教法，创造各种演出比赛交流机会，提高学生的专业水平。很多学生在各级各类比赛中获得优异成绩，

有的同学以特长生的身份考入了高等学府。

精英管乐团的学生以管乐特长生考上了海淀区重点中学，梁彤同学更是从此走上了专业的学习道路，师从中央音乐学院教授，小小年纪已经在多项国际大赛中获得不俗成绩。炫彩书画社的李宏途同学和妈妈一起，多次参加社会公益活动，他的作品《五彩缤纷的热带鱼》被北京陶瓷艺术馆收藏。

（二）学生各方面素养得到培养

精品学生社团建设中注意研究教法，普遍采取启发式、探究式、讨论式、参与式教学，激发学生的好奇心，营造独立思考、自由探索、勇于创新的良好环境和氛围，学生学会了发现学习、合作学习、自主学习。

各个学生社团就是一个小小的团队，学生在团队里学会了如何做人做事。社团活动不仅培养了聪明的头脑，还培养出一颗温暖的心。阳光少年朗诵团学生在第一次排练集体朗诵《小太阳》时，二位同学打印了多份朗诵稿件，他们说："如果有同学没有打印或者忘记带了，可以给这些同学一份，不能耽误排练。"同学们的心中有了他人，有了集体。

精英管乐团是一个大家庭，每个学生都是乐团不可或缺的成员，每个人都有自己的职责和义务。在日常活动中，学生每次练习完都要仔细擦拭保养乐器，对待乐器就像对待好朋友。高年级的同学要帮助和教导低年级的同学，不仅要教会他们如何爱护乐器，在大型演出比赛等实践活动中还要带头承担整理清点乐器和搬运乐器的任务。学生参加管乐团的活动，不仅学会了一种乐器的演奏技巧，还从点滴小事做起，培养热爱劳动、有担当的优秀品质，提高自我管理能力。

（三）学生收获快乐和感动

学生社团建设以"立德树人"为目标，深度挖掘专业教育内容，将传统文化，社会热点，时代的发展进行创造性转化，以学生喜闻乐见的内容和形式呈现，充分发挥校外教育独特的育人功能。

在社团活动中，你会看到一张张笑脸，一个个积极参与的身影。阳光少年朗诵团一名学生家长反馈说：我的孩子上了很多兴趣班，在朗诵社团每次活动回来都非常高兴，从来没有看到孩子这么高兴过，把在社团学的内容和发生的事情都要兴奋地给家长讲一遍。孩子在社团活动中是快乐的。

快乐乒乓训练营的孩子学习乒乓球，了解乒乓球是中国的国球，曾经以小球带大球加速了新中国走向世界的步伐，学生内心根植了强大的民族自信，更加积极主动练习乒乓球。

炫彩书画社的孩子们在活动中知道给母亲的花是"萱草""忘忧草"。学生制作贺卡，在母亲节送给母亲，既有心意，又有新意。秋天葫芦丰收了，中国人为什么喜欢葫芦呢？因为它的谐音是“福禄”，画个葫芦，或者采来葫芦在上面写上福字，送给爷爷奶奶，作为重阳节的礼物。学生理解了文化寓意，尝试用喜爱的艺术形式表达情感。

校外精品学生社团建设是为了培养学生，通过学生的实际获得可以看出，我们的研究是成功的。

校外教育精品学生社团应该是有纲领、有理念、有产品、有传承的系统化社团。从房山少年宫精品学生社团建设中我们可以总结出一些精品学生社团建设的经验，对校外教育精品学生社团建设有了如下认识：

1．社团师资专业化，是建设精品学生社团的前提

2．学生专业学习兴趣高，是建设精品学生社团的基础

3．打造社团文化，是建设精品学生社团的灵魂

4．创编社团课程，是建设精品学生社团的核心

5．科学的管理制度，是建设精品学生社团的保障

6．扩大社团影响力，是建设精品学生社团的条件

建设校外精品学生社团，需要整合校外教育所在的全区资源，树立大教育观，大课程观，构建育人生态圈，激发学生兴趣和智慧，打造独特的精品社团活动，提升精品学生社团质量。

参考文献：

[1] 中国儿童中心．校外教育学 [M]. 北京：学苑出版社，2002.

[2] 张瑞芝．青少年活动中心社团建设的问题和对策 [J]. 中国校外教育，2016（31）.

[3] 徐纯赤．关于校外社团活动的实践研究 [J]. 学校管理，2015（6）.

[4] 周立奇．改革之路 [M]. 北京：光明日报出版社，2015.

[5] 刘建友．青少年宫学员社团建设的问题及对策思考 [J]. 中国校外教育，2014（9）.

[6] 吴家铭．新时代精品学生社团建设的思考 [J]. 承德民族师专学报，2007（1）.

[7] 中国学生发展核心素养．

[8] 北京市教育委员会关于在全市校外教育开展“三个一”优质项目评选活动的通知．

[9]《校外学生社团管理研究——以上海市 XH 区青少年活动中心为例》．

校内外融合育人　提升器乐教育质量

房山区学生活动管理中心　汪小力

【内容摘要】发挥校外教育优势推进校内外多点合作，以优质项目建设为抓手，合作开发器乐类艺术课程，围绕器乐工作室建设联合开展课题研究，发挥少年宫引领提升作用，促进校内外教育资源联动，联手打造融合育人新生态。

【关键词】器乐教育 学生乐团建设 融合育人

2020年是充满挑战和机遇的一年，各领域、各维度秩序的重建，资源的整合正在社会各个角落深刻地发生着，在这个关键的历史节点，国家先后出台了几个重要文件，明确了教育发展的方向。在十九届四中全会上提出了建设教育强国的战略目标，在“十四五”规划中提出建设高质量教育体系，这些给校外教育供给侧改革提出了新的挑战和更高的要求。当前校外教育在基础教育中如何更充分有效地发挥其优势，在落实立德树人、培养全面发展的社会主义接班人的任务中如何充分发挥其重要作用，需要我们校外人进行全面深入的思考。校内外整合教育资源、联动合作、完善融合育人系统机制、协同发展，是校外教育供给侧改革的关键环节，也是全面深化教育领域综合改革的有机组成部分。

一、背景和依据

根据调查，目前中小学音乐课程中知识普及性内容占比较大，对学生音乐实践能力的培养明显不足。以北京市房山区中小学音乐课开展情况为例，现行教材以普及音乐基础知识，培养兴趣为主，但想要实质性提高学生音乐修养，仅凭现行教材难度很大。教材中音乐知识较分散，缺乏系统性，知识点之间连接不够，致使学生很难学以致用。教材中强调歌唱的旋律性，对和声等重要的音乐基本知识涉及较少，使学生对音乐的理解停留在旋律的层面，对复杂音乐作品的内涵理解比较困难，限制了音乐审美感知能力的提升。同时，受地区场地、资金、师资力量等教育资源分布不均衡的客观因素的制约，初中音乐教学基础薄弱，导致高中阶段除音乐鉴赏以外的合唱、合奏、舞蹈、戏剧等选修课开展起来难度较大，只有少数资源丰富的学校做得较好。学校音乐课课程容量和课时都是有限的，音乐体验和鉴赏范围也相对局限，学生的审美感知能力、艺术实践能力和对不同文化理解能力的提高都需要扩大音乐欣赏的范围、数量，并在高年级课程中提高复杂程度。

在基础教育阶段逐步提升学生的审美能力是全面育人和教育高质量发展的需要，没有审美能力不可能产生相应层次的审美体验、审美情趣和审美情感。因此，在基础教育中发挥校外教育在专业师资、活动育人和实践平台等方面的优势，因地制宜、有的放矢的联动合作，是助推区域内艺术教育高质量发展的有效策略。

二、发挥校外优势，培养专家型教师，促进校内外教育资源联动

我区中小学普遍比较重视学生音乐素养的提升，但具体工作专业性强，对教师专业知识技能和组织管理能力的要求较高，同时需要有专门的工作人员与各相关单位和机构对接，全面负责组织、管理和协调。一般学校的师资水平很难满足学校这方面工作的现实需要。由于各学校不同时期教学理念和发展目标有所不同，相关专业人才很难根据现实需求在校际自由流动。因此，需要一批熟悉学校工作，理解学校发展理念，具备相关专业理论知识和较强教科研能力，拥有一定社会资源和丰富管理实践经验，组织协调能力突出的专家型教师，协助学校制定长期发展规划、完善管理机制和符合学校特色的组织形式，帮助学校培养青年教师专业人才。少年宫的专业教师业务能力突出、组织活动经验丰富、具备一定的项目管理能力，在各自的专业领域拥有一定的教育资源和社会资源。校外教师通过组织活动、比赛和下校指导，成为校内校外的纽带，推广优质项目和成功经验，将优秀的教育资源和社会资源引入学校，辅助学校做好学生活动的管理者、组织者，根据学校需要及时调整少年宫的教学模式，与学校联动构建整体育人机制，做到有调研、重实效、有保障、促发展。校外教育人不能关起门来做教书匠，要走出去做社会活动家。

三、校内外多点合作，打造融合育人新生态

（一）以优质项目建设为抓手，联手打造优质学生乐团

2016 年北京市全面开展校外“三个一”优质项目建设，活动开展至今取得了丰硕的成果，然而建设校外优质项目不能闭门造车、自说自话，真正优质的、符合学生发展需要的项目应该在开放的教改理念下探索与学校教育多点、多层次合作的有效途径，联手打造融合育人的新生态。

目前，我区共有器乐类市级优质项目两个，分别是青少年交响管乐团和梦想民乐团。两个乐团的学生来自区内外多所中小学，组建以来参与的学生超 1000 人次，这些孩子

都成为我区各中小学自有学生乐团的主力。尽管如此，仅凭少年宫一家之力很难满足全区 84 所中小学校 68000 余名学生的需要。因此，发挥少年宫专业教师团队的优势，广泛推广现有优质项目，结合学校特色，校内外合作建设一批新的优质项目，是解决问题的有效举措。目前，我们已有五所优质项目基地校，并与他们开展了有针对性的合作。面向基地校的学生乐团和教师开展了“指挥基础大师班”、德国指挥讲学生乐队排练技术、梦想民乐团“宫—校—家”特色发展模式、管乐团 1+2>3 创新教学模式等推广活动，为提高这些学校音乐教师专业能力和学生乐团的演奏水平做出了积极的努力和贡献，今后我们将辐射更多的学校，惠及更多的学生。

（二）合作开发器乐类艺术课程，助力高水平学生乐团建设

中小学现有音乐课程在普及音乐基础知识方面发挥了不可替代的作用，但建设高水平学生乐团仅有基础音乐知识是不够的，需要专业性强的，能有效提高学生专业水平和实践能力的器乐课程。且此类课程不同于各种乐器的专业课，更侧重乐队合作的实践需要。因此，需要构建少年宫与学校间的共建共享机制，依据现有教材和课程标准，补充完善校本课程建设和教材编写工作，提高学校校本课程的质量和深度，从内容与组织形式上将宫本教材与校内教材进行有机融合，充分发挥各自优势，推动学校艺术课程专业化、系统化发展。打造一批符合地区教育发展需求、符合社会需要、符合学生发展规律的特色课程，实现校内与校外协同发展、共同提高，促进区域器乐教育高质量发展。

（三）围绕器乐工作室建设，打造融合育人品牌

打破校内校外组织架构和学科壁垒，建设一批引领区域相关专业发展的工作室，是房山少年宫“十四五”期间的重要工作之一。围绕器乐工作室建设，我们组织校内外同类别音乐专业教师开展合作教科研活动，开展教师专业培训，组织举办器乐类学生比赛，以器乐专业发展为抓手服务学校，搭建实践活动平台，成为学校特色发展的支撑。帮助学校建设组织机构，与器乐工作室建设相链接，由少年宫承担组织协调工作，结合学校办学理念和发展规划建设“手拉手”学校，组织有资源、有经验、有成效的学校与有意愿开展相关项目的学校在组织架构、项目理念、育人方式和师资培养等方面有针对性地一对一帮扶，逐步组建集团化育人机制。结合北京市校外教育优质项目的推广，助力学校特色发展。教委、少年宫、校外办和学校四方形成合力，通过一对一帮扶、专业教师团队建设、学生乐团梯队建设等方式，打造代表房山区艺术教育水平的高水平学生乐团。与此同时，助力教师和学生共同成长，让社会更重视学生音乐素养的提升。我们要做好全区器乐教育的组织者、管理者、服务者和领导人。

（四）打造高水平师资团队，助推器乐教育可持续发展

根据校内外艺术教育的深入发展，学生乐团建设成为器乐教育的主要发展形势，拥有一支高水平的教师队伍是学生乐团水平全面提升的关键因素。我区中小学音乐教师多数是师范院校音乐教育专业毕业的人才，很少配有专门的乐队指挥，而建设学生乐团需要具备乐队指挥基础和项目管理等综合能力。近年来，我们十分重视对音乐教师和相关从业人员专业素质的培养，举办了音乐理论修养和乐队指挥技术的专家讲座，以问题为导向，从实际出发，切实提高音乐教师的专业能力。

区属少年宫的教育辐射范围受到教师数量、场地等客观因素的制约，无法满足区域的实际需求。随着校外培训机构雨后春笋般的兴起，社会教育资源已经逐渐成为校外教育的主力军，成为学校教育的有力补充。但由于校外培训机构的办学背景各异，教师的专业水平参差不齐，教学质量有好有坏，不利于区域内器乐教育的均衡发展。针对这个情况，我们将分散、松散，缺乏统一管理的社会教育资源组织起来，进行师德素养、教育学心理学理论、教育教学方法、课堂组织管理、提升学生核心素养等内容的培训。结合区域实际，将立德树人总目标的内核延展至每一个器乐类学科，采用线下集中培训与线上自主学习相结合的方式，大大提高了培训效率和覆盖面积。我区校内外器乐教师专业水平逐年稳步提高，为器乐教育和高水平学生乐团建设及可持续发展奠定了坚实的基础。

（五）联合开展课题研究，发挥少年宫引领提升作用

“十三五”期间，在北京市校外教育优质项目建设工作中，少年宫器乐类项目与部分中小学初步构建了“宫—校—家”合作育人模式。开展了大师课、业务交流、专业论坛、培训讲座等教科研活动，运用丰富的校外教育资源提升校内教师辅导、组织、管理学生活动的专业能力。同时开展下校调研活动，通过问卷调查、校长访谈等形式，了解学校在器乐教育方面的发展现状、实际需要，遇到的问题和困惑。在总结已有经验和不足的基础上，力求在创新与发展上找到新的、更有效的解决方案。教科研，不是纸上谈兵。通过调研，我们了解学校在建设学生乐团方面的痛点和难处，对学校乐团建设提出合理化建议和有针对性的方案。在师资、硬件和学生培养方面与学校全面对接，为学校提供实践基地和发展平台。“十四五”期间，少年宫器乐部拟申报市级重点课题，联合部分学校开展关于提高区域内器乐教育质量的科研课题研究。同时，与器乐专业工作室、优质项目建设等工作相链接，发挥少年宫在组织、管理和协调方面的优势，联合开发特色课程，合作建设优质学生乐团，对提升房山区器乐教育质量发挥示范引领作用。

随着教育供给侧改革的推进和校外教育的深入发展，我们通过多种形式的探索，整合校内外优质资源，构建校内外融合育人发展模式，通过先进的育人理念、切实有效的育人策略和丰硕的育人成果，吸引更多的学校和社会资源参与到器乐教育中来，逐步扩大辐射范围。我们与校内教师建立以专业发展和项目合作为纽带的融合育人朋友圈，打破了学校与少年宫、学校与学校、教育资源与社会资源之间的壁垒，为房山区艺术教育高质量发展开辟了一条切实可行的有效路径。

参考文献：

[1] 王海平 . 青少年校外教育政策的价值构成 —— 对校外教育政策评价性话语的文本分析 [J]. 上海教育科研，2017（2）.

[2] 陈婵娟 . 关于少年宫艺术团队建设的实践与思考 [J]. 大众文艺，2016（24）.

[3] 袁德润 . 校外教育与校内教育衔接可能与可行 [J]. 教育发展研究，2016（20）.

[4] 林子雄 . 校外教育与校内教育有效衔接与有机整合 [J]. 中国校外教育，2016（26）.

[5] 蒋培君 . 转变管理模式对校外教育发展的促进作用 [J]. 中国校外教育，2016（S2）.

[6] 王海莉 . 改革创新，提高校外教育内涵发展的内在驱动力 [J]. 中国校外教育，2016（S2）.

[7] 刘登珲 . 我国校外教育功能定位流变及其现代转向 [J]. 湖南师范大学教育科学学报，2016（5）.

“双减”背景下器乐小组线上教学的创新实践研究

房山区学生活动管理中心　张行健　陈梦诗

【内容摘要】“双减”政策给校外艺术教育带来新机遇的同时也提出了新要求，为更好落实“立德树人”根本任务和“五育并举”工作要求，文章通过分析器乐小组传统线上教学模式存在的问题，以“双减”政策为指导，利用直播+微课的新型线上教学手段，搭建高质高效的空中课堂。

【关键词】双减 器乐教学 线上教学 直播+微课

2021年，中共中央办公厅、国务院办公厅印发《关于进一步减轻义务教育阶段学生作业负担和校外培训负担的意见》，其初衷是让中小学生摆脱被动式超纲超量学习，避免填鸭式教学，实施“精准滴灌”，做到减量提质。自“双减”政策实施以来，学科类校外培训被全面压减，艺术类培训热度不断攀升。教育部体育卫生与艺术教育司司长王登峰曾表示：“双减”的落实也是在推动着美育与体育的“双增”。校外艺术教育是国民艺术教育体系的重要组成部分，是实现学生个性化、全面发展的重要途径，对提升国民艺术素养和学生成长质量有重要促进作用。然而，现阶段的校外艺术教育实践与“双减”政策要求仍存在一定差距，如何在这一大背景下实现校外艺术教育的“双增”？笔者将结合器乐小组线上教学进行实践研究。

一、“双减”背景下器乐小组线上教学模式中存在的问题

在“双减”背景下，器乐小组线上教学应以减轻学生练习负担、培养学生核心素养为目标，但当下的教学实践中仍存在些许不足，主要表现为以下两种矛盾。

（一）器乐录播课注重的技术性与校外教育倡导的育人性之间的矛盾

如大提琴作为西方古典乐器已有数百年的历史，不论是演奏技法还是教育教学理论都得到充分的发展，国内外关于大提琴演奏的高水平录播课不胜枚举，其中不乏诸多世界顶级教育家、演奏家的录播课，其内容专业性、系统性毋庸置疑，但综合来看，

录播课的内容更注重于演奏技术层面，虽然部分内容涉及美育，但其育人指向不明确，培养方式单一。同时，由于缺乏教学环节和师生互动，导致低龄学员很难理解，这种学习方式并不能够完全符合中国特色社会主义新时代下党对教育工作的要求，也无法满足对学生核心素养的培育。

（二）视频授课的互动性和小组活动有序性之间的矛盾

视频授课指采用网络视频的形式，以学生演奏 — 教师指导的模式进行，目前被器乐教师广泛使用。视频授课有很强的互动性和指导性，教师和学生在线上共同构建模拟课堂，教师能够对演奏技巧清晰示范的同时也能够针对学生的实践做出及时评价。但视频授课无法多人同时演奏，不适用于器乐小组活动，网络延迟使教师无法对关键点进行准确的即时指导，很容易失去对活动过程的把控，教学内容和进度完全受限于学生的练习情况和回课质量，教学环节和育人体系无法完整体现。

二、“双减”背景下器乐小组线上教学的机遇与挑战

在“双减”背景下，器乐小组为更好落实减负提质，教师不仅要重新梳理、制定活动目标和活动计划，更要聚焦育人本质，以美育为核心，突出器乐教学的专业特点，为高效高质的线上课堂做充足准备。

（一）精准教研，课程化理念引领小组活动

器乐小组的线上教学无法完全替代线下教学，但线上课堂无疑是后疫情时代常规教学的必要补充。线上课堂对于调整学生学习思维、改变教师教学方式方法、和谐师生关系都有着积极作用。教师不能把线下的教学内容和教学方法照搬到线上，而是应分门别类地有序调整。

因此，器乐小组线上教学必须以精准教研为依托，在把握课程标准和学情的基础上，精确教学目标，精选教学内容，使整个教学过程达到可检测、可评价。只有摸清学情、尊重差异、分层学习，突破经验主义教学的含糊与低效，才能做到线上教育的“五育融合”。同时，应按照不同层级梳理出适用于实际教学的课程框架，课程是教育教学的载体，课程建设是教育教学工作的重点和核心，加强课程建设是提高校外教育质量的战略举措，以课程化理念引领小组活动是高质量完成线上教学的重要保障。

（二）立德树人，将美育植根于爱国主义文化

《关于全面加强和改进新时代学校美育工作的意见》指出，要以提高学生审美和人文素养为目标，弘扬中华美育精神，以美育人、以美化人、把美育纳入各级各类学校人才培养全过程。

艺术是美的集中体现，是实施美育的主要途径。器乐活动应以器乐教学为基础，结合视唱练耳、音乐鉴赏等姊妹专业，搭建大音乐学习平台，着力培养青少年学生的合作能力、实践能力与审美能力，体现艺术的融合性、知识的结构性、专业的开放性、素质教育的创造性与灵活性。民族文化为美育提供了肥沃的土壤，民族器乐作为传统文化的重要瑰宝具有天然的资源优势，那么西洋器乐应该如何更好地落实爱国主义教育、弘扬民族文化？

1．挖掘民族音乐，传承民族文化

西乐小组可以在学习西方技艺的同时兼顾传承中华优秀传统文化。人不能脱离特定的历史环境，所以音乐审美也要联系进相应的文化之中。民族音乐是民族文化的重要载体，是中华民族传统文化的宝贵财富。因此，在作品选择上，应坚持每学期必有中国曲目，必讲中国故事，必学传统文化。

2．中西方音乐比较学习，兼收并蓄

通过比较学习中西方不同作品，感受其音乐特点，引导学生理解世界民族文化多样性。例如在学习演奏中国民歌曲目时，可与西方民歌进行对比，不仅有利于培养学生审美思维的系统性，在教师的正确引导下，还能增强学生对中华民族文化的认同感和归属感，领悟包容、和谐、兼收并蓄的中华民族传统美德。

三、“双减”背景下器乐小组线上直播＋微课的创新教学实践

当传统线上教学方式无法满足新形势下的教育教学需求时，笔者在教学实践中尝试直播＋微课的新型线上教学方式。微课是指运用信息技术按照认知规律，呈现碎片化学习内容、过程及扩展素材的结构化数字资源。微课的核心内容是课堂教学视频，这种模式下的教学内容一般具有主题突出、指向明确的特点，同时可以具有良好的科学性和系统性。因此，微课结合具有强互动性的直播课可以更高效优质地完成线上教学任务。

1．环节完整，步微不慢的线上课堂

微课可以利用与课程主题相关的教学设计、素材课件、教学反思、练习测试等辅助性资源完成教学，这种模式下可以将“导入—讲授新课—巩固练习—归纳评价—拓展”的教学环节完整呈现。科学有序的教学步骤能保证学员作为课堂主体的同时又不弱化教师的主导作用。

以《大提琴直播微课——揉弦》为例：本次微课将完整的教学环节进行浓缩：导入环节——聆听颤音、模仿演唱、观察颤音的声学波形并归纳特点；新课学习环节——用纸片为道具模拟揉弦动作、分步骤在琴弦上进行揉弦训练；课堂小结环节—回顾颤

音（揉弦）声波特点，利用即时视频检查练习情况；作业布置环节——在其他琴弦尝试揉弦动作，温故知新。

完整的教学环节有助于学生知识技能体系的系统性搭建，同时也是知识技能迁移的基础，创设合理、有序、系统的学习条件，最优化的实现原有认知结构和学习内容的匹配。如采用从听到唱、从唱到奏，从模拟揉弦到实际揉弦，调动学生多感官参与学习，深度激发学习兴趣，充分利用学习定势，促进技能正迁移的不断发生。

2．充分利用线上教学优势，丰富多媒体课件资源

线上教学的距离感，弱化了教师对课堂的监管，教师可以此为契机，调整教学方式方法，利用更丰富的多媒体教学资源和更详细的活动设计激发学生学习兴趣，将“要我学”变成“我要学”，充分发挥学生的主观能动性，落实学生主体地位。

乐器演奏的学习离不开声音、视频，教师要依据器乐教学的实际需求采用不同形式的多媒体资源，开发适用于线上线下，双线并行的教学资源，高效高质完成教学目标，以《大提琴直播微课——揉弦》为例：

在导入环节首先利用了视频形式的《祝酒歌》，同学们可以在热烈的音乐氛围中进入课堂，同时欣赏歌唱中的颤音技巧。之后，利用《隔壁泰山》的音频引发学生模仿演唱颤音的兴趣，此时音频更有助于学生关注声音本身而非影像。在导入环节的最后，通过视频《颤音的声学波形》将不可观察的声音图像化，使学生能够将自己演唱的颤音与标准的颤音声波图像进行对比，在了解颤音特点的同时增强获得感。在教学环节，教师分别采用 GIF（逐帧动画，即“动态图片”）、录像、视频互动的形式。首先，教师利用制作好的 GIF 素材循环播放，此阶段的动作要求难度不高，有利于培养学生的观察模仿能力，同时，GIF 能够同步展示正反示范进行对比，学员可以做到自我纠正。之后，随着练习难度的增大，此时 GIF 格式已不适用，而是采用录像的形式进行示范，录像更有利于教师在直播时随时暂停并对重点位置进行讲解。最后，师生利用直播摄像头进行即时性的成果展示与互动，共同获得愉悦体验。

3．家校合力，搭建可交互的学习空间

北京市委书记蔡奇对“双减”工作进行调研时强调，“双减”事关中小学学生健康成长，事关人民切身利益，要加强家校协作，完善家校合作机制。线下教学不具备所有家长都参加旁听的条件，但在线上教学中，家长全员加入课堂已不再是难题。在家长有意愿陪同学习的前提下，学生、家长、教师在空中课堂能够进行良好互动，对新型和谐的师生关系、通力合作的家校关系、幸福融洽的家庭关系都有着积极的促进作用。所以一个可持续的教学模式要能做到：线上授课有氛围能互动，线下练习有反馈便回看，连通线上与线下、家庭与学校是改善教学效率，提高教学质量的必然选择。

搭建可交互的学习空间就要求教师在线上授课过程中准备适合互动的环节，如用《隔壁泰山》歌曲模仿颤音，这种娱乐性的活动没有对错负担，更有助于家庭成员的主动参与。在“线下练习便回看”方面，教师可直接将线上课堂所准备的GIF动作要点以表情包形式发送于微信群，在学生回顾某个动作要领时便于保存和观看，不再需要完整播放课堂回放。技能学习的本质就是通过多次练习，熟练并掌握一系列技术动作，这些技术又是由无数个“关键动作”所构成，所以对“关键动作”的提示可以使学生减少大量机械练习与无效练习，在充分尊重学生成长规律的基础上，突出器乐小组的活动特性。

“双减”政策的落地无疑给艺术教育工作者带来更多思考，如何摆脱艺术教育桎梏，如何切实以美育人将是当下艺术教育工作的主要议题。在“双减”背景下，我们有必要重新审视学生学习负担的来源，对于器乐学员，枯燥乏味的背后是形式单一的低效课堂与大量的无效练习，美育不等于艺术教育，应是审美教育、情操教育与心灵教育。以人为本，回归教育本质是开展教育教学活动的必然要求，教育的最大价值在于促进人的全面发展，以精准教研为依托，不断革新教育教学方法，随着更多科学技术手段融入传统教学模式，为满足学生个性化需求提供更多可能，这也将是器乐小组未来教育教学的研究方向。

参考文献：

[1] 曹瑞 . 全社会为家庭教育赋能 护航未成年人健康成长 [J]. 中国民族教育，2021（12）.

[2] 李志欣 . 强化学校教育主阵地作用须激活“内在动力”[J]. 人民教育，2022（2）.

[3] 许林 . 要用正确的教育质量观引领“双减”[J]. 中国民族教育，2022（3）.

[4] 李景 .“双减”背后的政策导向与实践探索 [J]. 中国民族教育，2021（9）.

[5] 张生，张琼元 .“双减”背景下家校社协同育人机制的构建与探索 [J].《中小学信息技术教育》，2021（12）.

[6] 李天浩 . 如何有效实施线上器乐教学 [J]. 北京教育（普教版），2021（10）.

在舞蹈教学中融入爱国主义教育

房山区学生活动管理中心　孙凤娟

爱国主义教育是一项长期的教育任务，习近平总书记强调：要把加强青少年的爱国主义教育摆在更加突出的位置，把爱我中华的种子埋入每个孩子的心灵深处。在校外教育教学活动中，我把爱国主义教育融入舞蹈教学中，以直观、形象的形式增强学生爱国情怀，以可知可感的形式引导学生树立正确的人生观、价值观。

一、精选教材，聚焦爱国主义教育

在舞蹈教学中，选材尤为重要。精选教材，是营造良好育人环境的开始，是为爱国主义教育找到适宜的切入点。通过对红色教材的选取，可以让学生知党史、跟党走，为有效培养学生高尚的思想品质和良好的道德情操提供契机。

如选材《红星歌》，孩子们脑海会立刻涌现出一位机智勇敢、乐观向上的少年潘冬子形象。他不怕牺牲，一心跟党走，自然成为学生们舞蹈创作的依据。为了贴近学生生活，也可以选择他们耳熟能详的现代爱国主义歌曲，如高枫演唱的《大中国》、李宇春演唱的《少年中国》等，这些朗朗上口的爱国主义歌曲，学生创编起来会更加熟悉。

在材料的遴选上，教师除了要注意材料本身是否具有典型性，还要注意两方面问题。一是关照孩子们的年龄差异，二是关照歌曲的时长。这样便于孩子们能理解好接受，并能把一个曲目有始有终地坚持下来。

二、创编环节，融入爱国主义教育

1. 利用队形编排，体现爱国情怀

队形的选择与运用是舞蹈创编的重要内容之一。可以通过队形的多样性、巧妙性、流动性等特点来展现歌曲内涵，体现爱国情怀。群舞的队形大致可分为一字型、雁形式、散点式、圆圈式等。以歌曲《爱我中华》为例，可用圆圈式舞蹈队形。圆这种图案本身就有其象征意义，代表着和谐、圆润、团圆、天衣无缝等，用此队形可恰如其分地表达这首歌的内涵：56个民族亲如一家，团结一致，一心向党。

舞蹈创编中，不同的队形变化可以表现不同的歌曲主题。教师要善于抓住队形特点，通过队形的多样性、直观性、灵动性、象征性来实现舞蹈创编意图。

2．通过示范、引领，表达爱国热情

教师进行动作示范、引领，是舞蹈教学中常用的一种直观教学方法。通过示范，能够在学生头脑中建立正确的动作概念。以舞蹈《太阳最红毛主席最亲》为例，教师在示范歌颂毛主席的唱词时，表情要充满热爱和温暖，手指尖与脚趾尖延伸的动作是柔缓而舒展的。

表情、动作幅度、动作力度等都可以将爱国主义情感带入舞蹈中。

教师在观察学生舞蹈动作时，要及时发现问题及时纠正，有针对性地进行指导。孩子们会在教师的示范、引领下，直观地掌握要领，并将情感带入舞蹈中。

自然，教学实践中，我为了发挥、展示孩子们的创编能动性和创新性，经常先让他们自己根据歌曲内容，创编舞蹈动作。有的同学，通过点拨、启发，能通过舞蹈动作很好地表现歌曲主题，对这样的学生我便及时鼓励表扬；表现能力差一些的同学，我也充分给予他们机会，让他们先行体验，再做具体指导。

在舞蹈教学中，既要注重共性，又要关照个性；既要有教师的引导，又要给予孩子们表现、创造的机会，这样有助于增强舞蹈教学实效和加强学生能力的培养。

三、现代手段，助力爱国主义教育

如果说示范、引领所体现的是舞蹈教学中的创编范畴，那么现代技术、多媒体等形式，可谓是舞蹈教学中爱国主义教育的辅助手段。

这种形式在舞蹈教学中屡见不鲜，其优点是直观、生动，有视觉的冲击力。尤其是丰富多彩的主题内容，能多角度调动学生的情绪、注意力和兴趣，让孩子们喜闻乐见。

如在舞蹈创编的导入环节，我利用多媒体展示《我爱你中国》视频画面。这首歌是电影《海外赤子》主题曲，抒发了海外游子眷念祖国的无限深情。随着画面动感的呈现并伴随着深情的旋律，一种带入感使孩子们身临其境。

此时，我抓住时机，问孩子们："你们看到了什么？想到了什么？"大家各抒己见，表达不同感受。有的说我看到了绵延万里的长城；有的说我看到了白雪皑皑的北国；有的说我感受到了祖国的无比强大！……正是多媒体的加入，让孩子们有了近距离的切身感受，通过情景再现，帮助他们直观了解歌曲内涵，从而激发热爱祖国的美好情感。

爱国主义教育是一个永恒的主题，在社会主义现代化建设新形势下，深化爱国主义教育，对培育学生正确的世界观、价值观、人生观，培养中国特色社会主义建设者和接班人，具有深远的现实意义和长远的历史意义。

在今后的校外舞蹈教学中，我将一如既往，多渠道、多途径、多方式激发学生爱国情怀，引导他们一颗红心跟党走，把爱国教育做实做细，使孩子们从小聚爱国之心、立爱国之志，长建设祖国真本领！